全球
企业战略

第 3 版

［美］彭维刚（Mike W. Peng）◎著

阎海峰 吴冰◎译

北京大学出版社
PEKING UNIVERSITY PRESS

著作权合同登记号 图字 01-2015-1465 号

图书在版编目（CIP）数据

全球企业战略：第3版 /（美）彭维刚（Mike W. Peng）著；阎海峰，吴冰译. —北京：北京大学出版社，2019.9
ISBN 978-7-301-30620-8

Ⅰ.①全… Ⅱ.①彭… ②阎… ③吴… Ⅲ.①企业战略 Ⅳ.①F272

中国版本图书馆 CIP 数据核字（2019）第 191712 号

Global Strategic Management, 3rd
Mike W. Peng
Copyright © 2014 by South-Western, a part of Cengage Learning.
Original edition published by Cengage Learning. All Rights Reserved.
本书原版由圣智学习出版公司出版。版权所有，盗印必究。

Peking University Press is authorized by Cengage Learning to publish and distribute exclusively this simplified Chinese edition. This edition is authorized for sale in the People's Republic of China only (excluding Hong Kong, Macao SARs and Taiwan). Unauthorized export of this edition is a violation of the Copyright Act. No part of this publication may be reproduced or distributed by any means, or stored in a database or retrieval system, without the prior written permission of the publisher.

本书中文简体字翻译版由圣智学习出版公司授权北京大学出版社独家出版发行。此版本仅限在中华人民共和国境内（不包括中国香港、澳门特别行政区及中国台湾地区）销售。未经授权的本书出口将被视为违反版权法的行为。未经出版者预先书面许可，不得以任何方式复制或发行本书的任何部分。

Cengage Learning Asia Pte. Ltd.
5 Shenton Way, # 01-01 UIC Building, Singapore 068808

本书封面贴有 Cengage Learning 防伪标签，无标签者不得销售。

书　　　名	全球企业战略（第3版） QUANQIU QIYE ZHANLUE（DI-SAN BAN）
著作责任者	〔美〕彭维刚（Mike W. Peng）著　阎海峰　吴　冰　译
责任编辑	徐　冰
标准书号	ISBN 978-7-301-30620-8
出版发行	北京大学出版社
地　　　址	北京市海淀区成府路 205 号　100871
网　　　址	http://www.pup.cn
微信公众号	北京大学经管书苑（pupembook）
电子信箱	em@pup.cn　QQ：552063295
新浪微博	@北京大学出版社　@北京大学出版社经管图书
电　　　话	邮购部 010-62752015　发行部 010-62750672　编辑部 010-62752926
印 刷 者	北京大学印刷厂
经 销 者	新华书店 889 毫米 × 1094 毫米　16 开本　20 印张　493 千字 2019 年 9 月第 1 版　2019 年 9 月第 1 次印刷
定　　　价	58.00 元

未经许可，不得以任何方式复制或抄袭本书之部分或全部内容。
版权所有，侵权必究
举报电话：010-62752024　电子信箱：fd@pup.pku.edu.cn
图书如有印装质量问题，请与出版部联系，电话：010-62756370

ABOUT AUTHOR >>> 作者简介

彭维刚（Mike W. Peng）是美国达拉斯得克萨斯大学金达尔管理学院的金达尔全球战略讲席教授（Jindal Chair of Global Strategy at the Jindal School of Management, University of Texas at Dallas），美国国家科学基金会事业奖获得者和国际商务学会（AIB）院士。

彭教授在明尼苏达州威诺纳州立大学（Winona State University）获得学士学位，在西雅图华盛顿大学（University of Washington）获得博士学位。在2005年加入达拉斯得大之前，他是俄亥俄州立大学（终身）副教授。他还曾在香港中文大学和夏威夷大学任教，并在澳大利亚、英国、加拿大、中国、美国、越南等多国进行过学术访问。

彭教授在主流期刊上发表文章140多篇，在其他期刊上发表文章30多篇，出版著作5本。他被公认为全球企业战略领域最多产、最具影响力的学者之一。他的研究得到了广泛的引用，联合国和世界银行都曾引用过他的研究成果。《管理学会视角》（Academy of Management Perspectives）研究发现，在1991年以后获得博士学位的管理学者中，彭教授在学术界内外的影响力排名第四（以学术引用和非教育类的谷歌网页为标准）。按被引次数排序，他不但在海外华人管理学者中荣膺第一，在全球的经济和管理学者中也位列前100位，并多次名列《世界最有影响的科学家名录》(The World's Most Influential Scientific Minds)。

彭教授撰写的《全球企业战略》（Global Strategic Management）、《全球商务》（Global Business）和《全球化》（GLOBAL）等畅销教材，在全球30多个国家被使用，并被译成中文、西班牙文和葡萄牙文。欧洲版《国际商务》（International Business）（和Klaus Meyer合作）也已经发行。

彭教授也积极投身于学术领导活动。他曾服务于AMJ、AMR、JIBS、JMS、JWB和SMJ的编委会，并为JMS客座编辑了一期特刊。他于2008年当选战略管理学会（SMS）全球战略兴趣组主席，还作为联合主席主持了2007年在上海举行的SMS特别会议。在AIB中，2006年他与其他学者共同主持了在圣地亚哥召开的AIB/JIBS前沿会议，2010年客座编辑了一期JIBS特刊，2011年在名古屋会议上主持了新兴市场和经济转轨部分的研究议程，2012年在华盛顿会议上担任理查德·法默最佳论文奖评委会主席，近期当选为AIB院士。彭教授还曾担任《亚太管理期刊》（Asia Pacific Journal of

Management, APJM）主编，在他的领导下，该刊投稿量翻了一番，并成为社会科学引文索引（SSCI）入围期刊。APJM 的首次引文影响力达到 3.36，2010 年在 140 种管理期刊中排名第 18 位。

彭教授也是一位活跃的管理咨询顾问、培训师和演讲人，他为 300 多位教授提供过在职培训，为许多组织提供过咨询，为许多会议担任过主旨演讲嘉宾。他的客户包括跨国企业（如 AstraZeneca、Berlitz、KOSTA、Nationwide、SAFRAN 和 Texas Instruments），非营利组织（如大达拉斯亚裔美国商会和达拉斯—沃斯堡世界事务委员会），教育机构和基金组织（如中国国家自然科学基金委员会、哈佛大学肯尼迪政府学院、美国国家科学基金会、加拿大社会科学及人文研究委员会），以及政府和国际组织（如美中贸易委员会、英国政府和世界银行）等。

彭教授还吸引到近 100 万美元的外部资助，所获荣誉包括美国国家科学基金会事业奖，美国小企业局（联邦部级单位）管理最佳论文奖，西南管理学会（终身）杰出学者奖，以及中国管理研究国际学会（终身）学术贡献奖等。《经济学人》（Economist），《新闻周刊》（Newsweek），《达拉斯晨报》（Dallas Morning News），《精明商业达拉斯》（Smart Business Dallas），《亚特兰大宪法报》（Atlanta Journal-Constitution），《出口杂志》（Exporter Magazine），《世界日报》（World Journal），《商业时报》(Business Times)（新加坡），《星岛日报》(Sing Tao Daily)（温哥华），《巴西经济报》（Brasil Econmico）（圣保罗），《美国之音》（Voice of America），以及《清华管理评论》《IT 经理时代》《管理@人》等报刊、电台的采访都曾引用过他的观点。

PREFACE >>> 前言

从我撰写《全球企业战略》第一版到现在已经过去十多年了，在全球战略实践明显变得更加重要的同时，全球战略的研究和教学也达到了新的高度。在过去的十多年里，全球战略领域经历了两件具有里程碑意义的大事：其一，在 SMS 内成立了一个专门的全球战略兴趣组 (Global Strategy Interest Group , GSIG)；其二，《全球战略期刊》(*Global Strategy Journal, GSJ*) 创刊。通过担任 GSIG 的首位主席和作为 *GSJ* 首届编审委员会成员，我积极支持这两项倡议。我相信，《全球企业战略》第一版和第二版的广泛采用，增强了全球战略领域的合法性，扩大了全球战略管理的影响力，也对这两项令人振奋的倡议的达成有所帮助。

自 2002 年开始，我的目标是为战略管理教材和国际商务教材，特别是全球战略教材设定一个新的标准。《全球企业战略》满足本科生和 MBA 三门课程的需求：(1) 全球（国际）战略课程，(2) 战略管理课程（尤其适合具有国际眼光的教师），以及 (3) 国际商务课程（尤其适合具有战略导向的教师）。在以下国家和地区师生的热情支持下，本书的前两版取得了巨大的成功，在很大程度上实现了我的目标（这些国家或地区包括安哥拉、澳大利亚、奥地利、巴西、英国、加拿大、智利、中国、芬兰、法国、丹麦、德国、印度、爱尔兰、马来西亚、墨西哥、荷兰、荷属安的列斯群岛、新西兰、挪威、葡萄牙、罗马尼亚、新加坡、韩国、西班牙、瑞典、瑞士、泰国和美国等）。本书除英文版本外，还有中文、西班牙文、葡萄牙文译本。总之，《全球企业战略》是一本真正的"全球化"教材。

我希望第三版能更上一层楼。它延续了以第一版首创的市场反应良好的以"战略三脚架"为核心的框架。为更好地反映快速发展的经济形势和研究成果，本书在过去几年进行了彻底更新。其最具战略性的特点体现在：(1) 对"全球战略"更宽泛的定义，(2) 全面且创新性的论述，(3) 为前沿研究提供有理有据、深入一致的阐释，以及 (4) 以生动有趣的方式吸引学生。

对"全球战略"更宽泛的定义

本书中，"全球战略"不仅定义为特定跨国公司（MNE）的战略，也是一种"全球范围的战略"。尽管本书重点关注国际战略，但并不仅限于此。正如"国际商务"（除了"国际"）是关于"商务"一样，在"全球战略"中，"全球"用来修饰更为基础的"战略"。大多数全球战略和国际商务教材采用进入海外市场的视角，特别关注跨国公司，比如跨国公司如何进入外国市场、如何寻找当地合作伙伴等议题。尽管这些问题很重要，但它们只涉及国际商务的一个方面，即"国外方面"。另一方面当然是国内企业如何相互竞争以及应对国外进入者。如果不能理解国内这一"另一方面"，就好比只看到了硬币的一面。

全面且创新性的论述

根据"全球战略"更宽泛的定义，本书中的战略涵盖了大型跨国公司和小型创业企业、国外进入者和国内企业，以及来自发达经济体的企业和来自新兴经济体的企业。因此，在战略管理和国际商务的众多教材中，本书内容涵盖了全球战略的所有主题，更加全面、更具创新性。总之，它是世界上第一本在全球范围阐述全球战略的教材。其特点包括：

- 有一章关于制度、文化和伦理（第四章），并且将新兴的战略制度观贯穿全书（另外两个是传统的产业基础观和资源基础观）。
- 有一章关于创业（第六章），特别是创业的国际化方面。
- 有一章关于全球动态竞争（第八章），特别是对被其他教材忽略的卡特尔、反托拉斯和反倾销等展开议题进行了充分讨论。
- 有一章关于产品和地理多元化（第九章），首次将这两种关键的公司战略放在教材的同一章节里。
- 有一章关于世界范围内的公司治理（第十一章），首次将委托人—代理人冲突和委托人之间冲突放在同等重要的地位进行讨论。
- 有一章关于企业社会责任（第十二章），这是一个正在引起人们广泛兴趣的重要领域。
- 地理覆盖面广，不仅包括来自"三极"（北美、西欧和日本）的发达经济体企业，也包括新兴经济体（重点关注金砖国家，即巴西、俄罗斯、印度、中国和南非）企业。
- 企业的伦理不仅在第四章和十二章被重点研究，也以"道德困境"和"伦理问题"栏目的形式贯穿全书。

有理有据、深入一致的阐释

全球战略领域范围之广对作者提出了挑战。在过去十多年里，我对这一精彩纷呈的领域的尊重和钦佩与日俱增。为了提供有理有据、深入的阐释，书中内容吸收了包括自己成果在内的最新的研究成果。具体而言，在过去的十多年里，我几乎查阅了发表在主流期刊上的每一篇文章。因此，每一章后面的注释都很全面、很长。虽然我没有引用文献中所有的文章，但我确信没有任何一项主要研究被遗漏。（遗憾的是，为了给最近的研究腾出空间，一些较老的文献不得不被删除了。）

领域越宽，越不容易突出重点。为了避免这种倾向，我在全部章节中尽力提供一个前后一致的框架。这主要通过三种方式实现。首先，我集中回答了战略管理领域的四个最基本问题：（1）为什么企业存在差异？（2）企业的如何行动？（3）哪些因素决定了企业的经营范围？（4）什么决定了企业在全球范围内的成败？特别要强调的是，有关企业绩效的第四个问题已经被认为是指导全球战略和国际商务研究的首要问题。

其次，避免出现只见"树木"（甚至"树枝"）不见"森林"倾向的方式是，用"战略三脚架"，即三种领先的战略观——产业基础观、资源基础观和制度基础观，贯穿全文。本书的一个创新是对制度基础观的发展。在每一章，这三种观点都会被整合发展成一个综合模型。这为学习过程提供了很好的连续性。

最后，我为每一章都写了一个简短的"争论和引申"。几乎所有的教材都将本领域现有知识不加批判地"灌输"给学生，却忽略了一个事实——我们的领域内充满争议并因此充满活力。争论推动了未来的实践和研究。所以，让学生接触各种前沿争论是必要的。

以生动有趣的方式吸引学生

如果你担心这本书会因大量借鉴当前研究成果而变得乏味，那就错了。我用了一种浅显易懂、引人入胜的对话风格来"讲故事"。相对于同类其他教材，本书各章节的讲述更加生动，也更短。一些用户说，阅读《全球企业战略》就像阅读一本好"杂志"。

我在课文中穿插了大量有趣的轶事。除了来自商界的例子，还有商界以外的，包括从古代中国军事著作到罗马帝国的进口配额，从《安娜·卡列尼娜》中的名言到冷战期间的"相互确保摧毁"(MAD)战略。

结果怎样？许多教材在每一章的结尾会让学生为这个难题纠结。而在本书中，每一章都从实践角度以一节"精明的战略家"内容结束，并配上一张可以直接讲授的表格"战略启示"。没有任何一本与本书竞争的教材能做到如此理论联系实际。

教师和学生们尤其欣赏本书前两版中来源广泛且有全球共鸣的相关案例。在第三版中，我努力吸纳了一些新的（我认为会更有趣的）案例材料。第三版有幸收到来自世界各国作者提供的案例。许多专家或者生活在这些案例发生的国家，或者来自这些国家。相信这些多样化的案例，将大大推动世界各地全球战略课程的教学和学习。

第三版有何新意？

具有战略意义的是，第三版首先通过从首席执行官（CEO）和其他战略领袖那里吸取更多内容，增强了高管的声音；其次，它为新兴经济体提供了更多内容。

如果《全球企业战略》的目标是培养新一代全球战略家，我们需要训练他们像CEO一样思考、行动和交流。虽然我用《全球企业战略》教过几门CEO课程，但大多数使用本书的学生——甚至是EMBA学生——都没有履行过这种高管职责。为了更有利于启发战略思考，第三版中引用了更多CEO和其他战略领袖的名言和观点——更长和更明显的引用，而不仅是通常那种嵌入（或者说"埋没"）在段落中的简单引用。比如，仅仅在第一章，你就能看到多处有深刻见解的引用，它们来自脸书创始人、董事长兼CEO，通用电气董事长兼CEO，微软大中华区CEO，宝洁董事长兼CEO等。

在接下来的章节，你还将接触到以下领袖的思想：拜耳北美CEO，凯雷集团联合创始人兼总经理，陶氏化学公司CEO，通用电气前董事长兼CEO，IBM的CEO，LG董事长，TNK-BP董事长兼CEO，美国司法部部长（代表司法部就AT&T与T-Mobile合并提出异议），美国财政部部长（关于美中战略与经济对话），全食公司联合创始人兼CEO，等等。

第三版以《全球企业战略》以往的优势为基础，更加突出地强调了新兴经济体内外所面临的全球战略挑战，每一章内容都能体现这一特点。这既是新兴经济体在全球化中发挥更重要作用的反映，也是我对新兴经济体浓厚研究兴趣的体现。

当然，除了以上这些特色，本书每一章都被彻底更新了，替换的新案例大约占全部案例数量的90%。总体而言，第三版《全球企业战略》具有相关性强、及时性强、实战性强的特点。要了解这本书自身作为一个全球性的产品是如何在世界各地参与教材市场竞争的，请看第一章的开篇案例。

ACKNOWLEDGEMENT >>> 致谢

在第三版出版之际，我首先要感谢使用本书作为教材的客户——世界各地的教师和学生，是你们让本书获得了成功。得益于本书的写作，我的（与本书无直接关联的）研究也取得了快速进展，因此我还想感谢我在世界各地的90多位合作者，感谢你们与我在研究前沿携手共进。

在达拉斯得克萨斯大学，我要感谢我的同事 Dan Bochsler, Larry Chasteen, Tev Dalgic, Van Dam, Greg Dess, Dave Ford, Richard Harrison, Maria Hasenhuttl, Charlie Hazzard, Marilyn Kaplan, Seung-Hyun Lee, Elizabeth Lim, John Lin, Livia Markóczy, Joe Picken, Roberto Ragozzino, Orlando Richard, Jane Salk, Mary Vice, Eric Tsang, 以及 Habte Woldu。感谢领导团队对我的支持，他们是 Hasan Pirkul（院长），Varghese Jacob（副院长）和 Greg Dess（系主任）。还要感谢我的两位博士生助理：Brian Pinkham（现今在得克萨斯州基督教大学）和 Steve Sauerwald。另外，感谢一位博士生（Canan Mutlu），四位MBA学生（Kris Baker, Harold Burman, Andrew Cyders 和 Ben Wilson），以及七位EMBA学生（Cathy Benjamin, Fabia Bourda, Vivian Brown, James Buchanon, Grace Crane, David Darling 和 Michele Harkins），他们贡献了优秀的案例材料。

在圣智学习出版公司，我要感谢"彭团队"，他们不仅出版了《全球企业战略》，还出版了我的《全球商务》和《全球化》两本书。团队包括出版人 Erin Joyner，高级策划编辑 Michele Rhoades，副研发编辑 Josh Wells，市场开发经理 Jonathan Monahan，媒体编辑 Rob Ellington，以及编辑助理 Tammy Grega。

在学术领域，我感谢以下审稿人：Charles M. Byles（弗吉尼亚联邦大学），Sara B. Kimmel（贝翰文学院），Ted W. Legatski（得克萨斯州基督教大学），Jun Li（新罕布什尔大学）和 Carol Sanchez（大峡谷州立大学）。

此外，我还要感谢许多同行为本书提供了非正式的反馈。在过去的十多年里，我有幸得到了来自世界各地数百名同行的反馈。（由于篇幅限制，我只能向自第二版以来给我反馈的同行致谢。因为在本书较早的版本中，已向较早给过我反馈的同行致谢。）他们是：M. Ambashankar（印度古普塔管理学院），Hari Bapuji（加拿大曼尼托巴大学），Balbir Bhasin（美国阿肯色州史密斯堡大学），Murali Chari（美国仁斯利尔理工大学），Tee Yin Chaw（马来西亚管理科学大学），Joyce Falkenberg（挪威经济与工商管理学院），Todd Fitzgerald（美国圣约瑟夫大学），Myles Gartland（美国罗克赫斯特大学），Dennis Garvis（美国华盛顿与李大学），John Gerace（美国切斯纳特希尔大学），Maria Hasenhuttl（美国达拉斯得克萨斯大学）、Katalin Haynes（美国得州农工大学）、Stephanie Hurt（美国梅雷迪思大学）、Anisul Islam（美国休斯敦大学）、Basil Janavaras（美国明尼苏达州立大学）、Marshall Shibing Jiang（加拿大布鲁克大学）、Ferry Jie（澳大利亚悉尼科技大学）、Ben Kedia（美国孟菲斯大学）、Aldas Kriauciunas（美国普渡大学）、Sumit Kundu（美国佛罗里达国际大学）、Somnath Lahiri（美国伊利诺伊州立大学）、Seung-Hyun Lee（美国达拉斯得克萨斯大学）、David Liu（美国乔治福克斯大学）、Anoop Madhok（加拿大约克大学）、Mike Poulton（美国狄金森学院）、David Pritchard（美国罗切斯特理工学院）、Pradeep Kanta Ray（澳大利亚新南威尔士大学）、David Reid（美国西雅图大学）、Al Rosenbloom（美国多明尼克大学）、Anne Smith（美国田纳西大学）、Clyde Stoltenberg（美国威奇托州立大学）、Steve Strombeck（美国阿苏萨太平洋大学）、Jose Vargas-Hernandez（墨西哥瓜达拉哈拉大学）、Loren Vickery（美国西俄勒冈大学）、George White（美国奥多明尼昂大学）、谢恩（中国西安交通大学）、Gracy Yang（澳大利亚悉尼大学）、杨海滨（中国香港城市大学）、吴展（澳大利亚悉尼大学）。

我还要感谢六位非常特殊的同事，他们是中国的孙卫和刘新梅（西安交通大学），巴西的Joaquim Carlos Racy（圣保罗天主教大学）和George Bedinelli Rossi（圣保罗大学），墨西哥的Mercedes Munoz（蒙特雷科技大学）和Octavio Nava（墨西哥峡谷大学）。他们非常喜欢这本书，并费心分别将第一版和第二版翻译成中文、葡萄牙文和西班牙文。他们的辛勤工作使《全球企业战略》在全球范围内获得了更广泛的读者，达到了其自称为"全球化的全球战略教材"的初衷。

第三版在中国翻译出版之际，我感谢华东理工大学商学院阎海峰院长及其团队的艰苦努力，以及北京大学出版社徐冰编辑的全程呵护。

最后，我要感谢我的妻子Agnes，女儿Grace、儿子James，在此将本书献给他们。

彭维刚

CONTENTS >>> 目录

第一章 全球战略 / 001

开篇案例 《全球企业战略》一书的全球战略 / 001

一本全球化的全球战略教科书 / 003

新兴市场案例 1.1（道德困境） 富士康 / 004

新兴市场案例 1.2 通用电气：来自金字塔底层的反向创新 / 006

为什么学习全球战略 / 007

战略是什么 / 008

战略行动 1.1 1914 年德国和法国的军事战略 / 009

战略领域内的基本问题 / 011

什么是全球战略 / 014

什么是全球化 / 015

全球战略与全球化的争论 / 017

本书的结构 / 019

本章小结 / 019

关键词 / 020

讨论题 / 020

拓展题 / 020

结篇案例（道德困境、新兴市场） 微软融入中国战略 / 020

注释 / 022

第二章 产业竞争 / 026

开篇案例（新兴市场） 印度零售业的竞争 / 026

定义产业竞争 / 028

五力模型 / 029

战略行动 2.1　邮轮产业：载不动太多爱 / 031

战略行动 2.2　卡地纳：从食品行业到医疗保健 / 035

三种一般竞争战略 / 036

战略行动 2.3　瑞安航空：降低成本，永不止步 / 037

争论和引申 / 039

精明的战略家 / 044

本章小结 / 045

关键词 / 046

讨论题 / 046

拓展题 / 046

结篇案例（新兴市场）　经济危机中的奢侈品之道 / 046

注释 / 048

第三章　资源和能力 / 051

开篇案例　百年 IBM / 051

理解资源和能力 / 053

资源、能力及价值链 / 054

从 SWOT 到 VRIO / 057

战略行动 3.1　全日空（ANA）：清洁其他航空公司清洁不到的地方 / 058

新兴市场案例 3.1　新兴经济国家中企业的战略双元性 / 060

争论和引申 / 061

精明的战略家 / 065

本章小结 / 066

关键词 / 066

讨论题 / 066

拓展题 / 066

结篇案例（新兴市场）　从山寨到创新 / 067

注释 / 069

第四章　制度、文化和伦理 / 073

开篇案例　降薪还是裁员 / 073

理解制度 / 075

新兴市场案例 4.1　国际联合商事仲裁 / 076

制度基础观的商业战略 / 079

新兴市场案例 4.2　新兴跨国公司背后的制度动因 / 080

文化的战略角色 / 082

伦理的战略作用 / 085

争论和引申 / 088

精明的战略家 / 090

本章小结 / 091

关键词 / 092

讨论题 / 092

拓展题 / 092

结篇案例　靠马赛部落的名称赚钱 / 092

注释 / 094

第五章　国外市场进入战略 / 098

开篇案例　巴士公司进入美国 / 098

克服外来者劣势 / 100

新兴市场案例 5.1（道德困境）　俄罗斯企业国际亮相 / 100

理解企业国际化倾向 / 101

国外市场进入的综合模型 / 102

进入哪里 / 105

新兴市场案例 5.2　迪拜机场连接世界 / 105

新兴市场案例 5.3　南非跨国公司的兴起 / 108

何时进入 / 109

如何进入 / 111

争论和引申 / 115

精明的战略家 / 117

本章小结 / 118

关键词 / 119

讨论题 / 119

拓展题 / 119

结篇案例（新兴市场）　珠江钢琴的崛起 / 119

注释 / 121

第六章　创业企业 / 125

开篇案例　阿里巴巴的崛起 / 125

创业与创业企业 / 127

创业综合模型 / 128

战略行动 6.1　从肮脏的线上工作中获利 / 129

战略行动 6.2　私人军事企业 / 130

五种创业战略 / 132

创业企业的国际化 / 135

争论和引申 / 137

精明的创业者 / 140

本章小结 / 140

关键词 / 141

讨论题 / 141

拓展题 / 141

结篇案例（新兴市场）　小额信贷：巨大成功还是全球乱局？/ 141

注释 / 143

第七章　战略联盟与网络 / 147

开篇案例（新兴市场）　百胜团队与中石化的合作 / 147

定义战略联盟和网络 / 149

战略行动 7.1　围绕日本航空公司的激烈竞争 / 149

战略联盟和网络的综合模型 / 150

新兴市场案例 7.1　当地合作伙伴的视角："英国石油公司一直将俄罗斯人视为其附庸" / 154

联盟的形成 / 155

联盟的演化 / 157

联盟的绩效 / 160

争论和引申 / 161

新兴市场案例 7.2　巴西航空工业公司的联盟和收购 / 162

精明的战略家 / 163

本章小结 / 164

关键词 / 165

讨论题 / 165

拓展题 / 165

结篇案例（道德困境、新兴市场） 英国石油公司、俄罗斯 AAR 公司和秋明公司 / 165

注释 / 168

▶▶ 第八章　全球动态竞争 / 173

开篇案例　专利战和"鲨鱼"进攻 / 173

战略是行动 / 175

产业基础观 / 176

新兴市场案例 8.1　钻石（卡特尔）恒久远吗？ / 179

资源基础观 / 181

战略行动 8.1　鸡舍里的狐狸 / 182

制度基础观 / 184

新兴市场案例 8.2　从贸易战到反垄断战 / 186

进攻和反击 / 188

合作和信号 / 189

本土企业与跨国公司 / 190

争论和引申 / 191

精明的战略家 / 193

本章小结 / 194

关键词 / 194

讨论题 / 194

拓展题 / 195

结篇案例（道德困境、新兴市场） HTC 大战苹果 / 195

注释 / 197

▶▶ 第九章　多元化与收购 / 200

开篇案例（新兴市场） 韩国企业集团的多元化战略 / 200

产品多元化 / 202

地理多元化 / 204

产品多元化与地理多元化的结合 / 205

战略行动 9.1　Danisco 战略的演变 / 206

多元化的综合模型 / 207

战略行动 9.2　本田飞机能飞得高吗？ / 208

收购 / 212

新兴市场案例9.1　巴西的大汉堡交易 / 213

重组 / 217

争论和引申 / 218

精明的战略家 / 219

本章小结 / 220

关键词 / 220

讨论题 / 220

拓展题 / 221

结篇案例（新兴市场）来自中国和印度的新兴收购者 / 221

注释 / 223

第十章　跨国战略、结构与学习 / 226

开篇案例（新兴市场）三星的全球战略部门 / 226

跨国战略与结构 / 228

新兴市场案例10.1　雪铁龙的中国品味 / 230

跨国战略、结构与学习的综合模型 / 233

战略行动10.1　将总部迁往海外 / 236

全球学习、创新和知识管理 / 238

争论和引申 / 241

战略行动10.2　石油巨头的集权型和分权型战略计划 / 242

精明的战略家 / 243

本章小结 / 244

关键词 / 245

讨论题 / 245

拓展题 / 245

结篇案例　拜耳材料科技（北美）子公司倡议 / 245

注释 / 247

第十一章　公司治理 / 251

开篇案例　惠普大戏 / 251

所有者 / 253

管理者 / 254

战略行动11.1　默多克家族和小股东 / 255

董事会 / 257

治理机制组合 / 259

全球视角 / 261

公司治理的一个综合模型 / 262

争论和引申 / 265

新兴市场案例 11.1　鼓励与限制主权财富基金的投资 / 267

精明的战略家 / 269

本章小结 / 270

关键词 / 270

讨论题 / 270

拓展题 / 271

结篇案例（新兴市场）　私募股权的挑战 / 271

注释 / 273

第十二章　企业社会责任 / 278

开篇案例　第一辆电动汽车诞生记 / 278

企业利益相关者观点 / 281

企业社会责任的综合模型 / 283

争论和引申 / 291

新兴市场案例 12.1　陶氏化学公司在中国 / 293

精明的战略家 / 293

本章小结 / 295

关键词 / 295

讨论题 / 295

拓展题 / 295

结篇案例（道德困境）　埃博拉病毒的挑战 / 296

注释 / 298

附录：注释中期刊名称缩写 / 301

第一章
全球战略

▶▶ 学习目标

通过本章学习，你应该能够

1. 对传统狭义上的"全球战略"有一个基本的评判；
2. 清楚描述全球战略背后的原理；
3. 定义什么是战略、什么是全球战略；
4. 概述战略管理领域的四个基本问题；
5. 从一个均衡视角和能够意识到可能存在偏见的基础上，参与有关全球化的争论。

⮕ 开篇案例

《全球企业战略》一书的全球战略

自1995年开始，《全球企业战略》已被30多个国家的商学院采用，除了英文版本外，目前还有中文、西班牙文和葡萄牙文版。《全球企业战略》也派生了两本相关书籍：《全球商务》（国际商务领域中更具综合性的传统教科书）和《全球化》（更精炼、创新的平装书）。每个人都知道全球竞争的残酷性。那《全球企业战略》和它的姊妹书籍在全球范围内是如何竞争的？换言之，《全球企业战略》一书的全球战略是什么？

《全球企业战略》和它的姊妹书籍由圣智学习出版公司（Cengage Learning）的分部西南圣智学习出版公司（South-Western Cengage Learning）出版发行。圣智学习的服务对象为中等和高等教育市场中的学生、教师、图书馆，还有政府机构和企业。本书的版权所在地是美国俄亥俄州的梅森（辛辛那提市的一个郊区），但必须注意这是一个特定的分部即西南分部的地址。圣智学习出版公司总部在美国康涅狄格州的斯坦福德。圣智学习出版公司是一家全球公司，由英国的安佰深（Apax Partners）和加拿大的欧莫斯（OMERS Capital Partners）这两家私募股权集团所有。

总之，圣智学习出版公司的全球属性渗透到其组织中：它是由英国企业和加拿大企业共同持有，总部设在美国。圣智学习出版公司的年销售额超过20亿美元，约5 800名员工分布在全世界35个国家中。

在商业和经济学教科书的出版领域，圣智学习西南分部与麦格劳－希尔（McGraw-Hill）及培生（Pearson）公司被合称为该行业的三大巨头，而与后两者相比，圣智学习出版公司在全球市场占有率方面占据领先位置。过去竞争主要集中在美国和其他英语体系国家，但现在竞争是全球性的。《全球企业战略》的目标课程对象是"战略管理"和"国际商务"课程。虽然这两个领域各自并不缺乏教科书，但《全球战略》是第一本通过重点围绕两者交叉点、开创新领域的教科书。由于得到众多来自安哥拉、澳大利亚、奥地利、巴西、英国、加拿大、智利、中国、芬兰、法国、丹麦、德国、印度、爱尔兰、日本、马来西亚、墨西哥、荷兰、荷属西印度群岛、新西兰、挪威、波兰、罗马尼亚、新加坡、韩国、西班牙、瑞典、泰国和美国等国家（地区）教授和学生的热情支持，《全球企业战略》一书取得了优异的市场成绩。

尽管主要的竞争还是在之前所说的三大巨头之间，但是《全球企业战略》还是吸引了新进入者——一些小型的、原本更加专注于学术书籍但对进入主流教科书市场感兴趣的出版社，如剑桥（Cambridge）、牛津（Oxford）及威利（Wiley）等。除了新进入者，出版业还正面临另一项挑战：数字化革命。电子书作为一种纸质书的替代品已经开始出现。现在亚马逊上的Kindle版本书籍的销量超过了印刷版书籍。为了跟上这股潮流，从本书的第二版起，《全球企业战略》就有了Kindle电子版。

虽然竞争在理论上是全球的，实际上对圣智学习出版公司来说，却要一个接一个地去赢得当地市场，也就是说需要去争取每个国家、每个学校、每位老师所教的每门课。很显然，没有老师在全世界教书，也没有学生在全世界学习。教与学还是非常本地化的。对于圣智学习出版公司整体来说，公司格言是"全球化思维，本地化运作"。然而对于《全球企业战略》一书来说，很难让人接受的一个事实是本书没有一个"全球战略"！虽然这么说带有点讽刺的味道，但真正想表达的含义是本书并没有一个在全球范围内的宏大战略规划。其战略的特征是与不断快速演变的市场保持密切接触，矢志不渝地满足和超越全球客户的期望。换言之，圣智学习出版公司采用了"战略行为学派"的观点，而不是"战略计划学派"的观点。每向前推进一步，圣智学习出版公司都会了解、检验市场，沟通客户，渴望下一版能做得更好。例如，本书的葡萄牙文版是由两位巴西教授完成的，他们不单单是翻译者，还是"修订者"，增加了本地化内容。在前两版已有很多关于新兴经济内容的基础上，本书第三版在每一章都引入了有关新兴市场的一个新特性。本版内容也拓展覆盖了之前较少涉及的拉丁美洲和非洲地区，从而使得本书更加全球化。

最后，为在全球范围内更好地参与竞争，通

晓游戏规则是必须的。在一些国家，外国出版社可以任意出版他们想出版的书籍。但在另一些国家，外国出版社不允许出版任何东西。例如，巴西允许圣智学习出版公司设立一个独资子公司以出版本书的葡萄牙文版。但是，中国却不同意外国出版社自行出版书籍。因此，圣智学习出版公司把《全球企业战略》的翻译授权给中国的出版社。中国的法规还进一步要求在中国出版的所有书籍，不管是来自国外的还是国内的，出版发行前都需要经过审查。吃透这些规则至关重要。本书书名同时略做调整，以避免被审查者误归为"全球军事战略"领域的著作。这些送审和调整工作得益于重要而微妙的本地知识，帮助一家全球公司成功实现了一次本地化操作。

资料来源：(1) Author's interviews with Cengage Learning executives in Brazil, China, and the United States; (2) *Economist*, 2010, The future of publishing, April 3: 65–66; (3) M. W. Peng, 2009, *Global Strategy*, 2nd ed., Cincinnati: South-Western Cengage Learning; (4) M. W. Peng, 2007, *Global Strategic Management*, translated by W. Sun & X. Liu, Beijing, China: Posts & Telecom Press; (5) M. W. Peng, 2008, *Estratégia Global*, translated by J. C. Racy & G. B. Rossi, São Paulo, Brazil: Cengage Learning; (6) M. W. Peng, 2010, *Estrategia Global*, segunda edición, translated by A. Alcérreca & M.Muñoz, Mexico City, Mexico: Cengage Learning。

一本全球化的全球战略教科书

诸如圣智学习、麦格劳-希尔及培生此类的全球出版公司是如何参与全球竞争的？在每个国家的出版业中，外国公司和本国公司是如何相互影响、竞争和（或）合作的？什么因素决定了它们的成功和失败？因为战略是关于如何在竞争中取胜的学问，本书作为"全球企业战略"的教材，将帮助现在和将来的战略家们回答上述以及其他一些重要的问题。以本书为例，你正在阅读的这本书就是一个真实的全球化产品，它利用自身优势，与同类书籍在全世界内展开竞争（见开篇案例）。

然而，本书并不聚焦于一种特定的国际化（跨国）战略形式，如全世界范围内生产和销售标准化产品和服务的战略。在过去的二十多年中，传统的全球战略书籍通常推崇此类战略，因缺乏更好的术语来描述，这种战略往往也被称为"全球战略"。[1] 然而，现实却是，根据这种战略生产的"世界汽车""世界饮料"或"世界广告"无力征服全世界，很多经理人为此沮丧不已并进行了深刻反思。

跨国企业（multinational enterprises, MNEs）的定义是在他国通过直接控制和管理增加经济价值的活动，进行**对外直接投资**（foreign direct investment, FDI）的企业。[2] 事实上，这些跨国企业经常不得不调整它们的战略、产品和服务，以适应当地市场。比如，开篇案例清楚地表明在出版业，用一个标准走天下是行不通的。在汽车行业，也没有所谓的"世界汽车"。在一个地区广受欢迎的汽车，却往往受到其他地区顾客的抵制。在欧洲市场上占据主导地位的大众 Golf 和福特 Mondeo（在美国叫 Contour）两款车型，却很少在亚洲和北美见到。所谓的"世界饮料"经典可口可乐，其口味实际上在世界各地都各不相同（糖分含量不同）。可口可乐公司推出了一系列以北极熊卡通形象为中心的"世界广告"，这些广告原本被认为符合全世界的价值观和兴趣，实际却在世界范围内遭到了电视观众的普遍抵制，比如毛茸茸的北极熊很难引起热带地区观众的共鸣。为此，可口可乐公司转向了虽然成本很高却更加有效的、针对每个国家的广告战略。例如，印度子公司实施了一项将可乐与"thanda"，即印地语中的"冷"联系在一起的推广活动。德国子公司则推出了一系列带有暗含情色意味的广告！[3]

显而易见，在过去 20 年中广为流行的"全球战略"（或者说"全球通用战略"）的狭义定义，可能在某些行业的一些企业中很管用，但却是不完整和不全面的。[4] 具体可以从以下三个方面来说明：

- 以"全球战略"的名义寻求全球范围的成本削减、合并和重组，经常会忽略对当地市场的响应能力和全球学习能力。其结果往往不能令人满意，甚至带来巨大的损失。现在很多跨国公司已经不再使用这样的战略。MTV 已经从标准化（美式）的英语节目转为多语种的节目。在 79 个国家拥有超过 5 000 家分支机构的汇丰银行，已经成为世界上最大的和最全球化的银行之一。但它并不强调其"全球"实力，而以"世界性的当地银行"（the world's local bank）形象自居。
- 从定义本身来看，狭义的"全球战略"围绕的是如何开展国际竞争，尤其是像可口可乐和百事、丰田和本田及波音和空客等全球竞争对手之间，如何在一个又一个国家之间竞争。由此却忽略了国内企业间，以及国内企业与国外进入者之间的竞争。你知道西麦斯（Cemex）、巴西航空公司（Embraer）、富士康（Foxconn）、华为（Huawei）及塔塔（Tata）分别属于哪个国家或地区，从事什么行业吗？位于墨西哥、巴西、中国台湾地区、中国大陆和印度的这五家公司，分别是水泥、航空、电子设备生产、电信设备以及汽车行业的全球主要竞争者。它们是新兴经济国家中跨国公司的杰出代表。如果你的战略研究雷达屏幕上没有这些公司，那么只能说明雷达上的盲点太多了。（见新兴市场案例 1.1）
- 当前的"全球战略"知识大都来自在发达经济体中，即被称为**三极区域**（**Triad**）的北美、欧洲和日本的跨国公司如何在收入水平相当、消费者偏好相似的其他发达国家内的竞争。新兴经济体（**emerging economies**）或新兴市场（**emerging markets**）的 FDI 流入占了全球的一半，按购买力平价计算的国内生产总值（GDP）占全球将近一半。[5] 从 20 世纪 90 年代开始，"新兴经济体"（或"新兴市场"）已逐渐取代发展中国家的说法。被称为**金砖四国**（**BRIC**）的巴西、俄罗斯、印度和中国吸引了人们越来越多的关注。**金砖五国**（**BRICS**）（即金砖四国再加南非）已经成为一个更时髦的词。金砖国家的企业不单是在本国市场迎接挑战，而且越来越多地在国外市场参与竞争。[6] 总体来讲，来自新兴经济体的新兴跨国公司的对外 FDI 占全球总额的四分之一还要多。

新兴市场案例 1.1 （道德困境）

富士康

在 2010 年以前，全世界的苹果用户、惠普电脑用户、亚马逊 Kindle 用户及微软用户中的大多数根本不知道是哪家企业在生产他们所喜爱的这些产品。答案是，一家总部位于中国台北的公司——富士康。富士康的股票（名为鸿海）不单在中国台湾地区上市（上市代码：2317），也在香港（上市代码：2038）、伦敦（上市代码：HHPD）和纳斯达克（上市代码：HNHPF）上市。富士康是全球最大的代工服务商，年收入达1 100亿美元。换言之，除了上面提到的那些公司，可能每个人都听说过思科、戴尔、爱立信、英特尔、摩托罗拉、任天堂、诺基亚和索尼等大型主流电子公司也将相当一部分生产外包给了"低成本生产商"。但是外包给了谁呢？却只有一小部分人知道答案——富士康已占据了相当份额的外包市场。

富士康由企业家郭台铭于1975年在中国台北创立，启动资金仅有7 500美元，郭目前仍任董事会主席。当然，随着富士康的壮大，其越来越为业内人士所知晓并受到尊敬。但在行业外，富士康则显得默默无闻，差不多成了全世界很多人从来没有听说过的最大的公司。富士康究竟有多大？在全球它有130万员工，仅中国的雇员就超过92万人（深圳一个厂区就有30万人）。为了让你对这些数字有一个更直观的理解，我们这么说吧，富士康的全球雇员人数和美国所有军人的数目相当，其在中国大陆的员工人数则是中国台湾地区所有军人数目的3倍。除了中国大陆，富士康还在其他12个国家设有工厂，这些国家包括澳大利亚、巴西、捷克、印度、日本、墨西哥、荷兰、波兰、俄罗斯、斯洛伐克、新加坡和美国。富士康是中国最大的私营企业雇主和最大的出口企业，同时也是捷克第二大的出口企业。

2010年，富士康无意中被卷入了媒体的视野，不是因为它所取得的成就，而是因为前后7个月内，其在中国深圳的十几名员工先后自杀，其中大多数人选择了从高耸的富士康宿舍楼上一跃而下。这就是此类新兴经济体跨国公司的一个突出矛盾。富士康如此成功的秘密是什么？如同100年前亨利·福特发明的通过每个岗位工作的标准化操作而实现的大规模生产线一样，富士康创立了一种电子化-零元件、模组机光电垂直整合服务的商业模式（简称eCMMS模式），帮助其客户节约大量成本。但又怎么会出现震惊世界的、这么多起员工自杀事件呢？商业模式肯定是罪魁祸首。在富士康工作要求精神高度集中和大量重复性的劳动，这必然会给员工造成各种压力。《彭博商业周刊》描述郭台铭是一个"冷酷无情的包工头"。虽然有媒体和企业社会责任专家指责富士康将员工视为机器使用，压榨廉价劳动力，却没有证据表明富士康有虐待或辱骂其员工的行为。事实上，在中国，劳动监管部门还曾对富士康较好的表现表示赞赏，如给工人（相对的）高工资，按时发放薪水及支付加班报酬。根据中华英才网的调查，富士康连续成为2005和2006年中国最佳雇主之一。针对员工的自杀行为，2010年富士康调升深圳工厂工人30%的薪酬，至每月176美元。这一薪酬调升举措使其2010年的每股收益降低了5%，2011年降低了12%。由此，郭台铭最近也将年度增长目标从30%调整到了15%。尽管遭受了这一挫折，这家有趣的（直到最近还不怎么为人熟知的）新兴经济体跨国企业还是值得你的持续关注，特别是当你下次打开iPad的时候。

资料来源：(1) *Bloomberg Businessweek*, 2010, Chairman Gou, September 13: 58–69; (2) *Bloomberg Businessweek*, 2011, How to beat the high cost of happy workers, May 9: 39–40; (3) www.foxconn.com。

因此，调整（甚至完全抛弃）传统"全球战略"概念的呼声越来越高。[7]图1.1以金字塔的形式呈现了全球经济。最上层大概有10亿人，他们的人均年收入超过20 000美元。这类人主要由大部分来自三极国家的人和世界上其他国家的一小部分富人所组成。中层大概也有10亿人，他们的人均年收入介于2 000到20 000美元之间。剩下的世界上绝大多数的人口，大概有50亿，年人均收入低于2 000美元，他们组成了**金字塔底层**（base of the pyramid, BOP），却恰恰被传统的"全球战略"忽视了。许多来自发达国家的跨国公司坚信它们无法从那些金字塔底层市场中赚取到利润。然而，全球经济的最新发展却动摇了这种错误的信念。通用汽车目前在中国市场上出售的汽车数量已经超过了美国市场，中国也已超过美国成为世界最大的汽车市场。在发达国家跨国公司不重视新兴市场国家中金字塔底层的情况下，当地的竞争对手会迅速占领市场，如印度的塔塔集团以及中国的吉利集团（见新兴市场案例1.2）。从底层往上，新崛起的竞争者不断追逐海外第二层及最顶层的市场，给发达国家的跨国公司带来了巨大的竞争挑战。

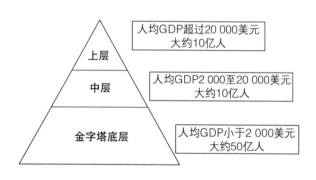

图1.1　全球经济金字塔

资料来源：(1) C. K. Prahalad & S. Hart, 2002, The fortune at the bottom of the pyramid, Strategy+Business, 26: 54–67; (2) S. Hart, 2005, Capitalism at the Crossroads (p. 111), Philadelphia: Wharton School Publishing。

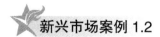

通用电气：来自金字塔底层的反向创新

跨国公司如通用电气一直以来都是在发达国家研发新产品，再通过调整、简化在新兴市场上推广。不幸的是，很多为金字塔顶层富裕人群设计的昂贵产品，拿到金字塔底层市场却行不通了。这不仅仅是价格的原因，也是由于对于当地客户的特殊需求缺乏考虑。相反，**反向创新**（reverse innovation）是把在新兴经济国家中研发的创新产品转化成低成本的产品，推广到发达国家市场。

以通用传统超声仪为例，最初在美国和日本开发，售价在10万美元以上（最高达35万美元）。在中国，由于并不是每家医院的成像中心都能够买得起，因此这些既昂贵又笨重的设备销量很差。通用的中国团队意识到中国80%以上人口依靠资金匮乏的乡村医院和诊所，这些机构根本买不起传统超声仪，病人因此需要跑到城市大医院才能接受超声波检查。然而，尤其对于病人和孕妇来讲，赶到城市医院的过程本身就是一个很大的挑战。既然大多数中国病人都到不了有超声仪的城市医院，那么只能将设备送到病人身边。简单地将现有笨重、昂贵而又操作复杂的超声仪按比例缩小满足不了这样的需求，通用意识到需要有一种革命性的产品——便携式超声仪。2002年，通用将普通笔记本和复杂的操作软件结合在一起，在中国发布了第一款便携式超声仪，仪器售价仅为3万美元。2008年，通用又推出一款售价为1.5万美元的新型仪器，价格不到其高端超声仪的15%。当便携式超声仪在中国尤其是乡村诊所大受欢迎的时候，也慢慢在全世界范围内（包括发达国家市场）普及开来。在医疗费用居高不下的发达国家，这款仪器将超声波设备以前不具备的特征即便携性和无可比拟的价格优势结合。金融危机前，2008年在通用全球产品线中，便携式超声仪贡献了2.78亿美元，年增长率50%~60%。即使在金融危机期间，该款产品在中国市场依然保持了年均25%的增长。

通用在中国开发便携式超声仪的经历不是个

案。在印度乡村，通用开发出一款售价为 1 000 美元的手提式心电图仪，成本下降了 60%~80%。在捷克，通用开发了一款小型飞机发动机，成本仅为原来的一半，使其有能力与普拉特·惠特尼（Pratt & Whitney）公司在发达国家小型涡轮螺旋桨发动机市场的竞争中占据主导地位。

为什么通用如此热衷反向创新？通用董事长杰夫·伊梅尔特在《哈佛商业评论》中写道：

> 坦白说，公司支持反向创新也是出于防御风险的目的。如果通用不在低收入国家创新并把产品推向全球，来自发展中国家的新的竞争者，像 Mindray、Suzlon、Goldwind 和海尔等也会……通用敬重传统的竞争对手们，如西门子、飞利浦和劳斯莱斯。同时，通用也知道如何与它们竞争，它们永远不会打垮通用。然而，新兴经济体的大公司通过引入更高性价比的产品却完全有可能打败通用。反向创新不是锦上添花，而是有关生死存亡的战略。

资料来源：(1) *Economist*, 2011, Frugal healing, January 22: 73–74; (2) *Economist*, 2011, Life should be cheap, January 22: 16; (3) V. Govindarajan & R. Ramamurti, 2011, Reverse innovation, emerging markets, and global strategy, *Global Strategy Journal*, 1: 191–205; (4) J. Immelt, V. Govindarajan, & C. Trimble, 2009, How GE is disrupting itself, *Harvard Business Review*, October: 56–65; (5) C. K. Prahalad & R. Mashelkar, 2010, Innovation's holy grail, *Harvard Business Review*, July: 132–141; (6) *Wall Street Journal*, 2011, Medicine on the move, March 28。

总体来讲，本书致力于更好地理解如何在全球范围内有效制定战略、展开广泛意义上的竞争，而不单单是传统的"全球战略"概念。有别于现有讲述全球战略的书籍，本书的内容更为均衡，不仅包括传统的"全球战略"和"非全球战略"，而且从跨国公司和本地公司两个角度展开论述。除了介绍发达国家，本书用相当篇幅介绍了进出新兴经济体的市场竞争战略。在每章中，至少都有一节关于新兴市场的内容，详细论述新兴经济国家企业间的竞争或从这些国家中产生的跨国公司，以便帮助你更好地理解全球竞争者中的新生力量。没有任何其他有关全球竞争的书籍是这样安排的。简而言之，本书才是真正意义上的全球化的全球战略教材。

为什么学习全球战略

战略课程特别是全球战略课程通常是商学院中最有价值的课程。[8] 为什么要学习全球战略？首先，最受商学院毕业生（MBA 和本科生）欢迎且收入最高的工作，通常是通晓全球战略的管理咨询顾问，你可能成为他们中的一员。除了咨询业，如果你渴望成为大型公司的高层管理者，精通全球战略管理往往是先决条件。如果你想成为一名外派经理人，国际经验终究是必须的。在你受教育期间所获得的全球战略知识和培养出来的兴趣，会帮你成为外派经理人职位的更理想人选。[9] 因此，准备简历的时候别忘记加上一条：你曾学习过全球战略课程。

其次，对于在大公司工作但既不准备进入咨询业也不打算晋升到高层的，以及那些效力于小公司或从事自由职业的毕业生来说，你会发现你同样需要和外资供应商、客户打交道，与外资企业在本土市场竞争，甚至也可能去海外销售或投资。也有可能你正为外企工作，或者原来就职的本地企业被外资收购了，或者你的部门因为全球合并被取消了。全世界大约有 8 000 万人直接受雇于外资企业，包括 600 万美国人、100 万英国人和 1 800 万中国人。例如，在非洲，当地最大的私营企业是可口可乐公司，雇员有 6.5 万人。在英国，最大的私营企业是塔塔集团，雇员有4.5万人。理解这些战略决策是如何制定的，将有助于你在此类企业中的职业发展。如果你所在部门的缩减是战略需要，你也一定希望尽快地知道消息，并第一时间在网上发布求职简历，而不是成为第一个收到解雇通知的人。换句话说，你必须更有战略眼光。毕竟，这事关你的职业生涯。不要成为一个鼠目寸光、消息闭塞的人！

总之，在这个全球化的时代，"你该如何避免被印度化了？或被南非化了？"[10]（即你的工作被外派到印度或南非。）为此，你必须首先知道什么是战略，我们将在以下部分讨论。

战略是什么

起源

"战略"一词起源于古希腊语"将军"（stratego），原意指"领军的艺术"或"将才"。战略与军事有很深的渊源。[11]最早关于战略的书籍可追溯到公元前500年由中国古代军事战略家孙子所著的《孙子兵法》。[12]孙子最著名的军事格言是"知己知彼，百战不殆"。将军事战略原理引入商业竞争，就形成了人们所熟知的**战略管理**（**strategic management**），简称**战略**（**strategy**），这是从20世纪60年代才发展起来的新现象。[13]

计划与行动

由于企业战略还是一个相对年轻的领域（尽管其军事战略脉络源远流长），人们对于战略的定义一直没有达成共识[14]，因此，出现了三种不同的学派（表1.1）。第一种，"**战略计划**"学派（**strategy as plan**）历史最为悠久。根据19世纪普鲁士（德国）军事战略家卡尔·冯·克劳塞维茨（Carl von Clausewitz）的著作[15]，该学派认为企业战略应与军事战略计划一样明确、严格、正规。

表 1.1 什么是战略？
战略计划学派
■ "有关战争计划的制定，每场战役的塑造，进而决定每次战斗的参与程度"（von Clausewitz, 1976）
■ "帮助组织达成目标的一整套具体计划"（Oster, 1994）
战略行动学派
■ "派遣军队和运用军事手段的艺术，以此达到政治目的"（Liddel Hart, 1967）
■ "一系列行动或决策的模式"（Mintzberg, 1978）
■ "采取不同的行动组合，创造独特、有价值的地位……在竞争中取舍……在企业活动中达到均衡"（Porter, 1996）
战略整合学派
■ "决定企业基本的长期目标，以及为此目标而必须采取的行动和资源分配"（Chandler, 1962）
■ "代表企业所有者的总经理们所采取的重要的既定性和自发性举措，包括在外部环境中，利用资源提高企业绩效的行为"（Nag, Hambrick 和 Chen, 2000）
■ "企业为创造和保持竞争优势而采取的分析、决策和行为"（Dess, Lumpkin 和 Eisner, 2008）

资料来源：(1) C. von Clausewitz, 1976, *On War*, vol. 1 (p. 177), London: Kegan Paul; (2) S. Oster, 1994, *Modern Competitive Analysis*, 2nd ed. (p. 4), New York: Oxford University Press; (3) B. Liddell Hart, 1967, *Strategy*, 2nd rev. ed. (p. 321), New York: Meridian; (4) H. Mintzberg, 1978, Patterns in strategy formulation (p. 934), *Management Science*, 24: 934–948; (5) M. Porter, 1996, What is strategy? (pp. 68, 70, 75), *Harvard Business Review*, 74: 61–78; (6) A. Chandler, 1962, *Strategy and Structure* (p. 13), Cambridge, MA: MIT Press; (7) R. Nag, D. Hambrick, & M. Chen, 2007, What is strategic management, really? *Strategic Management Journal*, 28: 935–955; (8) G. Dess, G. T. Lumpkin, & A. Eisner, 2008, *Strategic Management*, 4th ed. (p. 8), Chicago: McGraw-Hill Irwin。

然而，计划学派也受到了挑战，如20世纪早期英国战略学家利德尔·哈特（Liddell Hart）认为，战略的关键在于一系列以目标为导向的灵活行动。[16]哈特青睐迂回战术，通过快速灵活的行动避免与对手正面冲突。在企业战略领域内，"**战略行动**"学派（strategy as action）得到了加拿大学者亨利·明茨伯格的推崇。明茨伯格指出，除了计划学派所强调的**既定战略**（intended strategy）之外，还有那种不是"自上而下"而是许多小决策"自下而上"汇集起来的**自发战略**（emergent strategy）。[17]例如，脸书的创始人马克·扎克伯格在一次采访中告诉记者：

"我们做东西很麻利，做完就发货。我们得到反馈，调整、调整再调整。我们周围都挂着'比完美更重要的是完成'这样的标语。"[18]

这两个学派各有千秋。战略行动1.1以1914年德国和法国的真实军事战略部署来对比这两个流派的理论。开篇案例则表明你正在读的这本书来自一家支持"战略行动"学派的跨国出版社。

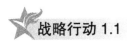

战略行动 1.1

1914年德国和法国的军事战略

虽然现在的德国和法国是欧盟中最好的伙伴，但是历史上两国之间的战争曾持续几百年（最近一次交锋是在第二次世界大战中）。1914年8月，在正式宣战并由此导致第一次世界大战之前，两国早已有计划大打出手。

德国的方案周密细致，称为施里芬计划。德国军队重点部署在其右翼，准备通过比利时实施进攻。每天的行军计划都事先做好安排：第19天占领布鲁塞尔，第22天进入法国边界，第39天攻占巴黎取得最终胜利。遵循卡尔·冯·克劳塞维茨的教导——军事计划如果未考虑周全，会造成严重后果——德国人不辞辛劳地制订了所有应急方案，灵活性却成为唯一没有考虑到的因素。

法国的方案称为17号计划，与德国的截然不同。因1870年普法战争的惨败，法国丢失了两个省（阿尔萨斯和洛林），法国人发誓要夺回失去的领土。但是，法国人口相对较少，因此军队人数也较少。由于不能一对一与德国军队对抗，法国军队更强调个人主动性、行动和勇气（被称为"战无不胜的力量"）。即将率领百万军队投入战争的将军们所看到的17号计划总共只有短短五句话。作为一次战略练习，不妨来推测一下这五句话是什么。

我们可以推测第一句话是"目标柏林"，第二句"收复阿尔萨斯和洛林"，最后一句是"祝好运"！现在就请你将剩下两句话补上，很简单的。

资料来源：(1) B. Tuchman, 1962, *The Guns of August*, New York: Macmillan; (2) US Military Academy, 2008, *Map: Northwest Europe 1914*, Department of History, www.dean.usma.edu。

战略是理论

虽然计划学派和行动学派之间争论不休，但在实践中，许多学者和管理人员已经意识到，战略的本质很可能是一种有计划的蓄意行动和无计划的自发行动的结合体，由此产生了"**战略整合**"学派（strategy as integration）。该学派最早由美国商业史学家钱德勒[19]提出，并已被很多教科书采用，这也是本书的视角。遵循奥地利裔美国人、管理学大师彼得·德鲁克的思想，我们将战略定义为"关于一个企业如何在竞争中获胜的理论",并由此发展了"战略整合"学派。或者说,如果需要用一个单词来定义战略,我们的选择不是计划也不是行动,而是**理论**。

德鲁克曾说过:"一个清晰、一致、聚焦的有效理论是非常强大的。"[20] 表1.2列出了我们定义"战略是理论"的四项优点。首先,该理论同时吸取了计划学派和行动学派的精髓。这是因为如果企业不真正付诸行动,企业竞争理论就一直停留在思想层面。因此,形成一种理论,即计划学派所倡导的**战略形成**(strategy formulation),仅是第一步;通过一系列的行动来执行,即行动学派称为**战略实施**(strategy implementation),却是非常必要的第二步。现实中优秀的战略家会同时采用这两种方法。如图1.2所示,战略涉及企业在A点对其自身优势(S)和劣势(W)的评估,在B点期望达到的绩效水平以及来自环境中的机会(O)和威胁(T)。[21] 这种 **SWOT 分析**(**SWOT analysis**)和孙子所强调的知"己"知"彼"有异曲同工之妙。经过上述评估,企业形成如何将A点和B点结合起来的最佳理论。换言之,图中的箭头变成了企业的既定战略。然而,考虑到诸多不确定因素的存在,并非所有的既定战略都能成功,甚至其中一些战略可能根本无法实现。另一方面,其他的非既定行动也可能向B点推进从而变成自发战略。总之,这样的战略定义使我们既能够保留计划学派正统、逻辑性强的特色,也能兼顾到行动学派动态、灵活性的特征。

表1.2 "战略就是理论"定义的四大优点

- 整合了战略计划学派和战略行动学派
- 利用了"理论"这个概念,起到了两个作用(解释和预测)
- 可复制性和可实验性
- 理解战略变革的困难性

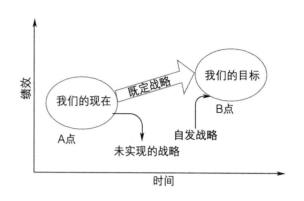

图1.2 战略的本质

其次,这个新定义基于一个简单却有说服力的概念,即"理论"的概念。"理论"一词因其"抽象"和"不切实际"的形象,常使学生和管理者望而生畏。但事实恰恰应该正好相反。[22] 理论只不过是对一系列现象之间关系的描述。理论的核心应有两大重要作用:*解释过去*和*预测未来*。[23] 如果理论过于复杂,则没有人能够理解、检验或使用它。比如,地球引力理论解释了为什么那些富士康的员工从高处跳楼自杀能够成功(见新兴市场案例1.1)。这个理论也可以预测,如果其他有自杀倾向的人,也可能通过同样的做法达到目的。同样,沃尔玛"每日低价"理论的成功,使该理论成为其在15个国家、8 500多家门店的200万雇员执行所有活动的行为准则。这个理论解释了沃尔玛过去成功的原因。毕竟,有谁不喜欢"每日低价"呢? 这也可以预测,沃尔玛坚持低价原则未来能够继续做得更好。

再次,理论在某种情境、某个时刻所取得的成功,并不意味着在其他情况下也能成功。[24] 因此,理论构建与发展的标志是**可复制性**(**replication**)——在不同条件下对理论反复检验以确认其应用的边界。在自然科学领域,这种做法被称为连续实验法。比如,我们现在知道,经过几十年在外太空不断地实验,地球引力理论的边界止于地球，在外太空不适用。可复制性也许是企业战略的本质。[25]企业在一个产品或一国市场的成功，也就是说，只要有一次成功证明了自己的理论，它们就会不断向新市场拓展以复制其之前的成功。在进入新市场时，企业有时候会成功，有的时候也会失败。由此，企业逐渐明白使它们能够竞争成功的理论的适用范围。例如，沃尔玛的理念在德国和韩国都失败了，不得不从这两个市场退出。

最后，"战略是理论"的视角能帮助我们理解为什么改变战略总是很困难的。[26]想象一下改变一个成熟理论有多么难。一些理论被广为接受的原因是它们过去的成功，然而，过去的成功并不能确保将来也成功。科学家应该是客观的，但是他们也是人，也会犯错误。即使面对无数次的试验失败，很多科学家也不愿承认其理论的失败。想想当年伽利略、哥白尼和爱因斯坦的理论，最初需要面对多少来自当时科学界的抵制。这对战略家也同样适用。领导们被提拔到当前岗位，是因为他们过去成功发展和实施了"旧"的理论。出于对国家传统、组织政治以及个人事业的考虑，很多领导无法承认现有战略的明显失败之处。然而，科学进步的历史表明，尽管很难，但改变现有理论还是可能的。如果有些理论有足够多试验失败的记录，遭到足够多的学者质疑，这部分学者及其所持观点尽管最初可能"人微言轻"，但最终更科学的新理论还是会慢慢取代旧理论。诸如微软等许多企业，其战略变革的阵痛过程都是类似的（见结篇案例）。通常一部分经理人在绩效数据支持下，对当前战略提出挑战。他们会提出一套一开始往往不被高管层重视的、更加有效竞争的新理论。但是最终，新理论的冲击力会战胜旧战略的阻碍，从而引发一些战略变革。比如，沃尔玛最近将"每日低价"战略改为"省钱让生活更美好"，以改变其无情的"成本杀手"的负面形象。

总之，战略不是规则手册、蓝图或程序化指令，而是企业如何成功竞争的理论，是使企业不同行动保持一致的统一主题。正如战争中必须同时研究军事战略和将领，对于全球范围内企业战略的理解，也必须与对高层管理者（战略家）的理解结合起来，这样才是完整的。虽然中低层管理者也要理解战略，但他们往往缺乏制定和执行企业层面战略的眼光和信心。首席执行官（CEO）领导的**高层管理团队（top management team, TMT）**必须发挥领导作用，做出战略选择。由于企业运营和发展方向通常反映了高层管理者的思想，他们基于各自文化、背景和经历的个人偏好可能会影响企业战略。[27]因此，尽管本书重点讨论企业战略，也会涉及领导企业的战略家们。根据定义，战略工作与非战略（战术）工作不同。根据宝洁公司2000—2009年董事长兼首席执行官雷富礼（A. G. Lafley）的描述，表1.3列出了只有首席执行官才能从事的最高层面的战略工作。

表 1.3　仅 CEO 能做的战略工作

- 识别有利外部环境并将其与组织内部相关联
- 确定企业从事什么业务（以及不从事什么业务）
- 平衡当前与未来
- 塑造价值和标准

资料来源：Adapted from A. G. Lafley, 2009, What only the CEO can do, *Harvard Business Review*, May: 54–62。

战略领域内的基本问题

虽然全球范围的战略领域相当广阔，我们只关注其中最基本的问题，这些问题界定了研究领

域并为学生、实践者和学者指明了方向。我们将重点讨论以下四个基本问题:[28]

- 企业为什么会不同？
- 企业如何行动？
- 什么因素决定了企业的经营范围？
- 什么因素决定企业在全球范围内的成败？

企业为什么会不同？

正如人与人千差万别，现代社会中的企业也各有差异。这个问题看起来很简单，也不会有争议。但是，我们对所谓"企业"的知识了解大多来自对美国企业和英国企业的研究，也就是基于对英美资本主义的了解基础上来的。还有少数研究针对被统称为欧洲资本主义的其他西方国家，如德国、法国和意大利。英美企业与欧洲企业的差异十分明显（如各种报道中所说，前者的投资眼光相对较短，而后者较长）[29]，而西方企业与日本企业之间的差异则更为显著。[30] 如与西方企业经常采用的成本较高的收购方式不同，日本企业在供应商管理中广泛使用网状管理模式，这一做法被称为"经连会"（keiretsu，意为企业网络）。[31] 这一名词已被英语出版物广泛采用，而不必加以解释——《商业周刊》《经济学人》及《华尔街日报》均默认读者已知道这个词的含义。

近年来，随着对新兴经济国家企业战略的研究不断深入，更多问题逐渐涌现出来。比如，通常认为制度不完善的国家经济不可能增长。但中国却在过去40年中出现了经济的快速增长，而其正式的制度结构（如法治结构）还不够完善。中国究竟是如何取得如此快速的经济增长的？在这个问题的许多答案中，有一种解释认为，管理者之间培养的非正式的人际关系网络替代了正式的制度支持。换句话说，管理者之间的人际关系网转化而来的一种依赖网络和联盟的战略使企业得以成长，进而在总体上带动了经济的增长。[32] 因此，关系（guanxi）一词已成为英语媒体中最著名的中国商务术语，通常也不再加以注释说明。同样，财阀（chaebol，即大企业集团）和俄语中的关系（blat）二词也都成了英语词汇。在这些一个个看似简单的单词背后，隐藏着如何在全世界范围内有效竞争的本质差别。[33]

企业如何行动？

这个问题关注的是哪些因素决定企业竞争理论。图1.3列出了三种主流战略观点，统称为**战略三脚架（strategy tripod）**。[34] 产业基础观认为，战略的任务主要是考察影响行业的竞争力量，并根据五力模型找到一个企业适合的位置。与产业基础观主要研究外部机会和威胁（SWOT分析中的O和T）不同，资源基础观则更强调企业内部的优势和劣势（S和W）。这种观点的核心是，认为企业特有的资源和能力决定了企业的成败。

近来，为进一步解释企业战略的差异，制度基础观应运而生。[35] 这种观点认为，企业制定战略时除了考虑产业和企业层面的因素之外，还应该考虑到国家和社会中正式与非正式的规则。对这些正式与非正式规则的更好理解能在很大程度上解释微软在中国所做出的战略调整（见结篇案例）。

统称为战略三脚架的这三种观点构成了本书的支柱——"全球战略的基础理论"（第二、三、四章）。它们共同回答了"企业如何行动"这个问题。[36]

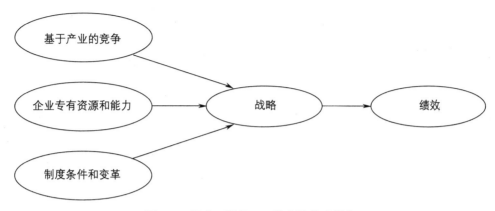

图1.3 战略三脚架：三种主流战略视角

什么因素决定了企业的经营范围？

这个问题首先关注企业的成长。大多数企业青睐成长，动力来源于成长所带来的那种激情。对上市公司来说，没有成长，股价就会停滞不前。然而，成长也有极限，超出极限反而会适得其反，出现萎缩，甚至完全退出。换言之，"是什么因素决定企业的经营范围"这一问题的答案不仅包括企业的成长，也包括企业的收缩。

20世纪的60和70年代，发达国家曾流行非相关产品多元化的集团战略，到80、90年代因其损害企业价值而逐渐被废弃。至今西方社会仍有很多公司在剥离和缩减业务。然而，在新兴经济国家，这种战略似乎还广受欢迎。尽管困惑的西方媒体和咨询顾问一直认为，集团化战略会损害企业价值，新兴市场国家企业应该停止这一做法。但是，实证数据的结果却正好相反。最近对新兴市场国家的研究表明，一些（并非所有）与企业集团有隶属关系的企业，比没有类似关系的企业有更高的利润水平，这表明新兴市场国家中，集团化经营对企业绩效有一定的正面影响。[37] 出现这种截然不同结果的一个原因，可能是发达国家与新兴经济国家的制度差异。从制度视角来看，集团化经营在新兴市场国家中存在（至少在一定程度上）有其合理性，因为这种战略与绩效的正向关系，可能是这些国家制度水平（欠）发达的函数。[38]

除了考虑产品品种，精心考量产品地域分布也非常重要。[39] 一方面，对于那些积极想成为全球领先的企业而言，通常需要在每一个"三极"市场中精心布局；而在主要新兴市场经济国家布局，比如金砖四国，也是完全有必要的。另一方面，并不是所有的企业都能或者说应该"走出去"。在"走出去"热潮的推动下，许多企业由于过快进入太多国家的市场，而面临着被迫撤出的窘境。

什么因素决定企业在全球范围内的成败？

聚焦于绩效而非其他因素，决定了战略管理和国际商务的范围。[40] 我们不单对获取和利用竞争优势感兴趣，而且对在不同地区长期保持这样的竞争优势更感兴趣。所有之前提及的三个主流战略观点，都试图给出这个问题的答案。

产业基础观认为，产业竞争水平很大程度上决定了企业的绩效。正如开篇案例所说，大学教科书出版行业的结构，如稳固的品牌和高进入壁垒等，可以很好地解释三大出版社的主导地位。

资源基础观认为，企业特有的资源与能力决定了不同企业间的绩效差别。即使在同一行业，有的成功，有的却惨淡经营。诸如圣智学习西南分部等成功企业，都会有一些宝贵而独特且别人难以模仿的能力。比如，请一位生于中国的"全球先生"（指作者本人）来写这本《全球企业战略》，本书才会有更多国际化元素。其他出版商的类似作品很难和本书竞争，因为其他大多数作者都出生于美国，无论在国际化方面多么努力，他们的作品还是会有以美国为中心的倾向。

制度基础观认为，制度因素也能解释企业绩效的不同。正如我们开篇案例的观点，企业必须同时具有"全球思考"和"本地行动"的能力。那些没有做好"功课"、还不了解海外市场各种正式、非正式制度和游戏规则的企业，不太可能成为全球市场竞争的赢家。

总之，尽管不同思想学派之间争论不断，企业绩效的真正决定因素很可能是这三种观点的结合（见图1.3）。[41]这三种观点提供了比较直接的答案，但全球竞争现实的复杂性却使这些答案变得更加扑朔迷离。如果你问10个国家的10名管理者到底什么是绩效，你可能会得到10种不同的答案。长期绩效还是短期绩效？[42]财务收益还是市场份额？股东利益最大化还是企业**利益相关者**（stakeholders，指受企业行为影响的个体或组织，企业如何管理与他们利害攸关）收益最大化？如果没有统一的绩效测量，就很难找到一个简单且毫无争议的答案。为避免只追求单一财务或经济目标，一些企业采用了**三重底线**（triple bottom line）的方法，即同时追求经济、社会及环境三个维度目标（见第十二章）。另一种思路是引入**平衡记分卡**（balanced scorecard），即一种从客户、内部控制、创新与学习以及财务等各方面综合评估绩效的方法。如表1.4所示，平衡记分卡就如同飞机驾驶舱的仪表盘。飞行员驾驶飞机需要同时获取很多信息，如飞行速度、高度、气压等，战略家管理企业也有类似需求。但是飞行员和战略家都不能承受**信息过载**（information overload），即太多信息。平衡记分卡将大量信息总结和归纳成少数几个关键维度。

表 1.4 平衡记分卡的绩效目标和测量

- 从客户角度：客户是怎么看我们的？
- 从内部控制角度：我们必须在哪些方面突出优势？
- 从创新和学习角度：我们能否持续提高和创造价值？
- 从财务角度：我们如何向股东们交代？

资料来源：Adapted from R. Kaplan & D. Norton, 2005, The balanced scorecard: Measures that drive performance, *Harvard Business Review*, July: 172–180。

总之，以上讨论的四个问题代表了战略中一些最基本的问题。尽管还会有其他问题，但从某种角度而言，它们都与这四个问题相通。因此，这本书的重点主要将回答这四个问题，而且每一章都会分别详述这四个问题。

什么是全球战略

"全球战略"至少有两层含义。首先，正如之前已经提到的，传统和狭义的"全球战略"概念特指的是如何竞争的一种理论，其核心内容是在全世界范围内提供标准化的产品和服务。[43]很明显，这种战略只适用于活跃在许多国家的、来自三极区域的大型跨国公司，不适用于发达国家的小型公司，以及只在一个国家或少数几个国家运营的新兴经济国家的大多数公司。

其次，"全球战略"也可以理解为"综合全球视角的战略"。[44]本质上指的是一个公司在本国之外的任何战略。美国人就特别喜欢这样使用"全球化"一词，其本质就是"国际化"。比如，1991年沃尔玛首次尝试走出美国，人们普遍认为沃尔玛已经"走向全球"。实际上，当时沃尔玛仅仅进入了墨西哥市场。尽管对沃尔玛而言是走出了可贵的第一步，但本质上来说其行为与新加坡企业去马来西亚开拓业务，或德国公司去奥地利投资并没有多大差别。对于大量活跃于国际舞台的亚洲和欧洲企业而言，在邻国开展业务算不上什么"全球化"，那么人们、特别是美国人为什么还要炒作"全球化"概念呢？从历史上来看，许多美国企业不需要开拓海外市场，因为美国本土市场巨大。而当大量美国公司真的开始海外经营时，即使是在像墨西哥一样的邻近国家，它们也会着迷于"发现全球市场"。因为每个人都期待着追求一种更激动人心的"全球化"战略，而不是平淡无奇的"国际化"战略，所以人们将非美国（非本国）市场称为"全球"市场已经习以为常了。

那么，本书的"全球战略"又是什么意思呢？以上的定义都不符合本书的要求。在此，本书将**全球战略**（global strategy）定义为全球范围内企业的战略，即关于如何成功竞争的各种企业理论。为打破美国中心论的束缚，本书同时论述跨国公司（其中有些公司可能符合传统狭义的全球战略定义）和小企业（其中一部分可能已经国际化，剩下的还仅限于国内市场）的战略，这些公司同时在发达国家和新兴经济国家中竞争。与传统全球战略教科书不同，我们不只关注那些拥有海外业务的企业。国际商务某种程度上涉及两个方面，即国内企业和国外企业。仅仅关注国外企业只是研究了问题的一方面，只完成了一半工作。国内企业的战略也同等重要。因此，一本真正的全球战略教科书需要提供一个兼顾这两方面的分析。正如开篇案例中我们的出版商，我们的格言是：全球思维，本地行动。[45] 我们在整本书中都会努力按照这个要求来做。

什么是全球化

全球化（globalization）通常是指世界上不同国家和民族的人们紧密融合在一起。人们如今不仅到处能够听到这个抽象的词，而且经常为之争论。赞同者认为全球化能带来更高的经济增长和生活水平，增加技术共享以及更为广泛的文化融合。而反对者则表示，全球化带来全球经济衰退，降低富裕国家工资水平，剥削贫穷国家工人，以及赋予跨国公司过多的权力。本小节将（1）概述关于全球化的三种观点，（2）推荐钟摆观点，（3）以及介绍半全球化观点。

关于全球化的三种观点

根据你所阅读的材料，全球化可被视为：

- 一股近年来席卷全球的新力量；
- 自人类文明开始以来一个长期的历史演变过程；
- 一个经常从一个极端摆向另一个极端的"钟摆"。

对这些观点的理解有助于我们从不同的视角来看待有关全球化的争论。第一种观点，反对者认为，全球化是20世纪后期出现的新现象，由技术创新和西方社会通过跨国公司剥削和统治世界的理念所推动。反对全球化的人憧憬一个没有环境压力、社会不公、血汗工厂的理想世界，却缺乏改变现代经济秩序的具体对策。全球化的支持和反对者为此经常争论：如果全球化不能停下来，是不是可以慢下来？

第二种观点主张全球化是人类历史进程的一部分。历史学家为全球化究竟是从两千年前还是八千年前开始的争论不休。跨国公司已存在两千多年，最早的雏形可追溯到腓尼基、亚述和罗马帝国时代。[46] 来自低成本国家的跨国竞争也不是什么新话题。公元1世纪，罗马皇帝提比略（Tiberius）出于对大量低成本中国丝绸进口的担忧，就颁布了有史以来世界上第一部纺织品进口配额法案。[47] 总之，全球化不是新生事物，而且将一直存在下去。

第三种观点认为全球化是"世界各国和人民更为紧密的融合，带来这种融合的是运输和传播成本的大幅下降，以及商品、服务、资本、知识和（相对较少）人才跨境流动的人为壁垒的打破"。[48]全球化不是新近才出现的，也不会只朝一个方向发展；更确切地说，是一个类似于钟摆运动的过程。

全球化的钟摆观点

钟摆观点可能是目前解释全球化最好的观点，因为它很好地解释了全球化的跌宕起伏。现阶段的全球化起源于第二次世界大战后，主要西方国家致力发展全球贸易和投资。然而，到了20世纪50—70年代，这个观点已经得不到广泛认同。如苏联和中国等社会主义国家，开始寻求自给自足式的发展。巴西、印度和墨西哥等许多非社会主义发展中国家则开始重点保护本国产业。但拒绝参与全球贸易和投资的结果，却是培育了毫无竞争力的产业。与此不同，亚洲四个发展中国家和地区——中国香港、新加坡、韩国和中国台湾，通过积极参与全球经济而赢得了"四小龙"的美誉。它们成为世界银行承认的、完成从欠发达（低收入）国家（地区）进入发达（高收入）国家（地区）转变过程的唯一经济体。

受此鼓舞，越来越多的国家和地区，如20世纪70年代末的中国、80年代中期的拉美国家、80年代末期的中东欧国家及90年代的印度，均认识到参与全球经济的必要性。随着这些国家成为全球经济的新参与者，它们被统称为"新兴经济国家"。由此，在20世纪90年代，全球化得到了迅猛发展。

然而，钟摆理论认为全球化无法只朝一个方向运动。20世纪90年代的快速全球化也遇到了一些反对的声音。首先，全球化的快速增长导致了全球化是新生事物这一不准确的历史观点。

其次，给许多发达国家的人们带来了失去工作的恐惧。新兴经济国家不仅抢走了他们低端制造业的工作，而且也威胁到了一些高端工作岗位。最后，一些新兴经济国家也抱怨跨国公司的冲击，认为跨国公司不仅打垮了本地公司，而且对本地文化、价值观和环境都带来了影响和冲击。

虽然时常可以看到在一些国家对麦当劳餐厅小规模破坏的报道，但是毫无疑问，1999年12月西雅图爆发的反全球化大游行，以及2001年9月针对纽约和华盛顿的"9·11"恐怖袭击，是至今为止反全球化运动最极端的例子。国际商务活动因此在21世纪初期受到重创，全球贸易以及资本流动也明显放缓。直到2005年左右，全世界的GDP总量、跨境贸易额以及人均GDP才回到历史峰值。但从2008年开始，世界经济又陷入金融危机。这场经济衰退的特点就是大型金融机构倒闭以及大量政府救助。不管是对是错，很多人将这场危机归咎于全球化。

通过西方发达国家大量史无前例的行政干预，政府成了许多大型银行的最大股东，人们逐渐相信全球经济已经走出低谷，金融危机已经过去了。然而，发达国家经济复苏的脚步似乎很慢，新兴经济国家则快得多。[49]

金融危机让企业和经理人明白了**危机管理**（risk management）的重要性。危机管理是指风险的识别和评估，以及为最小化高风险突发事件影响所做的准备。[50]**情景规划**（scenario planning）作为一种多情境方案的计划与准备工具，已被世界上很多企业采用。[51]比如，回到全球化的方向问题，那些经济复苏措施看上去更像是贸易保护主义行为，因为政府的各类经济刺激和就业创造方案，均要求"优先雇用本国人"和"优先购买本国产品"（如美国的"买美国货"政策和中国的推进"自主创新"政策）。总之，钟摆又开始摆回去了。

正如盲人摸象一样,每个人都感知到了全球化,但又都不是全面的。最近来势汹汹的经济危机出乎从中央银行掌门人到专业学者每一个人的意料。虽然我们不是盲人,但是我们的任务比盲人面对一头大象时的难度高多了:我们的对象——全球化——并不是静止不动的,而是一直处于变动中,反反复复!尽管如此,我们仍然尽力与其共处,避免被其所害,甚至从它身上获利。总之,全球化的钟摆观点相对于另外两种观点,是一种更综合且更现实的观点。也可以说,全球化有两面性,并会随着时间在两面之间变换。

半全球化

尽管有人炒作,但全球化是不完整的。我们真的生活在一个全球化的世界中了吗?去国外经商真的和在国内一样便利了吗?答案显然是"不"。大多数市场一体化的测量指标,如贸易额和对外直接投资,近年来均创出了新高,但离单一的、全球一体化的市场目标还有较大距离。换言之,我们目前的状态可称为**半全球化**（semiglobalization）,即一种比完全孤立和完全全球化更复杂的状态。半全球化国家之间市场一体化的门槛是高的,但没有高到将彼此完全隔离开来的程度。[52]

半全球化观点在全球范围内呼吁多种商务战略形式。在一个国家层面完全孤立意味着本地化,即一种将每个国家视为独一无二市场的战略。因此,如果一个跨国公司在100个国家推广其产品,就会需要有100种不同款式的汽车或不同口味的饮料。这种做法显然代价太高。另一方面,完全全球化会导致标准化,或者是一种将整个世界视为一个市场的战略。我们之前提到的跨国公司只需要推广一个版本的"世界汽车"或"世界饮料"即可。世界显然也不是这么简单的。在完全孤立化和彻底全球化之间,半全球化没有一个标准战略,而是有各种不同的战略尝试和变化(见结篇案例)。总之,（半）全球化既不是需要反对的威胁,也不是包治百病的万灵药,而是应该积极参与。

全球战略与全球化的争论

1999年西雅图反全球化大游行;2001年"9·11"恐怖袭击以及由此引发的反恐战争(仍在持续中);2001年安然公司倒闭事件;2008年全球金融危机以及之后的经济大衰退;2010年以来的欧元危机;2011年日本大地震;2011年占领华尔街运动……21世纪全球的战略家们需要面对的以上及其他挑战是十分巨大的。在这个复杂而快速变化的世界里,本书将帮你做出正确的战略选择。

许多高管、官员和学者对反全球化抗议、恐怖袭击、占领华尔街运动猝不及防的一个根本原因是,他们对孙子最著名的"知己知彼"战略弃之不顾。"知己"不仅需要了解自身的优势,还需要了解个人的缺陷。很多人做不到了解自己的不足,甚至视而不见。相对于普通人而言,高管、官员和学者往往接受过更好的教育并更为见多识广,但他们也和普通人一样会有偏见。过去二十年中,无论是在发达国家还是在新兴经济国家,他们当中大部分人普遍持有的一个偏见是——乐于承认全球化的好处。

尽管人们一直知道全球化有利有弊,但许多高管、官员和学者却没有充分考虑全球化所带来的社会、政治和环境代价问题。然而,这些社会精英对全球化的共同态度,并不意味着社会其他成员也是同样的态度。遗憾的是,这些社会精英却误认为世界上其他人和他们一样,或者应该和他们一样。某种程度上,这些精英控制了经济和政治机构，一些弱势的反全球化团体通过大规模游行等非正常途径来表达他们的诉求就不足为奇了。

许多全球化的反对者是**非政府组织**（non-governmental organizations, NGOs），如环境保护组织、人权组织和消费者团体等。如果在国际商务活动中忽视了他们的存在，将是一个致命的错误。许多企业已经将非政府组织视为合作伙伴而不再是对手。非政府组织提醒企业，特别是跨国企业，必须充分考虑到因企业各类全球活动而受影响的不同利益相关者的利益。[53]

令人深感兴趣和引人深思的是，作为塑造未来全球经济的企业领袖的预备役，目前商学院学生们在支持全球化方面所体现的价值观和信念，与高管、管员和学者们类似而与普通大众不同。从表1.5可以看出，相对于美国普通大众，美国商学院学生明显支持全球化（几乎一边倒）。虽然这些数据只是建立在美国商科学生的样本上，但从我本身在全球教学的经验来看，全世界大多数商科学生，不管是哪个国家，差不多都持有这种支持观点。这一结果并不意外，因为这些学生本身就是自愿选报商科的，入学后又受到普遍对自由贸易持肯定态度的课程体系的熏陶，这一切都导致了他们支持全球化。因此，商科学生倾向于更加关注全球化的经济效益，而忽视其负面影响。

表1.5 对全球化的看法：美国普通大众与商科学生

对以下问题回答为"好"的百分比：总体来讲，你认为全球化对以下群体是好还是坏？	普通大众（样本=1024）	商科学生（平均年龄22岁）（样本=494）
像你一样的美国消费者	68%	96%
美国公司	63%	77%
美国经济	64%	88%
改善贫穷国家的经济	75%	82%

资料来源：(1) A. Bernstein, 2000, Backlash against globalization, *BusinessWeek*, April 24: 43; (2) M. W. Peng & H. Shin, 2008, How do future business leaders view globalization? *Thunderbird International Business Review* (p. 179), 50 (3): 175–182. All differences are statistically significant.

当今和将来的商界领袖们需要意识到他们自身的偏见，即体现在对待全球化持有的单一片面的观点上。商学院通常渴望通过向学生灌输经理人的主流价值观来培养未来商界领袖，这样的调研结果说明，商学院在这方面似乎成功了。但是，由于当前的经理人们（和教授们）有战略盲点，因此这样的结果反而可能是危险的，它说明学生们已经有了同样的盲点。尽管选报商科可能是学生的自主选择，但毫无疑问，商学院的教育已经塑造了（至少部分塑造了）学生们的价值观。认识到存在这样的局限性后，教授和学生们需要更加努力去打破这种狭隘观点的束缚。

为了打破只看全球化有益方面这种普遍倾向，本书用了相当篇幅描述围绕全球化所开展的各种争论。[54] 这些争论将在后面每一章中系统展开，以便让读者形成批判性思维并进一步讨论。事实上，所有的教科书都"原原本本"地呈现知识，而现实中我们的领域却一直充满争议。[55] 有机会接触最前沿的争论并形成你自己的观点，是非常有必要的。[56] 此外，我们的整本书都强调了伦理道德的重要性。每一章都会有一个道德困境案例。有整整两大章完全围绕伦理、规范和文化（第四章）以及企业社会责任（第十二章）展开。

本书的结构

本书由三部分组成。第一部分围绕基础理论。本章之后的第二、三、四章则分别介绍三种主流战略流派，即产业基础观、资源基础观及制度基础观。学生将接受系统的训练以运用这三种观点分析不同的战略问题。第二部分是业务层面战略。与大多数全球战略教科书重点研究跨国公司不同，本书首先介绍进入国外市场的方式（第五章），随后是小型创业企业的国际化（第六章），以及战略联盟和网络（第七章），再介绍全球动态竞争管理（第八章）。最后，第三部分是公司层面战略。这部分从第九章多元化与收购开始，随后是跨国战略、结构与学习（第十章），全球范围内的公司治理（第十一章）以及企业社会责任（第十二章）。

每一章紧紧围绕战略的三个流派和四个基本问题是本书结构的独到之处。本章之后的每一章结尾都会先有一个"争论和引申"部分；再有一个"精明的战略家"部分，其中包括一个名为"战略启示"的列表，以总结本章的重要观点。

本章小结

1. 对传统狭义的"全球战略"定义的基本批判
   - 在世界范围内统一生产和销售标准化的产品和服务，简言之，即"一刀切"模式，是传统的以及狭义"全球战略"定义的特征。这种战略在实际操作中常常适得其反。
   - 作为一本全球性的全球战略教科书，本书从一个更加综合的视角入手，既涉及传统意义的"全球战略"和"非全球战略"，又同时考虑到了大型跨国企业和本地企业的不同视角。而且，本书用大量篇幅介绍了新兴经济国家的情况。

2. 阐述了学习全球战略背后的理性逻辑
   - 为了更好地参与商界的竞争需要精通全球战略。

3. 定义什么是战略和全球战略
   - 目前战略的"战略计划"学派和"战略行动"学派存在争议。而本书和其他主流教科书一样，遵循了"战略整合"学派。
   - 在本书中，战略被定义为如何赢得竞争的企业理论，全球战略则被定义为全球范围内的企业战略。

4. 概述了战略领域的四个基本问题
   - 这四个基本问题是：为什么企业会不同？企业如何行动？什么因素决定企业的经营范围？什么因素决定企业在全球范围内的成败？
   - 产业基础观、资源基础观及制度基础观所构成的三大主流战略视角组成了战略三脚架，指导了我们的研究。

5. 从一个均衡的视角并在清楚意识到自身可能存在偏见的基础上，参与有关全球化的争论
   - 有人认为全球化是新生事物，也有人认为自人类历史开始，全球化就已出现并不断发展。
   - 我们认为最好将全球化视为类似钟摆摆动的一种过程。
   - 战略家既要了解自己（包括自身的偏见），也要了解对手。

关键词

平衡记分卡　跨国公司（MNE）　战略整合　金字塔底人群（BOP）　非政府组织（NGO）　战略计划　金砖四国　复制　战略形成　金砖五国　反向创新　战略实施　自下而上的战略　危机管理　战略三脚架　新兴经济（新兴市场）　情景规划　SWOT分析　对外直接投资　半全球化　高层管理团队（TMT）　全球战略　利益相关者　三极区域　全球化　战略管理　三重底线　信息过载　战略　既定战略　战略行动

讨论题

1. 一位满脸疑惑的同学这么说："全球战略是大公司CEO等公司高层的事情，我只是个小小的学生，毕业后也不过在一个小公司谋一份差，为什么我要关心全球战略？"你该如何让其说服自己应该关心全球战略呢？

2. **伦理问题**：有些人认为全球化对富裕国家的国民有好处，另一些人则认为对贫穷国家的人民有好处。这里的伦理困境问题是什么？你如何看待这个问题？

3. **伦理问题**：批评者认为跨国公司通过对外直接投资，同时剥削了不发达国家的穷人和抢走了发达国家富人的工作。如果你是一家来自发达国家或来自新兴经济国家跨国公司的CEO，你会怎样为你的公司辩护？

拓展题

1. 2008年的金融危机及随后的经济大衰退是毁灭性的。然而，并不是所有行业和所有公司都备受煎熬。其中的一些可能由此获益。请写一篇描述某些行业和企业怎样从金融危机和经济衰退中获益的小论文。

2. 作为一名新兴经济国家跨国公司的CEO，请用战略三角架的方法来分析你公司国际化所面临的最大挑战。请用小论文或PPT形式展示你的分析结果。

3. **伦理问题**：什么是全球化的弊端（代价）？战略家们如何确定他们各种行为的利弊（如发达国家就业岗位减少及新兴经济国家的环境污染）？请以个人或小组形式，写一篇小论文，至少列举三个例子。

结篇案例　（道德困境、新兴市场）

微软融入中国战略

微软进入中国的头十年充满了坎坷。1992年，微软在中国设立了代表处，1995年成立全资子公司——微软（中国）。由于每个人都在用Windows操作系统，微软一开始就意识到它没有市场份额问题；问题是如何将市场份额转化为营业收入，因为几乎所有人用的都是盗版。微软如何破局？它将某些盗版使用者告上了法院。但是微软经常败诉。更糟糕的是，中国政府开始公开支持基于免费开源的Linux操作系统。出于安全原因，中国政府担心微软的软件可能被植入美国政府的间谍软件。对于这种"针尖对麦芒"的战略，微软内部的高管们经常也表示异议。中国区经理更换频繁，五年之内换了五人。其中两人事后著书批评了这种战略，书中披露了微软采取的过分严厉的反盗版政策。两本书的作者当时试图告诫他们在华盛顿州雷德蒙（西雅图郊区）的老板，但这样的努力完全失败了。

时间快进到2007年，时任国家主席胡锦涛访问微软并出席比尔·盖茨在家中设的晚宴。"你是中国人民的朋友，而我是微软的朋友，"胡告诉盖茨，"每天早上我到办公室都会用你的软件。"从2005年左右开始，中国政府要求所有政府机构使用正版软件，所有计算机生产厂商，在将电脑出售给顾客前需安装合法的软件。而在此要求提出之前，中国国内领先的计算机生产商联想生产的计算机中大概只有10%是这样做的。许多国外（包括一些美国的）计算机生产商在中国出售的大量计算机都是"裸机"，这反而鼓励了消费者使用廉价盗版软件。微软从坎坷的开始，到与中国的甜蜜期，这中间究竟发生了什么？

简言之，在中国的第二个十年，微软彻底改变了其在中国的战略。在中国，微软成了"非微软"：不再坚持一个非常高的"全球价格"而是定一个最低价，放弃在保护其知识产权方面所采取的通过诉讼解决问题的强硬做法，转而与政府密切合作共同打击盗版（相反在美国本土遭到美国政府诉讼时采取了对抗的做法）。

当然，战略是逐渐转变的。1998年，比尔·盖茨派公司公共关系负责人克雷格·蒙迪到北京任职。蒙迪强烈要求战略的转变。他带着公司100名副总裁中的25人参加了为期一周的"中国深度行"。同样在1998年，作为向中国示好的一部分，微软在北京设立了一个研究中心，迅即成为中国顶级软件人才汇聚之地。

在微软内部，争论仍在继续。考虑到中国的市场规模，改变中国区的战略必将改变全球统一的定价策略（如跟随在美国市场Windows操作系统及办公软件套装的售价560美元）。问题的核心在于"微软究竟需不需要中国市场？"一直到2004年，微软的首席财务官约翰·康纳斯才公开宣称"不需要"。在微软，康纳斯并不是唯一一个这么认为的。表面上看，微软的确不需要中国市场，因为即使没有中国市场的销售，微软也已经成长为一个巨人。但是，从长远来看，中国支持Linux系统会对微软造成威胁。这是因为围绕Linux系统的软件基础平台一旦建立起来，随着越来越多的低成本竞争对手脱离Windows系统，一个新的系统生态圈会逐渐形成。21世纪初期，出于对这种威胁的担忧，盖茨逐渐意识到，如果中国消费者未来要使用盗版软件，也宁愿他们使用的是微软的盗版。

2003年，摩托罗拉的中国明星经理人陈永正被聘为微软副总裁及大中华区首席执行官。在其领导下，微软放弃诉讼、容忍盗版，转而与国家发改委合作，构建软件行业，与工信部合作共同资助实验室建设，与教育部合作在偏远地区设立计算机房。总体来说，微软提升了其研发中心的形象，培训了大量专业人员，在中国公司中投资了近1亿美元。作为中国政府对美国政府在微软产品中植入间谍软件担忧的回应，2003年微软向中国（及其他59个国家）提供了Windows系统的源代码及用本土开发的产品来替代部分系统的权力，这是微软从未有过的举动。只有经过了这样持续的以及多方面的努力，微软才得到了中国政府的支持。中国政府要求其所有政府机构使用正版软件，所有计算机生产厂商在生产时预装正版软件。虽然微软从未公布过给了中国政府多大的价格优惠，但大概3美元就可买到一套合法的Windows系统和办公软件！用陈永正自己的话说：

> 通过这些工作，我们慢慢改变了微软只是反盗版和到处起诉人的形象。我们重新塑造了公司的形象。我们是一家具有长期愿景的公司。如果一家外资公司的战略与政府的发展目标一致，尽管他们不喜欢你，他们也会支持你。

资料来源：(1) *CFO*, 2004, Does Microsoft need China? August 10, www.cfo.com; (2) *Fortune*, 2007, How Microsoft conquered China, July 23: 84–90; (3) *Guardian*, 2010, We're staying in China, March 25, www.guardian.co.uk; (4) *Guardian*, 2011, Microsoft strikes deal with China's biggest search engine Baidu, July 4, www.guardian.co.uk; (5) *Microsoft*, 2006, Microsoft in China, www.microsoft.com; (6) *South China Morning Post*, 2010, Beijing flexes its economic muscle, July 27: B8。

案例讨论题：

1. 基于产业基础观的视角，为什么微软会在中国与全球范围内感到 Linux 的威胁？

2. 基于资源基础观的视角，在中国使用者和政府眼中微软有什么有价值而且独特的能力与资源？

3. 基于制度基础观的视角，从微软的战略转变中可以学到的主要经验是什么？

4. 基于"战略是一种理论"的观点，为什么改变战略是很困难的？战略是如何改变的？

注释

1. V. Govindarajan & A. Gupta, 2001, *The Quest for Global Dominance*, San Francisco: Jossey-Bass; S. Tallman, 2009, *Global Strategy*, West Sussex, UK: Wiley; G. Yip, 2003, *Total Global Strategy II*, Upper Saddle River, NJ: Pearson Prentice Hall.

2. J. Dunning, 1993, *Multinational Enterprises and the Global Economy* (p. 30), Reading, MA: Addison-Wesley. 其他文章中也经常用跨国集团（multinational corporation，MNC；或者 transnational corporation，TNC）与 MNE 混用。为避免读者混乱，本书统一使用 MNE 即跨国企业的称呼。

3. K. Macharzina, 2001, The end of pure global strategies? (p. 106), *MIR*, 41: 105–108.

4. P. Ghemawat, 2007, *Redefining Global Strategy*, Boston: Harvard Business School Press.

5. M. W. Peng, 2013, *GLOBAL* 2 (p. 6), Cincinnati: South-Western Cengage Learning.

6. J. Mathews, 2006, Dragon multinationals as new features of globalization in the 21st century, *APJM*, 23: 5–27; M. W. Peng, 2012, The global strategy of emerging multinationals from China, *GSJ*, 2: 97–107; S. Sun, M. W. Peng, R. Ben, & D. Yan, 2012, A comparative ownership advantage framework for cross-border M&As, *JWB*, 47: 4–16.

7. "Transnational" and "metanational" have been proposed to extend the traditional notion of "global strategy." See C. Bartlett & S. Ghoshal, 1989, *Managing Across Borders*, Boston: Harvard Business School Press; Y. Doz, J. Santos, & P. Williamson, 2001, *From Global to Metanational*, Boston: Harvard Business School Press. A more radical idea is to abandon "global strategy." See A. Rugman, 2005, *The Regional Multinationals*, Cambridge, UK: Cambridge University Press.

8. R. Barker, 2010, No, management is not a profession (p. 58), *HBR*, July: 52–60.

9. 外派管理人员通常在薪酬上要求巨额溢价。在美国公司中，这一平均溢价为 25~30 万美元。

10. *BW*, 2007, The changing talent game (p. 68), August 20: 68–71.

11. A. Carmeli & G. Markman, 2011, Capture, governance, and resilience: Strategy implications from the history of Rome, *SMJ*, 32: 322–341.

12. Sun Tzu, 1963, *The Art of War*, translation by S. Griffith, Oxford: Oxford University Press.

13. I. Ansoff, 1965, *Corporate Strategy*, New York: McGraw-Hill; D. Schendel & C. Hofer, 1979, *Strategic Management*, Boston: Little, Brown. D. Hambrick & M. Chen, 2008, New academic fields as admittanceseeking social movements, *AMR*, 33: 32–54.

14. D. Collis & M. Rukstad, 2008, Can you say what your strategy is? *HBR*, April: 82–90; M. de Rond & R. Thietart, 2007, Choice, chance, and inevitability in strategy, *SMJ*, 28: 535–551.

15. K. Von Clausewitz, 1976, *On War*, London: Kegan Paul.

16. B. Liddell Hart, 1967, *Strategy*, New York: Meridian.

17. H. Mintzberg, 1994, *The Rise and Fall of Strategic Planning*, New York: Free Press. See also J. Bower & C. Gilbert, 2007, How managers' everyday decisions create or destroy your company's strategy, *HBR*, February: 72–79.

18. *BW*, 2011, Charlie Rose talks to Mark Zuckerberg, November 14: 50.

19. A. Chandler, 1962, *Strategy and Structure*, Cambridge, MA: MIT Press.

20. P. Drucker, 1994, The theory of the business (p. 96), *HBR*, September–October: 95–105.

21. S. Julian & J. Ofori-Dankwa, 2008, Toward an integrative cartography of two strategic issue diagnosis frameworks, *SMJ*, 29: 93–114.

22. C. Christensen & M. Raynor, 2003, Why hard-nosed executives should care about management theory, *HBR*, September: 67–74.

23. R. Wiltbank, N. Dew, S. Read, & S. Sarasvathy, 2006, What to do next? *SMJ*, 27: 981–998.

24. J. Camillus, 2008, Strategy as a wicked problem, *HBR*, May: 99–106.

25. E. Anderson & D. Simester, 2011, A step-by-step guide to smart business experiments, *HBR*, March: 98–105; J. Donahoe, 2011, How eBay developed a culture of experimentation, *HBR*, March: 93–97; G. Gavetti & J. Rivkin, 2005, How strategists really think, *HBR*, April: 54–63; C. Zook & J. Allen, 2011, The great repeatable business model, *HBR*, November: 107–114.

26. A. Pettigrew, R. Woodman, & K. Cameron, 2001, Studying organizational change and development, *AMJ*, 44: 697–713; T. Reay, K. Golden-Biddle, & K. Germann, 2006, Legitimizing a new role, *AMJ*, 49: 977–998.

27. D. Hambrick & P. Mason, 1984, Upper echelons, *AMR*, 9: 193–206; M. Porter, J. Lorsch, & N. Nohria, 2004, Seven surprises for new CEOs, *HBR*, October: 62–72.

28. R. Rumelt, D. Schendel, & D. Teece (eds.), 1994, *Fundamental Issues in Strategy* (p. 564), Boston: Harvard Business School Press.

29. C. Carr, 2005, Are German, Japanese, and Anglo-Saxon strategic decision styles still divergent in the context of globalization? *JMS*, 42: 1155–1188.

30. M. Carney, E. Gedajlovic, & X. Yang, 2009, Varieties of Asian capitalism, *APJM*, 26: 361–380.

31. M. W. Peng, S. Lee, & J. Tan, 2001, The *keiretsu* in Asia, *JIM*, 7: 253–276.

32. M. W. Peng & Y. Luo, 2000, Managerial ties and firm performance in a transition economy, *AMJ*, 43: 486–501; H. Yang, S. Sun, Z. Lin, & M. W. Peng, 2011, Behind M&As in China and the United States, *APJM*, 28: 239–255.

33. N. Bloom, C. Genakos, R. Sadun, & J. Van Reenen, 2012, Management practices across firms and countries, *AMP*, February, 12–33; N. Bloom & J. Van Reenen, 2010, Why do management practices differ across firms and countries? *JEP*, 24: 203–224; C. Crossland & D. Hambrick, 2011, Differences in managerial discretion across countries, *SMJ*, 32: 797–819; G. Jackson & R. Deeg, 2008, Comparing capitalisms, *JIBS*, 39: 540–561; C. Luk, O. Yau, L. Sin, A. Tse, R. Chow, & J. Lee, 2008, The effects of

social capital and organizational innovativeness in different institutional contexts, *JIBS*, 39: 589–612; R. Whitley, 2006, Understanding differences, *OSt*, 27: 1153–1177.

34. M. W. Peng, S. Sun, B. Pinkham, & H. Chen, 2009, The institution-based view as the third leg for a strategy tripod, *AMP*, 23: 63–81.

35. M. W. Peng, D. Wang, & Y. Jiang, 2008, An institution- based view of international business strategy, *JIBS*, 39: 920–936.

36. K. Meyer, S. Estrin, S. Bhaumik, & M. W. Peng, 2009, Institutions, resources, and entry strategies in emerging economies, *SMJ*, 30: 61–80.

37. M. Carney, E. Gedajlovic, P. Heugens, M. Van Essen, & J. Van Oosterhout, 2011, Business group affiliation, performance, context, and strategy, *AMJ*, 54: 437–460; T. Khanna & Y. Yafeh, 2007, Business groups in emerging markets, *JEL*, 45: 331–372; K. B. Lee, M. W. Peng, & K. Lee, 2008, From diversification premium to diversification discount during institutional transitions, *JWB*, 43: 47–65; D. Yiu, Y. Lu, G. Bruton, & R. Hoskisson, 2007, Business groups, *JMS*, 44: 1551–1579.

38. M. W. Peng, S. Lee, & D. Wang, 2005, What determines the scope of the firm over time? *AMR*, 30: 622–633.

39. G. Qian, T. Khoury, M. W. Peng, & Z. Qian, 2010, The performance implications of intra- and inter-regional geographic diversification, *SMJ*, 31: 1018–1030; M. Wiersema & H. Bowen, 2011, The relationship between international diversification and firm performance, *GSJ*, 1: 152–170; S. Zaheer & L. Nachum, 2011, Sense of place, *GSJ*, 1: 96–108.

40. M. W. Peng, 2004, Identifying the big question in international business research, *JIBS*, 25: 99–108.

41. K. Brouthers, L. Brouthers, & S. Werner, 2008, Resource-based advantage in an international context, *JM*, 34: 189–217; C. Chan, T. Isobe, & S. Makino, 2008, Which country matters? *SMJ*, 29: 1179–1205; G. Gao, J. Murray, M. Kotabe, & J. Lu, 2010, A "strategy tripod" perspective on export behaviors, *JIBS*, 41: 377–396; Y. Yamakawa, M. W. Peng, & D. Deeds, 2008, What drives new ventures to internationalize from emerging to developed economies? *ETP*, 32: 59–82; X. Yang, Y. Jiang, R. Kang, & Y. Ke, 2009, A comparative analysis of the internationalization of Chinese and Japanese firms, *APJM*, 26: 141–162.

42. D. Marginson & L. Macaulay, 2008, Exploring the debate on short-termism, *SMJ*, 29: 273–292.

43. T. Levitt, 1983, The globalization of markets, *HBR*, May: 92–102.

44. S. Tallman & T. Pedersen, 2011, The launch of *Global Strategy Journal, GSJ*, 1: 1–5.

45. B. Greenwald & J. Kahn, 2005, All strategy is local, *HBR*, September: 95–105.

46. K. Moore & D. Lewis, 2009, *The Origins of Globalization*, New York: Routledge.

47. D. Yergin & J. Stanislaw, 2002, *The Commanding Heights* (p. 385), New York: Simon & Schuster.

48. J. Stiglitz, 2002, *Globalization and Its Discontents* (p. 9), New York: Norton.

49. M. W. Peng, R. Bhagat, & S. Chang, 2010, Asia and global business, *JIBS*, 41: 373–376.

50. R. Simons, 2010, Stress test your strategy, *HBR*, November: 93–100; P. Mackay & S. Moeller, 2007, The value of corporate risk management, *JF*, 62: 1379–1419; N. Taleb, D. Goldstein, & M. Spitznagel, 2009, The six mistakes executives make in risk management, *HBR*, October: 78–81.

51. S. Lee & M. Makhija, 2009, The effect of domestic uncertainty on the real options value of international investments, *JIBS*, 40: 405–420.

52. P. Ghemawat, 2003, Semiglobalization and international business strategy, *JIBS*, 34: 138–152.

53. J. Boddewyn & J. Doh, 2011, Global strategy and the collaboration of MNEs, NGOs, and governments for the provisioning of collective goods in emerging markets, *GSJ*, 1: 345–361; T. Devinney, 2011, Social responsibility, global strategy, and the multinational enterprise, *GSJ*, 1: 329–344.

54. M. W. Peng, S. Sun, & D. Blevins, 2011, The social responsibility of international business scholars, *MBR*, 19: 106–119; D. Rodrik, 2011, *The Globalization Paradox*, New York: Norton.

55. J. Barney, 2005, Should strategic management research engage public policy debates? *AMJ*, 48:945–948; D. Hambrick, 2005, Venturing outside the monastery, *AMJ*, 48: 961–962.

56. M. W. Peng & E. Pleggenkuhle-Miles, 2009, Current debates in global strategy, *IJMR*, 11: 51–68.

第二章
产业竞争

>> **学习目标**

通过本章的学习,你应该能够
1. 定义产业竞争;
2. 用五力模型进行产业分析;
3. 阐述三类一般竞争战略;
4. 理解产业基础观的七个争论;
5. 从中获得战略启示。

→ **开篇案例** (新兴市场)

印度零售业的竞争

印度具有世界上最为密集的零售商店——数量多达1 500万家,而美国则仅有90万家,虽然美国的市场容量(按收入计)要比印度大13倍。当前,印度95%的零售商店是夫妻店的形式,这类店铺的面积通常不足500平方英尺(约46平方米)。用印度行话讲,这些是"非组织化"零售企业。而"组织化"零售企业指的是那些更为现代化的超级市场和连锁商店,这类店铺的销售额仅占到印度零售总额4 350亿美元的5%。

在印度，零售产业提供了 6%~7% 的就业岗位，贡献了 10% 的 GDP，仅次于农业。

鉴于存在上述两类不同的零售企业，竞争主要发生在非组织化的企业之间和组织化的企业之间。顾客一般对价格敏感并且单次购买量小。夫妻店规模太小，因此无法与批发商之类的中间商谈得一个好价钱。但大多数的印度人别无选择，只能在此类商店消费，农村地区根本没有组织化的商店。由于数量少，超级市场之间的竞争相对平静。然而，竞争态势升温在即。印度最大的集团企业之一信实集团，已开始兴风作浪——未来 5 年内该集团拟投资 55 亿美元，面向全国铺店，计划新开 1 000 家大型综合超市和 2 000 家超级市场。

繁荣的经济、快速增长的中产阶级及分散的本地竞争对手，使得印度成为世界上最大的尚待开发的零售市场。难怪沃尔玛、家乐福、麦德龙、乐购等国外零售巨头正试图叩门而入。然而，关键问题是：印度零售业对海外直接投资（FDI）的大门依然紧闭。1991 年后的对外开放，把印度推到世界舞台的聚光灯下。如今，许多跨国公司都把投资印度作为首要的待办事项之一。然而，产业限制依然存在，零售业已经成为最后四个尚未正式对外资开放的行业之一，另外三个分别是更为敏感的原子能业、博彩业和农业。

鉴于印度政府和公众对外资所做贡献的赞赏，根据 2011 年《经济学人》收录的一篇社论所述，"零售业已成为外资需求最迫切的行业"。一种主流观点认为，零售运营环节的超高效率将提高整个供应链的效率。当前，大概三分之一的水果和蔬菜在运输过程中受损，这对一个远未解决温饱问题的国家来说简直是个灾难。要知道，在那些拥有更现代化零售系统的国家里，此类损耗不到 10%。

经过多年来的博弈，零售业对海外直接投资开了扇边门。2011 年之前，外资企业在诸如耐克、诺基亚、星巴克等单一品牌专卖店最多可占 51% 的股份。外资企业也可以建立为本地大型零售伙伴供货的批发和采购子公司。2006 年，澳大利亚的沃尔沃斯开始为印度塔塔集团旗下的克罗玛（Croma）零售店供货。2010 年，沃尔玛与印度巴帝（Bharti）共同投资运营 9 家 Best Price 仓储式商店。但直到 2011 年 11 月，综合零售商店（如超级市场）对外资依然没有开放。

为吸引更多外资，2011 年 11 月，印度政府宣布综合零售商店对外资"开闸"，外资在该类企业的股权比例可达 51%；同时，取消此前设置的外资在单一品牌专卖店 51% 的投资上限。然而改革的力度非常有限——仅涵盖 53 个人口超百万的城市。消费者将从持续升温的竞争中获益。因预测可能会被外资收购，本土零售企业股价飞涨。农民也将从对供应链的投资增长中获益。当前农民几乎没有议价能力，只能将农产品卖给垄断价格的批发商。然后，批发商再卖给另外一个中间商，然后再转手到分销商。当食品到达消费者手中时，价格已经翻了三番到四番，然而利润几乎都进入中间商而非农民的腰包。由于赚钱太容易，中间商无意提高效率，也不愿投资现代供应链（如冷藏），食品依旧沿路损耗。为吸引农民，外资零售商需要提高农产品收购价格。沃尔玛的目标是用 5 年时间将农民收入提高 20%。注重成本节约的外资零售商将投资现代供应链以使得损耗最小化。

然而，就在该政策宣布之后，一场声势浩大的政治闹剧上演了。很多零售商在中间商支持下抗议跨国公司的冲击，并援引美国和其他地方正在进行的有关"沃尔玛效应"的争论。由于需要广大零售商们的选票，政府进退两难。2011 年 12 月，仅在零售改革宣布两周后，政府尴尬地宣布暂停了这场将给消费者带来更低价格、给农民带来更多收益的改革。中间商们胜利了。然而，改革只是"暂停"，并未"取消"，敬请继续关注印度该行业将如何继续演变。

资料来源：基于（1）Associated Press, 2011, India backtracks on plan to let in foreign retail, December 7; (2) *Economist*, 2011, Fling wide the gates, April 16:16; (3) *Economist*, 2011, Let Walmart in, December 3:20; (4) *Economist*, 2011, Send for the supermarkets, April 16:67–68; (5) *Economist*, 2011, The supermarket's last frontier, December 3:75–76; (6) *Times*, 2011, Why India should stop fearing Walmart, November 28: http://globalspin.blogs.time.com。

为什么印度的零售业会从一个相对和平安宁的市场演变成为竞争激烈的市场？为什么国外企业热衷进入这个市场？非组织化的店铺、连锁超市及中间商等现有厂商对此做何反应？农民和消费者有何反响？最后，零售业态是否可以被替代？本章目的就是帮助读者回答包括上述及其他在内的战略问题。我们通过引入三种主流战略观之一的产业基础观来回答这些问题。（其他两种是资源基础观和制度基础观，将分别在第三和第四章加以介绍。）

如第一章所述，SWOT 分析法是一种基本的战略工具，包括企业的内部优势（S）和劣势（W），外部环境的机会（O）和威胁（T）。本章的重点是分析来自产业环境的机会与威胁（优势与劣势将在以后章节中讨论）。我们首先定义产业竞争，接着介绍五力模型，然后讨论三种一般竞争战略，最后介绍七个主要的争论。

定义产业竞争

产业（industry）是指一群生产相似产品（商品和/或服务）的企业。产业的传统理解基于亚当·斯密（1776 年）的**完全竞争**（perfect competition）模型。该模型告诉我们，价格是由被称为"市场"的一只看不见的手决定的，所有厂商都是价格接受者，进入和退出市场相对容易。然而，在现实世界中，完全竞争是十分罕见的。因此，自 20 世纪 30 年代后期开始，更为贴近现实的一个经济学分支——产业组织（IO）经济学（industrial organization economics）或产业经济学（industrial economics）出现了。它的主要贡献是**结构—行为—绩效**模型（structure-conduct-performance, SCP）。**结构**（structure）是指产业的结构属性（比如进入/退出成本）；**行为**（conduct）指企业的行动（比如产品差异化）；**绩效**（performance）是企业行为响应产业结构的结果，可分为：(1) 等于平均水平；(2) 低于平均水平；(3) 高于平均水平。该模型说明，产业结构决定企业行为（或战略），进而决定企业绩效。[1]

然而，产业组织经济学的目的不是为了帮助企业竞争，而是帮助政策制定者更好地理解企业竞争，从而更加有效地进行管制。就产业内企业的数量而言，有的产业处于完全竞争状态，包含数千家小企业；有的产业处于**垄断**（monopoly）状态，仅有一家企业；在这两种极端情况之间，还存在着仅有几家企业的**寡头垄断**（oligopoly）市场和仅有两个竞争者的**双寡头垄断**（duopoly）市场。数量众多的小企业最多只能获得市场平均收益，而垄断企业却可以赚取高于产业平均水平的利润。经济学家和监管者经常对高于产业平均水平的收益保持警惕，称其为"超额利润"。垄断通常是违法的，而寡头垄断也常常被严格审查。

产业经济学和企业战略均高度关注超额利润。不过，产业经济学家和政策制定者关心的是超额利润的最小化而非最大化。但从负责企业利润最大化的战略家们角度看，博弈的目的正好相反——努力赚取超额利润（自然是在法律和道德允许的范围内）。因此，战略家们运用结构—行为—绩效模型的成果企业运营，从而颠倒了这个模型。² 这个转变过程便是本章的讨论中心。

五力模型

战略的产业基础观是以**五力模型**（**five forces framework**）为基础的，该模型首先由迈克尔·波特（一位接受过良好产业经济学训练的哈佛大学战略学教授）提出，随后得到了很多学者的拓展和加强。本节我们将重点介绍这个模型。

从经济学到战略学

1980 年，波特将结构—行为—绩效模型引入战略领域并做了相应扩展³，作为战略产业基础观支柱的著名五力模型由此产生。如图 2.1 所示，这五种力量分别是（1）竞争对手之间的竞争强度，（2）潜在进入者的威胁，（3）供应商议价能力，（4）购买者议价能力，（5）替代品的威胁。该模型的关键假设是企业绩效主要取决于产业中五种力量的竞争程度。这五种力量的竞争越强，企业获取超额回报的可能性就越小；反之亦然（详见表 2.1）。

竞争对手之间的竞争强度

高强度竞争的行为体现在（1）频繁的价格战，（2）激增的新产品，（3）激烈的广告战，（4）高成本的竞争行动与回应（比如，兑现所有竞争对手的优惠券）等。此类激烈竞争将侵蚀企业利润。关键问题是：是什么导致了这种情况？

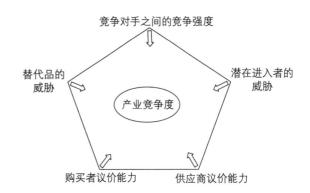

图 2.1　五力模型

至少有六种情形（详见表 2.1）。第一，竞争者数量是重要原因。产业集中度越高，竞争者就越少，竞争对手间的相互依赖性就越强，由此约束了相互间的竞争。例如，在汽车业，如法拉利、兰博基尼和劳斯莱斯等少数豪车市场竞争者从未经历过普通市场上司空见惯的激烈竞争场面（如低折扣促销）。

第二，那些规模相近、市场影响力相当、产品相似的竞争者常常热衷于彼此竞争。那些在产品差异化方面无能为力的企业，如航空公司，尤其如此。看看近来多少航空公司已因此而破产便知。与此相反，主导企业的存在可降低产业竞争度，因为它有能力制定产业指导价，并对那些偏离指导价太多的行为进行惩戒。钻石产业的戴比尔斯（De Beers）就是这样的例子。

第三，在"大件商品"（比如床垫和摩托车）产业，由于顾客购买频率低，要建立**主导地位**（**dominance**）（市场领导者拥有很大的市场份额）可能是困难的。结果就是竞争更为激烈。与此相反，要想在售价低且购买频率高的"日用品"（比如啤酒和面巾纸）市场建立主导地位则相对容易（详见表 2.2）。这是因为"日用品"消费者通常图方便认品牌，而不太可能花很多时间来做购买决策。另一方面，"大件商品"消费者每次购买时，不会仅凭市场领导者声誉做出决定，而往往会做一番调研，找一个好价格。比如，你多久买一次车？下次再买车时，你是不是还要重新研究一番？因此，几年前卖车给你的经销商很有可能会失去你这个客户。

第四，某些产业，新产能的增加是成几何倍数的，由此促发激烈竞争。⁴ 假设两海港间的航线目前有两家邮轮公司提供服务（每家邮轮公司有一艘同等运力的邮轮），则任何一家公司（或新公司）新增哪怕是一条邮轮都将增加50%的运力。因此，这两家邮轮公司经常被迫降价（详见战略行动2.1）。酒店、石化、半导体及钢铁等产业，经常经历周期性产能过剩，此时，削价竞争成为主要的应对机制。⁵

第五，产业增长缓慢或衰退将致使竞争者采用一些以往不曾用过的竞争行为。在2008年金融危机后那段生死攸关的特殊时期，许多奢侈品制造商不得已降价促销——一种他们之前一直回避的竞争手段（参见结篇案例）。

第六，如果企业所在行业的退出成本高昂，那么企业也很可能在亏损状态下继续经营。如果企业所有的专用设备和设施等资产没有或极少有其他用途，或者难以售出，由此就会形成退出壁垒。此外，特别当高管承认经营失败的情感、人事及职业生涯代价也很高时，企业也会在亏损下经营。例如，在日本和德国，如果企业宣告破产，高管人员可能会被告上法庭。⁶ 因此，在承认经营失败退出原有产业之前，企业管理层竭尽全力死撑到底就不足为奇了。

总之，如果竞争者很少，而且还存在少数主导企业，新产能的增加是渐进的，产业增长势头好，退出成本也合理，那么这个产业的竞争程度很可能就是适中的，其产业利润率也较为稳定；反之，产业中企业间的竞争程度就会很高。第八章将更为深入地讨论这个问题。

表2.1 五力的威胁

五力	降低产业盈利能力的强竞争力量威胁的表现	
竞争对手之间的竞争强度	·为数众多的竞争企业 ·竞争企业在规模、市场影响力和产品方面相似 ·产品价格高，购买频率低	·产能以大幅度方式增加 ·产业增长缓慢或衰退 ·退出成本高
潜在进入者的威胁	·缺少规模优势（规模经济） ·缺少非规模优势 ·产品多样化不充分 ·产品差异小	·因当事企业缺少额外产能，潜在进入者不惧怕其报复 ·政府没有禁止或阻止新进入者的政策
供应商议价能力	·供应商数量少 ·供应商提供独特的差异化产品	·当事企业并非供应商的重要客户 ·供应商有意愿也有能力进行前向一体化
购买者议价能力	·客户数量少 ·产品对成本节约或生活质量提高几乎无助益	·购买者购买的是标准化、无差异的产品 ·客户有意愿也有能力进行后向一体化
替代品的威胁	·替代品在质量和功能方面优于现有产品	·使用替代品的转换成本低

表 2.2　大件商品与日用品举例

产品	美国市场领导者	领导者市场份额	领导者在排名前四企业市场总份额中的占比
大件商品：高价格、低购买频率商品			
运动鞋	锐步	25%	40%
汽车	通用汽车	35%	46%
床垫	丝涟（Sealy）	25%	46%
摩托车	本田	33%	42%
冰箱	通用电气	34%	38%
日用品：低价格、高购买频率商品			
啤酒	安海斯-布希（百威）	44%	52%
面巾纸	金佰利（舒洁）	47%	56%
洗衣粉	宝洁	53%	59%
电灯泡	通用电气	59%	62%
干酪	卡夫	54%	71%

资料来源：改编自 J. Shamsie, 2003, The context of dominance: An industry-driven framework for exploiting reputation (pp. 214–215), *Strategic Management Journal*, 24: 199–215。

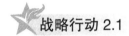

战略行动 2.1

邮轮产业：载不动太多爱

邮轮产业是远洋客运业的一次新生。由于航空运输的快速发展，远洋客运逐步衰落，最后一条航线在20世纪80年代完全退出。现代邮轮产业兴起于20世纪60年代，当时成立的挪威和嘉年华邮轮公司致力于度假旅游，而不再是旅客长途运输。1977年，ABC（美国广播公司）开始每周播放《爱之船》系列电视连续剧，这部剧的热播为新兴的邮轮产业做了10年的免费广告。乘坐邮轮被描述成既浪漫又富有乐趣的体验。邮轮产业渐渐流行起来，期初发展较慢，但80年代以来越来越受欢迎。最初的邮轮产业是由多余的远洋客轮改造后支撑起来的。到90年代，越来越多专门建造的巨轮投入使用。从2001年开始，每年都有至少9艘新邮轮下水，进入加勒比、阿拉斯加、墨西哥和欧洲等主要市场。大部分巨轮在10万吨级以上，比最大的尼米兹级航空母舰还要大。后续建造的邮轮越来越大，目前世界上最大的邮轮是皇家加勒比公司的海洋绿洲号和海洋魅力号，排水量都达到225 000吨，拥有2 700间船舱，能容纳5 400位乘客。大型邮轮效益更好，因为运输单个乘客的边际成本可以降得更低。

尽管邮轮很有魅力，但船长们知道他们需要钢铁般的意志才能在这爱之舟泛滥的水域航行——船真的太多了。在1966到2008年间，有88家邮轮公司进军美国市场，但其中77家中途退出或者宣布破产。幸存公司之间的竞争，主要集中在哪一家公司可用更大更好的船组成"无敌舰队"。2000年，美国邮轮市场共有111艘船、165 381个铺位。到了2010年，增加了60%的船只及86%的铺位（原因是更多大船的引进）。同期，从"9·11"到经济衰退，各式各样的危机不断出现。为了吸引乘客，邮轮公司降低票价、取消燃油附加费；将船只从外海港口调回，重新布置在那些不需要大量飞行的地方；以及开发短期航线（一天或一个周末）。2010年，尽管邮轮产业比上年增长10%，载客量达到了1 500万人次（美国1 000万），上座率却仍未恢复到金融危机前的水平。想要让那些巨大邮轮满载游客，关键是要吸引更多没有体验过邮轮的美国人，这一人群的比例占到了美国总人口的80%。

资料来源：(1) The author's interviews; (2) *Business Week*, 2004, Carnival: Plenty of ports in a storm, November 15:76–78; (3) *Business Week*, 2009, To cruise lines, too many love boats, November 24: 100–102; (4) D. Sull, 2010, Turbulent times and golden opportunities, *Business Strategy Review*, Spring: 34–39。

潜在进入者的威胁

除了要盯着已存在的对手，即被称为**现有厂商**（**incumbents**）的产业中的已有企业，还要尽可能阻止潜在进入者的进入。[7]由于产业内的一些企业获得了高于平均水平的收益，新进入者会被激励进入该产业。[8]例如，亚马逊Kindle的成功吸引巴诺（Barns and Nobel）发布了自己的电子书产品Nook。

现有厂商的惯常手段是**进入壁垒**（**entry barriers**），即增加进入成本的产业结构。例如，在首飞前，空中客车开发A380耗资120亿美元，波音飞机开发787耗资100亿美元。面临如此之高的进入壁垒，所有潜在进入者，包括那些受日本和韩国政府支持的企业最终选择了退出。关键问题在于：是什么造成了如此高的进入壁垒？

如表2.1所示，至少有6个结构属性与高进入壁垒有关。第一个是现有厂商是否享有**规模优势**（**scale-based advantages**）。这里最关键的概念是**规模经济**（**economies of scale**），即通过增加生产和分销规模降低单位成本。例如，沃尔玛充分发挥其分销规模的经济优势，摊薄了物流和管理费用，从而降低了商品售价。在印度，正是这种规模经济使得非组织化的零售店对沃尔玛的进入心有余悸（详见开篇案例）。

现有厂商拥有的另一类优势与规模无关，即**非规模优势**（**non-scale-based advantage**）。例如，专有技术（如专利）就很有帮助。进入者必须做到"避免侵权"，然而这种做法成本很高，也存在不确定性。进入者当然也可以直接复制专有技术，但很可能面临因侵权而导致的法律诉讼。此类优势的另一个来源是技术诀窍，一种关于如何生产产品和服务客户的知识，这种知识通常经由多年甚至数十年的积累才能得到。因此，新进入者通常很难复制学习此类知识。

除了上述规模和非规模的低成本优势以外，另一种进入壁垒是产品**多样化**（**product proliferation**），即努力填补产品空白，不留给潜在进入者"未满足的需求"。[9]例如，跨国出版商西南圣智学习出版公司（见第一章开篇案例），不仅与本书作者（绰号"全球先生"）合作出版了这本市场领先的《全球企业战略》教材，而且还在世界各地出版了《全球商务》和《全球化》。欧洲学生可使用名为《国际商务》（与Klaus Meyer合著）的欧洲版。对于渴望从《全球企业战略》这本书中受益的非英语读者，我们有中文译本、西班牙文译本及葡萄牙文译本（见第一章开篇案例）。

此外，**产业差异化**（**product differentiation**），即客户所在意的现有厂商产品的独特性也很重要。产品差异化有两个来源，其一是品牌认同，其二是客户忠诚。现有厂商通常经由密集广告投放，使客户对其品牌的独特性产生认同。宝马自诩其产品为"终极驾驶机"。法国香槟产区的酿造商则称其他地区生产的香槟酒不配称作"香槟"。

客户忠诚是产品差异化的另一个来源,当使用新产品的转换成本很高时,尤其如此。很多高科技产业具有**网络外部性(network externalities)**,即用户从产品中所获得的价值随着使用这种产品人数(或网络)的增加而增加。[10] 这类产业具有"赢者通吃"的特征,那些赢家(现有厂商)的技术标准已广为市场接受(如微软Word、Excel及PowerPoint),从而基本上排除了潜在进入者。换言之,这类产业具有一种有趣的"报酬递增"特性,这与经济学基础知识中所讲授的"报酬递减"正好相反。

另一个进入壁垒是来自现有厂商可能采取的报复措施。现有厂商通常维持一部分**额外产能(excess capacity)**,用以惩罚新进入者。如果暂且跳出本书的议题来举例,最好的例子莫过于军队。在和平时期,军队开支巨大而且显然属额外产能。但是军队确有存在的理由——抵御外敌入侵(或"惩罚新进入者")。没有一个国家会单方面解除武装,对战败国最严厉的惩罚(如1945对德国和日本及2003年对伊拉克)也莫过于解散军队。总之,报复越是可靠和可预期,对新进入者的威慑就越大。比如,可口可乐有言在先,一旦有竞争者(百事可乐除外)在任何市场的占有率超过10%,就会以降价进行报复。结果是潜在进入者不得不三思而后行。

最后,政府的禁止或限制政策也可以成为进入壁垒。例如,美国政府不允许外资进入其国防产业,对于航空业也制定了25%的外资上限。印度政府则禁止诸如沃尔玛等外资零售商的大规模进入(见开篇案例)。几乎在所有案例中,政府政策壁垒的降低都将导致新进入者的增加,进而威胁到现有厂商的利润。显然,这正是印度零售企业极力游说政府的原因。

总之,如果现有厂商能利用规模优势和/或非规模优势,提供大量产品,具备充分差异化水平,维持可信的报复威胁,和/或受到政策保护,潜在进入者的威胁就会减弱。如此,现有厂商就可一直享受高额利润。

供应商议价能力

供应商是产业中为企业提供原材料、服务及人力资源等各项资源的组织。**供应商议价能力(bargaining power of suppliers)** 是指它们提高产品和服务的价格和/或降低其质量的能力。有四种情况将导致供应商强的议价能力(见表2.1)。首先,如果供应商所在的产业为少数企业所垄断,他们将占得上风。比如,能源巨头俄罗斯天然气工业股份有限公司(Gazprom)因价格问题切断对乌克兰的天然气供应,三年中三次致使乌克兰人无气可用(2007年、2008年和2009年)。

其次,如果供应商能提供独特、差异化、几乎没有或不存在替代品的产品,那么将具备很强的议价能力。例如,作为个人电脑的主要软件供应商,任何时候只要发布新的Windows版本,微软总能向戴尔、惠普、联想等个人电脑制造商索要高价。

再次,如果某企业对供应商来说并非重要客户,那么供应商就会拥有很强的议价能力。波音和空客不太在意那些每次仅购买一两架飞机的小型航空公司。因此,对于这类小客户他们常常拒绝降价。但是,它们十分在意美国、日本、新加坡等国的大型航空公司。这类大客户通常能享受较低的价格。

最后,供应商如有意愿也有能力进行**前向一体化(forward integration)**,则将增强其议价能力。[11] 换句话说,供应商可能会威胁要与买方同场竞技。例如,除了向传统电信零售店供货外,苹果公司同时在大城市设立自己的专卖店。

总之,实力强大的供应商有能力从下游企业

榨取利润。因此，下游企业要通过减少对特定供应商的依赖来增强他们自身的议价能力。例如，沃尔玛已经执行向任一供应商的采购不允许超过其采购总量3%的规定。

购买者的议价能力

从购买者（个人或企业）的角度来看，上游企业本质上就是供应商。因此，上述关于供应商的讨论与此处要讨论的内容是有关联的（见表2.1）。同样，有四种情况会形成较强的**购买者议价能力（bargaining power of buyers）**。

首先，少数购买者将形成较强的议价能力。例如，数百家汽车零部件供应商试图将产品卖给少数几家汽车制造商，如宝马、福特及本田。这些购买者常常通过供应商的相互争斗获得价格上的优惠和质量上的提升。当这些汽车制造商进行海外投资时，它们常常鼓励甚至逼迫供应商和它们一起使用自有资金投资，并要求供应商的工厂建在它们的装配厂附近。很多供应商只能遵从。[12]这就是广州丰田汽车城的形成过程——在那里，丰田主厂区周边有30家供应商。

其次，如果一个行业的产品不能为购买者明显节约成本或提高生活质量，那么购买者的议价能力将增强。例如，频繁的软件升级常常让使用者疲惫不堪。IT部门负责人因此会越来越怀疑，这类昂贵玩意儿是否真能帮助企业节约成本。结果就是拒绝购买或索要大的折扣。

再次，如果从供应商处购买的是标准化的、无差别的商品，那么购买者将拥有很强的议价能力。虽然整体而言汽车零部件供应商相比汽车制造商议价能力弱，但它们的处境并非完全一样。通常，可将它们分为多个层级。顶层的供应商最重要，通常供应非标准化、差异化的关键零部件，比如供电系统、方向盘及座椅等。底层供应商生产标准化、无差异的商品，比如保险带的带扣、杯槽，或是更简单的螺帽和螺栓。毫无疑问，顶层供应商比底层供应商更具议价能力。

最后，像供应商一样，购买者可经由**后向一体化（backward integration）**进入产业从而增强其议价能力。诸如好市多（COSTCO）、乐购及玛莎百货等购买者，如今凭借其自有品牌（也称零售商品牌）商品与宝洁、强生等供应商直接展开竞争。[13]自有品牌商品，如Kirkland（好市多所有）、Kroger和Safeway正与各种全国性品牌同台竞争。在西班牙，零售商自有品牌已占到杂货销售总额的40%，这个比例在荷兰、英国、法国、美国也分别达到了35%、30%、25%、20%。[14]只有像Frito-Lay（薯片）这样的主流品牌制造商才能无视强大的零售商的要求，拒绝为其生产自有品牌商品。面对强大的零售商，很多普通品牌厂商，要么被挤下货架（因为它们的产品是可替代的），要么缴械投降为这些零售商贴牌生产，除此以外别无选择。

总之，强势的或孤注一掷的购买者具有很强的议价能力。相反，如果企业能将产品卖给很多客户，能识别明显的价值增值，提供差异化产品，以及提高进入壁垒，则购买者的议价能力将受到最大程度的压制。

替代品的威胁

替代品（substitute），就是那些能和当前行业产品一样满足顾客需求，但由其他行业提供的产品。比如，百事可乐不是可口可乐的替代品（百事可乐是同一行业的竞争对手），而茶、咖啡、果汁和水则是可口可乐的替代品，因为这些都属于饮料，只不过产品种类不同。在以下两种情况下替代品会带来很大威胁（见表2.1）。第一，如果替代品在质量和功能上相比原产品更胜一筹，那么就会在短时间内吸引大量消费者。比如，在线音乐下载（包括正版和盗版的）服务已将 CD 销售业务蚕食殆尽。在很多城市，在线媒体已把传统印刷媒体逼入绝境。部分个人电脑也正为智能手机（如 iPhone）和平板电脑（如 iPad）所取代。

第二，转换成本越低，替代品的威胁越大。比如，当由糖转而使用糖的替代品纽特健康糖（Nutrasweet）时，消费者几乎没有额外成本。这两种糖都可以在餐馆和杂货店得到。另一方面，对于大型客机，尤其是越洋客机却没有替代品，除非你愿意自己游泳去夏威夷和新西兰！之所以波音和空中客车公司可以把飞机卖出这样的高价，正是因为它们无可替代。

总之，替代品的潜在威胁要求企业对更大范围的外部环境保持警觉，而不能仅仅将视野局限在本行业中。增加客户价值（比如经由价格、质量、用途和选址）可以降低替代品的吸引力。

五力模型的启示

总而言之，五力模型给我们提供了三点重要启示（见表 2.3）：

- 五力模型强调了一个重要观点，即并非所有产业的潜在盈利能力都是相同的。因此，当企业有机会进行选择时（比如多元化企业考虑进入新的产业，或创业型企业寻找新的机会——参见战略行动 2.2），选择五种力量弱的产业是明智的。迈克尔·戴尔就承认，如果早知道个人电脑产业竞争会变得如此激烈的话，他当初也许就不会选择这个产业了。
- 战略家的任务是通过分析影响产业的各种竞争力量来评估机会（O）和威胁（T），然后估计这个产业潜在的获利机会。[15]
- 根据波特的观点，挑战在于"要找到一个位置，使得不论面临现有竞争者还是面临潜在进入者的攻击，抑或来自客户、供应商和替代品的侵犯，都不易受到损害"。[16] 换言之，关键是在产业中找到一个合适的定位并进行有效防御。因而，五力模型也被视为**产业定位（industry positioning）**学派的代表性主张。

尽管五力模型的产生距今已有 30 多年历史，其对战略管理实践和理论研究的强大影响力至今不减。虽然该模型存在争议并被不断修改（稍后介绍），但不容否认的是，五力模型的核心观点依然具有深刻的洞察力。

表 2.3　五力模型的启示

- 并非所有产业的潜在盈利能力都相同
- 战略家的任务是通过分析影响产业的五种竞争力量来评估机会（O）和威胁（T）
- 关键是找到一个牢固的、可以有效防御五种力量的有利位置

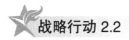

战略行动 2.2

卡地纳：从食品行业到医疗保健

可能很多人没有听说过总部位于俄亥俄州都柏林（哥伦布市郊区）的卡地纳健康集团（Cardinal Health），但它却是美国规模最大和运营最成功的公司之一。卡地纳健康集团是拥有 990 亿美元资产的行业巨头，位列 2011 年《财富》世界 500 强的第 19 位（按销售额统计）。没错，是第 19 位，而不是第 190 位！《财富》杂志称其为"隐形帝国"，因为与那些制药端（如辉瑞）和零售端（如沃林格尔）的医疗保健公司相比，卡地纳健康集团创造的收入要大得多。卡地纳健康集团正在为 90% 的美国医院提供产品和服务。集团每日为 4 万家医院和药店及其他医疗点提供高达 5 万次送货服务。如果你在美国有医疗保健方面的需求，

第二章　**产业竞争**

你很有可能在不知不觉中就成了卡地纳的客户。

卡地纳健康集团选择医疗保健行业的故事，完美地体现了波特五力模型的神奇之处。1971年，26岁的罗伯特·沃尔特（Robert Walter）创立了卡地纳公司，同年他还获得了哈佛大学的MBA学位。公司当时的名字是卡地纳食品有限公司，与医疗保健没有任何关系。沃尔特的父亲曾经是一位食品经纪人，所以沃尔特知道一点关于食品批发和分销业务的情况。但是，在销售了几年番茄酱后，沃尔特意识到自己的公司在同行众多、竞争激烈的食品行业永远不可能成为"大鱼"。于是，沃尔特用他在MBA中学到的知识建立了一个经典的五力分析模型，通过收集各类产业的相关信息，得出了以下结果：

- 药品经销产业有354家小型的独立经销商，大型上市公司却只有3家。换句话说，行业竞争主要是在当地企业之间进行而且并不激烈。行业进入壁垒低，企业间合并的时机已经成熟。
- 药品购买者（患者）没有议价能力。因为当医生开出药方后，药品无法被替换，这和黄油不同。供应商(药品制造商)依赖药品经销商才能把药品推广到全国各地。
- 医药行业的增长速度高于全国经济增速，意味着更多的发展机遇。

基于以上结果，卡地纳食品公司在1980年进入了药品经销行业，摇身一变成为卡地纳经销公司（业务涵盖食品和药物）。最终公司在1988年完成食品批发业务的出售后，于1994年正式更名为卡地纳健康集团。剩下的故事大家都知道了。

资料来源：(1) The author's interviews; (2) *Fortune,* 2011, Fortune 500 list; (3) M. W. Peng, 2009, *Global Strategy,* 2nd ed. (pp. 457–458). Cincinnati: South-Western Cengage Learning。

三种一般竞争战略

在介绍完影响产业竞争的五种力量后，下一个挑战是如何制定战略。波特提出了三种**一般竞争战略（generic strategies）**，即（1）成本领先战略、（2）差异化战略和（3）聚焦战略。所有这三种战略的目的，都是为了增强与五种竞争力量有关的企业地位（见表2.4）。[17]

成本领先

回顾一下我们对战略的定义（见第一章），它是关于企业如何成功开展竞争的理论。**成本领先（cost leadership）**战略是一种关于企业如何基于低成本和价格进行成功竞争的理论。以更低的价格提供同样的产品价值——换言之，更高的价值会吸引大量消费者。成本领先者通常定位于向大众市场的"普通"消费者提供无差异的产品。执行该战略的关键在于提高生产、服务和物流的效率，其主要特点就是要做到"薄利多销"。

如沃尔玛等成本领先者尽量减少五力的威胁。首先，相比高成本的竞争对手，成本领先者可以以更低价格销售产品，却仍然赚取更高的利润。其次，其低成本优势构成了重要的进入壁垒。再次，成本领先者通常采购量巨大，从而降低了供应商议价能力。甚至连沃尔玛最大的供应商宝洁对沃尔玛的体量也不无忌惮。这促使宝洁并购了吉列以扩大规模，增强议价能力。此外，即使强势的供应商要求提高价格，或强势的购买者要压低价格，对成本领先者都不会产生严重的不利影响。最后，成本领先者不但从功能上，而且从价格上对替代品发起了挑战，致使替代品处于困难的境地。因此，真正的成本领先者面对这五种竞争力量是相对安全的。

然而，成本领先战略至少存在两方面的不

足：第一，总是存在成本优势被竞争对手超越的风险。这就迫使成本领先者不断追求更低的成本。瑞安航空（Ryanair）持续寻求更低成本（但依然保证安全和准时）的航空服务（见战略行动2.3）就是一个很好的例子。第二，在不断削减成本的动机驱动下，成本领先者可能会偷工减料而最终损害到消费者。例如，丰田汽车的召回门事件，就是因为在开发加速控制软件过程中试图缩减测试程序步骤所致。该事件对丰田公司的声誉造成难以估量的损害。

总之，大多数企业都青睐成本领先战略，相互之间差别不大。然而，也有一些其他企业与众不同，决定选择接下来要讨论的第二种一般竞争战略（见结篇案例）。

表 2.4 三种一般竞争战略

	产品差异化	市场细分	主要应用领域
成本领先战略	低（主要通过价格）	低（大众市场）	制造，服务和物流
差异化战略	高（主要基于独特性）	高（许多细分市场）	研发，市场和销售
聚焦战略	极高	低（一个或几个细分市场）	研发，市场和销售

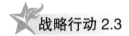

战略行动 2.3

瑞安航空：降低成本，永不止步

瑞安航空公司是欧洲廉价航空领域无可争议的领先者。瑞安航空公司1985年成立于爱尔兰的都柏林，之后一直处于高速发展中。2001年后的10年，历经"9·11"恐怖袭击、SARS病毒、全球经济大萧条、冰岛火山喷发导致（欧洲）空中禁飞（2010年）等系列灾难性事件的打击，美国所有传统的航空公司都濒临破产，大部分的欧洲航空公司也在苦苦挣扎着。过去10年里，全球航空业的损失合计超过500亿美元。然而，在过去10年中有9年瑞安航空的财务利润仍然保持着良好的增长。

瑞安航空成功的秘诀是什么？原因有很多。如同廉价航空的标杆西南航空公司一样，瑞安航空专长于短途飞行，使用统一的波音737客机。瑞安采用的是点对点直航，这样能够迅速回转航班，而且这种点对点的直航比轮辐式航线布局能让飞机每天多出50%的飞行时间。瑞安航空也向广告商们出租行李架和座位后面的广告位。这些举措帮助公司节省了很多开支。那么，飞行途中的食物和饮料呢？压根就别想了吧。行李费呢？当然会向你收取。瑞安不飞一线机场，而是选择那些远离中心城市的次级机场。举例来说，英国航空公司从伦敦希思罗机场到德国慕尼黑的航线中提供了免费的行李托运服务、食物和饮料，票价400美元。而瑞安航空提供从伦敦斯坦斯特德机场（距伦敦市中心1小时车程）到德国梅明根机场（距慕尼黑市中心2小时车程）的航线，要价221美元。瑞安航空的乘客可以选择自愿支付额外的40美元，作为行李和食物饮料的服务费。加上地面交通费用，以从伦敦市区出发，最终到达慕尼黑市区为例，英国航空公司提供的服务用时3小时，每位乘客需支付441美元。与此相对应的是，瑞安航空公司提供的服务共用时4小时，要价仅331美元（节省了30%）。

除了和传统航空公司（比如英国航空公司）竞争，瑞安也要和其他一些廉价航空公司（比如易捷航空、柏林航空）竞争。为此，瑞安航空公司不断寻找进一步降低成本的机会。公司CEO迈克尔·奥利亚雷（Michael O'Leary）提出的那些不走寻常路的省钱点子也引起了巨大争议。比如奥利亚雷表示，每趟航班要向每位乘客收取1欧元作为卫生间使用费，或者考虑在飞机上提供类似巴士的站票，以便能够装下更多的乘客。他还提议过只用1名飞行员完成飞行。最后，他主张那些普通乘客不应再"享受"行李托运服务，因为这套高成本的服务系统是与空中旅行还不多见且乘客都是富人的年代相适应的。在乘客当今生活中的其他地方，都没有这种服务。现在的乘客必须自己随身携带行李或者支付额外的服务费。

一家非营利性客运组织的负责人表示："奥利亚雷的每次发言都有损'乘客至上'的服务宗旨。"奥利亚雷的一系列言行使他成了爱尔兰最不受欢迎的人。瑞安航空的坏名声来自其乘客服务，一些人用极简主义形容他们的服务，另一些人则表示瑞安的服务让人感觉如同置身地狱。轮椅服务需要支付额外费用。投诉只能通过传真而不能邮件反映。英国的《卫报》甚至专门开辟了一个专栏，让乘客们吐槽自己乘坐瑞安航空时那些糟糕的经历。

享受所有正面宣传的同时，奥利亚雷也驳回了那些负面报道。他对自己那些要在利润已经最小化到榨不出油水的航线上进一步节省开支的声明深感自豪。尽管在乘客调查中瑞安是服务最差劲的航空公司，但仍有很多人选择瑞安。2010年瑞安成了欧洲第一家月乘客数超过700万的航空公司。

资料来源：(1) *Bloomberg Business Week*, 2010, The duke of discomfort, September 6: 58–61; (2) C. Byles, 2014, Ryanair, in M. W. Peng, *Global Strategy*, 3rd ed., Cincinnati: South-Western Cengage Learning (in this book as an Integrative Case); (3) A. Ruddock, 2007, *Michael O'Leary: A Life in Full Flight*, London: Penguin; (4) *Wall Street Journal*, 2009, A lavatory levy, June 3: C16。

差异化

差异化战略（differentiation strategy）关注如何提供消费者能够感知到价值和差异化的产品（见表2.4）。与总成本领先战略服务于"一般"消费者有所不同，追求差异化的厂商将目标对准了细分市场上的消费者，这些人更愿意为产品支付溢价。差异化的关键是找到小规模生产高利润产品的途径。更为强大的议价能力能够保证差异化厂商比对手在市场上表现得更好。一辆雷克萨斯汽车的生产成本并没有比一辆克莱斯勒汽车高出多少，但是消费者总是愿意为前者多付很多。为了能够吸引消费者为产品支付更多的钱，差异化的产品必须要有一些实质性的（或假想的）独特属性，比如质量、精密度、声誉、奢华程度等。挑战在于要能够识别出产品独特的价值，并将其集中体现的价值传递到每一个细分的目标市场。因此，在维持3、5、7系列基础上，宝马又新增了全新的1系列、6系列和SUV系列车型来填满整个消费市场。对于走差异化道路的公司来说，研发出有特色的新产品是一项很重要的能力。另外一项重要的能力就是市场营销，营销重点应放在捕捉消费者心理需求和提供优质的售后服务这两个方面（见结篇案例）。

根据波特五力分析模型，与竞争对手区别程度越高，对于公司产品的保护越好。举例来说，迪士尼主题公园以和迪士尼卡通人物一起体验快乐为卖点。维多利亚的秘密品牌内衣强调展现女性独特魅力。男装品牌王者杰尼亚暗示其品牌风格同时兼备力量与优雅。供应商的议价能力在这里不再是一个大问题，因为差异化的公司比追求成本领先的公司更善于将部分（并非全部）价格变化转嫁到消费者身上。相应地，消费者的议价能力也不是个问题，差异化公司常常能够享受到较高的品牌忠诚度。

但是另外一方面，差异化战略也存在两个缺

陷：首先，采取差异化战略的公司在长期的经营过程中要始终保持差异化是很困难的。这里始终存在着一个威胁，即消费者可能会认为差异化产品相比大众化产品之间的差价不再值得支付。其次，那些采取差异化的公司不得不面临无休止的被模仿。当整个行业的产品质量都得到提高后，领先差异化公司的品牌忠诚度可能会下降。比如，之前高速发展的星巴克在差异化道路上就走得越来越艰难。随着麦当劳不断提高其咖啡品质、强化店面形象（特别体现在全新的麦咖啡店上），已能够蚕食部分星巴克的市场。在金融危机期间，星巴克似乎已经失去了头顶上的光环，而麦当劳的产品价值却在逐步提高。

聚焦战略

聚焦战略（focus strategy） 服务于行业中有特定需求的细分市场或小众市场（见表2.4）。细分市场可通过以下标准划分：（1）地理市场；（2）消费者类型；（3）产品线。聚焦的范围有多大是一个程度问题，采取聚焦战略的企业通常服务那些有特殊需求的细分市场，而大部分其他竞争对手则选择放弃此类市场。在咖啡行业，当星巴克采取差异化战略时，单品咖啡店，比如Discovery咖啡、Intelligentsia咖啡和Stumptown咖啡，采取仅从单一高品质地区寻找优质咖啡豆的聚焦战略（如从咖啡发源地埃塞俄比亚指定的农场或村庄中采购）。[18] 与星巴克那些从埃塞俄比亚不同地区来的"锡达莫混合咖啡豆"相比，单品咖啡更显独特与高贵。（相比而言，成本领先战略倡导者卡夫食品，将它们一款麦斯威尔咖啡简单标注为"南太平洋混合咖啡"，没有明确指出咖啡豆来自哪一家农场甚至哪个国家——其实表明其混合了许多从不同地方采购来的廉价咖啡豆）。

听起来像绕口令，一家聚焦的差异化公司（如宾利）比那些大型的差异化公司（如宝马）更加差异化。当一家企业对某个特殊细分市场了如指掌时，这家企业会取得成功。我们此前已经讨论过的关于传统差异化公司如何能够主导波特提出的五种力量的逻辑关系在这里是适用的，唯一例外就是成为一家规模更小、业务更窄，但市场反应更迅速、也更为聚焦的公司。差异化的两个缺陷，即维持差异化代价昂贵和抵御模仿者的挑战在这里同样存在。

三种一般竞争战略的启示

回忆一下第一章关于战略的定义，战略就是做出决策——决定企业该做什么和不该做什么。三种一般竞争战略的根本性取舍是，与竞争对手相比，要么做的不一样（perform activities differently），要么做不一样的 (perform different activities)。[19] 由此有两点启示：第一，成本和差异化是两个基本战略维度，关键在于选择其一并持之以恒；第二，如果企业陷于两者之间——也就是说，既不具有最低的成本，也不具备足够的差异化（或聚焦）——说明它们要么战略不明确，要么根本没有战略。这样的公司可能不会有好的业绩。不过，关于第二个观点尚存争论，详见下文。

争论和引申

虽然产业基础观是一种强有力的战略工具，但并非没有争议。新一代战略家需要理解这些争议，从而避免不加批判地接受传统的观点。本节介绍七个主要争论：（1）产业边界清晰还是模糊；（2）威胁还是机遇；（3）五种力量与第六种力量；（4）进退两难还是成为多面手；（5）产业竞争还是战略群体；（6）一体化还是外包；（7）决定绩效的是产业还是企业及制度因素。

产业边界清晰还是模糊

产业基础观的核心是产业边界要有一个清晰界定。然而，明确的产业界定可能变得越来越难。以广播电视产业的界定为例，有线电视、卫星电视、电信和互联网技术的出现，使产业的边界变得模糊不清了。未来的电视也许能够控制家庭的安全系统、玩互动游戏、下网络订单——基本上混合了电脑的功能。为应对未来，谋取一个有利的位置，在最近几年的电视、电信、有线电视、软件和电影产业里，发生了大量的合并与联盟。换句话说，美国广播公司的竞争对手不仅包括哥伦比亚广播公司、美国国家广播公司、美国有线电视新闻网和福克斯广播公司，还包括美国电话电报公司、天空电视台、微软、苹果、索尼和谷歌旗下的YouTube等。那么这一产业的清晰定义是什么？产业边界类似的模糊化不单单发生在广播电视业。比如，尝试去弄清移动通信或者云计算的边界——尝试对"云"（见表2.5）概念进行定义是不是让人更加难以想象？一个新的观点是，把所有涉及的公司看作一个"生态系统"。[20] 然而，明确说明这样一个生态系统的边界仍是一件很难的事情。因此，想要清晰识别出五力模型中的五种力量也变得极其困难。

表2.5 云端玩家（及其戏称）

现有厂商	新进入者	"军火商"
IBM（行业巨头）	Amazon（搅局者）	Dell（齿轮头）
HP（问题公司）	Google（刺激者）	Cisco（管道工）
VMware（优化器）	Microsoft（后发制人者）	

资料来源：*Bloomberg Business Week*, 2011, The power of the cloud (pp.58–59), March 7:53–59. 戏称悉杂志所取。

威胁还是机遇

即使假定产业边界可以被清楚界定，假设五种力量都是（至少是潜在的）威胁，也显得把问题看得过于简单化了。这个问题可以从两方面来看：首先，战略联盟一直在扩大，即使是竞争对手们也在不断寻求相互合作。通用和丰田选择一起合作生产汽车；在思科公司起诉华为达成和解后，两家公司的首席执行官也开始讨论合作。换句话说，这些竞争者们虽然不喜欢对方，但也并不排斥对方。与以前那种非黑即白的传统观点相比，如今这种更复杂、更具现实意义的观点，需要企业对竞争与合作有更深入的认识和理解（详见第七、八章）。

其次，即使企业没有直接与竞争对手合作，产业内激烈的竞争也可能成为一种机遇而非威胁。在IT产业，印度、以色列和韩国等许多雄心勃勃的公司没有遵从五力模型的建议，待在自己国家相对稳定的环境中，反而选择来到硅谷参与最激烈的竞争。它们的逻辑是，只有尽量靠近创新发生的地方，才有希望变得更具全球竞争力。[21] 换句话说，新的战略座右铭似乎变成了这样："爱你的竞争者吧！他们让你变得更加强大。"总之，五力模型可能在SWOT分析中太过于强调威胁(T)了。我们需要一个同时强调机遇(O)和威胁(T)的更为平衡的观点。

五种力量与第六种力量

波特在20世纪80年代确立的五力分析模型并不全面。1990年，在五力模型基础上，他增加了相关支持性产业作为影响产业竞争力的又一重要因素。[22] 这一改变得到了英特尔前首席执行官安德鲁·格鲁夫（Andrew Grove）的赞许，并创造了**互补企业（complementors）**一词来概括此类企业。[23] 简单来说，互补企业是指这样一类公司，它们出售的产品能够增加产业中核心产品的价值。PC产业的互补企业是那些应用软件提供商。当互补企业生产出令人激动的产品（比如新游戏）时，PC产业的电脑需求量会出现上涨；反之亦然。因此，将相关产业列为第六种力量可能是有意义的。[24] 然而，互补企业不一定都得是高科技公司，举例来说，体育赛事直接促进了啤酒销量的增长，而啤酒商们也会在体育赛事期间资助多项商业活动。体育赛事和啤酒产业可以视作互补产业的一个案例。

进退两难还是成为多面手

产业基础观的一项关键主张是，企业必须要在成本领先战略和差异化战略中做出选择。同时追求这两种战略的企业可能会陷入"进退两难"、业绩前景不佳的局面。[25] 鲍德斯（Borders）书店看起来就像陷入了进退两难的局面。相较于巴诺书店（Barnes & Nobles），鲍德斯书店为消费者提供了更为丰富的书籍选择。但是它可供选择的书籍种类与亚马逊网站相比又相差甚远。受到高成本（相较于巴诺书店，鲍德斯书店库存成本更高）和差异化不充分（相较于亚马逊来说）的双重压力，鲍德斯书店于2011年关闭了所有门店，进行了公司清算。[26]

然而，像新加坡航空等一些获得巨大成功的公司，却同时突出了成本领先与差异化的特点。新加坡航空公司被普遍认为是全球运输业里的翘楚，在《悦游》（Condé Nast Traveler）杂志22次世界最佳航空公司评奖中入选21次。作为一家追求差异化的公司，新加坡航空坚持购买最新型的飞机。它是第一家使用A380双层客机的公司，公司更换飞机的频率也更高。平均来说，新加坡航空公司的飞机机龄为6年，而行业平均年限为13年。顾客愿意为乘坐最新型的飞机支付更多的费用。新飞机的燃油效能高，同时也不需要太多维修和保养，这降低了公司成本。新加坡航空公司也以优质服务而著称。公司机组人员经过培训后能分别为来自美国、中国、日本等不同国家的乘客提供不同服务。然而，新加坡航空公司并没有因此为员工支付很高的工资。公司员工的薪资水平与新加坡平均水平相当，低于国际水平。结果是，新加坡航空公司的劳动力成本约占总成本的16%，而美国联合航空为23%，英国航空为28%，美国航空为31%。总之，新加坡航空公司是一个世界级的成本领先与差异化战略领导者。[27]

由此出现了这样一个争论：首先，批评者认为在技术保持不变的前提下，对于规模效应已经最大化的公司来说，想要进一步通过节省成本提高收益是不太可能的，差异化才是它们必须要做的。[28] 成本领先战略的领先者沃尔玛已开始试验如何变得更具差异性：在得克萨斯州的麦金尼开设一家"环境友好"型门店；在该州的普莱诺提供更多质优价高的商品；在达拉斯区域的门店内开设诊所；等等。

其次，批评者认为，技术可能不会一成不变。差异化竞争和成本竞争不能共存于一家企业的想法，受到20世纪70年代制造技术的影响，而如今**柔性制造技术（flexible manufacturing technology）**已能够让企业低成本生产差异化产品（通常基于小规模批次生产，而不是成本领先战略中的大规模生产）。因此，这类做法可被称作**大规模定制（mass customization）**，即同时追求成本领先与差异化战略。

一篇对17项研究的评述文章发现，一些（并不是所有）处于"进退两难"的公司不单不会成为失败者，而且有可能成为有潜力的"多面手"，即同时拥有低成本和差异化优势。[29] 尽管不是最终结论，这些发现的确提出了新的问题并丰富了我们的讨论。

产业竞争还是战略群体

当五力模型聚焦于产业层面时，其意义取决于如何定义"产业"。在一个广义的产业中，例如印度的零售业，显然并不是每家企业之间都在竞争。然而，在这个广义的产业内，确实存在相互竞争的企业群体，比如在印度的超市行业里，非组织化夫妻店与组织化大型超市之间就形成了竞争关系（详见开篇案例）。同样，在汽车产业中，我们可以将市场分为大众车、豪华车和超豪华车市场（见图2.2）。这些不同的企业群体就是我们所熟知的**战略群体（strategic groups）**。有学者认为同一群体内企业的战略通常是相似的：在汽车产业内，大众车市场群体追求成本领先战略，豪华车市场群体关注差异化战略，超豪华车市场群体则采取聚焦战略。同一战略群体中的企业绩效往往类似。[30]

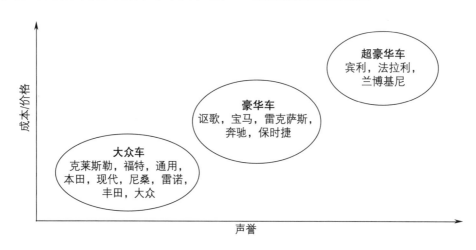

图 2.2　全球汽车产业三大战略集群

虽然上述直观的想法看起来是顺理成章的，但却引发了关于两个问题的争论：第一，战略群体的稳定性如何？[31] 换言之，对企业而言，从一个战略群体跳转到另一个战略群体的难易程度如何？对于汽车产业而言，大众车市场群体中的企业有着成为豪华车市场群体一分子的强烈的动机。它们能做到吗？丰田、本田、尼桑打造出来的雷克萨斯、讴歌和英菲尼迪这几个品牌表明，尽管存在挑战，这种跳转是可能的。然而，马自达也曾想开发自己的高端车，但最终还是放弃了。根本原因是存在**流动壁垒（mobility barriers）**，也就是阻碍在战略群体间跳转的产业内差异。显然，马自达对克服流动壁垒的能力没有足够的信心。现代也正在进行一场进军高端市场的攻坚战。那么现代会否成功呢？

第二个问题集中在将战略群体成员进行分类的数据资料上。通常对战略群体进行分析需要大量的客观数据[32]，然而，在缺乏数据时分析是否有用呢？尤其是进入诸如新兴经济体的新市场时，战略群体分析是否依然可行？研究表明，虽然客观数据很难收集，但是，利用竞争者高管的认知取舍这种主观方法也许能提供更多可靠的线索。[33] 这是因为，当面对复杂、混乱的产业竞争局面时，企业高管更倾向于采取一些简化方案，来更好地组织其对于围绕某些可识别参考点的战略理解。[34] 在中国电子工业中，高管以所有权类型（一个简单易行的参考点）在脑子里划分战略群体。[35] 换言之，作为战略群体，国有企业通常与其他国有企业竞争，民营企业密切关注彼此，外资企业则盯着其他外企（见表2.6）。通过对这些高管的采访我们发现，有相同自我认知标准的战略群体内部会产生激烈的竞争,而对群体外发生什么则关心甚少。

总的来说,战略群体已成为一个介于产业层面和企业层面具有实用性的分析工具,但也存在一定程度上的争议。无论是否有"真正意义上的"战略群体存在,如果能够帮助管理者简化他们进行产业分析时遇到的复杂问题,那么战略群体观点的存在就有一定价值。

一体化还是外包

如何确定一家企业的经营范围是企业战略四大基本问题之一。[36]如前所述,产业基础观建议企业考虑后向一体化(与供应商竞争)或前向一体化(与购买者竞争)——或者至少威胁要这样做。当市场不确定性较高,与供应商或购买者的合作要进行严格控制,并且供应商和购买者的数量较少时,以上战略值得推荐。[37](如果我们没有买下它们,而它们拒绝继续合作的话,我们该怎么办?)但是,实施这项战略的代价是高昂的,因为需要运用大量的资金来并购独立的供应商或购买者,而且大多数并购都以失败告终(见第九章)。

表 2.6　中国电子工业的战略群体和所有制类型

战略群体	防守者	分析者	回应者
所有制类型	国有	混合	不稳定的
客户群	稳定的	混合	变化的
增长战略	保守型	混合	进攻型
管理者	较老的,较保守的	混合	较年轻的,较有攻击性的

资料来源:M.W. Peng, J.Tan, & T.Tong, 2004, Ownership types and strategic groups in an emerging economy (p.1110), *Journal of Management Studies*, 41(7): 1105–1129。

在过去二十年里,爆发了一场挑战产业一体化这一经典认知的大讨论。反对者提出了两个论点:第一,在不确定状态下,降低一体化程度才是明智的。当需求不确定时,没有自己内部供应单位的企业,可以通过终止或不再续签合同轻易减少生产供给。然而,那些有自己内部供应单位的企业,为维持内部供应单位的开工被迫继续生产。换句话说,一体化降低了战略的灵活性。[38]第二,那些内部供应单位,若它们是外部独立供应商的话,需要很努力才能拿到合同;现在仅靠身份就可以受到"大家庭"的照顾,它们会逐渐失去市场竞争动力。[39]随着时间的推移,内部供应商与外部供应商相比会变得缺乏竞争力。企业因此会面临一个困境:选择外部供应商会闲置内部供应商,而如果选择内部供应商又会牺牲成本和质量。在过去二十年中,一体化已逐渐过时,而外包(将一项业务交给外部供应商完成)成了新时尚。

外包运动在20世纪80和90年代受到了日式挑战的影响。如果说五力模型是20世纪70年代西方战略实践的产物,通过经连会(企业间网络关系)管理供应商的日本模式看起来则完全不同。在20世纪90年代,通用有70万名员工,而丰田只有6.5万人。通用公司通过内部供应商完成的经营活动,丰田公司则是由经连会里其他成员公司中的非丰田员工完成的。

同时,丰田的供应商数量远少于通用,它倾向于精心挑选少量可信任的企业组成经连会。通过与供应商们共同开发专利技术,丰田将它们(主要是一级供应商)视作合作伙伴而不是对手,依靠它们及时将产品直接交付到装配线,并在它们有财务困难时施以援手。不过,丰田并不仅仅依靠信任和善意。为防止经连会成员因丧失市场驱动而变懒,一个双重采购策略应运而生——将合同同时给经连会成员和非经连会成员(通常是丰田扩张到海外时的当地企业)。[40]这样就确保了内部(经连会)和外部供应商都有动力做到最好。

与供应商保持良好关系会让企业直接获益。[41] 总体来说，与之前讨论过的观点类似，竞争有可能预示着机遇而不是威胁。现在，与供应商（包括购买者和其他合作伙伴）可靠的合作互惠关系被广泛视作一种竞争优势，并被世界上许多非日本企业采用。[42]

然而，这场辩论还没有结束。一系列奇怪的转变发生了：许多美国企业变得更"日本化"，而日本企业在压力下却变得越来越"美国化"！发生这一切的原因是，一些对核心业务至关重要的外包活动本不该被外包出去；否则，企业就有变成"空心公司"的风险。[43] 与供应商关系太过密切有可能会造成运营僵化，导致企业丧失必要的灵活性。[44] 在日本，买卖双方以前牢不可破的供应链关系开始出现松动。现在很少有公司愿意帮助陷入困境的供应商改善状况了。即使以前不鼓励（即便不是彻底禁止的话）经连会成员在企业关系网以外寻求业务，现在却鼓励其去别处寻找业务，因为它们相信，学习与其他客户打交道的益处，最终会反馈到经连会的领导企业（比如丰田）。[45] 总的来说，这两种观点在过去二十年中的兴衰表明，在进行企业最优经营范围决策时，需要进行非常细致的分析。[46]

决定绩效的是产业还是企业及制度因素

产业基础观认为，企业绩效主要取决于产业特性。不过这一观点最近受到了来自两个方面的挑战。[47] 第一个挑战来自资源基础观。尽管五力模型表明一些特定产业（比如航空业）是非常缺乏吸引力的，然而某些公司，如西南航空、瑞安航空、新加坡航空却非常成功。这是怎么回事呢？简而言之，公司肯定拥有赢得绩效的专有资源和能力。

第二个挑战来自对产业基础观"忽视产业历史和产业制度"的批评。[48] 在波特1980年首次发表的文献中，自然带有一些关于美国20世纪70年代竞争方式的隐含假设。作为现实社会中的"游戏规则"，制度对公司战略的影响显而易见。例如，日本法律禁止在图书销售行业采取成本领先战略，所有的书店都必须以无折扣的同样价格销售新书。因此，在进入日本市场的过程中，以低价作为主要竞争武器的亚马逊经历过一段相当困难的时期。显然，战略家需要了解制度如何影响竞争，这一观点在后来演变成制度基础观。总的来说，资源基础观与制度基础观是对产业基础观的补充[49]，我们将会在第三章和第四章分别具体介绍。

明白争论的意义

以上七个争论表明，产业基础观——事实上整个战略领域——是充满活力、令人兴奋的，但也有不确定性。所有这些争论都直指已经是这个领域核心理论的波特的研究成果。[50] 在表述其研究成果时，波特没有选用更为正式的"模型"，而有意使用了"框架"一词。用他自己的话说，"框架确定了相关变量和必须回答的问题，以便使用者得出针对特定产业和公司的结论。"[51] 从这个意义上说，波特的框架成功确定了变量并提出了问题，但并不一定给出最后答案。虽然这些争论程度不一，但显然目前任何一个都还没有盖棺定论。

精明的战略家

精明的战略家至少可从中获得三点重要的行动启示（见表2.7）。（1）你需要通过五力模型充分理解所在产业。[52] 产业基础观为产业分析和竞争者分析提供了一个系统基础，在此基础上才能进一步展开后面章节所提到的更为具体的验证。（2）你需要注意五力之外的一些其他力量因素可能对你所属产业竞争动态带来的影响，其中一部分在"争论和引申"中已经讨论过。因此，应该把五力模型当作战略分析的一个起点，而非终点。（3）你需要意识到所在产业并不能决定企业命运。尽管产业基础观是理解产业内"一般"企业行为和绩效的有力工具，但你必须明白，有些企业还是能在缺乏结构性吸引力的产业中表现不俗的。作为战略家，你的任务是克服产业中那些不利属性带来的困难，带领企业走向成功。

表2.7　战略启示

- 用五力模型形成对产业的深入了解
- 注意五力之外的其他力量对所属产业竞争动态的影响
- 意识到产业并不能决定企业命运，某些企业还是能在缺乏结构性吸引力的产业中表现不俗的

最后，我们认为，产业基础观能够直接回答第一章提出的四个基本战略问题：首先，企业为什么存在不同？产业基础观认为，不同产业中的五种力量导致了企业行为的多样性。其次，企业是如何采取行动的？答案可以归结于企业如何实现五力带来的机会最大化和威胁最小化。再次，什么决定了企业的经营范围？传统答案是观察企业与其供应商和客户的相对议价能力，一体化会导致企业经营范围的扩大。然而，近来的研究提醒我们对此结论保持谨慎。有学者建议企业采取外包战略，只保留核心业务，积极与其客户和供应商合作，甚至可能的话，也可与其竞争对手展开合作。最后，什么决定了企业国际化的成败？答案还是产业特有属性在决定企业全球绩效表现中扮演了重要角色。

本章小结

1. 定义产业竞争
   - 产业是一群生产相似产品（商品和/或服务）的企业。
   - 战略的产业基础观从产业经济学发展而来，产业经济学的目的是使政策制定者更好地理解企业间的竞争，从而能更有效地对它们进行管制。
   - 五力模型已成为产业基础观的基石。该模型起源于产业经济学，由波特首先提出，旨在帮助企业更好地参与竞争。

2. 用五力模型进行产业分析
   - 五种竞争力量越强、竞争越激烈，产业内企业越难以获得高于产业均值的收益；反之亦然。
   - 这五种力量是：产业内对手之间的竞争强度，潜在进入者的威胁，供应商议价能力，购买者议价能力，以及替代品的威胁。

3. 阐述三种一般竞争战略
   - 三种一般竞争战略是成本领先战略、差异化战略及聚焦战略。

4. 理解产业基础观的七个主要争论
   - 这七个争论是：产业边界清晰还是模糊；威胁还是机遇；五种力量与第六种力量；进退两难还是成为多面手；产业竞争还是战略群体；一体化还是外包；以及决定企业绩效的是产业还是企业和制度因素。

5. 战略启示
   - 用五力模型建立对产业的深入理解。
   - 注意五力之外的其他力量因素对所属产业竞争动态带来的影响。
   - 意识到产业并不能决定企业命运。某些企业还是能在缺乏结构性吸引力的产业中表现不俗的。

关键词

后向一体化　五力模型　网络外部性　购买者议价能力　柔性制造技术　非规模优势　供应商议价能力　聚焦战略　寡头垄断　完全竞争　互补企业　前向一体化　绩效　行为　一般竞争战略　产品差异化　成本领先　现有厂商　产品多样化　差异化　产业经济学　规模优势　支配地位　产业　战略群体　双寡头垄断　产业定位　规模经济　大规模定制　结构　进入壁垒　流动壁垒　结构—行为—绩效模型　过剩产能　垄断　替代品

讨论题

1. 为什么价格战在一些产业中经常发生（如汽车产业），而在另外一些产业中不太发生（如钻石产业）？为了阻止价格战或为价格战做更好的准备，企业需要做些什么？

2. （1）从全球范围，（2）从你所在国家分别比较五力对航空业、快餐业、化妆品业和医药业的不同影响：哪一个产业有望获得更高回报？为什么？

3. 伦理问题：作为一名管理者，威胁你的供应商或客户符合伦理标准吗？

拓展题

1. 运用五力模型对商学院或高等教育行业进行分析。确定你所在的学校属于哪个战略群体。基于分析结果写一篇短文，说明为何你所在学校能够在争取更好的学生、教授、捐赠者及排名竞争中做得好（或不尽人意）。

2. 伦理问题：因垄断、双寡头垄断或任何强市场力量而形成的"超额利润"经常成为政府调查和起诉的目标（例如，微软被美国和欧盟起诉）。然而，战略家还是公开追求高于平均水平的利润，且这部分利润逐渐被认为是"合理利润"。你认为这里存在某种伦理困境吗？两人一组，其中一人扮演反托拉斯官员，另一人扮演企业战略家（比如比尔·盖茨），写两段话来支持争论双方的观点。

3. 伦理问题：一个强大的新进入者很可能造成大量现有小厂商出局和员工失业。在开篇案例中，这是关于印度零售产业是否应该对外资开放这一问题争论的关键所在。作为一名对进入印度市场饶有兴趣的沃尔玛经理，你对印度国内反对外资进入的政治呼声作何回应？作为一名印度政府官员，你如何向那些愤怒的夫妻店所有者解释允许外资进入的新政策？请写一篇短文给出你的回答。

结篇案例　（新兴市场）

经济危机中的奢侈品之道

华丽的服装、手提包、珠宝、香水和手表等高端时尚产业（或者被称为奢侈品行业），在2008年开始的经济危机中经历了寒冬。2008年，银行业风雨飘摇，失业率居高不下，消费者信心处于历史最低点。2009年，整个奢侈品产业销售总额下降了20%。那么业界是如何应对的呢？

就五力模型而言，替代品威胁相对较小。潜在进入者并不急于在现有厂商苦苦挣扎时进入。由于来自汽车公司、鞋厂及家具公司订单的取消或大幅减少，皮革类供应商损失惨重。因此，供应商们愿意为任何来自奢侈品公司的订单而工作。这样一来，管理产业竞争就变为如何管理竞争对手和客户。

奢侈品行业有三大巨头：路易威登（拥有50多个品牌，如路易威登手袋、酩悦·轩尼诗酒、克里斯汀·迪奥化妆品、泰格·豪雅手表和宝格丽珠宝等）、古驰集团（9个品牌，如古驰手袋、伊夫·圣罗兰服饰和塞乔·罗西鞋等）、巴宝莉（以风衣和手袋闻名）。接下来是一些更专业的品牌，比如男装国王杰尼亚和女装皇后克里斯汀·拉克鲁瓦。事实上在这个行业中，几乎所有企业都追求差异化战略，一小部分企业采用聚焦战略。理论上，高端时尚意味着高价格。这个行业中有约定俗成的行为准则（或规范）：没有折扣，没有优惠券，没有价格战——至少在理论上。普遍用于低端时尚行业的打折手段，不仅对偶尔这样做的公司，而且对整个高端时尚界的形象和利益都是有害和危险的。但是，这样问题就来了：如果不采用这种令人讨厌的策略，企业如何在金融危机中生存下来？

无奈之下，许多企业还是选择了降价，却没有大肆声张。在蒂芙尼珠宝店，销售人员口头告知顾客关于钻戒降价的消息，但除此之外没有任何其他宣传。古驰和历峰集团（拥有卡地亚珠宝、江诗丹顿手表、艾尔弗雷德·登喜路男装等品牌）将它们多余的库存从线下转到了线上折扣网站。蔻驰推出了低端品牌波碧作为主打品牌，从而不损坏蔻驰的品牌形象。在2008年圣诞节前的一个月里，美国梅西百货和萨克斯第五大道精品百货店等百货公司甚至推出了降幅达80%的特价奢侈品。唯一一家没有任何降价行为的公司是声称绝不打折销售的行业领导者路易威登。当经济状况变差时，它宁愿销毁库存。与许多依靠百货商店的奢侈品不同，路易威登拥有自己的零售店，从而能够完全控制自己产品的命运和价格。

金融危机迫使实力较弱的竞争者如克里斯汀·拉克鲁瓦和艾斯卡达等申请破产，但也使路易威登这样的强者更加强大，它们从奢侈品行业建立的高质量模式中受益。换句话说，当人们钱比较少的时候，会把钱花在最好的东西上。消费者会选择购买更少、更经典的产品，比如一件巴宝莉风衣（而不是两件时装）和一个爱马仕的凯莉包（而不是三个不知名品牌的包）。因此，根据其总裁的描述，路易威登的"市场份额总是在危机中逆势增长"。路易威登的销售额从2008年的240亿美元增长到2011年的290亿美元，利润率保持在40%左右，是一些实力较弱竞争者的两倍。

除了应对竞争对手，如何管理善变而任性的客户也是很棘手的事情。尽管那些巨富们没有受到金融危机的影响，但他们依然是极少数。大多数奢侈品公司依靠中产阶层客户来实现业务增长。随着金融危机的深入，许多中产阶层客户陷入经济低谷，发达国家消费者开始寻找真正有价值的东西而不是炫耀。日本多年来一直是奢侈品消费的第一大市场，据说大多数日本妇女至少拥有一件路易威登的产品。但是，路易威登在日本的销售额自2005年开始下滑，2008年更是急剧减少。年轻的日本女性似乎比她们母亲那一代更具个性化，经常选择较不为人知的（也更便宜的）品牌。

在其他市场暗淡的时候，新兴市场尤其是中国给奢侈品公司带来了希望。自2008年以来，在全球销售额下跌的背景下，中国的消费总额（包括国际和国内）却保持了20%~30%的增长。2009年，中国超过美国成为世界第二大市场。2011年，中国超越日本成为世界最大的奢侈品消费国，以126亿美元占据28%的全球份额。奢侈品市场的所有品牌都在想方设法进入中国，因为中国就像它们的新大陆。有趣的是，几年前还是日本妇女支撑起了一线奢侈品公司，现在却是中国男士们（比中国女性更有可能）迫不及待地为奢侈品掏腰包。除中国以外，奢侈品公司也热衷于巴西、印度、波兰、俄罗斯和沙特阿拉伯市场。知道路易威登最新的店铺开在哪里吗？蒙古的乌兰巴托。

资料来源：(1) *Business Week*, 2009, Coach's new bag, June 29: 41–43; (2) *Business Week*, 2009, LVMH in the recession, September 19: 79–81; (4) *Economist*, 2010, Fashionably alive, November 13: 76; (5) *Economist*, 2010, Luxury goods in Poland, June 19: 72; (6) *Economist*, 2011, The glossy posse, October 1: 67; (7) J. Li, 2010, *Luxury Brands Management*, Beijing: Peking University Press。

案例讨论题：

1. 奢侈品产业处于何种竞争态势？请使用五力模型说明。

2. 在金融危机时期，消费者作为购买方具有多大的议价能力？

3. 为何打折销售会遭到采用差异化战略或聚焦战略的业界同行鄙视？

4. 对于奢侈品企业来说，在新兴市场有可能会面临什么挑战？

注释

1. L. Einav & J. Levin, 2010, Empirical industrial organization, *JEP*, 24: 145–162.

2. M. Porter, 1981, The contribution of industrial organization to strategic management, *AMR*, 6:609–620; C. Zott & R. Amit, 2008, The fit between product market strategy and business model, *SMJ*, 29:1–26.

3. M. Porter, 1980, *Competitive Strategy*, New York: Free Press.

4. D. Simon, 2005, Incumbent pricing responses to entry, *SMJ*, 26:1229–1248.

5. J. Henderson & K. Cool, 2003, Learning to time capacity expansions, *SMJ*, 24:393–413; H. Tan & J. Mathews, 2010, Identification and analysis of industry cycles, *JBR*, 63:454–462.

6. S. Lee, M. W. Peng, & J. Barney, 2007, Bankruptcy law and entrepreneurship development, *AMR*, 32:257–272.

7. D. Lavie, 2006, Capability reconfiguration, *AMR*, 31:153–174.

8. G. Dowell, 2006, Product line strategies of new entrants in an established industry, *SMJ*, 27:959–979; D. Souder & J.M.Shaver, 2010, Constraints and incentives for making long horizon corporate investments, *SMJ*, 31:1316–1336.

9. A. Mainkar, M. Lubatkin, & W. Schulze, 2006, Toward a product-proliferation theory of entry barriers, *AMR*, 31:1062–1075.

10. T. Eisenmann, G. Parker, & M. Van Alstyne, 2011, Platform envelopment, *SMJ*, 32:1270–1285; M. Schilling, 2002, Technology success and failure in winner-take-all markets, *AMJ*, 45:398–461; P. Soh, 2010, Network patterns and competitive advantage before the emergence of a dominant design, SMJ, 31:438–461.

11. R. Gulati, P. Lawrence, & P. Puranam, 2005, Adaptation in vertical relationships, *SMJ*, 26:415–440.

12. M. W. Peng, S. Lee, & J. Tan, 2001, The keiretsu in Asia, *JIM*, 7:253–276.

13. S. Chen, 2010, Transaction cost implication of private branding and empirical evidence, *SMJ*, 31:371–389.

14. *BW*, 2011, Even better than the real thing, November 28: 25–26; Economist, 2010, *Basket cases*, October 16:79.

15. I. McCarthy, T. Lawrence, B. Wixted, & B. Gordon, 2010, A multidimensional conceptualization of environmental velocity, *AMR*, 35:604–626.

16. M. Porter, 1988, *On Competition* (p. 38), Boston Harvard Business School Press.

17. M. Porter, 1985, *Competitive Advantage*, New York Free Press.

18. *BW*, 2011, A pot of trouble brews in the coffee world, September 8: 13–14.

19. M. Porter, 1996, What is strategy? *HBR*, 74 (6): 61–78.

20. D. Teece, 2007, Explicating dynamic capabilities, *SMJ*, 28: 1319–1350.

21. Y. Yamakawa, M. W. Peng, & D. Deeds, 2008, What drives new ventures to internationalize from emerging to developed economies? *ETP*, 32: 59–82.

22. M. Porter, 1990, *The Competitive Advantage of Nations*, New York: Free Press.

23. A. Grove, 1996, *Only the Paranoid Survive*, New York: Doubleday.

24. D. Yoffie & M. Kwak, 2006, With friends like these, *HBR*, September: 89–98.

25. R. Huckman & D. Zinner, 2008, Does focus improve operational performance? *SMJ*, 29: 178–193; S. Thornhill & R. White, 2007, Strategic purity, *SMJ*, 28: 553–561.

26. *BW*, 2011, The end of Borders is not the end of books, November 14: 94–97.

27. L. Heracleous & J. Wirtz, 2010, Singapore Airlines' balancing act, *HBR*, July: 145–149.

28. C. Hill, 1988, Differentiation versus low cost or differentiation and low cost, *AMR*, 13: 401–412.

29. C. Campbell-Hunt, 2000, What have we learned about generic competitive strategy? *SMJ*, 21: 127–154.

30. W. DeSarbo, R. Grewal, & R. Wang, 2009, Dynamic strategic groups, *SMJ*, 30: 1420–1439; G. Leask & D. Parker, 2007, Strategic groups, competitive groups, and performance within the UK pharmaceutical industry, *SMJ*, 28: 723–745; F. Mas-Ruiz & F. RuizMoreno, 2011, Rivalry within strategic groups and consequences for performance, *SMJ*, 32: 1286–1308; J. Short, D. Ketchen, T. Palmer, & G. T. Hult, 2007, Firm, strategic group, and industry influences on performance, *SMJ*, 28: 147–167.

31. D. Dranove, M. Peteraf, & M. Shanley, 1998, Do strategic groups exist? *SMJ*, 19: 1029–1044

32. R. Hamilton, E. Eskin, & M. Michaels, 1998, Assessing competitors, *LRP*, 31: 406–417; J. D. Osborne, C. Stubbart, & A. Ramaprasad, 2001, Strategic groups and competitive enactment, *SMJ*, 22: 435–454.

33. D. Johnson & D. Hoopes, 2003, Managerial cognition, sunk costs, and the evolution of industry structure, *SMJ*, 24: 1057–1068; B. Kabanoff & S. Brown, 2008, Knowledge structures of prospectors, analyzers, and defenders, *SMJ*, 29: 149–171; J. Kuilman & J. Li, 2009, Grades of membership and legitimacy spillovers, AMJ, 52: 229–245.

34. G. McNamara, R. Luce, & G. Tompson, 2002, Examining the effect of complexity in strategic group knowledge structures on firm performance, SMJ, 23: 151–170.

35. M. W. Peng, J. Tan, & T. Tong, 2004, Ownership types and strategic groups in an emerging economy, *JMS*, 41: 1105–1129.

36. A. Afuah, 2003, Redefining firm boundaries in the face of the Internet, *AMR*, 28: 34–53; M. Jacobides, 2005, Industry change through vertical disintegration, *AMJ*, 48: 465–498.

37. O. Williamson, 1985, *The Economic Institutions of Capitalism*, New York: Free Press.

38. S. Nadkarni & V. Narayanan, 2007, Strategic schemas, strategic flexibility, and firm performance, *SMJ*, 28: 243–270; G. Pacheco-de-Almeida, J. Henderson, & K. Cool, 2008, Resolving the commitment versus flexibility trade-off,

AMJ, 51: 517–538.

39. A. Vining, 2003, Internal market failure, JMS, 40: 431–457; W. Egelhoff & E. Frese, 2009, Understanding managers' preferences for internal markets versus business planning, JIM, 15: 77–91.

40. J. Liker & T. Choi, 2004, Building deep supplier relationships, HBR, December: 104–113.

41. D. Griffith & M. Myers, 2005, The performance implications of strategic fit of relational norm governance strategies in global supply chain relationships, JIBS, 36: 254–269.

42. J. Dyer & H. Singh, 1998, The relational view, AMR, 23: 660–679.

43. J. Barthelemy, 2003, The seven deadly sins of outsourcing, AME, 17 (2): 87–98.

44. M. Kotabe, X. Martin, & H. Domoto, 2003, Gaining from vertical partnerships, SMJ, 24: 293–316.

45. C. Ahmadjian & J. Lincoln, 2001, Keiretsu, governance, and learning, OSc, 12: 683–701; R. Lamming, 2000, Japanese supply chain relationships in recession, LRP, 33: 757–778; J. McGuire & S. Dow, 2009, Japanese keiretsu, APJM, 26: 333–351.

46. C. de Fontenay & J. Gans, 2008, A bargaining perspective on strategic outsourcing and supply competition, SMJ, 29: 819–839; M. Leiblein, J. Reuer, & F. Dalsace, 2002, Do make or buy decisions matter? SMJ, 23: 817–833.

47. A. McGahan & M. Porter, 1997, How much does industry matter, really? SMJ, 18: 15–30.

48. S. Oster, 1994, Modern Competitive Analysis, 2nd ed. (p. 46), New York: Oxford University Press.

49. J. Bou & A. Satorra, 2007, The persistence of abnormal returns at industry and firm levels, SMJ, 28: 707–722; A. van Witteloostujin & C. Boone, 2006, A resource-based theory of market structure and organizational form, AMR, 31: 409–426.

50. C. Decker & T. Mellewigt, 2007, Thirty years after Micahel E. Porter, AMP, 21: 41–55.

51. M. Porter, 1994, Toward a dynamic theory of strategy, in R. Rumelt, D. Schendel, & D. Teece (eds.), Fundamental Issues in Strategy (p. 427), Boston: Harvard Business School Press.

52. X. Lecocq & B. Demil, 2006, Strategizing industry structure, SMJ, 27: 891–898; A. McGahan, 2004, How industries change, HBR, October: 87–94.

第三章
资源和能力

▶▶学习目标

通过本章学习，你应该能够

1. 解释什么是企业的资源和能力；
2. 沿着价值链进行一个基本的 SWOT 分析；
3. 确定企业某项活动是应该自己做还是外包；
4. 分析资源和能力的价值、稀缺性、可模仿性及可组织性（VRIO）；
5. 参与基于资源基础观的四种主要争论的讨论；
6. 为行动提供战略启示。

○ 开篇案例

百年 IBM

国际商用机器公司（又称 IBM 或"蓝色巨人"）2011 年迎来了百年华诞。IBM 是总部位于纽约阿蒙克的跨国信息技术公司（IT），生产、销售计算机软硬件，提供从大型计算机到纳米技术的全系列咨询服务。IBM 以创新著称，是全美拥有专利技术最多的公司，并在全球设立了九个研发中心。IBM 员工拥有五个诺贝尔奖、九个全美国家技术奖章和五个全美国家科学奖章。IBM的发明包括了自动取款机（ATM）、软盘、硬盘、磁条卡、关系数据库、通用产品代码（UPC）、SABRE航空订票系统、动态随机存储器（DRAM）和沃森人工智能等。目前公司在全球200多个国家有42.5万员工（通常被称为IBM人）。2010年销售额超过1000亿美元，（按销售额）位列全美第18位、全球第31位。尽管遭遇了金融危机，IBM仍位居全美最赚钱公司第7位，保持了高盈利性。2011年9月，IBM按市值排名是全球第二大公开上市交易科技公司（仅次于苹果）。2011年获得的其他荣誉还包括最佳领袖公司（《财富》）、全球最佳品牌第二名（国际品牌集团）、全球最佳生态公司（《新闻周刊》）、最受尊敬的公司排名第12（《财富》）、最具创新精神的公司排名第18（《快公司》）。

在过去的一个世纪中，无数公司生生死死，甚至一些国家也消失了。"为什么IBM还能存在，并在最充满创新和变革的行业中茁壮成长？"《经济学人》提出了这样的问题。这个问题不仅是学术上的。戴尔、诺基亚和索尼等年轻一代IT巨头们也渴望知道答案，以免它们公司的寿命与IBM相比差太多。

IBM是现在被称为"IT行业"的先驱者。这个快速变化的行业以竞争激烈著称。也可以说，这个行业就是不停创造"平台"的过程。首先是收银机，接着是主机，之后是"分布"系统，从微机到个人计算机再到服务器，现在则是云计算和移动终端的时代。这个行业从来不缺野心勃勃的新进入者。很多都黯然离场了，而IBM仍在前行。个人客户和商务客户的需求是不同的，很难同时满足。零部件和服务的供应商通常会摇身一变成为直接竞争者——如宏碁和联想侵占了IBM的个人电脑市场。创业家和公司高管一直梦寐以求取代IBM的新产品和服务。迈克尔·戴尔就曾公开承认，如果知道IT行业的竞争如此之激烈，他就不会进入这个行业了。

身处如此环境，IBM也不是一帆风顺的。1969年在其主导主机市场的黄金时期，IBM成为第一家被反垄断当局认定为"邪恶帝国"的IT公司（那时最近成为众矢之的的IT"邪恶帝国"微软还未面世）（1982年美国政府最终撤销了对IBM的起诉）。在20世纪90年代，IBM曾濒临破产。从诞生之日起IBM经历了无数轮重组，并购普华永道（2002年）等公司，出售打印机事业部（1991年）和个人电脑事业部（2004年）等相关业务。

关于IBM这段历史的书籍称得上汗牛充栋。但什么是其持久和成功的秘诀呢？创新的文化、对客户的承诺、变革的愿望、强有力的领导层、跨国经营——公司在印度有6万名员工，在中国有采购中心。有很多原因可以提，但究竟哪个最关键呢？这个问题的答案不仅对IBM和其竞争对手来说重要，对其他行业的高管们和全世界的相关学生、学者和记者们也很重要。《经济学人》认为，IBM"还远未达到其顶峰"，请持续关注IBM在其下一个100年能走多远。

资料来源：(1) *Bloomberg Businessweek*, 2011, Can this IBMer keep Big Blue's edge? October 31: 31–32; (2) *Economist*, 2007, IBM and globalization, April 7: 67–69; (3) *Economist*, 2011, 1100100 and counting, June 11: 67–69; (4) *Economist*, 2011, IBM v. Carnegie Corporation, June 11: 64–66.

为什么IBM能够在这样一个竞争激烈的产业中脱颖而出？IBM又是如何在过去的一个世纪中坚持为其客户创造价值的？为什么IBM的大多数竞争对手做不到像IBM那样的坚持如

一?答案是 IBM 肯定有些其竞争对手所没有的特殊资源和能力。这种思路发展成为**资源基础观**（resource-based view），该观点随后成为战略领域三大重要理论之一。[1]

如果说产业基础观聚焦于一个产业中"一般"企业如何竞争，那么资源基础观则重点围绕产业中一个具体企业（如 IBM）与其他企业究竟有什么不同。在 SWOT 分析中，产业基础观围绕外部因素机会 O 和威胁 T 展开，资源基础观则聚焦于内部因素优势 S 与弱点 W。[2] 关键问题是：像 IBM 这样的大企业如何能保持长久的竞争优势？[3] 在本章中，我们首先定义资源和能力，然后讨论价值链分析。随后，重点分析价值（V），稀缺性（R），可模仿性（I）以及可组织性（O）。

理解资源和能力

资源基础观的基本命题是企业由一系列生产性资源和能力组成。[4] **资源**（resources）被定义为"企业用来选择和执行其战略所需的有形和无形资产"。[5] 关于能力的定义则有些分歧，有人认为是企业动态配置资源的能力。他们认为这是资源和能力的关键区别，并提出了"动态能力观"。[6]

学界可以不断争论资源和能力的定义差别，然而在业界两者的差别却是模糊的。[7] 比如，IBM 之所以有这么长的历史，是资源还是能力的作用？是多国运营的原因还是放弃低利润业务的原因？对于现在和将来的战略家来说，关键是这些做法对于改善企业绩效有什么帮助，而不是急于将它们分为资源或者能力。因此在本书中，我们将交替或者同时使用"资源"和"能力"这两个词；换句话说，本书将**能力**（capabilities）与资源定义为同一概念。

所有企业，包括那些最小的，都拥有一系列资源和能力。我们如何有效地对其进行分类呢？一个较好的办法是将它们分成两类：有形的和无形的（见表 3.1）。

表 3.1 资源和能力的举例

有形的	无形的
金融	人力
实体	创新
技术	声誉

有形资源和能力（tangible resources and capabilities）指那些能被看到并相对容易进行数量化计算的资产，大致可分为以下三类：

- **金融资源和能力**：如企业进入资本市场融资的能力。
- **实体资源和能力**：比如，很多人将亚马逊的成功归因于其对互联网的深刻理解（似乎说得通），其实亚马逊能成为最大的图书经销商的原因是在关键区域建造了一些大型的实体图书仓库。
- **技术资源和能力**[8]：IBM 就以技术实力著称。

无形资源和能力（intangible resources and capabilities）指那些较难被看出来并很难（有时候不可能）被量化的资产（见表 3.1）。然而，人们普遍认为它们是存在的，因为没有企业可以单靠有形的资源和能力就创立起竞争优势。[9] 无形资产的例子包括：

- **人力资源和能力**：《哈佛商业评论》曾刊载过一篇"泰姬陵宫酒店的平凡英雄"的案例文章，讲述了该酒店员工在面对恐怖袭击时，是如何坚守岗位、保护客人的。它说明了当面对危机的时候，卓越的人力资源（HR）是如何发挥关键作用的。*

- **创新资源和能力**：有些企业以创新著称。例如苹果公司那些酷酷的小玩意儿。
- **声誉资源和能力**：声誉可被认为是一种竞争过程中的结果，在这个过程中企业以此向它们的客户发出信号。[10]除了在少部分衰退时期，IBM 在大多数时候都可以利用其声誉优势不断创造新的优势，而它的那些不知名的竞争对手却在苦苦挣扎。

需要特别注意的是，这里所讨论的资源和能力仅是些例子，它们并不代表全部内容。随着企业的发展，很可能会发现新的资源和能力并加以利用。

资源、能力及价值链

如果一个企业聚集了很多资源和能力，那么怎样让这些资源和能力一起增加价值？价值链分析能让我们回答这个问题。如图 3.1 中板块 A 所示，大部分产品和服务都是通过纵向（从上游至下游）增值业务活动进行生产的——也就是**价值链（value chain）**。典型的价值链包含两部分内容：主要活动和辅助活动。[11]

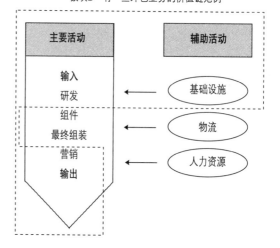

图 3.1　价值链

每种活动都需要许多资源与能力。价值链分析要求管理者从非常微观和以活动为基础的层面上来考虑企业的资源和能力。[12]考虑到没有企业擅长所有主要活动和辅助活动，关键问题是要弄清楚，企业是否有比竞争对手更好地从事某一特定活动的资源和能力。这个过程在 SWOT 分析中被称为**基准测试（benchmarking）**。如果管理者发觉他们企业的具体活动不尽如人意，决策模型（如图 3.2 所示）能够改进现状。在第一阶段，管理者问："你真的需要在企业内部进行这个活动吗？"图 3.3 介绍了仔细观察问题的框架，人们的回答可以归结为：（1）该活动是某个产业专有的还是所有产业都有的；（2）该活动是否是企业专有的。当活动出现在图 3.3 圈 2 中，在产

---

* Deshpandé & A. Raina, 2011, The ordinary heroes of the Taj, *Harvard Business Review*, December: 119–123. ——编者注

业中有共性但在企业中是专有的，那么答案就是"不"。由于这一活动在不同产业中普遍存在，所以没有必要将其独特化，而应该高度**商品化（commoditization）**。企业可能想要外包此活动，卖掉相关的单元，或者把单元服务都出租给其他企业（见图3.2）。这是由于在价值链中操作不具竞争力的多阶段活动会很麻烦并且耗资颇多。

以制造汽车的关键材料——钢铁为例。对汽车生产商而言，问题是："我们需要自己生产钢铁吗？"在终端制造业，对钢铁的需求都是一样的，即钢铁对于汽车生产商就像对其他以钢铁为原材料的建筑、国防等终端用户一样不可缺少（为了便于讨论，忽略微小技术差异）。对汽车生产商来说，为保证汽车生产活动（尤其是发动机和最终组装件）的专有性（图3.3圈3），无须自己制造钢铁。因此，尽管许多诸如福特汽车和通用汽车等汽车公司曾在历史上涉足钢铁制造，但现在已经没有一家再这样做了。换句话说，钢铁制造被外包，钢铁被产品化了。同样的，福特汽车和通用汽车也不再如从前那样生产玻璃、车椅和轮胎了。

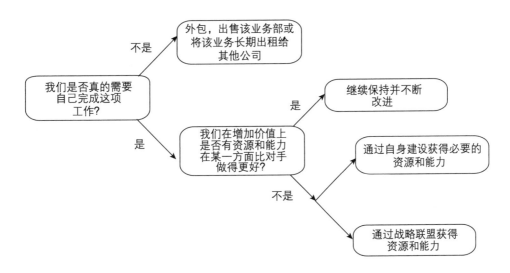

图3.2　价值链分析中的决策模型

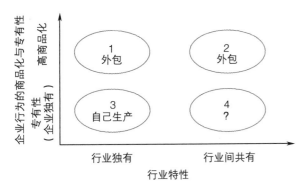

备注：目前，第四单元还没有明确的指导意见，企业可以自己组织生产也可以外包。

图3.3　自己生产还是外包

外包（outsourcing）是指将某一组织活动移交给外部供应商，该供应商会替中心厂商完成该活动。[13] 比如，许多消费品企业（如耐克），在上游活动（如设计）和下游活动（如市场营销）中都具有很强的能力，它将生产外包给低成本国家的供应商。波音新787梦想飞机总价值的80%由外部供应商提供，而现有的波音飞机的这一比例只有51%。[14] 如今不但制造业经常使用外包，很多服务产业也采用外包，例如电子信息、人力资源和物流行业。其原因在于许多企业曾把一些活动看作其产业中非常特别的部分（例如机票预订和银行呼叫中心），但现在它们认为这些活动相对具有通用性，可在不同行业间分享。当然，这种心态的改变是受到了服务商崛起的影响，这些服务商包括电子信息行业中的IBM和印孚瑟斯（Infosys）、人力资源行业的万宝盛华（Manpower）、代工业的富士康（Foxconn）和物流业的敦豪（DHL）等。这些专业公司认为这些活动可从不同客户企业里分离出去（就像几十年前钢铁制造从汽车制造业分离出去一样），它们能在更大的规模经济下服务更多客户。[15] 这样的外包能让客户企业变成更加"精巧"的组织，使它们更好地专注于核心活动。（见图3.1板块B）。

如果对问题"需要我们自己生产钢铁吗"的答案是"是"（图3.3圈3），但企业的资源和能力还不能完成任务，那么就有两个选择（见图3.2）：第一个选择，企业可以在企业内部获取和发展能力以便更好地完成某一项活动。[16] 第二个选择，如果企业内部没有足够的技术来发展需要的能力，它可以通过联盟获得。

在图3.2和3.3都明显缺少了地理维度方面的考虑——选择在国内还是去国外。[17] 由于"外包"和"离岸外包"这两个术语近期已融合在一起，因此让人产生了很大的误解，尤其是在一些记者的理解中，经常将两者画上了等号。为了将误解最小化，图3.4中，我们在地理位置和模式的基础上，将两个术语演化成四个术语（内部生产还是外包）[18]：

- **离岸外包（offshoring）**——国际化或国外外包
- **在岸外包（onshoring）**——国内外包
- **受控供应链（captive sourcing）**——在国外建立分支机构进行内部生产工作
- 国内企业内部生产活动

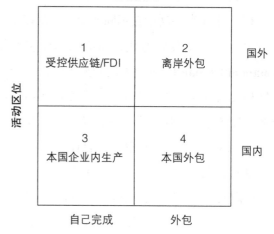

备注："受控供应链"是一个新词，概念上等同于在全球战略中已被广泛使用的FDI。

图3.4　区位、区位、区位

外包，尤其是离岸外包，一直颇有争议（详见"争论和引申"部分）。除了这套新术语，我们还需要注意"受控供应链"在概念上与国外直接投资（FDI）相同，这在全球化战略的世界中不是新概念（详见第一和第五章）。我们也要注意"离岸外包"和"本国外包"就是外包分别在国际和国内的区别。有意思的是，当印度、菲律宾和其他新兴经济国家已广泛成为离岸外包低成本电子通信工作所在地时，德国东部、法国北部、美国的阿巴拉契亚山脉地区、大平原和南部地区已成为本国外包的热点。[19] 在工作岗位紧缺的诸如密西根等地区，高质量IT工作人员可能会接受比总部低35%的工资。

我们可以从图3.4里学到生动的一课，即使作为一家单一的企业，其增值活动也可能遍布全球，以利用最佳区位和模式来完成某些活动。比如，戴尔的笔记本电脑可以在美国设计（本国企业内部活动），在美国（本国外包）和中国台湾地区生产零部件（离岸外包），在中国进行成品组装（受控供应链或国外直接投资）。当客户需要呼叫帮助，呼叫中心可能在印度、爱尔兰、牙买加或菲律宾，都由外部服务商运营——戴尔可通过离岸外包的方式外包它的服务活动。

总的来说，价值链分析让经理人在各项活动的基础上，根据竞争对手情况做 SWOT 分析，来确定企业的优势和劣势。最近一些新动态的出现是一种威胁，导致一些专家声称"21世纪离岸外包完全不同了"。[20] 但事实并非如此。在新说法的表象下，经典 SWOT 分析仍是有效的。下面将介绍一种这样做的分析框架——VRIO。

从 SWOT 到 VRIO

目前，在资源基础观研究上所取得的进展已超越了传统的 SWOT 分析。新方法聚焦在价值（V）、稀缺性（R）、可模仿性（I）和可组织性（O）上。这就是 **VRIO 框架**（**VRIO framework**）。[21] 从表 3.2 可以看出，关于这四个重要问题的讨论衍生出了一系列关于竞争优势的话题。

表 3.2　VRIO 框架：是一种资源还是能力

有价值？	稀缺？	模仿成本高？	可组织利用？	竞争含义	企业绩效
不是	—	—	不是	竞争劣势	低于平均水平
是	不是	—	是	棋逢对手	平均水平
是	是	不是	是	暂时性竞争优势	高于平均水平
是	是	是	是	可持续竞争优势	持续高于平均水平

资料来源：改编自 (1) J. Barney, 2002, *Gaining and Sustaining Competitive Advantage*, 2nd ed. (p. 173), Upper Saddle River, NJ: Prentice-Hall; (2) R. Hoskisson, M. Hitt, & R. D. Ireland, 2004, *Competing for Advantage* (p. 118), Cincinnati: South-Western Cengage Learning.

价值（value）问题

企业的资源和能力会增加价值吗？前面的价值链分析认为这是一开始就必须搞清楚的基础问题。[22] 只有增值的资源才会形成竞争优势，非增值的能力反而会导致竞争劣势。随着竞争环境的变化，原来增值的资源和能力可能会变得一无是处。IBM 的改革就是一个很好的例子。IBM 曾擅长制造硬件，包括 20 世纪 30 年代的收银机、60 年代的主机和 80 年代的个人电脑。然而，随着硬件竞争的加剧，IBM 制造硬件的能力不仅没有增加价值，反而阻碍了它向新领域发展。从 20 世纪 90 年代开始，在两位新上任的 CEO 的领导下，IBM 开始向有利可图的软件和服务提供商转型，发展了新的增值能力，努力成为提供按需计算服务的供应商。作为新战略的一部分，2002 年 IBM 购买了普华永道（PwC）——一家技术咨询的领先企业，并在 2004 年将个人电脑事业部卖给了联想（详见开篇案例）。

有价值的资源与能力和企业绩效之间的关系是很明确的。非增值资源与能力，如 IBM 曾经的硬件制造能力，恰恰与变成优势相反，可能会变成弱点。如果企业不能够放弃非增值资产，其绩效可能会低于平均水平。[23] 最糟糕的情况，就像 90 年代 IBM 遭遇的那样，它们可能被淘汰。IBM 的 CEO 罗睿兰（Ginni Rometty）曾说过：

无论你身处何种产业，商品化不可避免，因此你必须不断前进追求更高的价值和变革。[24]

稀缺性（rarity）问题

仅仅拥有有价值的资源和能力可能还不够。下一个问题是：这些有价值的资源和能力有多稀缺？[25] 有价值但普通的资源和能力最多就是引致竞争同质化，而不是竞争优势。以众多航空公司所使用的波音和空客生产的飞机为例，它们肯定是有价值的，但是只从这些飞机本身是很难提炼出竞争优势的。航空公司必须想方设法**有区别地**使用这些同样的飞机（详见战略行动3.1）。

只有有价值并稀缺的资源和能力才有可能提供一些暂时的竞争优势。总体来讲，稀缺性问题使人想到一句老话儿："如果每个人都有，你就不能靠它赚钱。"比如，美国三大汽车制造商的汽车品质现在可以与其亚欧竞争对手最好的车相抗衡。然而，即便是在美国本土市场，三大巨头的品质改良也并没有带来销售量的上升。不论汽车质量有多好，通用和克莱斯勒不得不在2009年宣布破产，并需要美国政府来救助（在通用的案例中，加拿大政府也参与了救助）。道理很简单：高品质是汽车购买者所预期的，不再具有稀缺性，因此也没有竞争优势。

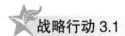

战略行动 3.1

全日空（ANA）：清洁其他航空公司清洁不到的地方

2011年投入使用的新波音787梦幻客机第一次引入了颠覆性技术——大量使用轻质塑料原件。结果，这种中型的长途飞机被誉为技术奇迹，与同类型号飞机相比可节省20%的燃料和30%的维护成本。毫无悬念，全世界的航空公司都爱上了它。在投入运营之前的7年（2004—2011），787以800多架的订单成为历史上最畅销的机型。它的第一个客户是日本最大的航空公司全日空，一共预订了55架。

对于第一个使用梦幻客机的航空公司来说，梦幻客机肯定是非常有价值的。然而，它的新鲜感很快就会消失，超过800架787会紧随全日空的55架投入使用。换句话说，梦幻客机是有价值的，但不是稀缺的，并且容易被模仿——波音很高兴为能掏出1.7亿美元的任何一家航空公司进行生产。全日空是怎样保持其在787客机上的竞争优势的呢？在日本，卫洗丽已经非常普及，约70%的日本家庭都已安装。为吸引更多挑剔的日本乘客，全日空计划在所有梦幻客机的机舱内作为标配也安装卫洗丽。2007年7月，当梦幻客机第一次在华盛顿艾佛列特揭开神秘面纱时，全日空首席执行官山元峯生在仪式上自豪地宣布，在787上安装卫洗丽将成为全日空与其他航空公司最大的差别，因为它"清洁了其他航空公司清洁不到的地方"。

资料来源：改编自 (1) *Bloomberg Businessweek*, 2011, ANA: First in class, businessweek.com/adsections, (2) *South China Morning Post*, 2007, Boeing unveils new, green 787 jetliner, July 10: A8; (3) All Nippon Airways, 2012, www.ana.co.jp/787。

可模仿性（imitability）问题

只有当竞争者很难模仿时，有价值并稀缺的资源和能力才是竞争力优势的来源之一（详见结篇案例）。模仿一个企业的**有形**资源（如厂房）相对比较容易，而模仿**无形**能力则要难得多，常常是不可能办到的（如隐性知识、拼搏精神和管理英才）。[26]

为什么模仿是很难的？用一个词来说就是**因果模糊性**（causal ambiguity），即难以确定一个成功企业其绩效的决定因素是什么。[27] 到底是什么让IBM成为一个基业长青的企业（详见开篇案例）？IBM并不缺竞争者和模仿者。经常听到关于IBM要完了的谣言（而且至少有一次在20

世纪90年代差点就成真了）。然而，IBM总能够通过放弃它曾经主导的业务（例如个人计算机）并推出一系列增加价值的新产品和服务来转危为安。2011年，它的服务业务利润率为32%，软件业务利润率高达88%。[28]

一个很自然的问题是：IBM是怎么做到的？通常，一些资源和能力会被提及，如创新文化、客户关系、变革意愿、领导团队及跨国经营等。当所有这些资源和能力都貌似起作用时，到底哪一个是决定性的呢？这是一个价值百万（甚至亿万）的问题，因为一旦知道答案，不仅能满足学者和学生的好奇心，而且能为IBM的竞争者们带来巨大的利益。不幸的是，局外人通常很难理解一个企业在内部到底做了什么。我们可以像很多IBM的竞争者一样，尝试着探索IBM的成功秘诀，列出一长串可能的原因，在我们课堂讨论里标记为"资源和能力"。但在最终分析里，作为局外者我们无法确定哪一个是决定性的因素。[29]

更加让学者和学生着迷、让竞争者沮丧的是，诸如IBM这样的明星企业的经理们，通常也不清楚他们企业成功的因素究竟是什么。当接受采访时，他们会说出一长串他们做得好的地方，如强大的组织文化、顽强的拼搏精神及其他众多因素。更糟的是，同一家企业的不同经理会有不同的说法。事实证明，当把资源或能力统称为"它"，经理们通常建议"它"就是以上所有提到的因素的**组合**。这可能是所有资源基础观中最有趣、最矛盾的方面之一：如果当局者不能明确地指出是什么让他们的企业绩效突出，那局外者竭尽全力想弄明白和模仿他们能力的努力通常以失败告终，也就不足为奇了。[30]

总之，有价值的和稀缺的但可模仿的资源和能力可能带给公司一些暂时的竞争优势，随之带来高于同时期其他公司的绩效。然而，这种优势不容易持续。如IBM的例子，只有有价值的、稀缺的和**难以模仿**的资源和能力才可能带来可持续的竞争优势。

组织性（organizational）问题

如果不能被组织好，即使是有价值的、稀缺的、难以模仿的资源和能力，也不能给企业带来可持续的竞争优势。尽管电影明星某种意义上代表着一种有高价值、稀缺、难以模仿及高报酬的资源，但是大多数电影都以失败告终。通常，可组织性的问题是：企业（如电影公司）应该怎样组织起来才能充分发挥和利用其资源和能力的全部潜在力量？

企业内许多构成要素都和组织问题相关。[31]在电影公司，这些构成要素包括能"嗅到"好点子的人才、摄影师们、音乐人、歌手、化妆师、动画制作专家和商务经理等。这些构成要素被称为**互补性资产（complementary assets）**[32]，因为单凭这些要素是不能获得高票房的。拿你最近观看的最喜爱的电影来说，你是否还记得电影里化妆师的名字？当然不——你应该只记得里面明星的名字。然而，仅靠明星是不能创造票房佳绩的。电影明星和互补性资产的**结合**才造就了一部高票房大片。"不是一小部分资源和能力使得企业获得竞争优势，而是成百上千被有效组织的因素合在一起，优势才得以形成"。[33]新兴市场案例3.1阐述了**双元性（ambidexterity）**：如何同时管理市场力量和政府力量——作为一种互补性资源的集合——是在新兴经济国家有效竞争的关键。换句话说，为了获得竞争优势，以市场为基础的和以非市场为基础的（政治的）能力需要互相补充。否则，即使像在巴西的福特公司和印度的塔塔公司这样的市场高手，在处理政府关系问题时也会失手（详见新兴市场案例3.1）。

另一种观点是**社会复杂性（social complexity）**，指的是许多企业有如同社会一样错综复杂的组织方式。许多跨国企业在不同国家拥有上千名员工。他们怎样克服文化差异，作为一个整体去完成企业目标是非常复杂的。通常，不可见的组织关系创造了价值。[34]这种植根于组织的能力是非常难以被竞争者模仿的。这种对社会复杂性的强调与被半开玩笑地称作企业"乐高"的观点不同，后者认为企业可以用模块化的技术和人员进行拆装（就像乐高玩具的积木）。乐高观点把员工看作完全相同且可替换的积木，而没有意识到在许多企业中，与复杂关系和知识相关的社会资本，能成为一种竞争优势的来源。

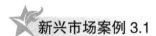

新兴市场案例 3.1

新兴经济国家中企业的战略双元性

"双元性"字面上是指左右手都能使用得很好（左右开弓）的能力。在管理学范畴，是用来比喻处理相互矛盾事务的能力，比如探索崭新的但却有不确定性的创新技术与开发提高现有产品线生产率的技术。在新兴经济国家中，**战略双元性（strategic ambidexterity）**是指企业同时处理来自政府和市场影响的动态能力。由于市场竞争不断加强，企业不得不加强其以市场为基础的能力。然而，市场影响力的增加不总是意味着政府影响力的减小。企业应该去面对政府影响力而不是躲避它。

在巴西的南大河州，左派工人党（PT党）的选举成功给戴尔带来了麻烦。戴尔和前一届州政府签署了一个价值1亿美元的投资协议。前一届州政府对于跨国企业比较友好。戴尔获得了一个丰厚的奖励计划，包括12年减税75%及以优惠利率获得1 600万美元贷款。在选举活动中，最终取得胜利即将成为新州长的PT党参选人认为，前任州政府在政策上给戴尔做了过多的让步。对福特公司也是相同的情况，所以新州长一掌权，福特公司就选择去了巴西的另一个州。

察觉到新州长因福特公司离去带来的失业而受到谴责，戴尔抓住这个机会与新州长重新谈判。戴尔认为其不会像福特那样污染环境，相反，戴尔会帮助人们更加便捷地访问互联网——这是新政府建立更加公正和平等社会秩序的前提。为了不再失去另一个重要的投资方，新州长最终同意保持对戴尔的全部奖励计划。唯一的条件是戴尔需要向州内的贫困地区捐赠一些电脑，戴尔欣然接受。

关注政治风向，不仅对在巴西的戴尔这样的国外企业很重要，它对国内企业也同样重要。比如，声浪很大、价格超低的塔塔Nano汽车，目标是想让众多印度人第一次拥有自己的汽车，并能创造成千上万个就业岗位，但却不能按照原定计划在印度西孟加拉邦的工厂进行生产，因为那里上千名因土地被用来建造工厂的农民进行了抗议。来自政治的压力迫使塔塔放弃原计划，在另外一个叫古吉拉特邦的地方花费巨资另建了一个工厂。这么一个具有影响力、广受尊敬的企业却在国内搞砸了它与政府的关系，足以说明在新兴经济国家中，处理政治关系是战略双元性的一部分，而且十分重要。像戴尔这样成功的企业，市场能力与政治悟性相得益彰。像塔塔这样遇到挫折的企业，市场能力却受到了政治斗争的制约。

资料来源：改编自 (1) *Business Week,* 2008, Farmers vs. factories, September 8:30; (2) F. Hermelo & R. Vassolo, 2010, Institutional development and hypercompetition in emerging economies, *Strategic Management Journal*, 31:1457–1473; (3) Y. Li, M. W. Peng, & C. Macaulay, 2012, Managing strategic ambidexterity during institutional transition, working paper, University of Texas at Dallas; (4) R. Nelson, 2007, Dell's dilemma in Brazil, in H. Merchant (ed.), *Competing in Emerging Markets*, London:Routledge。

总体来说，只有有组织的被植根于企业内并被企业所开发的有价值的、稀缺的、难以模仿的能力，才能成为可持续的竞争优势，并为企业获得超过平均水平的长期绩效。由于能力是不能单独评价的，VRIO框架提供了四种互相联系、难以拆分的因素，组合在一起成为持续竞争优势的来源所在（见表3.2）。换句话说，这四种因素成为一个"整体"。VRIO框架要求每个企业去寻找**战略最佳位置，以竞争对手不会的方式满足客户需求、增加企业价值**。

争论和引申

如同第二章中列举的产业基础观，资源基础观也存在争议和争论。我们在这里介绍四种主要的争论：（1）企业专有的和产业专有的绩效因素，（2）静态资源与动态能力，（3）离岸和非离岸，以及（4）国内资源和国际化能力。

企业专有的和行业专有的绩效因素

资源基础观的核心主张是企业绩效主要由其专有的资源和能力决定，然而产业基础观则认为企业绩效最终受行业专有因素的影响。产业基础观指出，不同行业间一直有不同的平均利润率，比如医药行业和食品杂货业。另一方面，资源基础观指出，在同一行业中，不同的企业也会有不同的绩效，例如信息技术领域的IBM和苹果，航空领域中西南航空、瑞安航空与其他航空公司的差异。一部分研究表明，行业专有的影响更显著。[35] 然而，很多研究也支持资源基础观——企业层面的能力比行业层面的因素对企业绩效具有更大的决定作用。[36]

尽管争论还在继续，但要警惕轻易就认定一方"获胜"的倾向。[37] 这主要是基于以下两个原因：方法上的和实践上的。首先，产业基础观研究已经使用了越来越多的可观测指标，如进入壁垒、集中度等；资源基础观研究必须解决怎样量化**不可观测**的企业专有能力的问题，如组织学习能力、知识管理及管理才能等。虽然资源基础观学者已经创造了众多的创新方法来"度量"这些能力，但这些方法至多是"不可观察的资源之可观测的结果"（observable consequences of unobservable resources），可能会受到方法论方面的批评。[38] 批评者认为，资源基础观遵循了这样一个逻辑，"给我一个成功的案例，我会告诉你其成功的核心能力（资源）（或者给我一个失败的案例，我会告诉你其缺失的能力）"。[39] 资源基础观理论家承认"可持续竞争优势的来源可以在不同行业、不同时期、不同地方被发现"。[40] 这种推理可以深刻地**解释**过去发生了什么，但是很难**预测**将来会发生什么。例如，如果我们有和竞争对手一样好的装备，我们会比他们做得更好吗？

其次，也可能是更重要的一点，有充分理由让人们相信是行业专有的与企业专有的因素互相**结合**，共同造就了企业的绩效。其实在资源基础观发展初期，行业专有和企业专有就被认为是战略分析这枚"硬币"的正反面。[41] 把两种观点看成是**互补的**更有道理。换句话说，把这两种有见地的分析框架结合起来可能效果更好。

静态资源与动态能力

另一个争论来源于资源基础观逻辑上相对静止的特征，其本质是"确定SWOT分析中的优势和劣势，并以此为出发点"。这种对竞争态势的简单把握对发展缓慢的行业（如肉类加工业）来说或许足够了，但是不能满足快速动态发展行业（如IT业）的需求。因此，有批评者认为，资源基础观需要更加突出和强化动态能力的应用。

最近，当我们步入"知识经济"时代后，很多学者开始主张企业的"知识基础观"。[42] 隐性知识或许是代表企业可能拥有的终极动态能力，它是一种最有价值、独特的、难以模仿的复杂组织资源。[43] 这种看不见的资产包括通过多年（有时候是几十年）对客户的了解，以及产品开发过程和与政界联系的知识。

在知识基础的动态能力上，最近的研究给出了一些有趣并截然相反的观点。由表 3.3 可见，在发展相对缓慢的行业（如酒店和铁路行业），资源的特性很复杂，很难进行观察，结果往往很模糊；而在活跃且高速发展的行业（比如 IT 业）的能力，却具有不同的特性。这些能力是"简单的（不复杂）、经验性的（非分析性的）、迭代的（非线性的）"。[44] 换句话说，当传统的资源基础观还严格要求企业分析其优劣势，然后设计出其资源的线性应用（"干前学"）时，高速发展行业中的企业则必须"干中学"。对战略灵活性的规则，要求简单的（而非复杂的）程序，它将帮助管理者将注意力集中在重要的问题上，避免拘泥于具体的细节或使用过去不正确的经验（详见第一章所引用的马克·扎克伯格的话）。

不是所有快速发展的行业都是高科技型的。随着竞争速度的加快，包括许多传统低技术型的行业，也快速发展起来，比如，想象一下奢侈品行业（详见第二章结篇案例）。结果就是**超竞争**（**hypercompetition**），其特性是一个企业可持久获得竞争优势的时间变短了。[45] 在超竞争中，企业采用动态策略来实施一系列微小、不可预见但是非常有效的行为来侵蚀对手的竞争优势。

总之，近期的研究表明，目前资源基础观可能过度强调了利用现有资源和能力的作用，而忽略了发展新的资源和能力。在高速发展的环境中，企业是由一系列紧密关联的资源所组成的这一假设，可能不再成立，取而代之的是资源可以有规律地增加、再组合和减少。[46] 在超竞争的世界，获得持续竞争优势已不现实，企业的最佳选择是获取一系列短期优势。

表 3.3　慢速发展和快速发展行业中的动态能力

	慢速发展行业	快速发展行业
市场环境	行业结构稳定，边界明确，商业模式清晰，参与者可确认，变化是线性、可预期的	行业结构模糊，界限不清，商业模式动态，参与者模糊、变动，变化非线性、不可预期
动态能力因素	基本依赖现有知识的复杂、详尽的分析惯例（"干前学"）	依赖基于情境的新创知识，简单、经验性惯例（"干中学"）
焦点	利用现有资源和能力	发展新资源和能力
执行	线性的	迭代的
组织	相对稳定的一系列紧密关联的资源集合体	可增可减、可再组合的比较松散的资源集合体
产出	可预见的	不可预见的
战略目标	可持续竞争优势（但愿是长期的）	一系列短期（暂时性的）竞争优势

资料来源：改编自（1）K. Eisenhardt & J. Martin, 2000, Dynamic capabilities: What are they? *Strategic Management Journal*, 21: 1105–1121; (2) G. Pisano, 1994, Knowledge, integration, and the locus of learning, *Strategic Management Journal*, 15:85–100。

离岸与非离岸

离岸——或者更准确地说，国际外包——已经成为企业的主导行为之一。外包低端的制造部分已经普及化。但是不断增长的高端服务业外包，尤其是 IT 服务和各种**商务流程外包**（business process outsourcing，BPO）却是有争议的。由于服务工作的数字化和商品化只是随着近期互联网的兴起和国际交流成本的下降才成为可能的，它们的长期影响尚不确定。因此，从长期看，这样的离岸活动对西方企业和经济发展是有益还是有弊还不确定。[47]

支持者认为离岸活动为企业和经济体创造了巨大价值。西方企业能利用低成本、高质量的劳动力，大大节省了成本。企业能够聚焦在其核心能力方面，对比非核心（通常也是没有竞争力）的活动来说可以创造更多价值。同样，印孚瑟斯（Infosys）和威普罗（Wipro）等离岸服务的提供商在 IT 或商务流程外包领域形成了**它们**的核心竞争力。麦肯锡报告称，美国企业外包给印度的业务中每花掉 1 美元，企业可以节省 58 美分（详见表 3.4）。而所花掉的 1 美元，大致可创造 1.46 美元的新财富，这其中美国又获得了 1.13 美元，印度赚了剩下的 33 美分。支持者认为，尽管一些美国人可能失业，但从总体考虑离岸对美国和印度的企业和经济体来说是双赢的。

批评者则在战略、经济和政治立场方面提出三点反对意见。从战略角度看，"如果像工程技术、研发、制造和市场等核心功能都能够——通常也应该——被外包"[48]，那企业还剩下什么？美国企业以前在制造业走过这条路，结果是一场灾难。在 20 世纪 60 年代，美国无线电（RCA）公司发明了彩色电视机，随后把生产外包给了当时的低成本国家日本。到了 21 世纪初，美国没有任何本土彩电制造商了。RCA 品牌现在属于哪个国家？2003 年法国公司汤姆逊将其卖给了中国的 TCL。RCA 现在是一个中国品牌了。总之，批评者认为离岸培养了竞争对手。为什么印度的 IT 和商务流程外包企业现在都成为强有力的竞争对手？部分原因就在于它们在 20 世纪 90 年代通过为 IBM 和 EDS 工作，尤其参与解决 IT 业的预防"千年虫"（或"Y2K"）问题，发展壮大了自身的能力。

表 3.4 离岸活动中美国在印度每花 1 美元所得的利润			
美国获利	美元	印度获利	美元
美国投资者或顾客的成本节省	0.58	劳动力	0.10
向印度出口的美国商品或服务	0.05	留在印度的利润	0.10
在印度的美资经营转移回美国的利润	0.04	供应商	0.09
留在美国的直接净利润	**0.67**	中央政府税收	0.03
来自美国劳工重新受雇佣的价值	0.46	州政府税收	0.01
给美国的净利润	**1.13**	**给印度的净利润**	**0.33**

资料来源：改编自 D. Farrell, 2005, offshoring: Value creation through economic change, *Journal of Management Studies*, 42:675–683. Farrell 是麦肯锡全球研究所的主任，她引用了一份麦肯锡的研究报告。

在制造业领域，许多亚洲企业原来是根据西方企业设计蓝图加工制造的**贴牌生产商**（original equipment manufacturers，OEMs），现在试图通过成为**原始设计制造商**（original design manufacturers，ODMs）进军设计领域（详见图 3.5）。已经掌握低成本、高质量生产的明基、伟创力、富士康、HTC、华为等亚洲企业，现在也有能力从戴尔、惠普、柯达和诺基亚等西方企业身上学到并且掌握一些设计功能。因此，西方企业不断外包设计工作，有可能是在加速它们自身的消亡。正在快速变身为原始设计制造商的一些亚洲贴牌生产商，已公开声称其真正目标是成为**原始品牌制造商（original brand manufacturers，OBMs）**。因此，再来看看离岸批评者的说法，是不是很有预见性呢？

从经济角度来讲，批评者质疑发达国家在总体上是否真正得到了更多。尽管股东和企业高层赞成离岸外包，但结果是设计、研发、IT或商务流程等高端领域的失业增加。白领人士失去了工作，自然就会怀恨在心，离岸外包对发达国家的净影响仍可能是负的。

最后，批评者从政治角度提出很多大型西方企业不讲职业道德，只对最廉价的、可获利最多的劳动力感兴趣。不仅工作被商品化，人也被降级为可丢弃的交易性商品。结果，那些将工作外包给新兴经济国家的大企业常被指责破坏国内就业环境、忽视企业社会责任、侵犯客户隐私（如将医疗记录、退税和信用卡号等业务处理外包到国外），有时还会损害国家安全。毫不奇怪，当这些指控发生时，争论通常会变得情绪化和异常激烈。

这场争论源自发达国家，但对它们的企业来说，并不是在离岸还是非离岸之间做抉择，而是对离岸问题划清边界。在新兴经济国家则相对很少有争论，因为它们明显从离岸活动中获利。按照印度模式，同样有许多说英语的专业人士的菲律宾，正打算从印度那里分得一杯羹。日语很普及的中国东北部，正力图成为日本呼叫中心。中东欧国家正为西欧国家服务。中南美洲国家力争获得美国西班牙语服务的大笔合同。

国内资源和国际（跨境）能力

企业在国内取得成功，是否就能在国际市场上也取得成功？如果你询问美国The Limited Brands公司的经理们，他们的回答是"不是的"。The Limited Brands是美国时装零售业的老大，全美有4000多家门店，拥有The Limited、维多利亚的秘密、Bath & Body Works等众多知名品牌。但它不愿意走出国门——哪怕是到加拿大。而另一方面，在全世界大城市随处可见的ZARA、路易威登、古驰和贝纳通零售工厂店，它们的回答都是"是的"。

一些国内成功的企业在国外也取得了成功。例如，宜家成为全球受追捧的品牌。俄罗斯新生代就被直接称为"宜家新生代"。然而，其他许多在国内强大的企业，在国外却处于水深火热中。比如，沃尔玛从德国和韩国市场退出。而沃尔玛全球主要竞争对手法国家乐福，则不得不退出捷克、日本、墨西哥和斯洛伐克市场。星巴克在国际市场上也没有盈利。

国内资源和国际（跨境）能力必须相同吗？答案可以是"是"，也可以是"不是"。[49] 这个问题是另一个更大问题的延伸，即国际商务和国内商务有没有区别？回答"是"的人会建议开一门独立的国际商务课程（并且撰写一本像本书一样的全球战略教科书）。回答"不是"的人

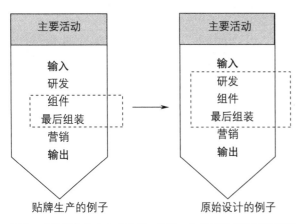

备注：虚线部分代表企业边界。再进一步发展就成为原始品牌制造商，即在营销领域拥有并管理品牌。为了保证图表的简洁性，这里没有显示。

图3.5　从贴牌生产商到原始设计制造商

认为"国际商务"本质上是关于"商务"的，许多战略、金融和其他课程（大多数教科书至少都有一章关于国际议题的内容）已经很好地包含了其主要内容。这个问题对企业和商学院都非常重要。然而，这个问题没有正确或者错误的答案。重要的是要铭记：**全球化思维，本土化操作**。在实践中就意味着除了全球战略设计，企业必须去赢得一个又一个的具体市场（国家）（详见第一章开篇案例）。

精明的战略家

精明的战略家至少可得到三个重要行动启示（见表3.5）。首先，企业"依靠资源和能力竞争"的命题并不特别新鲜。当经理们尝试着去区分资源和能力是否有价值、稀缺性、难以模仿性、组织性时，他们自然就是在这么想了。换句话说，VRIO框架可以很大程度上帮助进行经典的SWOT分析，尤其是在优势和劣势部分。由于管理者没法关注每一种能力，他们必须能够判断哪些是真正重要的。管理者经常会犯的错误是当他们在评估企业的能力时，没有和竞争对手相应的资源对应起来，这就容易导致将优质的和普通的能力混为一谈。VRIO框架帮助经理们决定哪些能力用于公司内部，哪些外包。不符合VRIO标准的能力将被丢弃或者外包。

其次，一味模仿或基准测试虽然很重要，却不是成功的战略。[50] 猫王1977年去世时，只有100多名模仿艺人。但他去世后，这个数字猛增。[51] 但是显而易见，没有一个模仿者能够达到这位被誉为"摇滚之王"的巨星的高度。模仿者只能模仿外在，却无法获得成功企业（或者音乐家）的核心能力。跟随者用心复制成功企业的每项资源，至多期望能够获得同等的竞争力。企业与其想方设法去模仿他人的资源，不如发展自身独一无二的创新能力（详见结篇案例）。

再次，竞争优势的可持续性并不意味着它能够永存，尤其在当今全球竞争中更不现实。事实上，竞争优势正变得越来越不可持续。[52] 一个企业所能期望的是竞争优势持续的时间越长越好。随着时间的推移，所有优势都将消失。[53] 本章开篇案例指出IBM的收银机、主机和个人电脑等和产品相关的每一种优势都只持续了一段时间。最终这些优势都消失了。这给包括现在市场的领跑者在内的所有企业的启示就是需要战略预见性——把其比作"超视距雷达"非常恰当。这样的战略预见性能使企业预期其未来需求，并尽早地识别和发展用于未来竞争的资源和能力。

最后，资源基础观如何回答战略的四个基本问题？每个企业都是独一无二的资源和能力的集合，这一概念直接回答了第一个问题，即为什么企业会不同？第二个问题"企业如何行动？"的答案，归结到底就是它们如何利用已有资源与能力优势克服它们的弱点。第三个问题是什么因素决定企业的经营范围？价值链分析认为企业的经营范围取决于企业如何根据对手采取不同的价值增加活动。第四个问题是什么原因决定全球不同企业的成败？成功的企业究竟是因为运气还是由于睿智？答案归根到底还是企业专有的资源和能力。虽然有运气成分，但是如果说IBM长达100年的寿命仅取决于运气是很难令人信服的（详见开篇案例）。

表3.5 战略启示

- 经理们需要依据VRIO框架来打造企业优势
- 一味模仿或者基准测试很重要，但却不是成功的战略
- 经理们需要为将来竞争准备资源与能力

本章小结

1. 说明什么是企业的资源和能力
- "资源"和"能力"指企业用来选择和执行其战略所需的有形和无形资产。

2. 沿着价值链进行基本的 SWOT 分析
- 价值链由一系列从上游到下游的增加价值的活动组成。
- SWOT 分析要求经理们一项一项根据对手的情况确定企业的优势和劣势。

3. 确定一项活动外包还是不外包
- 外包指将组织活动的全部或者一部分移交给外部供应商完成。
- 一项活动如果有高度产业共性和高度商品化可以外包;有产业特殊性和企业特性(专有性)的活动最好由企业自己完成。
- 对于一项给定活动,经理们根据方式和地理位置可选的四种情况包括:离岸外包,国内外包,受控供应链或对外直接投资,以及在本国企业内部生产。

4. 分析资源和能力的价值、稀缺性、可模仿性和可组织性(VRIO)
- VRIO 框架认为,只有具有价值、稀缺性、可模仿性和可组织性的资源和能力才能给企业带来持续竞争优势。

5. 参与资源基础观相关的四个主要争论的讨论
- 企业专有的和产业专有的绩效因素。
- 静态资源和动态能力。
- 离岸和非离岸。
- 国内资源和国际化能力。

6. 战略启示
- 经理们需要依据 VRIO 框架来打造企业优势。
- 一味模仿或者基准测试很重要,但却不是成功的战略。
- 经理们需要为将来竞争准备资源与能力。

关键词

双元性　无形资源和能力　资源　基准测试　离岸的　资源基础观　商务流程外包(BPO)　国内的　社会复杂性　能力　原始品牌制造商(OBM)　战略双元性　受控供应链　原始设计制造商(ODM)　有形资源和能力　因果模糊性　贴牌生产商(OEM)　价值链　商品化　外包　VRIO 框架　互补性资产　超竞争

讨论题

1. 任意列举一组竞争对手(如波音和空客,思科和华为),请解释为什么一家绩效高于另一家。

2. **伦理问题**:关于外包的伦理问题很多。请任意选择一个立场,说明你是支持还是反对外包行为(假设你受雇于一家总部位于发达国家的公司)。

3. **伦理问题**:既然企业会从其竞争对手网站上获取信息,如果在公司网站上发布关于资源和能力的错误信息是道德的吗?这样做的话,是否利大于弊?

拓展题

1. 用 VIRO 框架分析你所在学院和学院前三大竞争对手的以下六个方面基本情况。如果你是院长,在预算有限的情况下,为使你的学院在同行中排名首位,你会将这宝贵的预算投向哪些方面?

	你所在的学院	竞争对手甲	竞争对手乙	竞争对手丙
学校声誉				
师资力量				
生源质量				
管理效率				
信息系统				
建筑硬件				

2. 开篇案例介绍了IBM百年历史。在任何其他行业或国家中再找一个有100年历史的企业。请以小论文形式，比较和对比这两家公司长寿背后的"秘密"。

3. **伦理问题**：新兴市场国家的战略双元性要求国内外企业不单在市场竞争上有优势，还需要有很强的与政府建立良好关系的能力。很多新兴市场国家的政府被认为是腐败和官僚化的。请写一篇小论文描述一些在与上述政府建立良好关系的过程中所遇到的伦理问题。最后，以小组形式，讨论分享你们的发现。

➡ 结篇案例 （新兴市场）

从山寨到创新

宏碁、比亚迪、西麦斯、巴西航空工业公司、富士康、吉利、金风科技、HTC、联想、马恒达、苏司兰、塔塔等新兴市场国家跨国公司的崛起，在世界上引起了轰动，以及恐慌和鄙视。恐慌来源于发达国家跨国公司，它们害怕这股全球竞争新势力所带来的竞争格局重组。鄙视是因为这些新跨国公司大多仅是模仿者，善于山寨但不会创新。

虽然发达国家的跨国公司一直在相互模仿，但它们一直引以为豪的还是对创新的重视。与此相反，新兴经济国家公司公开承认它们更关注学习，也就是说它们不怕成为模仿者。在西方社会，山寨被定义为一个人模仿（甚至完全照搬）另外一个人，山寨是缺乏创新力的表现。但是，在新兴经济国家，山寨却被视为如同一个好学的学生在努力模仿老师的每一个行为。对新兴市场公司来说，它们的西方师傅们是教会它们基本动作的好老师。为了降低成本，西方公司想出来让新兴市场公司成为原始设备制造商（OEMs）的方式，这也就是宏碁和联想的起步点。2000年来临之际，在解决"千年虫"（也被称为"Y2K"问题）过程中，西方IT巨头们传授了很多知识给塔塔咨询服务公司、印孚瑟斯和维布洛等印度公司。大约十年前，西方公司普遍认为，新兴市场公司可以真的成为基本产品和服务低成本供应商，只要新兴市场公司在创新方面落后，就会一直落后于西方公司。但是如今，这样的看法受到越来越多的质疑。

西方公司强调创新与传统理论一致，传统理论认为公司一流的竞争优势来源于其所拥有的创新能力，专业术语为"所有权优势"。正是因为拥有这样的创新能力，使得来自欧、美、日的通用、西门子和本田能够在全球投资并教会世人如何制造相关产品。尽管新一代新兴市场跨国公司并没有这样一流的创新能力，它们也开始积极参与全球竞争。比如，在半导体晶片市场，中国技术落后日本、韩国和美国至少两代。在传统汽车发动机市场，中国汽车业落后于世界领先水平10至20年。尽管印度在IT和商务流程外包领域取得了巨大进步，但其糟糕的基础设施影响了印度先进制造业和物流业的进一步发展。

那么，新兴市场跨国公司的核心能力究竟是什么呢？在众多争论中，有一个学派认为是学习能力。学习能力可能是很多新兴市场跨国公司的最大特色。与传统西方跨国公司"我会教你去做什么"的心态不同，许多新兴市场跨国公司公开表明它们会走出国门去学习。通过并购捷豹和路虎，塔塔公司表达了学习如何在发达国家用高端产品竞争的强烈愿望。联想通过并购IBM个人电脑事业部表达了对组织全球化学习的渴望。吉利并购沃尔沃力图掌握增强汽车安全系数的技巧和品牌推广的能力。

如果你看过任何一部功夫电影（比如《功夫熊猫》），你一定会知道一个新的功夫冠军可能不仅仅是一个好学生，总有一天，学生为成为师傅一定会创造出一些新的招式。这些招式并不是要和现有的正面交锋。恰恰相反，这些创新者利用他们对低收入市场顾客需求情况了如指掌的优势，与他们从一流竞争者手上学来的知识相结合。从表3.6可以看出，结果可能是一些对部分（当然不是全部）新兴市场跨国公司有利的"颠覆性"的创新。

尽管学者们一直认为创新并不一定是要"高科技的"，关于"创新"的热点还是围绕着尖端的产品和服务——人人都渴望成为下一个苹果公司。新兴市场跨国公司集中在"中端科技"行业，致力于"可承受的创新"。与跨国公司传统的在发达国家研发高科技和高价的新品，然后再想方设法将其瘦身应用到新兴市场的做法不同，现在的学习竞赛更注重新兴经济国家产品和服务的创新，被称之为"反向创新"。通用在中国和印度分别研发便携式超声波仪和手提式心电图仪的努力，正是这种新实验的成功典范。这样的创新能力正是新兴跨国公司所必需的，就连通用电气也不能掉以轻心（详见新兴市场案例1.2）。

表3.6　新兴市场跨国公司的创新

创新领域	例子
大幅削减成本和降低价格，打开金字塔底部人群市场	定价约2500美元的塔塔Nano汽车，是世界上最便宜的大规模生产的汽车
由于财务和心理上都没有已有技术的包袱，因此可以直接跳跃到最新技术	中国的电池制造商比亚迪，在传统汽车发动机领域几乎没有涉足，但现在已经成为电动汽车领域的领导者之一
节俭型创新，在发达国家的穷人中可能有一个现成市场	起源于孟加拉国的小额贷款公司不仅在发展中国家的企业财务市场呼风唤雨，也为发达国家居住在大城市的贫困人口服务

资料来源：(1) R. Chittoor, M. Sarkar, S. Ray, & P. Aulakh, 2009, Third World copycats to emerging multinationals, *Organization Science*, 20: 187–205; (2) V. Govindarajan & R. Ramamurti, 2011, Reverse innovation, emerging markets, and global strategy, *Global Strategy Journal*, 1: 191–205; (3) Y. Luo, J. Sun, & S. Wang, 2011, Emerging economy copycats, *Academy of Management Perspectives*, May: 37–56; (4) J. Mathews, 2006, Dragon multinationals as new features of globalization in the 21st century, *Asia Pacific Journal of Management*, 23: 5–27; (5) M. W. Peng, 2012, The global strategy of emerging multinationals from China, *Global Strategy Journal*, 2: 97–107; (6) M. W. Peng, R. Bhagat, & S. Chang, 2010, Asia and global business, *Journal of International Business Studies*, 41: 373–376; (7) O. Shenkar, 2010, *Copycats*, Boston: Harvard Business School Press; (8) S. Sun, M. W. Peng, B. Ren, & D. Yan, 2012, A comparative ownership advantage framework for cross-border M&As, *Journal of World Business*, 47: 4–16。

案例讨论题：

1. 什么是新兴经济国家跨国公司的核心资源和能力？

2. 什么是大多数发达国家跨国公司的核心资源和能力？

3. **伦理问题**：一些新兴跨国公司所采取的模仿战略触犯了它们发达国家竞争对手的知识产权保护法。作为一家新兴跨国公司外聘的新任首席执行官，你刚刚发现你的公司存在上述问题。你准备如何处理？

注释

1. Barney, 1991, Firm resources and sustained competitive advantage, *JM*, 17: 99–120; M. W. Peng, 2001, The resource-based view and international business, *JM*, 27: 803–829.

2. A. Cuervo-Cazurra & L. Dau, 2002, Promarket reforms and firm profitability in developing countries, *AMJ*, 52: 1348–1368; D. Sirmon, M. Hitt, J. Arregle, & J. Campbell, 2010, The dynamic interplay of capability strengths and weaknesses, *SMJ*, 31: 1386–1409.

3. S. Newbert, 2002, Empirical research on the resource-based view of the firm, *SMJ*, 28: 121–146; D. Sirmon, M. Hitt, & R. D. Ireland, 2007, Managing firm resources in dynamic environments to create value, *AMR*, 32: 273–292.

4. A. Goerzen & P. Beamish, 2002, The Penrose effect, *MIR*, 47: 221–239; J. Steen & P. Liesch, 2007, A note on Penrosian growth, resource bundles, and the Uppsala model of internationalization, *MIR*, 47: 193–206.

5. J. Barney, 2001, Is the resource-based view a useful perspective for strategic management research? (p. 54), *AMR*, 26: 41–56.

6. G. Schreyogg & M. Kliesch-Eberl, 2002, How dynamic can organizational capabilities be? *SMJ*, 28:913–933; D. Sirmon & M. Hitt, 2009, Contingencies within dynamic managerial capabilities, *SMJ*, 30: 1375–1394; D. Teece, 2007, Explicating dynamic capabilities, *SMJ*, 28: 1319–1350.

7. C. Helfat & S. Winter, 2011, Untangling dynamic and operational capabilities, *SMJ*, 32: 1243–1250.

8. E. Danneels, 2002, The process of technological competence leveraging, *SMJ*, 28: 511–533; A. Phene, K. Fladmoe-Lindquist, & L. Marsh, 2006, Breakthrough innovations in the US biotechnology industry, *SMJ*, 27: 369–388.

9. A. Carmeli & A. Tishler, 2004, The relationships between intangible organizational elements and organizational performance, *SMJ*, 25: 1257–1278.

10. G. Davies, R. Chun & M. Kamins, 2010, Reputation gaps and the performance of service organizations, *SMJ*, 31: 530–546; N. Gardberg & C. Fombrun, 2002, Corporate citizenship, *AMR*, 31: 329–346; M. Rhee, 2009, Does reputation contribute to reducing organizational errors? *JMS*, 46: 676–702; V. Rindova, T. Pollock, & M. Hayward, 2006, Celebrity firms, *AMR*, 31: 50–71.

11. M. Porter, 1985, *Competitive Advantage*, New York: Free Press.

12. A. Parmigiani, 2002, Why do firms both make and buy? *SMJ*, 28: 285–311; M. W. Peng, Y. Zhou, & A. York, 2006, Behind make or buy decisions in export strategy, *JWB*, 41: 289–300.

13. S. Beugelsdijk, T. Pedersen, & B. Petersen, 2009, Is there a trend toward global value chain specialization? *JIM*, 15: 126–141; K. Coucke & L. Sleuwaegen, 2002, Offshoring as a survival strategy, *JIBS*, 39: 1261–1277; J. Hatonen & T. Eriksson, 2009, 30+ years of research and practice of outsourcing, *JIM*, 15: 142–155; P. Jensen, 2009, A learning

perspective on the offshoring of advanced services, *JIM*, 15: 181–193; J. Kedia & D. Mukherjee, 2009, Understanding offshoring, *JWB*, 44: 250–261; K. Kumar, P. van Fenema, & M. von Glinow, 2009, Offshoring and the global distribution of work, *JIBS*, 40: 642–667; S. Mudambi & S. Tallman, 2010, Make, buy, or ally? *JMS*, 47: 1434–1456; G. Trautmann, L. Bals, & E. Hartmann, 2009, Global sourcing in integrated network structures, *JIM*, 15: 194–208; C. Weigelt & M. Sarkar, 2012, Performance implications of outsourcing for technological innovations, *SMJ*, 33: 189–216.

14. *BW*, 2006, The 787 encounters turbulence, June 19: 38–40.

15. S. Lahiri, B. Kedia, & D. Mukherjee, 2012, The impact of management capability on the resource-performance linkage, *JWB*, 47: 145–155; R. Mudambi & M. Venzin, 2012, The strategic nexus of offshoring and outsourcing decisions, *JMS*, 47: 1510–1533; H. Safizadeh, J. Field, & L. Ritzman, 2008, Sourcing practices and boundaries of the firm in the financial services industry, *SMJ*, 29: 79–91.

16. D. Gregorio, M. Musteen, & D. Thomas, 2002, Offshore outsourcing as a source of international competitiveness of SMEs, *JIBS*, 40: 969–988; D. Griffith, N. Harmancioglu, & C. Droge, 2009, Governance decisions for the offshore outsourcing of new product development in technology intensive markets, *JWB*, 44: 217–224; C. Grimpe & U. Kaiser, 2010, Balancing internal and external knowledge acquisition, *JMS*, 47: 1483–1509; M. Kenney, S. Massini, & T. Murtha, 2009, Offshoring administrative and technical work, *JIBS*, 40: 887–900; A. Lewin, S. Massini, & C. Peeters, 2009, Why are companies offshoring innovation? *JIBS*, 40: 901–925; Y. Li, Z. Wei, & Y. Liu, 2010, Strategic orientation, knowledge acquisition and firm performance, *JMS*, 47: 1457–1482.

17. J. Doh, K. Bunyaratavej, & E. Hahn, 2009, Separable but not equal, *JIBS*, 40: 926–943; J. Hatonen, 2009, Making the locational choice, *JIM*, 15: 61–76; R. Liu, D. Fails, & B. Scholnick, 2011, Why are different services outsourced to different countries? *JIBS*, 42: 558–571; M. Demirbag & K. Glaister, 2010, Factors determining offshore location choice for R&D projects, *JMS*, 47: 1534–1560; S. Zaheer, A. Lamin, & M. Subramani, 2009, Cluster capabilities or ethnic ties? *JIBS*, 40: 944–968.

18. F. Contractor, V. Kuma, S. Kundu, & T. Pedersen, 2010, Reconceptualizing the firm in a world of outsourcing and offshoring, *JMS*, 47: 1417–1433.

19. A. Pande, 2011, How to make onshoring work, *HBR*, March: 30.

20. D. Levy, 2005, Offshoring in the new global political economy (p. 687), *JMS*, 42: 685–693.

21. J. Barney, 2002, *Gaining and Sustaining Competitive Advantage* (pp. 159–174), Upper Saddle River, NJ: Prentice-Hall.

22. R. Adner & R. Kapoor, 2010, Value creation innovation ecosystems, *SMJ*, 31: 306–333; F. Bridoux, R. Coeurderoy, & R. Durand, 2011, Heterogenous motives and the collective creation of value, *AMR*, 36: 711–730; A. Capaldo, 2007, Network structure and innovation, *SMJ*, 28: 585–608; O. Chatain & P. Zemsky, 2011, Value creation and value capture with frictions, *SMJ*, 32: 1206–1231; J. Grahovac & D. Miller, 2009, Competitive advantage and performance, *SMJ*, 30: 1192–1212; T. Holcomb, M. Holmes, & B. Connelly, 2009, Making the most of what you have, *SMJ*, 30: 457–485; M. Kunc & J. Morecroft, 2010, Managerial decision making and firm performance under a resource-based paradigm, *SMJ*, 31: 1164–1182; V. La, P. Patterson, & C. Styles, 2009, Client-perceived performance and value in professional B2B services, *JIBS*, 40: 274–300; M. Leiblein & T. Madsen, 2009, Unbundling competitive heterogeneity, *SMJ*, 30: 711–735; M. Sun & E. Tse, 2009, The resource-based view of competitive advantage in two-

sided markets, *JMS*, 46: 45–64.

23. D. Sirmon, S. Gove, & M. Hitt, 2008, Resource management in dyadic competitive rivalry, *AMJ*, 51: 919–935.

24. *BW*, 2011, Can this IBMer keep Big Blue's edge? October 31: 31–32.

25. F. Aime, S. Johnson, J. Ridge, & A. Hill, 2010, The routine may be stable but the advantage is not, *SMJ*, 31: 75–87; D. Tzabbar, 2009, When does scientist recruitment affect technological repositioning? *AMJ*, 52: 873–896.

26. G. Ray, J. Barney, & W. Muhanna, 2004, Capabilities, business processes, and competitive advantage, *SMJ*, 25: 23–37.

27. A. King, 2007, Disentangling interfirm and intrafirm casual ambiguity, *AMR*, 32: 156–178; T. Powell, D. Lovallo, & C. Caringal, 2006, Causal ambiguity, management perception, and firm performance, *AMR*, 31: 175–196.

28. *BW*, 2011, Can this IBMer keep Big Blue's edge?

29. S. Jonsson & P. Regner, 2009, Normative barriers to imitation, *SMJ*, 30: 517–536; M. Lieberman & S. Asaba, 2006, Why do firms imitate each other? *AMR*, 31: 366–385; F. Polidoro & P. Toh, 2011, Letting rivals come close or warding them off? *AMJ*, 54: 369–392.

30. A. Lado, N. Boyd, P. Wright & M. Kroll, 2006, Paradox and theorizing within the resource-based view, *AMR*, 31: 115–131.

31. M. Chari, S. Devaraj, & P. David, 2007, International diversification and firm performance, *JWB*, 42: 184–197; S. Ethiraj, N. Ramasubbu, & M. Krishnan, 2012, Does complexity deter customer-focus? *SMJ*, 33: 137–161; M. Gruber, F. Heinemann, M. Brettel, & S. Hungeling, 2010, Configurations of resources and capabilities and their performance implications, *SMJ*, 31: 1337–1356; M. Kotabe, R. Parente, & J. Murray, 2007, Antecedents and outcomes of modular production in the Brazilian automobile industry, *JIBS*, 38: 84–106; R. Ployhart, C. Van Iddekinge, & W. Mackenzie, 2011, Acquiring and developing human capital in service contexts, *AMJ*, 54: 353–368; R. Sinha & C. Noble, 2008, The adoption of radical manufacturing technologies and firm survival, *SMJ*, 29: 943–962; K. Srikanth & P. Puranam, 2011, Integrating distributed work, *SMJ*, 32: 849–875.

32. T. Chi & A. Seth, 2009, A dynamic model of the choice of mode for exploiting complementary capabilities, *JIBS*, 40: 365–387; A. Hess & F. Rothaermel, 2011, When are assets complementary? *SMJ*, 32: 895–909; N. Stieglitz & K Heine, 2007, Innovations and the role of complementarities in a strategic theory of the firm, *SMJ*, 28: 1–15.

33. J. Barney, 1997, *Gaining and Sustaining Competitive Advantage* (p. 155), Reading, MA: Addison-Wesley; J. Jansen, F. Van den Bosch, & H. Volberda, 2005, Managerial potential and related absorptive capacity, *AMJ*, 48: 999–1015.

34. T. Kostova & K. Roth, 2003, Social capital in multinational corporations and a micro-macro model of its formation, *AMR*, 28: 297–317; P. Moran, 2005, Structural vs. relational embeddedness, *SMJ*, 26: 1129–1151.

35. N. Balasubramanian & M. Lieberman, 2010, Industry learning environments and the heterogeneity of firm performance, *SMJ*, 31: 390–412; M. Lenox, S. Rockart, & A. Lewin, 2010, Does interdependency affect firm and industry profitability? *SMJ*, 31: 121–139.

36. J. Hough, 2006, Business segment performance redux, *SMJ*, 27: 45–61; Y. Spanos, G. Zaralis, & S. Lioukas, 2004, Strategy and industry effects on profitability, *SMJ*, 25: 139–165.

37. G. McNamara, F. Aime, & P. Vaaler, 2005, Is performance driven by industry- or firm-specific factors? *SMJ*, 26: 1075–1081; Y. Tang & F. Liou, 2010, Does firm performance reveal its own causes? *SMJ*, 31: 39–57.

38. P. Godfrey & C. Hill, 1995, The problem of

unobservables in strategic management research (p. 530), *SMJ*, 16: 519–533.

39. O. Williamson, 1999, Strategy research (p. 1093), *SMJ*, 20: 1087–1108.

40. D. Collis, 1994, How valuable are organizational capabilities (p. 151), *SMJ*, 15: 143–152.

41. B. Wernerfelt, 1984, A resource-based view of the firm (p. 171), *SMJ*, 5: 171–180.

42. T. Reus, A. Ranft, B. Lamont, & G. Adams, 2009, An interpretive systems view of knowledge investments, *AMR*, 34: 382–400; A. von Nordenflycht, 2010, What is a professional service firm? *AMR*, 35: 155–174.

43. S. Berman, J. Down, & C. Hill, 2002, Tacit knowledge as a source of competitive advantage in the National Basketball Association, *AMJ*, 45: 13–32.

44. K. Eisenhardt & J. Martin, 2000, Dynamic capabilities: What are they? (p. 1113), *SMJ*, 21: 1105–1121.

45. R. D'Aveni, 1994, *Hypercompetition*, New York: Free Press. See also E. Chen, R. Katila, R. McDonald, & K. Eisenhardt, 2010, Life in the fast lane, *SMJ*, 31: 1527–1547; C. Lee, N. Venkatraman, H. Tanriverdi, & B. Iyer, 2010, Complementarity-based hypercompetition in the software industry, *SMJ*, 31: 1431–1457.

46. T. Moliterno & M. Wiersema, 2007, Firm performance, rent appropriation, and the strategic resource divestment capability, *SMJ*, 28: 1065–1087; J. Shamsie, X. Martin, & D. Miller, 2009, In with the old, in with the new, *SMJ*, 30: 1440–1452.

47. R. Javalgi, A. Dixit, & R. Scherer, 2009, Outsourcing to emerging markets, *JIM*, 15: 156–168; M. Reitzig & S. Wagner, 2010, The hidden cost of outsourcing, *SMJ*, 31: 1183–1201; S. Swan & B. Allred, 2009, Does "the China Option" influence subsidiary technology sourcing strategy? *JIM*, 15: 169–180.

48. M. Gottfredson, R. Puryear, & S. Phillips, 2005, Strategic sourcing (p. 132), *HBR*, February: 132–139.

49. J. Boddewyn, B. Toyne, & Z. Martinez, 2004, The meanings of "international management," *MIR*, 44: 195–212.

50. K. Kim & W. Tsai, 2012, Social comparison among competing firms, *SMJ*, 33: 115–136.

51. D. Burrus, 2011, *Flash Foresight* (p. 11), New York: Harper Collins.

52. M. Chari & P. David, 2012, Sustaining superior performance in an emerging economy, *SMJ*, 33: 217–229; R. D'Aveni, G. Dagnino, & K. Smith, 2010, The age of temporary advantage, *SMJ*, 31: 1371–1385.

53. G. Pacheco-de-Almeida, 2010, Erosion, time compression, and self-displacement of leaders in hypercompetitive environments, *SMJ*, 31: 1498–1526.

第四章
制度、文化和伦理

▶▶ 学习目标

通过本章学习,你应该能够

1. 解释制度的概念;
2. 理解降低交易不确定性的两种基本命题;
3. 阐述制度基础观的两个基本假设;
4. 领会文化的战略作用;
5. 确认伦理在战略响应框架中的关键地位;
6. 了解有关制度、文化和伦理的争论;
7. 从中获得战略启示。

⊙ 开篇案例

降薪还是裁员

假如你是 Yamakawa 公司在美国子公司的 CEO——一名日本公司的外派经理。你正因为一个艰难的决策而抓狂:在经济急剧下滑伴随公司巨额亏损的情况下,是应该全员降薪还是裁减员工呢?在大阪的公司总部已经表示,国内市场收益也很不好，所以你不能期望总部帮你脱困。美国政府的救助政策只针对美国本土企业，而你的公司由日本母公司100%控股，所以很不幸，这项救助政策也与你无关。

作为一个在集体主义文化下长大的人，你内心强烈地感到有必要实行全员降薪政策，这将全面波及美国当地的1 000多名员工。站在伦理角度，你认为有责任保护所有为你工作的人，但是同时你也感受到让公司生存下来是义不容辞的责任。从个人角度讲，作为美国子公司中薪酬最高的人，你愿意承担幅度最大的降薪（降幅预期为30%）。照此执行的话，也必须号召其他高层经理（大多是美国人）降薪20%到25%，中层管理者和专业人员降薪15%到20%，其余员工降薪10%到15%。其实你在日本工作的时候也制定和实行过这种降薪政策，并在所有降薪的员工中得到了积极的配合并取得了成效。面对这次的困境，在日本的同事们也在采取同样的策略。然而，你现在管理的是美国业务，而大阪总部具有高度的全球意识和敏感性，不希望推行全球统一的解决方案，转而希望你自己做决定。

作为一名尽责的总经理，你以前学习过所有有关规则、文化、规范和伦理的日文和英文书籍，它们能够帮助你进行这次艰难的决策。你知道美国法律对裁员没有设置太多障碍。你也在美国媒体中经常看到收缩兵力的宣布——对大规模裁员的一种委婉的说法。你也已经注意到，一些美国本土公司如AMD、联邦快递(FedEx)、惠普和《纽约时报》在最近的经济衰退中都调整了所有员工的基本工资。一些美国高层管理者在媒体上说，如果终有一天要改变约定俗成的所谓在美国不能全员降薪的规则，企业都转向用全员降薪的管理方法以保住员工饭碗和避免大裁员，那么现在可能就是时候了。

与此同时你也了解到，有关专家认为，全员降薪对于美国根深蒂固的绩效文化来说犹如**诅咒**。罗格斯大学的马克·休斯里德（Mark Huselid）教授曾说道："最不希望看到的事情，就是由于薪酬体系管理失误而使得你的那些在关键战略岗位上创造最高价值的人，都离开了公司。"你还从《哈佛商业评论》杂志上了解到一项调查结果：即使在经济最萧条的2008年到2009年间，仍然有20%的优质员工为了找到更好的工作而自愿跳槽。你不免担心起来，假如推行了全员降薪的政策，那么可能会流失一批明星级员工，而留下来的可能都是资质平平、无处可去的平庸者——你将在很长一段时间里与这些平庸员工共同工作，即使经济恢复了以后也是如此。

花了整整两天的时间，你仔细阅读了搜集到的所有资料，但仍然没有一个清晰的想法，反而更加头疼不已。你再度抓狂：该怎么办呢？

资料来源：本案例纯属虚构，参考了以下文献：(1) M. Brannen, 2008, Global talent management and learning for the future, *AIB Insights*, 8: 8–12；(2) *Business Week*, 2009, Cutting salaries instead of jobs, June 8: 46–48；(3) *Business Week*, 2009, Pay cuts made palatable, May 4: 67；(4) N. Cater & C. Silva, 2009, High potentials in the downturn: Sharing the pain? *Harvard Business Review*, September: 25；(5) *Wall Street Journal*, 2011, Even hints of layoffs decay morale, September 19, online.wsj.com。

当面临诸如经济衰退时是降薪还是裁员这样的问题时，应当如何做出战略决策？尽管前两章所介绍的产业基础观和资源基础观都很有见地，但显然还不足以回答此类重大问题。企业的战略行为很大程度上受益于或受制于所处的制度环境，即社会普遍认同的"游戏规则"。不同国家

对解雇员工的企业行为制定了不同的正式制度。除正式制度之外，非正式制度也会影响企业此类行为的决策。例如，在应对经济衰退的时候，许多集体主义的国家，如日本，就采取普遍降薪的做法。但在个人主义的国家，如美国，大量裁员反而是最普遍的做法。而不同的战略决策会给企业带来不同的结果和影响。普遍降薪但不裁员虽然会提高员工忠诚度，但会降低明星员工的积极性；大量裁员可以保留明星员工，但实际上让其他员工都胆战心惊，而活在恐惧里的员工是不太可能表现出主动性和创新性的。总之，企业怎么做，如何取得成功（或失败），至少部分地取决于如何制定及执行游戏规则。起源于20世纪90年代的**制度基础观（institution-based view）**包含了制度、文化和伦理等方面的内容，已经逐渐成为战略管理领域的三大支柱之一。[1] 本章首先介绍制度基础观，然后讨论文化和伦理的战略作用，以及战略响应框架，最后是争论和启示。

理解制度

定义

从"游戏规则"的比喻出发，诺贝尔经济学奖获得者道格拉斯·诺思（Douglass North）将**制度（institutions）**更正式地定义为"构建人们互动关系的人为约束"。[2] **制度框架（institutional framework）**由正式制度和非正式制度组成，它们共同约束个人和企业的行为。这些制度由三个"支柱"支撑，它们是著名社会学家理查德·斯格特（Richard Scott）提出的规则支柱、规范支柱和认知支柱。[3]

如表4.1所示，**正式制度（formal institutions）**包括法律、法规和规则，它们的首要支柱是来源于政府强制性权力的**规则支柱（regulatory pillar）**。例如，尽管有一部分个人和企业出于对国家的责任感而纳税，但是更多的人交税是由于惧怕被政府抓到偷税而遭受惩罚。

另一方面，**非正式制度（informal institutions）**包括规范、文化和伦理，它的两个支柱是规范支柱和认知支柱。**规范支柱（normative pillar）**指的是，其他相关参与者的价值观、信念和活动等（统称为规范，即norms）如何影响特定个人和企业的行为。[4] 比如，最近盛行的蜂拥到中国和印度进行投资的浪潮，导致许多西方企业在还没有弄清怎么干的情况下就相互模仿。那些谨慎的管理者在抵制这种"羊群行为"时，通常会受到董事会成员和投资者的质疑："为什么不到中国和印度去？"换句话说，"你为什么不服从规范？"

非正式制度同样也受到**认知支柱（cognitive pillar）**的支撑，认知支柱指的是内化的、习以为常的价值观和信念，它会引导个人和企业的行为。[5] 比如，告发安然公司存在不正当行为是告密者们根据是非对错的观念做出的选择。虽然大部分员工对于公司的不正当行为感到不适，但是传统做法是大家心照不宣，避免"鱼死网破"。但告密者们并没有遵从规范而保持沉默，他们选择遵从内化的信念，即做正确的事情。

表4.1 制度的维度

正式程度	举例	支撑的支柱
正式制度	■法律 ■法规 ■规则	■规则支柱
非正式制度	■规范 ■文化 ■伦理	■规范支柱 ■认知支柱

制度的功能

尽管制度的功能有很多，但其最关键的功能是降低不确定性。[6] 通过发出何种行为是正当、何种行为不正当的信号，制度限制了可接受行为的范围。简而言之，制度可以降低不确定性，而不确定性可能造成潜在的破坏性。[7]恐怖袭击和民族暴乱等政治不确定性可能使长期规划失去作用。华盛顿的政治僵局让美国政府变得"更加不稳定、更加低效、更加不可预测"，因而，标准普尔将美国政府的信用评级从AAA下调到AA+。[8]经济不确定性（如不能履行合同条款）也会造成经济损失。在2008年到2009年的经济危机期间，很多企业，如陶氏化学（Dow Chemical）和特朗普控股公司（Trump Holdings）就声称，"史无前例的经济危机"应该能够让企业摆脱债务。[9]不可抗力是一种存在已久的法定原则，它指的是在自然灾害或者其他大灾难的情况下，可以免除企业继续执行其合同条约的义务。然而，经济危机是一种"不可抗力"吗？批评者认为，如果这种观点扩散开来，那么所有遭受经济危机的企业都可以不用偿还债务了。虽然这些都可以在法庭上进行辩论，但大量的经济不确定性是显而易见的。

经济交易的不确定性会带来**交易成本（transaction cost）**。交易成本是经济交换过程中发生的所有费用，更广泛地说是促成交易的费用。诺贝尔奖获得者奥利弗·威廉姆森（Oliver Williamson）将交易成本比喻成机械运动中的摩擦："齿轮啮合得好吗？零部件间有润滑吗？存在可避免的转动损耗或者其他能量浪费吗？"他继续解释道，交易成本是"经济系统内的摩擦：经济主体间的交易运行是和谐的，还是经常产生误解和冲突"。[10]

交易成本的一个主要来源是**机会主义（opportunism）**，可定义为"用欺骗手段为己牟利"。机会主义的例子包括在交易过程中误导、欺诈和混淆交易的其他参与者，而这些都将增加交易成本。为了降低交易成本，制度框架通过明确规定游戏规则提高确定性，使违规行为（如违约）以相对容易的方式（如正式仲裁——参见新兴市场案例4.1）得到控制。

如果没有稳定的制度框架，交易成本将会高得难以承受，以至于有些交易根本就不会发生。例如，在缺乏保护投资者的可靠制度情况下，国内投资者将会把钱拿到国外去投资。例如，俄罗斯富翁通常在伦敦买一个足球俱乐部，或者在塞浦路斯买一个海边别墅，而不是在俄罗斯投资——换句话说，也许就是因为俄罗斯的交易成本太高了。

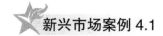

新兴市场案例4.1

国际联合商事仲裁

教科书通常建议要避免到法制薄弱的国家投资。然而，近年来教科书又号召企业要积极到新兴经济体国家投资，而新兴经济体被普遍认为法制不健全。在巴西，法庭审理案件的数量非常有限，目前正在审理的案件中最早的一件能追溯到1911年。在俄罗斯，无数的俄罗斯商人还有少数外国商人由于腐败的检察官、警察和法院而身陷囹圄。在印度，法官奇缺，每百万人口中只有11名法官，而这一数字在英国和美国分别为51和107名。印度法庭等待处理的案件超过3000万件。

在此轮新兴市场投资热之前，对于国际投资者来说，判断哪个国家对执行合同有法律保障一直是很头疼的问题。在东道国与母国之间，国外进入的企业出于担心东道国企业的"地头蛇优势"，而惧怕使用东道国法律，尤其是在那些缺乏有效法律的新兴市场更是如此。此外，应用母国的法律也许还会受到东道国法律的限制。那么，能否有一种制度机制可以解决两边国家的法律要求，从而促进国际投资呢？

为了解决这个棘手问题，国际联合商事仲

裁（binding international commercial arbitration, BICA）应运而生。在国际联合商事仲裁过程中，双方企业事先约定，如果引起纠纷将通过第三方仲裁机构解决。这是一个替代国内（母国和东道国）法律制度处理国际企业商业纠纷问题的选择，即在两个不同国家企业之间创建了一个中间地带。国际联合商事仲裁因此得到广泛的采用。

例如，中国为什么能够在三十年的时间里吸引了如此多的外国直接投资？除了普遍认为的廉价劳动力和庞大的国内市场吸引企业去投资以外，一个基于制度的解释是，中国大量使用国际联合商事仲裁，以减轻外国投资者对中国法制的担忧。实际上，中国权威机构极力推荐企业采用斯德哥尔摩商会（Stockholm Chamber of Commerce, SCC, 国际主要仲裁组织之一）的国际联合商事仲裁服务。例如，在2007年到2009年间，达能和娃哈哈的一系列争端就是先后通过BICA和SCC的国际联合商事仲裁而达成和解的。

资料来源：(1) *Economist*, 2006, India: The long arms of the law, July 1: 40; (2) *Economist*, 2009, Brazil: The self-harming state, November 14: 14–15; (3) *Economist*, 2011, Putin's Russia, December 10: 27–30; (4) B.C. Pinkham & M.W. Peng, 2012, Arbitration and cross-border transaction costs, working paper, University of Texas at Dallas。

制度如何降低不确定性

世界范围内普遍存在的两种制度——非正式制度和正式制度，二者都可以降低经济交易过程中的不确定性。[11] 第一种通常称为关系型契约（**relational contracting**），它是一种**非正式的、基于关系的、个人化的交易（informal, relationship-based, personalized exchange）**。当你向朋友借钱的时候，在世界大多数地方都不需要向朋友写借条。如果你自己坚持，或者更糟糕的是你朋友坚持非要写一个这样的借条，这就侮辱了你们之间的信任。当你向朋友承诺会还钱，你的朋友也同样相信你会还钱，那么这种交易就是基于一种作为朋友应怎样交往的非正式的规范和认知。万一你拿着钱跑了，你的声誉将毁于一旦，你不仅会失去这个借给你钱的朋友，通过口口相传，还会失去以后可能会借给你钱的其他所有朋友。

然而，朋友关系虽然使人获益，但也会使人付出成本。还记得你为他们花了多少时间，送给他们多少礼物了吗？如图4.1所示，在一开始的T_1时间点，关系交易的成本很高（A点）但收益很低（B点），因为双方需要建立很强的社会网络，相互考验最后成为朋友是一个耗费时间和精力的过程（例如一起上学）。如果这种关系经得起时间的考验，收益就会渐渐超过成本。因为随着时间的推移，和朋友相互之间的非正式交易的规模和范围都会扩大，所以交易的平均成本下降了（从A到C再到E）。而同时收益还在上升（从B到C再到D）。由于非正式制裁的抑制，使得机会主义的威胁十分有限。此时也不需要有正式的、第三方来强制执

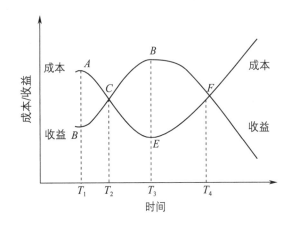

资料来源：M. W. Peng (2003), Institutional transitions and strategic choices (p. 279), *Academy of Management Review*, 28 (2):275–296。

图4.1 非正式、基于关系的、个人化的交易

行关系交易（例如欠条，它是被律师认可和政府确认的正式合约）。因而在 T_2 到 T_3 期间，你和朋友，甚至整个经济集体，都可能会从这种关系交易中受益。[12]

然而，从 T_3 以后，关系交易的成本逐渐超过收益，因为"关系交易的种类和数量逐渐增加后，双方需要达成一致意见也更加复杂，因而关系交易也越来越难以通过非正式的方式来实现"。[13] 具体来说，每个人和企业的能力在处理网络关系的数量和强度上是有限的。一个人或者企业可以有多少朋友呢？不管你在 Facebook 上有多少好友，没有人能够声称有 100 个真正的好朋友。当非正式约束作用很弱的时候，信任很容易被利用和滥用。如果你（所谓的）朋友借了钱但拒绝还钱，或者一走了之，你会怎么办？当达到 T_3，关系交易的局限性开始显现，成本就开始增加而收益开始下降，最后到 T_4 以后，成本已经超过收益了。

第二种约束经济交易的制度模式通常被称为**公平交易**（arm's-length transaction），是由**第三方治理的正式的、基于规则的、非个人的交易**（formal, rule-based, impersonal exchange with third party enforcement）。经济增长带来交易规模和交易范围的扩大（比如企业家们需募集更多的资金开设公司），这就需要正式的第三方机构来支持交易的完成。如图 4.2 所示，初始交易的成本由于正式制度的存在而变得很高，因为信用机构、法庭、监狱、警察和律师等服务都非常昂贵。小村庄一般都无法支付（也不需要）这些正式制度的服务。随着时间的推移，第三方机构对交易的执行作用逐渐打开了市场，那些不熟悉的交易对象，以前他们既不是朋友，也不敢和你做交易，而现在由于第三方机构的存在，就都有信心和你（或者其他部门）做交易了。换句话说，只要有可靠的正式制度框架，企业或者个人就可以从当地银行、外省银行甚至国外银行募集资金。因此，促进市场交易的正式机构创造了更多的市场进入（新创企业和企业家们可以从众多银行筹集资金）。结果是企业得到成长，经济不断扩张。

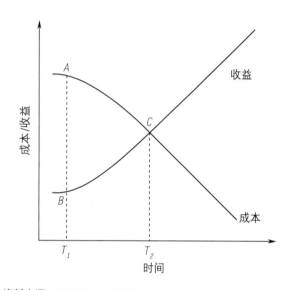

资料来源：M. W. Peng (2003), Institutional transitions and strategic choices (p. 279), *Academy of Management Review*, 28 (2):275–296。

图 4.2　正式的、基于规则的、非个人的交易

这里并没有假定正式制度要优于非正式制度，因为很多情况下对正式制度的需求是不明确的。两种制度是互补关系。在经济规模有限时，关系型契约具有优势——例如在一个人人都相互认识的小村庄里就是如此。但是关系型契约的劣势也很明显，它将企业的交易对象限制在成熟的关系里面，而不能拓展到新的、还没建立关系的交易对象，因此形成了进入壁垒。当交易复杂性增加，关系网络内的交易也变得困难——试想，一个城市或者国家，如果只通过非正式制度来防备机会主义是多么困难。而另一方面，公平交易可以克服这些困难，它能够把之前相距很远的团体（企业、社区甚至国家）聚集到一起，使它们从这种复杂的长距离贸易中获益。当更多的交易对象加入进来，这种基于规则的交易模式就会变得非常有吸引力。全球经济不能单独依赖非正式制度运作。

综上所述，制度和企业之间的互动关系降低了交易成本，塑造了经济活动。此外，制度不是静止不变的。[14] **制度变迁（institutional transitions）**在全世界广泛地存在，尤其是在新兴经济国家。制度变迁的定义是"影响组织行为的正式和非正式规则得到根本而全面的改变"。[15] 很显然，转型经济国家中的管理者在制定战略政策的时候必须考虑当时的制度框架及其变迁，这一点下一节将重点介绍。

制度基础观的商业战略

概览

过去，大多战略研究并不讨论战略选择和制度框架的明确关系，而主要以产业基础观和资源基础观的战略理论为主。人们的确已经注意到"环境"对战略的影响作用，但是大多还只停留在"任务环境"的认识上，即经济变量中的市场需求和技术变迁等方面。

一个典型的例子就是波特的钻石模型。*这个模型认为，不同国家的不同产业优势取决于四个要素。[16] 第一个是在一个国家内的**企业战略、产业结构和竞争模式（firm strategy, structure, and rivalry）**，这与第二章介绍的产业基础观理论本质相同。第二个是**要素禀赋（factor endowments）**，包括自然资源和人力资源。第三个是**相关及支撑产业（related and supporting industries）**，为某些关键行业的存在提供基础。瑞士的制药行业具有全球竞争力，这与其染料行业的发达十分相关。第四个是**国内需求（domestic demand）**，企业需要不断发展以满足国内需求。为什么美国的电影行业具有如此高的全球竞争力？主要原因是其观众要求极高。为了竭力满足口味刁钻的国内影迷，《歌舞青春》电影制作方又推出《歌舞青春2》和《歌舞青春3》，《蜘蛛侠》制作方也发行《蜘蛛侠2》和《蜘蛛侠3》，一部比一部刺激。这四个要素综合起来解释了某些全球领先行业其竞争优势所在。

波特的钻石模型虽然很有见地，但批评者认为，该模型忽略了历史和制度的因素，即企业竞争的背后是什么？[17] 当然，波特不是唯一受到如此批评的战略研究者。由于绝大多数战略研究聚焦于市场经济，对支撑市场背后的制度框架习以为常——事实上，没有一本教科书像我们这样将制度对战略的影响单独作为一章进行介绍。

对制度的忽略是很令人遗憾的，因为战略选择很显然是在制度框架内做出的，并受到制度的影响，开篇案例中在美国的日本子公司CEO的决策难题，就是一个例证。现在这个观点变得更加重要，因为有越来越多的企业进行跨国交易，尤其是到新兴市场投资。正是发达市场和新兴市场在制度上的巨大差异，才把制度基础观的战略理论推到了研究前沿。[18] 如图4.3所示，制度基础观关注制度与企业之间的互动关系，并将战略选择作为这种互动的结果。具体来说，战略选择不仅取决于传统战略理论强调的产业结构和企业特有的资源和能力，而且也反映了特定制度框架下正式和非正式制度对战略选择的制约和影响。[19]

---

* M. Porter, 1990, The competitive advantage of nations (p.77), *Harvard Business Review*, March–April.——编者注

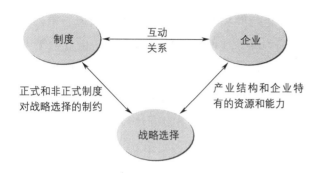

资料来源：(1) M. W. Peng, 2000, *Business Strategies in Transition Economies* (p.45), Thousand Oaks, CA: Sage; (2) M. W. Peng, 2002, Towards an institution-based view of business strategy (p.253), *Asia Pacific Journal of Management*, 19 (2): 251–267。

图 4.3　制度、企业和战略选择

总之，学者们逐渐认识到制度不仅仅是背景条件。相反，"在制定和执行战略以及创造竞争优势的过程中，制度**直接**决定企业战略箭头该指向哪里"。[20] 现在"制度很重要"这个观点已不再新奇也没有争议了，但我们还需要进一步知道制度是如何产生重大影响的。[21]

两个核心命题

对于制度是如何产生重大影响的，制度基础观有两个核心命题（见表4.2）。第一个命题是，管理者和企业在既定的制度约束条件下**理性**做出战略选择。[22] 新兴市场案例 4.2 表明，来自金砖四国的跨国企业投资海外的一个主要制度原因，就是逃避其国内官僚制度、不友好的经营环境，甚至是某些情况下国内政府制定的掠夺性政策。为什么这些企业的管理者愿意到国际市场上冒险，而不是安安稳稳地待在国内市场呢——毕竟他们的国内市场增长速度要高于其他国际市场？然而，如果考虑到其国内市场制度匮乏所造成的经营困境要高于国外市场的挑战，那么选择到国外发展也许是这些管理者的**理性**选择。

表4.2　制度基础观的两个核心命题
命题1　管理者和企业在既定的制度约束条件下理性做出战略选择
命题2　由于企业行为受到正式制度和非正式制度的共同约束，当正式制度约束不明确或者失效时，非正式制度将成为管理者和企业降低不确定性和提供稳定性的主要手段

★ 新兴市场案例 4.2

新兴跨国公司背后的制度动因

来自新兴经济体跨国企业的对外直接投资（outward foreign direct investment, OFDI）行为很让人吃惊，尤其是来自中国的企业，常常成为掀动人心的头条新闻，比如"中国正在购买世界"（《财富》，2009年10月26日），还有中国"买下了世界"（《经济学人》，2010年11月11日）——以一种毋庸置疑的语气告诉人们由于中国经济的强劲，中国新兴的跨国公司很有可能成为强势的全球竞争者，甚至有些能够成为"威胁"——如《经济学人》杂志一篇封面故事的标题是"美国害怕中国"（2007年5月19日）。然而，学者的深入研究表明，媒体的这种恐慌情绪毫无事实根据，主要体现在两点：第一，中国的对外直接投资存量并不是新兴经济体中最高的。哪一个新兴经济体最高？不是巴西，也不是印度，而是俄罗斯！是不是很惊讶？但自1991年起，西方媒体就再也懒得报道"俄罗斯威胁论"了，尽管它的对外直接投资存量（占世界存量2.1%）要比中国的（1.5%）高很多。更何况，中国的存量只有美国的6%。如果中国仅凭这点存量就可以买下世界，那么你自己算一下就知道美国已经可以买下16个世界了！结果如何？中国的对外直接投资尽管正在兴起和增长，但也不值得媒体如此鼓噪，因为这根本就毫无根据。

第二，根据实际数据，这些新兴市场跨国

企业的对外直接投资反映了它们本国制度的弱点，这不仅体现在中国的跨国企业中，还包括巴西、俄罗斯和印度。看一下这些国家企业的对外投资分布就能知道原因。俄罗斯对外投资的第一接收国是小小的塞浦路斯，而巴西企业投资最多的地方是英属维尔京群岛，印度企业首选毛里求斯，而中国有足足三分之二的对外投资去往其香港地区，其次是英属维尔京群岛。这些被认为是避税天堂的小地方，怎么会吸引金砖四国如此多的直接投资呢？答案是，它们确实没有吸引这么多直接投资。投资到这些地方的很大部分又反过来投回到金砖四国了——这就是世人熟知的资本的返程投资。对巴西、俄罗斯、印度和中国的头号投资国（地区）也分别是英属维尔京群岛、塞浦路斯、毛里求斯和中国香港地区。而对中国第二大投资国也还是英属维尔京群岛。换句话说，这些来自新兴经济体企业这么多的对外直接投资，不是去"威胁"东道国了，而是又回到了本国。真正到其他国家获取当地成套装备、建立工厂、与当地企业竞争，要比其对外直接投资存量数据所显示的小得多。金砖四国的企业管理者为什么要如此煞费苦心地做返程投资呢？其中一个简单的答案是，其国内保护私人财产和促进投资的制度环境不好。在巴西和印度，对国内经济的官僚管制和高额税收导致很多企业不得不到海外投资。在俄罗斯，除了以上两点，管理者和企业还要担心政治不稳定，而这可能会侵吞企业的财产。虽然中国的政策制度在日臻完善，但在过去一段时间内对国外投资者更加友好，对国内私人投资者重视不够。因此，很多俄罗斯和中国的企业就做出了理性的选择，通过在塞浦路斯和维尔京群岛的国外子公司，反过来用国外投资者的身份向国内投资，以获得更宽裕的国内政策支持。总之，运用一些批判性思考，深入理解新兴经济体大量对外直接投资背后的制度动因，要比盲目听从媒体的鼓噪更加有助于理解事情的真相。

资料来源：(1) *Economist*, 2011, Trouble islands, October 15: 68–69; (2) J. Hines, 2010, Treasure islands, *Journal of Economic Perspective*, 24: 103–126; (3) A. Kuznetsov, 2011, Outward FDI from Russia and its policy context, update 2011, *Columbia FDI Profiles*, August 2; (4) M. W. Peng, 2012, Why foreign direct investments from China are not a threat, *Harvard Business Review*, February (blogs.hbr.org); (5) W. W. Peng, S. Sun, & D. Blevins, 2011, The social responsibility of international business scholars, *Multinational Business Review*, 19: 106–119; (6) United Nations, 2011, *World Investment Report 2011*, New York: UNCTAD。

另一个例子也可以说明这一点。世界各地成百上千的企业和上万的个人在从事假货生意。据报道，近10%的国际贸易是假冒产品。要知道贩卖假货不是被逼迫的，而是假货商自愿卷入其中的。然而，假如进行一项调研，世界上没有哪个国家的高中毕业生会宣称，毕业后从事假货生意是他们的愿望。那么假货如此猖狂，到底是为什么呢？为什么有如此多的企业和个人投身其中？关键是要认识到一点，从事假货生意的个人和企业并不是道德上的魔鬼，而是普通人。他们这样做是一种理性选择（至少从他们的角度来看），因为制度环境对知识产权保护很弱，而制造和分销产品的技术和技能则非常容易获得。当然，假冒产品虽然理性，不可否认这是不道德和违法的。但是，如果不理解背后的制度原因，就不能设计有效的应对之策。

完全理性要求人们拥有所有情况下的一切知识，显然没人能够做到。所以命题1实际上是关于**有限理性（bounded rationality）**的命题，指的是需要在缺乏完全信息的情况下作出理性决定。[23]由于缺乏经验，金砖四国的企业管理者往往在国外市场泥足深陷，而从事假货生意者往往不顾后果乱来，结果很多来自新兴经济体的跨国企业白白浪费真金白银，而从事假货生意者有时会入狱。这正说明了他们在国外市场上的有限理性。

命题2认为，由于企业行为受正式制度和非正式制度的共同约束，当正式制度的约束不明确或失效的时候，非正式制度将成为管理者和企业降低不确定性和提供稳定性的主要手段。例如，当苏联解体而使得正式制度坍塌时，管理者和官员之间形成的个人关系和连接构成了非正式制度制约（俄语中称为"blat"），它极大地促进了新创企业的增长。[24]

很多观察者会有这样一种印象：依赖非正式关系只是新兴市场企业的惯用策略，而发达经济体的企业只依靠"基于市场"的战略。但这绝非事实。即使在发达经济体，正式规则也只是制度约束中的一小部分（尽管非常重要），而非正式制度却无处不在。企业除了在产品市场中的激烈竞争外，还需要在基于非正式关系的政治市场竞争中一较高低。[25]拥有最佳关系的企业将会大赚特赚。美国的国防企业在政治游说中平均每花费1美元，就可以从"山姆大叔"（美国政府绰号）那里获得28美元收益，更有20多家企业平均收益超过100美元。[26]如此诱人的投资回报率（ROI），已经超过了资本投资回报率（1美元投资增加17美元的销售）和营销回报率（1美元营销费用增加5美元的销售）。从根本上说，如果一个企业不能从低成本、差异化或者集中化等战略上领先，那么它仍然可以通过在其他领域的竞争获得领先，即通过非正式关系的非市场、政治环境里的竞争。[27]用资源基础观的语言说，政治资源也是一种有价值的、稀缺的和不易模仿的资源。游说不是"腐败"，而是反映了某些企业对游戏规则掌控得游刃有余。

文化的战略角色

文化的定义

对文化的定义成百上千，我们将使用世界上最著名的跨文化研究专家，荷兰教授霍夫斯泰德（Geert Hofstede）对**文化（culture）**的定义：文化是将一个群体或一类人与另一群体（类人）区别开来的集体思维模式。[28]尽管大多数国际商务和国际贸易教科书中都会讲到文化（通常列举一些具体的跨文化常识，比如在日本如何递名片和在俄罗斯如何喝伏特加酒等），但几乎所有的战略教科书都忽略了文化，因为文化被认为"太软"。这种观念在当今全球经济形势下显得太过狭隘，在此我们将重点讨论文化的战略作用。

在深入讨论之前，有必要交代清楚两点知识，以避免混淆。第一，尽管人们很习惯地讨论美国文化或者巴西文化，但是文化和国家之间并没有严格的一一对应关系。美国有很多亚文化，例如，美国亚裔文化和美国非裔文化。同样的情况也出现在其他国家，例如，比利时、巴西、中国、印度、印度尼西亚、俄罗斯、南非和瑞士等。第二，文化有好多层级，例如区域文化、民族文化和宗教文化等。在企业里也存在着独特的组织文化，如丰田文化。明确以上两点后，我们将使用霍夫斯泰德定义的文化来讨论**国家**文化（除非另有说明）。尽管这只是一个权宜之计，它也在一定程度上反映了世界上的制度现实——世界上存在超过200多个国家，每个国家包含不同的制度框架。

文化的五个维度

尽管有很多区分文化维度的方法维度，但是迄今为止霍夫斯泰德的文化维度划分最具有影响力。他和同事将文化划分为五个维度

（见图4.4）：第一个维度是**权力距离（power distance）**，即一个国家中弱势群体期望和能够接受的权力分配不均等的程度。例如，在权力距离很高的巴西，前10%的富人拥有全社会接近50%的财富，而所有人认为这是"天经地义"。在权力距离很低的瑞典，前10%的富人只占有全社会22%的财富。在美国，下属往往只称呼上司的名字，反映了较低的权力距离。然而，无论称上司是Mary还是Joe，他或她还是有开除你的权力。如果你称上司为Y女士或者是Z博士，那么显得权力距离要大一些。在权力距离较低的美国大学里，所有的教师，包括那些等级最低的助理教授，都通常被称为"A教授"；而在权力距离较高的英国大学里，只有正教授才能称之为"B教授"，而其他人只能称为"C博士"或者"D女士"（如果D还没有获得博士学位）。德国大学的等级也许还要更加严格，有博士学位的正教授要被称为"X教授博士（Prof. Dr. X）"。

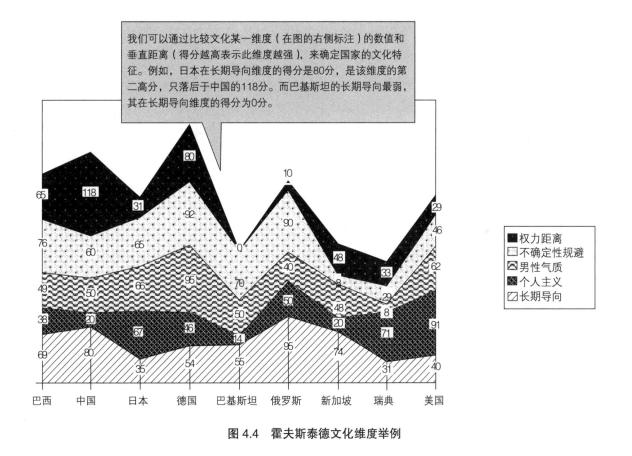

图 4.4 霍夫斯泰德文化维度举例

第二个维度是**个人主义（individualism）**，指的是一个人的身份植根于其个人，而**集体主义（collectivism）**指的是一个人的身份主要取决于他或她所在的群体（如家庭、村庄或者企业）。在个人主义的社会，人和人之间的联系比较松散，看重的是个人成就和自由。相反，在集体主义社会，人与人之间的联系非常紧密，追求的是集体成就。这里的区别解释了为什么经济危机时美国普遍采用大规模裁员，而日本主要采取全员降薪（见开篇案例）。

第三个维度是**男性气质（masculinity）**，它和**女性气质（femininity）**指的是性别的角色差异。在每个传统的社会中，男人倾向于从事需要魄力的职业，例如政治家、军人和高管。相反，女人通常从事看护性的职业,除了做家庭主妇,还包括从事教师和护士等工作。在男性气质高的社会(以日本为首)中,不同性别在社会中的分工差异很大,而在男性气质很低的社会(以瑞典为首),女人逐渐成为政治家、科学家和军人,而越来越多的男人选择当护士、教师和**家庭主夫**。[29]

第四个维度是**不确定性规避(uncertainty avoidance)**,指的是不同文化中的群体对模糊情境的接受程度,以及对不确定性情境的忍受程度。在不确定性规避程度高的文化(以希腊为首)中,人们强调工作稳定性、职业模式化和退休高福利。他们还抵制变化,根据定义,变化就是一种不确定性。在不确定性规避程度低的文化(以新加坡为首)中,人们愿意冒高风险,并且不拒绝变化。

第五个维度是**长期导向(long-term orientation)**,指强调坚持不懈和为未来更好而储蓄。拥有世界最长的、5 000年历史纪录的中国最为突出,中国现在也是储蓄率最高的国家。而相反,那些短期导向的文化(以巴基斯坦为首)看重短期结果和即时满足。

综上,霍夫斯泰德的文化维度是有趣的和有启发性的,也被之后的研究所支持。[30]需要指出的是,这个维度划分并不是完美的,也受到过一些批评。[31]但是,可以很公平地说,这个文化维度的划分是我们试图了解国际商务中文化作用的起点。

文化与战略选择

很多战略选择与霍夫斯泰德划分的文化维度所蕴含的道理相一致。例如,在权力距离低的西方国家,获取下属反馈信息和鼓励下属参与决策很是常见,但是这种行为在权力距离高的国家会被看作领导无方、管理不力。[32]

个人主义和集体主义也会影响战略决策。由于企业家通常需要承担更大风险,个人主义的社会往往新创企业较多,而集体主义社会往往新创企业较少。

同理,男性气质和女性气质也有战略影响作用。男性气质社会中管理者的典型形象是"固执、果断、好斗"(这些词汇只有在男性气质的社会中才是褒义词),而女性气质社会的管理者形象是"比较低调、直觉胜于果断、习惯寻求共识"。[33]在经济层面上,男性气质社会(如日本)在追求效率和速度的大规模生产方式上有优势,而女性气质社会(如丹麦)对小规模定制产品的生产比较在行。

不确定性规避也对战略行为有影响。在不确定性规避程度低的国家(如英国),其管理者主要依照经验和培训,而在不确定性规避程度高的国家(如中国),管理者更多依赖规则和流程实施管理。

此外,长期导向的文化环境会培育出具有长远发展战略的企业。日本和韩国的企业以牺牲短期利润和市场获取长远利益的战略著称;相反,西方国家的企业通常只关注短期利益。

综上,很多强有力的证据表明,文化对战略选择具有重要影响。[34]对文化差异保持敏感,不仅能够帮助战略家们更好地理解其他国家的企业是怎样管理的,也能够让管理者避免因无知而制定错误的战略(如表4.3)。尽管了解跨文化导致的"某些不一样"非常有趣,但是如果全都按照企业所在的本国制度框架实施战略,可能会导致不道德和不合法的行为。因而,现在和未来的战略家们很有必要意识到企业伦理的重要性,正如下面将要介绍的。

表 4.3　一些跨文化障碍

◆ 伊莱克斯（Electrolux）是欧洲主要的家电制造商，它的吸尘器在美国打出的广告语是"没有谁能像伊莱克斯这样吸尘！"（Nothing sucks like an Electrolux!）（但是在美式英语中，这句话的意思是，再没有比伊莱克斯更差劲的了！）

◆ 一家在纽约的日本企业的子公司的 CEO，在美国员工全体会议上报告了公司所面临的巨额亏损，传达了来自日本总部对所有员工的要求——人人加倍努力。这些员工会后的确是加倍努力了——加倍地向其他公司提交简历。

◆ 在马来西亚，一个美国的外派经理在见一个当地很重要的客户的时候，以为对方叫"Roger"，所以就简称他为"Rog"。很不幸的是，这个人其实叫"Rajah"。在权力距离很高的马来西亚，Rajah 代表贵族的身份。于是对方生气地结束了此次合作。

◆ 在美国，一些巴西和日本的外派人员始终认为他们的美籍秘书就是私人仆人，坚持让人家给他们泡咖啡。

◆ 一位派到美国去的英国经理人，刚到岗没多久就开除了几名黑人中层管理者（包括这个附属机构的负责人）。于是引起了少数员工的愤怒，并遭到了他们的起诉。

资料来源：(1) P. Dowling & D. Welch, 2005, *International Human Resource Management*, 4th ed., Cincinnati: South-Western Cengage Learning;(2) M. Gannon, 2008, *Paradoxes of Culture and Globalization*, Thousand Oaks, CA: Sage;(3) D. Ricks, 1999, *Blunders in International Business*,3rd ed., Oxford, UK: Blackwell。

伦理的战略作用

伦理的定义和影响

伦理（ethics）是指导个人和企业行为的规范、原则和标准。伦理不仅仅是非正式制度的组成部分，而且也深刻地体现在正式法律和法规上。近来发生的企业丑闻事件，将企业伦理推到了全球战略讨论的前沿，很多企业都引进了一套**行为准则**（code of conduct）——制定伦理决策的行为指南。对于什么促成了企业伦理，有以下几点争论：

- 一些**消极**的观点认为，在社会压力下，企业会加入追求企业道德的"大潮流"，表面上变得很讲道德伦理，而实际上并没有真正以道德来约束企业行为。
- 另一些**积极**的观点认为，有些（尽管不是所有）企业在没有社会压力的情况下，也可能会坚持"做正确的事情"。
- 而基于**工具理性**的观点认为，遵从伦理道德可能是企业获得丰厚利润的有效工具。

然而，争论各方都逐渐明确地同意一个观点，即企业伦理要么成就一家企业，要么毁了一家企业。拥有遵从伦理道德和值得信赖的声誉，不仅能为企业赢得盛赞，而且还会吸引投资者、客户和员工对企业的支持，从而获得竞争优势。要体会伦理对企业所具有的价值，最好的方式之一，就是仔细考察某些企业在危机之后到底发生了什么。伦理道德是一个"声誉蓄水池"，它的价值会在危机当中被放大。2008 年 11 月 26 日，发生在孟买泰姬陵宫酒店的恐怖袭击造成 31 人死亡（包括 20 名旅客），但该酒店却获得一片赞扬之声。为什么呢？因为酒店员工在恐怖袭击的危急时刻，仍然坚守岗位、保护旅客，这让幸存者十分敬佩和感动。最终安全逃离现场的旅客人数在 1200~1500 名之间，而 11 名酒店员工付出了生命。矛盾的是，大灾难让像泰姬陵宫酒店这样遵从伦理道德的企业体现出了极高的员工忠诚度和客户服务水平，从而让其大放异彩。结论是伦理道德是值钱的。

海外经营中的伦理管理

海外经营中的伦理管理很有挑战性，因为在一个国家符合伦理的行为，在另一个国家可能就变成不符合伦理的。[35] 想想开篇案例中那位日本外派经理所遇到的问题。在面对这些差别的时候，经理人员要做些什么准备呢？

这里存在两派学术观点。[36]其一是**伦理相对主义**（ethical relativism），延伸到那句老话"在罗马，就像罗马人那样做"（入乡随俗）。如果女性在伊斯兰国家受到歧视，那又能怎么样呢？同理，如果产业对手在中国协议定价，谁管呢？不是说到"罗马"就要"按照罗马人"那样做吗？另一派是**伦理绝对主义**（ethical imperialism），指的是"只有一套伦理准则，且那就是我们的"。美国人十分认同这一派观点，他们认为自己的伦理准则应该被推广到世界各个地方。比如说，既然在美国性别歧视和价格垄断是错误的，那么这在任何地方都是错误的。然而在实践中，这两种观点都是不现实的。在极端情况下，伦理相对主义的企业不得不接受任何当地的伦理准则，而伦理绝对主义的企业则会在当地招致怨恨和抵制。

商业伦理家托马斯·唐纳森（Thomas Donaldson）提出以"中间道路"作为行为指导准则（见表4.4）。首先，在世界各地的经营过程中，涉及个人尊严和基本权利方面，都统一不低于最低的伦理底线，例如享受健康、安全的权利，以及未成年人受教育的权利（而非被迫工作）。

其次，尊重当地的传统文化。例如，禁止送礼的企业就应该放弃到中国和日本做生意。美国法律认为，雇佣员工的孩子和亲戚而不是录取更合格的申请者是违法的，但在印度这种裙带关系在实践中很常见，因为它能够增强员工的忠诚度。此时，设立在印度的美国子公司该怎么做呢？唐纳森认为，这种裙带关系不一定是错误的，至少在印度就不是。

最后，尊重制度环境，这要求企业必须对当地的制度有很深的理解。当没有规定合适的送礼和收礼标准时，禁止行贿的行为准则就是无效的。花旗银行允许员工接受价值不超过100美元的非现金礼品。《经济学人》杂志社允许其记者收取任何能够在一天之内消费掉的礼品——因而一瓶酒是可以的，而一箱酒就不行。综上，以上三条建议虽然并不完美，但能够帮助管理者提高决策的质量。

表4.4　海外经营的伦理问题："中间道路"的三条建议

- 尊重人的尊严和基本权利
- 尊重当地传统文化
- 尊重制度环境

资料来源：(1) T. Donaldson, 1996, Values in tension: Ethics away from home, *Harvard Business Review*, September-October: 4–11; (2) J. Weiss, 2006, *Business Ethics*, 4th ed., Cincinnati: South-Western Cengage Learning。

伦理和腐败

伦理有助于遏制**腐败**（corruption），腐败通常被定义为通过贿赂的方式（现金或者实物）滥用公权力以谋取私人利益。[37]腐败扰乱了应该建立在产品和服务质量基础上的竞争方式，会导致资源的不合理分配，减缓经济发展。[38]某些证据表明，腐败抑制了外国直接投资（FDI）。[39]如果新加坡的腐败程度（非常低）升高到墨西哥的程度（中等水平），据说这对FDI流量的负面影响相当于税收提高50%造成的效果。[40]

然而也有例外。比如，印度尼西亚前总统苏哈托（Suharto）以"百分之十总统先生"著称，它指的是外国公司要想到印尼做生意，必须要给他或者他的家人百分之十（明码标价）的贿赂。但为什么印尼还是一个很受欢迎的FDI流入国？这里有两个原因：第一，庞大的经济体所带来的优势要远远超过其腐败带来的劣势。第二，在印尼投资的企业主要来自海外华人地区（主要是中国香港和台湾地区）和日本，尽管中国香港和台湾地区及日本相对比较"清廉"，但也并不是最"清廉"的国家。"在母国市场获得的应对腐败的管理能力，可能形成了该企业（在国外应对腐败时）的一种竞争优势。"[41]

如果确实是这样，那么也就不奇怪，为什么很多美国企业抱怨它们受到**海外反腐败法（Foreign Corrupt Practices Act，FCPA）**的不公正对待，该项禁止美国企业贿赂海外官员的法律是 1977 年颁布的。他们还指出，在很多欧洲国家，如奥地利、法国、德国和荷兰，海外贿赂甚至是可以抵扣税收的（！）——至少在 20 世纪 90 年代的时候确实如此。然而，尽管有 FCPA，美国企业也不见得要比其他企业更加遵从伦理道德。FCPA 的颁布就来源于 20 世纪 70 年代对很多腐败的美国企业的调查。FCPA 甚至对让产品顺利通过国外海关的一些小"腐败"网开一面。更让人惊叹的是，世界银行的一份报告显示，在 FCPA 实施二十几年以来，美国企业实际上要比其他经合组织（OECD）国家"系统地表现出更高程度的腐败"。[42]

综上，FCPA 可以被看作打击腐败的制度性武器。[43] 回顾一下每种制度拥有的三个支持支柱：规则的、规范的和认知的支柱（见表 4.1）。除了 FCPA 是正式规则支柱上的"利齿"，在很长一段时间里，我们既没有规范上的支柱也没有认知上的支柱来反对腐败。例如，在经合组织国家其规范制度是先贿赂而后又可以抵税（！）——很显然体现了制度相对主义。直到 1997 年经合组织的反海外政府官员贿赂会议，才要求所有 30 个成员国（尤其是发达国家）必须要将贿赂定为犯罪。该条例在 1999 年正式生效。另一个更加有雄心的反腐败运动是联合国反腐败公约，2003 年有 106 个国家签署，于 2005 年生效。如果每一个国家都将贿赂定为犯罪，每一个投资者都拒绝贿赂，联合起来的力量就能够消除腐败。但是，如果还有国家没有制定和执行 FCPA 式的法律，腐败就不会根除。

应对伦理挑战的战略响应框架

制度基础观的核心是，在制度的影响下，一些企业的某种战略选择是如何扩散到更多企业的。[44] 换句话说，它集中关注某些实践是怎么变得制度化的（例如，从为贿赂买单转变到拒绝贿赂）。制度化的力量来源于规则、规范和认知三个支柱的共同作用。企业如何战略性地响应伦理挑战，这涉及战略响应框架，它包括四种战略选择：（1）反应战略（reactive），（2）防御战略（defensive），（3）适应战略（accommodative），（4）先发战略（proactive）（见表 4.5）。

表 4.5 对伦理挑战的战略响应

战略响应	战略行为	示例
反应战略	否认责任，低于要求	福特 Pinto 起火事故（20 世纪 70 年代）
防御战略	承认责任但反抗，接受最低标准	耐克（20 世纪 90 年代）脸书（2011）
适应战略	接受责任，符合所有制度要求	福特 Explorer 翻车事故
先发战略	预测责任，高于要求	宝马（20 世纪 90 年代）

反应战略是被动的。即使问题已经出现，但企业仍然没有感到有行动的必要，其第一道防线是否认问题的存在。采用反应战略的企业，其行动既非受文化认知观念所迫，也不被实践规范准则所逼。例如，福特汽车在 20 世纪 70 年代发行了一款 Pinto 汽车，公司知道这款车的设计有致命缺陷，导致汽车在追尾的时候容易发生爆炸。如果改进设计则每辆车的成本要增加 11 美元，公司因此放弃了改进。结果不出所料，事故发生

了,很多人在追尾中被烧死。但多年以后,福特还是拒绝召回 Pinto 汽车,因此导致更多的人丧生。直到 1978 年,在政府和法庭正式而强烈的要求下,以及媒体和消费团体的非正式压力下,福特汽车才不得不全部召回早该召回的所有 150 万辆 Pinto。[45]

防御战略主要是对规章制度的妥协和服从。在缺乏规则压力的时候,企业通常只应付来自媒体和活动者的非正式压力。在 20 世纪 90 年代,耐克公司被指责经营"血汗工厂",尽管事件发生在耐克的马来西亚和越南的代工工厂。由于耐克不拥有这些代工厂,它们一开始的脱罪理由是"我们不生产鞋子",但是这并没有推卸掉它们的伦理责任。直到几位议员提出要送交司法机关解决,耐克才开始认真对待起来。同样,当联邦贸易委员会发现脸书参与了某些不道德(潜在的非法行为)行为的时候,脸书才开始行动起来。

适应战略指的是企业接受并按照不断深化的认知观念和价值观来设计组织规范。当一些企业共同遵守这些规范和认知价值观的时候,就会形成新的行业规范。也就是说,企业履行比所规定的最低标准更高水平的伦理和道德责任。从这点来说,20 世纪 90 年代后期,耐克趋向于适应战略。

另外一个例子是在 2000 年,福特给探路者(Explorer)系列车配备了凡士通(Firestone)轮胎,因而留下了致命的翻车隐患。福特从 70 年代的 Pinto 事故中吸取了教训,很快启动了召回方案,并由 CEO 召开新闻发布会,中断了与凡士通公司长达百年的合作伙伴关系。尽管批评者认为适应战略将罪过推给了凡士通公司,但是根据制度基础观的观点(尤其是命题 1),这种高度理性的行为是十分正常的。尽管福特的公共关系活动只是"装装样子"(作秀),但是其颁布的一系列伦理标准为利益相关者开辟了维权的新渠道。公平地说,作为一名企业公民,2000 年的福特要比 1975 年的福特表现得更好。

实施先发战略的企业提前适应制度变化并采取比制度要求更高的行为准则。比如,宝马公司提前实施德国政府所号召的"回收"政策,即要求汽车设计师设计的汽车零部件是其他回收公司可重复利用的。宝马不仅设计更加容易拆装的汽车,而且还和一些高端汽车拆装公司签约,为退役汽车提供专门的拆装服务。宝马还进一步积极参加有关汽车拆装的公开讨论,并在德国牵头推动国家汽车拆装标准的制定。其他汽车生产商也被要求遵循宝马的标准。但是,为与那些小型、低质的汽车拆装厂合作,它们必须相互竞争,或者重新建立一个内部拆装部门。[46] 通过这一系列先发制人的战略,宝马促进了新一轮的环境友好型汽车设计和回收规范。简言之,实施先发战略的企业超出了当前的制度要求而做"正确的事情"。尽管有一丝"装装样子"的意味,但是事实上,很多管理者都在规范和认知的角度上认为"做正确的事"非常重要。

争论和引申

和产业基础观以及资源基础观一样,制度基础观也吸引了一些重要的争论。本节关注以下争论:(1)机会主义和个人主义/集体主义,(2)文化距离和制度距离,(3)"坏苹果"和"坏桶"。

机会主义和个人主义/集体主义[47]

机会主义是不确定性的主要来源,交易成本理论家认为,制度的出现能够抑制机会主义。然而,一些批评者认为,机会主义是"人的本性",抑制机会主义可能会适得其反。[48] 当企业认为员工会偷窃而在公司到处安装监控的时候,员工会因公司的这种行为感到被疏远,反而刺激了(某些）员工的偷窃心理。如果 A 公司在与 B 公司联盟的条约里，详细规定了如果 B 未来出现投机行为的治理办法，那么 B 公司会认为 A 公司不值得信任，所以会在当下寻机为自己牟利。如果 B 公司来自集体主义社会，情况将更是如此。也就是说，控制机会主义的行为反而会引发对方的机会主义行为。

交易成本理论家也承认，机会主义者在任何人群中只是占很少一部分。然而，该理论认为，由于在机会主义造成重大破坏行为之前很难识别出他们，所以，为了安全考虑，有必要将所有人都看成是潜在的机会主义者。例如，区区 19 名恐怖主义者制造了"9·11"事件，在此之后，世界范围内对机场旅客都加强了安全检查力度。人人厌烦这种安全检查，但没有人认为反恐没有必要。于是这种争论各方相持不下、进入死局。

文化的一个维度，即个人主义和集体主义，可能会加深我们对机会主义的理解。在人们普遍的刻板印象里，集体主义社会（如中国）注重合作和信任，而个人主义社会（如美国）注重竞争和投机。[49] 然而，这种肤浅的认识并不能反映现实情况。较高的合作倾向和意愿只存在于集体的"**圈内人**"（in-group）的成员之间，即那些被视为集体一分子的个人和企业之间。反过来，集体主义对集体"**圈外人**"（out-group）的成员反而更加歧视，因为他们并不属于"我们"。相反，尽管个人主义社会认为每个人应该对自己负责，但是他们并没有明显地对圈内人和圈外人区别对待。因而，尽管个人主义的确在对待圈内人的时候更加具有机会主义倾向，但是集体主义对圈外人会表现出更高的机会主义倾向。所以，在现实中不能刻板地按照标签与不同文化中的人打交道。正如中国对待圈外人的格言是："小心陌生人！防人之心不可无！"

这点可以解释为什么作为最大个人主义国家的美国，具有更高水平的自发信任，而在中国，人与人和企业与企业之间反而表现出更高的不信任。[50] 这也解释了为什么关系对中国的个人和企业是那么重要，否则他们在陌生人社会的生存将非常艰辛。

尽管知道这一点并不能帮助我们改进机场安全检查，但是会有助于管理者和企业更好地与他人相处。集体主义国家中的新进入者只有在多次接触和互动过后，才有可能被考虑成为集体中的圈内人。如果外国企业并没有表现出成为某一集体圈内人的兴趣，那么它们被不公平对待和被利用都是情有可原的。例如，千万不要拒绝一个阿拉伯商人递给你的咖啡。多数人并没有意识到，"当你不想吃喝的时候可以拒绝招待"是个人主义文化的体现，而集体主义的人并不认为这仅仅是一个选择的问题（除非你想冒犯主人）。这些文化上的误解，部分可以解释为什么许多在跨文化方面幼稚的西方管理者经常哭喊说他们在集体主义社会上当受骗，原因可能就是他们被当成圈外人对待了。

文化距离和制度距离

由于跨文化之间存在文化差异和冲突，日本和美国的合资企业要比日本企业之间的合资企业寿命短很多，这一事实也就不那么令人惊讶了。[51] 当争论和误解出现的时候，我们基本上很难判断出另一方是故意的投机还仅仅是因为文化的不同。所以，企业倾向与文化相近的企业做生意，因为它们之间的**文化距离**（cultural distance）较短。

有研究总结出四点争论。[52] 第一，他们发现一些研究结果与文化距离假设不相符。[53] 例如，有研究发现中国企业与西方国家的公司所创办的合资企业，要比与亚洲国家企业合办的企业绩效更好。[54]

第二，由于海外进入的决策非常复杂，因而

第四章 制度、文化和伦理 | 089

尽管文化距离很重要，但这也仅仅是其中的一项影响因素。例如，除了国家层面的文化，组织之间的文化也相当重要。⁵⁵

第三，有批评者指出，文化距离的概念可以由制度距离概念来补充（而非替代），**制度距离（institutional distance）**指的是"两个国家在规则的、规范的和认知制度支柱上的相似程度和相异程度"。⁵⁶例如，文化距离在加拿大与中国内地之间，以及在加拿大与中国香港地区（95%是华人）之间都很大，但是后者的制度距离还是要比前者小得多：它们都使用普通法，使用英语作为官方语言，都曾经是英国的殖民地……所以，加拿大企业在到中国内地投资之前，很可能会先到香港地区投资。综上，制度距离逐渐成为新的焦点而得到进一步发展，学者们开始考虑文化以外的问题，从而开始关注和研究世界范围内的制度差异问题了。

"坏苹果"和"坏桶"

"坏苹果"和"坏桶"的争论是有关导致企业不道德行为根源问题的。"坏苹果"理论认为，人们在加入企业之前就具有道德和不道德行为的倾向。而"坏桶"的理论认为，尽管确实存在"坏苹果"，但是在很多时候，企业的不道德行为是因为人们被所在的企业文化给污染了，有些企业不仅宽恕而且还放纵其员工从事这些行为。例如，西门子公司最近被批评为一个"坏桶"公司，其在全球贿赂官员几千次，因而受到德国、美国还有其他国家的权威机构处罚。

"坏苹果"还是"坏桶"的争论其实是"天生还是后天"问题的引申。我们的行为是基因（天生）还是环境（后天）决定的呢？多数研究认为，人受环境和基因的共同影响。虽然个人和企业（由员工构成）具有某种道德和非道德的行为倾向，但是的确受到所处的制度环境（如组织规范和国家体制等）深刻的影响。总之，"好苹果"在"坏桶"里也可能会变坏。

精明的战略家

战略就是做决策。当试图去了解决策是如何做出的时候，实践者和学者通常"考虑主要原因"，即产业结构和企业能力。尽管这些视角的确很有见地，但是还没有充分注意到情境的影响。而制度基础观就是专门研究制度、文化和伦理，作为行为背景是如何促进和限制战略决策的。总的来说，如果战略是一张"大地图"，那么制度基础观提醒现在和将来的战略家们不要忘记那张"更大的地图"。

精明的战略家至少可以有三点启示（见表4.6）。首先，进入新国家时，需要提前做好功课，详细了解当地的正式和非正式制度对企业行为的影响。虽然身在"罗马"，也没有必要完全像个"罗马人"，但至少需要了解"罗马人"为何会有那些行为。⁵⁷在强调非正式关系交易的国家，强烈坚持按照合同执行可能会适得其反。

其次，通过建立跨文化意识，扩充相关知识，运用相关技能增强跨文化理解能力。⁵⁸在跨文化交流中，当你不同意（或许还反对）对方的价值观时，就应该需要更多了解非正式制度对他们行为的影响了。当然，文化不是万能的，也不能万事都寻求文化差异上的解释，它只是万千影响因素之一。但忽略文化影响必定是不明智的。

最后，要把伦理决策整合到企业的核心战略中——仅是假装这样做的企业不会长久。优秀管理者应该要考虑到规范的演变，并坚持跟踪和理解"游戏规则"中非正式制度的演变，从而创造新的战略机会——宝马公司的管理者积极地塑造了汽车回收规范就是很好的例子。不能理解和适应正在变化中的规范，采取鸵鸟政策，固守那些不道德的行为方式，将导致糟糕甚至灾难性的后果，正如脸书公司曾经经历过的那样。*

表 4.6　战略启示

- 进入新国家时，需要提前做好功课，详细了解当地的正式和非正式制度对企业行为的影响
- 通过建立跨文化意识，扩充相关知识，运用相关技能增强跨文化智力
- 把伦理决策整合到企业的核心战略过程中——仅是假装这样做的企业不会长久

我们再次回顾一下本章的四个基本问题：第一，企业为什么不一样？制度基础观认为企业所处的制度框架塑造了企业之间的差异。第二，企业如何行为？答案也是制度的影响。第三，什么决定了企业的经营范围？第九章将会更加详细地论述制度是怎样决定企业经营范围的。第四，什么决定了企业国际化的成功或者失败？制度基础观认为，企业绩效在一定程度上受到制度框架对战略决策的影响。

本章小结

1. 解释制度的概念
   - 一般理解为"游戏规则"。制度可分为正式制度和非正式制度，每种制度又有三个支柱（规则、规范和认知）。
2. 理解降低交易不确定性的两种基本方式
   - 非正式的、基于关系的、个人化的交易，即非正式关系契约。
   - 通过第三方保障实施的正式的、基于规则的、非个人的交易，即公平交易。
3. 叙述制度基础观的两个基本命题
   - 命题1：管理者和企业在正式和非正式制度约束条件下**理性地**做出战略选择。
   - 命题2：在正式制度约束失效时，非正式制度将扮演更重要角色。
4. 理解文化的战略角色

   霍夫斯泰德将文化划分为五个维度：
   - 权力距离；
   - 个人主义/集体主义；
   - 男性气质/女性气质；
   - 不确定性规避；
   - 长期导向。

   每个文化维度都对战略选择有重大影响。
5. 识别伦理的战略角色和战略响应框架
   - 对跨国管理有两种思想：伦理相对主义和伦理绝对主义。
   - 聚焦尊重人的尊严和基本权利、当地传统文化和制度情境的三条"中间道路"原则。
   - 遇到伦理方面的挑战时，战略响应框架可以有四种战略选择：反应战略，防御战略，适应战略，以及先发战略。
6. 参与有关制度、文化和伦理的主要争论
   - 机会主义和个人主义/集体主义；
   - 文化距离和制度距离；
   - "坏苹果"和"坏桶"。
7. 战略启示
   - 进入新的国家市场之前，一定要做好功课。
   - 加强跨文化理解能力。
   - 将伦理决策问题整合到企业的核心战略中。

---

* *Economist*, 2011, Facebook and privacy: Sorry, friends, December 3:79.——编者注

关键词

制度　制度基础观　制度框架　正式制度　非正式制度　规则支柱　规范支柱　规范　认知支柱　交易成本　机会主义　关系性契约　非正式的　基于关系的、个人化的交易　公平交易　正式的、基于规则的、非个人的交易　制度变迁　企业战略、产业结构和竞争模式　要素禀赋　相关及支撑产业　国内需求　有限理性文化　权力距离　个人主义　集体主义　男性气质　女性气质　不确定性规避　长期导向　伦理行为准则（伦理准则）　伦理相对主义　伦理绝对主义　腐败　海外反腐败法（FCPA）　圈内人　圈外人　文化距离　制度距离

讨论题

1. 制度基础观与产业基础观、资源基础观有何异同点？它怎么成了战略三脚架的第三只脚？

2. 在发达国家和新兴国家分别举例说明制度的变迁，并说说它们之间的异同点。

3. 伦理议题：假设你是新西兰一家公司的员工，将盛装猕猴桃的集装箱出口到海地。海关工作人员告诉你，这些集装箱通关需要1个月的时间。但如果你愿意出一笔200美元的加速费，那么可以在1天内就能够完成。你准备怎么做？为什么？

拓展题

1. 有人认为"关系"（联系和网络）是中国特色，而"guanxi"一词也逐渐成为一个常用的英语单词，当它出现在主流的媒体报刊上（如《华尔街日报》）时，也并没有添加括号加以解释。但另一些人并不这么看，他们认为每种文化都有自己的语言在描述中国语境中的"关系"，如俄语中的"blat"，越南语中的"guan he"，英语世界中的"old boys network"。他们认为，"关系"的密集使用反映出在中国（或者其他地方），社会正式制度框架的缺乏。你会同意哪种观点？请简要解释。

2. **伦理问题**：为什么海外反腐败法并没有终结全球商业中的腐败？三到四个人组成小组，研究一下海外反腐败法和它的执行情况，并将研究发现写成报告或者口头报告。

结篇案例

靠马赛部落的名称赚钱

生活在肯尼亚和坦桑尼亚的马赛部落是非洲最负盛名的部落之一。马赛人喜欢鲜艳的红色服饰，半农半牧，在离非洲最好的野生动物保护公园（如塞伦盖蒂）最近的地方养牛，同时也有很久的务农历史。马赛人以骁勇善战著称，不仅赢得了其他部落的尊重，也赢得了过去殖民当局和肯尼亚、坦桑尼亚现代政府的尊重。去非洲旅游，除了观赏野生动物如狮子、长颈鹿和斑马，参观马赛村落也往往是必不可少的一部分行程。

即使没有条件去非洲旅游，也丝毫不妨碍你领略精彩纷呈的马赛文化。比如，捷豹路虎（Jaguar Land Rover）推出了一款限量版神行者（Freelander）四轮驱动汽车，并将其命名为马赛。路易威登开发了深受马赛风格影响的男装和女装系列。黛安·冯·芙丝汀宝（Diane von Furstenberg, DVF）生产了一套红色的枕头和坐垫，也命名为马赛。总部在瑞士的马赛赤足技术

公司（Maasai Barefoot Technology, MBT）通过模拟马赛人在松软的土地上健步行走，开发出了一系列圆底鞋产品。意大利著名的书写品制造商得耳特（Delta）将其高端的、用红色笔套的墨水笔命名为马赛。每支马赛笔的零售价格为600美元，一名马赛部落成员说这"相当于三四头好牛的价格"。以上只是一些比较典型的例子，有专家估计全世界也许有10 000家企业在打着马赛部落的旗号经营自己的产品或服务，从卖帽子到提供律师服务，形形色色，不一而足。

所有这些听上去很有趣，但是有一个问题：尽管这些企业赚得盆丰钵满，但马赛部落及其中的个人没从这些用他们部落名称的企业那里拿到过一分钱。于是，一场有关伦理和法律的辩论爆发了。从法律上讲，马赛族的诉求苍白无力。马赛部落从未为捍卫有关它的文化和身份的知识产权做过正式的维权努力。有两百万名马赛人散布在肯尼亚和坦桑尼亚两个国家，究竟谁能正式代表马赛部落还说不清楚。有一位专家一听到这个维权的想法差点笑掉大牙，他说："动动脑筋，要是这种想法可行的话，法国政府能要求全世界任何人卖法国薯条*都要交费，这样法国政府的预算赤字就马上没有了。"

然而，从伦理道德角度看，上述所有被点名的公司都号称对企业社会责任感兴趣。如果它们当真在企业社会责任领域要做到"高大上"，那征用（也许你会说"坑骗"或"盗用"）马赛的名称而一毛不拔就实在太令人尴尬。

尽管马赛人注重传统，但他们也和现代世界有着紧密接触。与游客的频繁互动让他们意识到马赛这个名字非凡的价值，但同时也为自己对知识产权游戏规则的无知而沮丧。幸运的是，他们

有朗·雷顿（Ron Layton）的帮忙。雷顿是一名新西兰的前外交官，现在经营一家叫光年知识产权（Light Years IP）的非营利机构，专门帮助发展中国家里像马赛这样的群体。雷顿以前曾经帮助过埃塞俄比亚政府和星巴克打官司，星巴克将该国哈拉（Harrar）、西达摩（Sidamo）和耶加雪菲（Yirgacheffe）这几个不同地区的地名一文不付地打造成了自己的咖啡品牌。尽管星巴克在一开始还竭力抵抗，试图维护自己重视企业社会责任的大好形象，但最终还是认可了埃塞俄比亚的诉求。

在和星巴克成功交锋的鼓舞下，雷顿和马赛部落领袖伊萨克·奥蒂亚洛（Issac ole Tialolo）等人合作创办了一家在坦桑尼亚注册的叫作"马赛知识产权倡议"（Maasai Intellectual Property Initiative，MIPI）的非营利机构。他们共同起草了马赛知识产权倡议的章程，既反映马赛传统文化价值，也能满足西方法院的要求——为将来对簿公堂做好准备。雷顿本人从马赛知识产权倡议那里不获取任何收入——他唯一的收入来自自己经营的那家叫作光年知识产权的非营利机构。美国专利商标局（US Patent and Trademark Office, USPTO）提供了一笔125万美元的经费，帮忙支付了部分费用。目前的挑战是如何让更多的部落领袖和长老加入马赛知识产权倡议，使这个倡议对内对外都能合理、合法地代表马赛部落。这个部落如何靠自己的名称赚钱还需要拭目以待。

资料来源: (1) *Bloomberg Businessweek*, 2013, Maasai™, 24 October 2013: 84–88; (2) ca.mbt.com; (3) V. Kaster, Maasai tribe wants control over commercial uses of its name, 6 March 2014;(4) "Mailing yourself a copy of your creative work DOES NOT protect your copyright," IP Legal Freebies blog, 30 January 2013, www.iplegalfreebies.wordpress.com; www.dvf.com; www.jaguarlandrover.com。

---

* 在西方，油炸薯条俗称为"法国薯条"（French fries）。——译者注

案例讨论题：

1. 伦理问题：假设你有条件（也有兴趣）购买一些"马赛"产品，如果生产企业要付费给马赛，你愿意为这些产品花更多的钱吗？如果愿意，可以多花多少？

2. 伦理问题：作为案例中被点名的一家企业的CEO，你对有关贵公司"征用"或者"盗用"马赛名称的批评如何回应？

3. 伦理问题：作为案例中被点名的任何一家企业所在国的一名法官，你会如何处理这场法律争端（假设马赛知识产权倡议能最终代表整个部落而对侵权企业起诉）？

注释

1. M. W. Peng, S. Sun, B. Pinkham, & H. Chen, 2009, The institution-based view as a third leg for a strategy tripod, *AMP*, 23: 63–81; M. W. Peng, D. Wang, & Y. Jiang, 2008, An institution-based view of international business strategy, *JIBS*, 39: 920–936.

2. D. North, 1990, *Institutions, Institutional Change, and Economic Performance* (p. 3), New York: Norton.

3. W. R. Scott, 1995, *Institutions and Organizations*, Thousand Oaks, CA: Sage.

4. D. Philippe & R. Durand, 2011, The impact of norm-conforming behaviors on firm reputation, *SMJ*, 32: 969–993.

5. S. Hannah, B. Avolio, & D. May, 2011, Moral maturation and moral conation, *AMR*, 36: 663–685; S. Nadkarni & P. Barr, 2008, Environmental context, managerial cognition, and strategic action, *SMJ*, 29: 1395–1427; B. Tyler & D. Gnyawali, 2009, Managerial collective cognitions, *JMS*, 46: 93–126.

6. M. W. Peng, 2000, *Business Strategies in Transition Economies* (pp. 42–44), Thousand Oaks, CA: Sage.

7. O. Branzai & S. Abdelnour, 2010, Another day, another dollar, *JIBS*, 41: 804–825; M. Czinkota, G. Knight, P. Liesch, & J. Steen, 2010, Terrorism and international business, *JIBS*, 41: 826–843; H. de Soto, 2011, The destruction of economic facts, *BW*, May 2: 60–63; T. Khoury & M. W. Peng, 2011, Does institutional reform of intellectual property rights lead to more inbound FDI? *JWB*, 46: 337–345; S. Lee, Y. Yamakawa, M. W. Peng, & J. Barney, 2011, How do bankruptcy laws affect entrepreneurship development around the world? *JBV*, 28: 505–520.

8. *Economist*, 2011, Looking for someone to blame, August 13: 25–26.

9. *BW*, 2009, The financial crisis excuse, February 23: 32.

10. O. Williamson, 1985, *The Economic Institutions of Capitalism* (pp. 1–2), New York: Free Press.

11. J. Zhou & M. W. Peng, 2010, Relational exchanges versus arm's-length transactions during institutional transitions, *APJM*, 27: 355–37.

12. M. W. Peng, 2003, Institutional transitions and strategic choices, *AMR*, 28: 275–296. See also S. Li, 1999, The benefits and costs of relation-based governance, working paper, Hong Kong: City University of Hong Kong.

13. North, 1990, *Institutions* (p. 34).

14. S. Puffer & D. McCarthy, 2007, Can Russia's state-managed, network capitalism be competitive? *JWB*, 42: 1–13.

15. Peng, 2003, Institutional transitions and strategic choices (p. 275). See also E. George, P. Chattopad-yay, S. Sitkin, & J. Barden, 2006, Cognitive under-pinning of

institutional persistence and change, *AMR*, 31: 347–365.

16. M. Porter, 1990, Competitive Advantage of Nations, New York: Free Press; B. Snowdon & G. Stonehouse, 2006, Competitiveness in a globalized world, *JIBS*, 37: 163–175.

17. H. Davies & P. Ellis, 2001, Porter's Competitive Advantage of Nations, *JMS*, 37: 1189–1215; A. Griffiths & R. Zammuto, 2005, Institutional governance systems and variations in national competitive advantage, *AMR*, 30: 823–842; P. Minford, 2006, Competi-tiveness in a globalized world: A commentary, *JIBS*, 37: 176–178.

18. A. Cuervo-Cazurra & L. Dau, 2009, Promarket reforms and firm profitability in developing countries, *AMJ*, 52: 1348–1368; G. McDermott, R. Corredoira, & G. Kruse, 2009, Public-private institutions as catalysts of upgrading in emerging market societies, *AMJ*, 52: 1270–1296; M. Wright, I. Filatotchev, R. Hoskisson, & M. W. Peng, 2005, Strategy research in emerging economies, *JMS*, 42: 1–33.

19. M. Carney, E. Gedajlovic, & X. Yang, 2009, Varieties of Asian Capitalism, *APJM*, 26: 361–380; M. Witt & G. Redding, 2008, Culture, meaning, and institutions, *JIBS*, 40: 859–885.

20. P. Ingram & B. Silverman, 2002, Introduction (p. 20, added italics), in P. Ingram & B. Silverman (eds.), *The New Institutionalism in Strategic Management*: 1–30. Amsterdam: Elsevier.

21. A. Chacar, W. Newburry, & B. Vissa, 2010, Bringing institutions into performance persistence research, *JIBS*, 41: 1119–1140; R. Coeurderoy & G. Murray, 2008, Regulatory environments and the location decision, *JIBS*, 39: 670–687; K. Huang & F. Murray, 2009, Does patent strategy shape the long-run supply of public knowledge? *AMJ*, 52: 1193–1221; S. Julian, J. Ofori-Dankwa, & R. Justis, 2008, Understanding strategic responses to interest group pressures, *SMJ*, 29: 963–984; T. Kochan, M. Guillen, L. Hunter, & S. O'Mahony, 2008, Public policy and management research, *AMJ*, 52: 1088–1100; T. Kostova, K. Roth, & M. T. Dacin, 2008, Institutional theory in the study of multinational corporations, *AMR*, 33: 994–1006; B. Lee, 2009, The infrastructure of collective action and policy content diffusion in the organic food industry, *AMJ*, 52: 1247–1269; C. Marquis & Z. Huang, 2009, The contingent nature of public policy and the growth of US commercial banking, *AMJ*, 52: 1222–1246; K. Pajunen, 2008, Institutions and flows of foreign direct investment, *JIBS*, 39: 652–669; T. Tong, T. Alessandri, J. Reuer, & A. Chintakananda, 2008, How much does country matter? *JIBS*, 39: 387–405.

22. S. Elbanna & J. Child, 2007, The influence of decision, environmental, and firm characteristics on the rationality of strategic decision-making, *JMS*, 44: 561–590; M. Peteraf & R. Reed, 2007, Managerial discretion-andinternal alignment under regulatory constraints and change, *SMJ*, 28: 1089–1112; C. Stevens & J. Cooper, 2010, A behavioral theory of governments' ability to make credible commitments to firms, *APJM*, 27: 587–610.

23. D. Ariely, 2009, The end of rational economics, *HBR*, July: 78–84; P. Rosenzweig, 2010, Robert S. McNamara and the evolution of modern management, *HBR*, December: 87–93.

24. M. W. Peng, 2001, How entrepreneurs create wealth in transition economies, *AME*, 15: 95–108.

25. L. Capron & O. Chatain, 2008, Competitors' resource- oriented strategies, *AMR*, 33: 97–121; G. Holburn &R. Bergh, 2008, Making friends in hostile environments, *AMR*, 33: 521–540; S. Lux, T. Crook, & D. Woehr, 2011, Mixing business with politics, *JM*, 37: 223–247; C. Oliver& I. Holzinger, 2008, The effectiveness of strategic political management, *AMR*, 33: 496–520.

26. *BW*, 2007, Inside the hidden world of earmarks, September 17: 56–59.

27. *BW*, 2011, Pssst... wanna buy a law? December 5:

66–72; R. Lester, A. Hillman, A. Zardkoohi, & B. Cannella, 2008, Former government officials as outside directors, *AMJ*, 51: 999–1013; H. Li & Y. Zhang, 2007, The role of managers' political networking and functional experience in new venture performance, *SMJ*, 28: 791–804; J. Pearce, J. De Castro, & M. Guillen, 2008, Influencing politics and political systems, *AMR*, 33: 493–495; P. Ring, G. Bigley, T. D'Aunno, & T. Khanna, 2005, perspectives on how governments matter, *AMR*, 30: 308–320.

28. G. Hofstede, 1997, *Cultures and Organizations: Software of the Mind* (p. 5), New York: McGraw-Hill; G. Hofstede, 2007, Asian management in the 21st century, *APJM*, 24: 421–428.

29. *BW*, 2012, Behind every great woman: The perfect husband, January 9: 54–59.

30. B. Kirkman, K. Lowe, & C. Gibson, 2006, A quarter century of Culture's Consequences, *JIBS*, 37: 285–320; K. Leung, R. Bhagat, N. Buchan, M. Erez, & C. Gibson, 2005, Culture and international business, *JIBS*, 36: 357–378; L. Tang & P. Koveos, 2008, A framework to update Hofstede's cultural value indices, *JIBS*, 39: 1045–1063.

31. T. Fang, 2010, Asian management research needs more self-confidence, *APJM*, 27: 155–170; R. House, P. Hanges, M. Javidan, P. Dorfman, & V. Gupta, 2004, *Culture, Leadership, and Organizations*, Thousand Oaks, CA: Sage; R. Maseland & A. van Hoom, 2009, Explaining the negative correlation between values and practices, *JIBS*, 40: 527–532; R. Tung & A. Verbeke, 2010, Beyond Hofstede and GLOBE, *JIBS*, 41: 1259–1274.

32. G. Hirst, P. Budhwar, B. Cooper, M. West, C. Long, C. Xu, & H. Shipton, 2008, Cross-cultural variations in climate for autonomy, stress, and organizational productivity relationships, *JIBS*, 39: 1343–1358.

33. Hofstede, 1997, *Cultures and Organizations* (p. 94).

34. A. Bhardwaj, J. Dietz, & P. Beamish, 2007, Host country cultural influences on foreign direct investment, *MIR*, 47: 29–50; K. Lee, G. Yang, & J. Graham, 2006, Tension and trust in international business negotiations, *JIBS*, 37: 623–641; J. Salk & M. Brannen, 2000, National culture, networks, and individual influence in a multinational management team, *AMJ*, 43: 191–202.

35. D. McCarthy & S. Puffer, 2008, Interpreting the ethicality of corporate governance decisions in Russia, *AMR*, 33: 11–31; A. Spicer, T. Dunfee, & W. Bailey, 2004, Does national context matter in ethical decision making? *AMJ*, 47: 610–620.

36. This section draws heavily from T. Donaldson, 1996, Values in tension, *HBR*, September–October: 4–11.

37. K. Martin, J. Cullen, J. Johnson, & K. Parboteeah, 2007, Deciding to bribe, *AMJ*, 50: 1401–1422.

38. C. Robertson & A. Watson, 2004, Corruption and change, *SMJ*, 25: 385–396; S. Lee & K. Oh, 2007, Corruption in Asia, *APJM*, 24: 97–114; S. Lee & S. Hong, 2012, Corruption and subsidiary profitability, *APJM* (in press); J. H. Zhao, S. Kim, & J. Du, 2003, The impact of corruption and transparency on foreign direct investment, *MIR*, 43: 41–62; J. Zhou & M. W. Peng, 2012, Does bribery help or hurt firm growth around the world? *APJM* (in press).

39. S. Globerman & D. Shapiro, 2003, Governance infrastructure and US foreign direct investment, *JIBS*, 34: 19–39.

40. S. Wei, 2000, How taxing is corruption on international investors? *RES*, 82: 1–11.

41. M. Habib & L. Zurawicki, 2002, Corruption and foreign direct investment (p. 295), *JIBS*, 33: 291–307.

42. J. Hellman, G. Jones, & D. Kaufmann, 2002, Far from home: Do foreign investors import higher standards of governance in transition economies (p. 20), Working paper, Washington: World Bank (www. worldbank.org).

43. A. Cuervo-Cazzura, 2008, The effectiveness of

laws against bribery abroad, *JIBS*, 39: 634–651; C. Kwok & S. Tadesse, 2006, The MNC as an agent of change for host-country institutions, *JIBS*, 37: 767–785.

44. J. Clougherty & M. Grajek, 2008, The impact of ISO 9000 diffusion on trade and FDI, *JIBS*, 39: 613–633; H. Greve, 2011, Fast and expensive, *SMJ*, 32: 949–968; K. Weber, G. Davis, & M. Lounsbury, 2009, Policy as myth and ceremony? *AMJ*, 52: 1319–1347.

45. L. Trevino & K. Nelson, 2004, *Managing Business Ethics*, 3rd ed. (p. 13), New York: Wiley.

46. S. Hart, 2005, *Capitalism at the Crossroads*, Philadelphia, PA: Wharton School Publishing.

47. This section draws heavily from C. Chen, M. W. Peng, & P. Saparito, 2002, Individualism, collectivism, and opportunism, *JM*, 28: 567–583.

48. S. Ghoshal & P. Moran, 1996, Bad for practice, *AMR*, 21: 13–47.

49. J. Cullen, K. P. Parboteeah, & M. Hoegl, 2004, Cross-national differences in managers' willingness to justify ethically suspect behaviors, *AMJ*, 47: 411–421.

50. F. Fukuyama, 1995, *Trust*, New York: Free Press; G. Redding, 1993, *The Spirit of Chinese Capitalism*, New York: Gruyter.

51. J. Hennart & M. Zeng, 2002, Cross-cultural differences and joint venture longevity, *JIBS*, 33: 699–716.

52. Y. Luo & O. Shenkar, 2011, Toward a perspective of cultural friction in international business, *JIM*, 17: 1–14; J. Salk, 2012, Changing IB scholarship via rhetoric or bloody knuckles, *JIBS*, 43: 28–40; K. Singh, 2007, The limited relevance of culture to strategy, *APJM*, 24: 421–428; O. Shenkar, 2012, Beyond cultural distance, *JIBS*, 43: 12–17; O. Shenkar, Y. Luo, & O. Yoheskel, 2008, From "distance" to "friction," *AMR*, 33: 905–923; S. Zaheer, M. Schomaker, & L. Nachum, 2012, Distance without direction, *JIBS*, 43: 18–27.

53. O. Shenkar, 2012, Cultural distance revisited, *JIBS*, 43: 1–11. See also S. Lee, O. Shenkar, & J. Li, 2008, Culture distance, investment flow, and control in cross-border cooperation, *JIBS*, 29: 1117–1125; L. Tihanyi, D. Griffith, & C. Russell, 2005, The effect of cultural distance on entry mode choice, international diversification, and MNE performance, *JIBS*, 36: 270–283.

54. J. Li, K. Lam, & G. Qian, 2001, Does culture affect behavior and performance of firms? *JIBS*, 32: 115–131.

55. V. Pothukuchi, F. Damanpour, J. Choi, C. Chen, & S. Park, 2002, National and organizational culture differences and international joint venture performance, *JIBS*, 33: 243–265.

56. D. Xu & O. Shenkar, 2002, Institutional distance and the multinational enterprise (p. 608), *AMR*, 27: 608–618. See also H. Berry, M. Guillen, & N. Zhou, 2010, An institutional approach to cross-national distance, *JIBS*, 41: 1460–1480; D. Dow & A. Karunaratna, 2006, Developing a multidimensional instrument to measure psychic distance stimuli, *JIBS*, 37: 578–602; L. Hakanson & B. Ambos, 2010, The antecedents of psychic distance, *JIM*, 16: 195–210.

57. R. Orr & W. R. Scott, 2008, Institutional exceptions on global projects, *JIBS*, 39: 562–588.

58. J. Johnson, T. Lenartowicz, & S. Apud, 2006, Cross-cultural competence in international business, *JIBS*, 37: 525–543; A. Tsui, S. Nifadkar, & Ou, 2007, Cross-national, cross-cultural organizational behavior research, *JM*, 33: 426–478; N. Yagi & J. Kleinberg, 2011, Boundary work, *JIBS*, 42: 629–653.

第五章
国外市场进入战略

>> 学习目标

通过本章学习,你应该能够
1. 理解克服外来者劣势的必要性;
2. 阐述国外市场进入模式的综合模型;
3. 匹配区位优势与战略目标(进入何地);
4. 对比先发优势和后发优势(何时进入);
5. 描述国外市场进入的一般步骤(如何进入);
6. 参与有关国外市场进入的三个主要争论;
7. 从中获得战略启示。

→ 开篇案例

巴士公司进入美国

如果你在美国中西部或东北部上过大学,你应该听说过(甚至乘坐过)Megabus。其在官网上自称是"便宜又便捷的城际巴士首选,网上预订最低只要1美元"。目前其巴士路线主要是从美国五个交通枢纽中心(芝加哥、纽约、费城、匹兹堡、华盛顿特区）出发到其他50个城市。《彭博商业周刊》称，Megabus已经从根本上改变了美国人尤其是年轻人的出行方式。

在上一代人心中，Greyhound（灰狗巴士）是城际交通的标志。然而，随着美国人逐渐爱上自驾，以及航空旅行成本变得更低，城际巴士客流量趋于萎缩。尤其是在市中心，巴士站点日益减少甚至废弃，巴士成为出行的最差选择。1990年，Greyhound提出破产保护。

但是，中等距离的城际巴士需求并没有消失。例如在芝加哥和底特律之间，或者纽约和华盛顿之间，两城距离令自驾太远且不舒适，而坐飞机又太近（而且很麻烦）。在Greyhound逐渐衰落的同时，一些小型创业公司开发了"中国城"往来巴士服务，专门为中国移民提供从纽约中国城到波士顿中国城之间的客运服务。这种运营方式，很快引起大学生们的注意，并为其所爱。在经历了过去四十年的下滑之后，2006年，也就是Megabus进入美国的这一年，美国的城际巴士市场出现了转机。

虽然Megabus是美国市场中的新星，但其背后有英国第二大交通公司Stagecoach的全力支持。Stagecoach公司成立于1980年，总部位于苏格兰的帕斯市，当地有18 000名员工。它不仅仅经营巴士，同时也经营火车、有轨电车和港口运输等，每天运送250万人次。该公司在伦敦股票交易所上市，并是英国富时（FTSE）250指数公司之一。Megabus是该公司在美国的全资子公司Coach USA的一个品牌。

Stagecoach并不缺乏国际市场经验，其在肯尼亚、马拉维、新西兰、波多黎各和瑞士等地都开展过业务，但最终都因经营不善而转手他人。目前，北美是它唯一关注的国际市场（Megabus在2008年进入加拿大）。

虽然Megabus并非是北美市场的先行者，但是其未来发展前景很好。那么，哪些因素使得Megabus在逐渐萧条的城际交通市场中逐渐繁荣呢？至少有四个主要原因：其一，其车票非常便宜，最低只有1美元！Megabus采用了一种收益管理系统，该系统在民航售票中普遍使用，即给预先订票的乘客低价优惠，而后续订票的乘客价格高。尽管1美元票价只有一两个乘客最终享受到，但其正常票价也依然具有竞争力，几乎是Amtrak（美国唯一一家客运铁路）公司票价的十分之一。Megabus的所有车票都从网上预订，这样不仅节省了售票成本，同时也吸引了更多高学历的乘客。

其二，不同于传统的长途巴士总站设置，Megabus采用中国城巴士方式，使用类似公共汽车路边站点的形式接送乘客。这种站点形式不仅节约了大量的资金，而且还使Megabus更加具有吸引力。因为乘客也不喜欢在（往往是脏、乱、差的）传统长途巴士总站候车。

其三，所有Megabus内都配置Wifi网络和充电服务，使旅途更加舒适和有趣，而这些甚至在飞机的头等舱都没有。这种出行方式对年轻人来说非常有吸引力。调查显示，37%的乘客认为网络和充电服务是他们选择Megabus的主要原因。

其四，随着汽油价格上涨和人们环保意识的增强，巴士交通具有无可争辩的绿色优势。每英里8美分油耗，能效是汽车的4倍。目前，以Megabus主导的美国巴士服务，相当于每年节约110万加仑汽油，或者路上减少了2.4万辆汽车。然而，政治家还在不断宣称高速铁路的未来前景，计划投入100亿美元建设铁轨，但目前1英里都没有建成。与此同时，Megabus进入市场以来，已经运送了130万人次，而这并不要求任何新的基础设施建设。它的业务也正在向得克萨斯州、佛罗里达州和加利福尼亚州拓展。鉴于修建高速铁路的巨额成本和背后复杂的政治较量，《彭博商业周刊》指出，Megabus 的成功可以让高铁项目降降温了。

资料来源：(1) *Bloomberg Businessweek*, 2011, How to keep the world moving, December 5: 80–86; (2) *Bloomberg Businessweek*, 2011, The Megabus effect, April 11: 62–67; (3) Magabus, 2012, www.megabus.com; (4) Stagecoach Group, 2012, www.stagecoachgroup.com。

像 Stagecoach 这样的企业该如何进入国外市场？企业为什么进入某些国家而非另一些国家？Stagecoach 如何将巴士出行形象从陈旧过时转变成光鲜潮流，从而吸引了一大批年轻且受过教育的顾客群体？本章将围绕这些问题展开。国外市场进入战略是企业全球战略的关键之一。[1] 企业进入国外市场需要克服外来者劣势，本章将从战略三脚架，即产业基础观、资源基础观、制度基础观角度综合解读国外市场进入模式。[2] 接着我们将讨论进入何地、何时进入、如何进入这三个关键问题，即众所周知的 2W1H 维度。最后是争论和引申。

克服外来者劣势

为什么企业要在国外市场获得成功会面临如此大的挑战？这是因为企业会遇到**外来者劣势（liability of foreignness）**，即外国企业在东道国由于外国身份而处于劣势。[3] 外来者劣势主要来源于两个方面：第一，不同国家在正式制度和非正式制度上表现出巨大差异。当地企业已经非常熟悉本地的规章制度，但国外企业对此并不熟悉，它们需要快速学习这些规章制度。例如，欧洲企业进入美国市场后就忙于学习"购买美国"的一揽子刺激政策，以使自己成为真正的"美国企业"。[4] 但是，很多国家的政府禁止外国企业在某些战略性产业拥有过多的资产，如欧洲中东部国家政府就对俄罗斯在当地的投资表示担忧（参见新兴市场案例 5.1）。

第二，尽管全球化时代下的顾客不应该歧视外国企业，但实际上在某种正式和非正式的情况下，外国企业还是会受到某些歧视。例如，在印度，可口可乐和百事可乐就由于产品农药含量超标而被社会活动家炮轰，但他们对印度本土品牌的饮料却没有检验，虽然印度所有地下水都含有农药成分。尽管可口可乐和百事可乐都否认了这项指控，但是它们的销量还是大减。

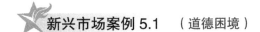

新兴市场案例 5.1 （道德困境）

俄罗斯企业国际亮相

1989 年柏林墙倒塌之后，俄罗斯经历了 10 年的经济混乱。从 1999 年开始，俄罗斯经济开始明显复苏，主要是由于石油和天然气等一些主要出口商品价格的升高。虽然 2008 年至 2009 年的全球经济危机让俄罗斯经济再次受挫，但是 2011 年利比亚战争给阿拉伯地区造成混乱，而俄罗斯石油和天然气供应相对稳定，这对俄罗斯经济来说是个吉兆。

海外收益增长和盈利机会促使很多俄罗斯企业转变成了跨国公司，业务遍布全球。俄罗斯企业的对外直接投资可以分为三类：首先是瞄准西欧和北美，以获取先进的新技术和管理经验。其次是聚焦周边地区，即独立国家联合体（CIS）国家或地区，这些国家或地区曾经都是苏联的正式组成部分。最后是投资到塞浦路斯和维京群岛这样的离岸金融中心，然后又重新投资到俄罗斯，该过程通常被认为是返程投资。专家估计，俄罗斯大约 10% 的对外直接投资是以这种形式返回本国，只有 90% 是真正的对外直接投资。

由于外来者劣势，俄罗斯的对外直接投资饱

受争议。东道国政府和媒体经常对俄罗斯的跨国公司密切关注，尤其是那些被称为"克里姆林宫触角"的大型能源企业。俄罗斯政府的强硬立场引起了诸多关注，尤其是敏感的中东欧国家，如匈牙利、立陶宛和波兰。俄罗斯跨国公司宣称它们的投资活动仅仅源于盈利驱动。然而，东道国面临着两难的困境，即如何利用俄罗斯资本，同时又减少对俄罗斯企业的依赖。在中东欧，这种两难困境曾经发生在2008年大衰退时期。当传统的德国和奥地利企业回撤时，俄罗斯企业则拿出厚厚的支票准备进行投资。

资料来源：(1) *Bloomberg Businessweek*, 2011, The Russians are buying, and buying, September 19: 17–18; (2) A. Panibratov & K. Kalotay, 2009, Russia outward FDI and its policy context, *Columbia FDI Profiles*, No. 1, www.vcc.columbia.edu; (3) United Nations, 2011, *World Investment Report* 2010, New York: UN。

外来者劣势如此明显，外国企业要如何打入外国市场呢？答案是：打造企业强大的资源和能力，使得企业在抵消外来者劣势之后，相比于当地企业仍然具有显著的竞争优势。例如，中国政府果断而积极地鼓励"本土创新"，以至于通用电气的CEO曾经在媒体上公开表示不满。作为经验丰富的"中国通"，通用电气此举无疑是失策了。[5]然而就在媒体上高调发表抱怨的两周以后，通用电气还是拿到了一个大单子——装配全新超强发动机的200座C919喷气客机项目。[6]很显然，尽管在制度上面临劣势，通用电气强大的发动机优势使它足以克服其政治不正确带来的外来者劣势。

理解企业国际化倾向

尽管一些专家到处说教，每一个企业都应该走出去，但事实上并不是每一个企业都做好了国际化准备。尚未成熟的企业进行国际化，可能会导致致命的结果，尤其是小企业，它们可以出错的空间不大。那么，是什么动机促使有些企业走出去，而其他企业却乐于在国内发展呢？

我们在这里可以简单地将企业的国际化归结为两个主要因素：（1）企业规模，（2）国内市场规模，由此形成了一个2×2的框架（见图5.1）。方格1中，由于国内市场规模较小，大公司通常"热衷国际化"，因为国内市场有限且容易开发，因而那些大公司更加倾向于国际化经营。例如雀巢公司，母国瑞士只有700万人口，对其产品的需求非常有限。因此，雀巢公司大部分员工和产品销售都来自国外市场。

方格2中，来自小国家的小企业大多是"跟随国际化"，它们通常作为大公司如雀巢的供应商走出去。因为国内市场太小了，那些即使不直接供货给大公司的小公司，其情况也差不多，正如奥地利、丹麦、芬兰、新西兰、新加坡等，这些地方的小企业也倾向于国际化。

方格3中，国内市场较大的大公司通常会"缓慢国际化"，相较于方格1中热衷国际化的企业而言，它们的国际化过程要缓慢很多。例如，美国沃尔玛的国际化速度，就要慢于法国的家乐福和德国的麦德龙。

最后，在方格4中，对那些国内市场很大但规模很小的企业来说，国际化称得上是左右为难。一方面它们资源较少，另一方面国内市场那么大，因而它们并没有很大的动力要国际化，就像美国的很多小企业。即使它们有国际化经营，那也是"偶尔国际化"。有人笑称，如果把美国看成50个国家，那么国际化企业数量会急剧上升。[7]

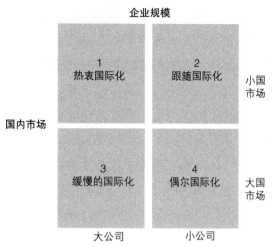

图5.1 企业规模、国内市场和企业国际化倾向

国外市场进入的综合模型

国际化是关于"走出去"的战略，战略家在做决策时需要考虑一系列问题，如地点、时间和进入模式，也就是众所周知的去哪儿（where）、什么时候（when）和怎么去（how）（2W1H）的问题。[8]每一个决策都可以从战略三脚架的观点进行思考，这三个主流观点形成了一个进入模式的综合模型（见图5.2）。

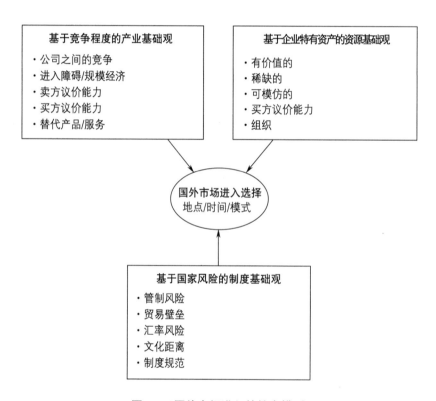

图5.2 国外市场进入的综合模型

产业基础观

产业基础观主要考察企业面临的五种力量（见第二章内容）对国外市场进入的影响。

第一，现有企业之间的竞争可能促使企业采取某些行动。尤其是处于垄断产业的企业，它们通常会参照竞争者的国外市场进入战略。如果Komatsu和FedEx进入了某个新市场——如阿富汗，那么Caterpillar和DHL就会觉得有必要跟进。有时候，企业跟进是为了报复竞争者。例如，德州仪器进入日本，不是为了盈利而是为了亏钱。原因是德州仪器在多个市场上遭受日本企业的低价威胁，而NEC和Toshiba这些日本企业之所以能够在国外低价销售，是因为它们利用国内高售价带来的高额利润补贴了它们在国外的低售价造成的损失。为了报复，德州仪器进入日本市场故意拉低价格，虽然造成自身亏损，但这也逼迫日本企业在国内降价，最终亏损得更多。

第二，进入壁垒越高，企业在国际市场上的竞争也更加激烈。国际市场带来规模经济，从而威慑其他企业进入。因而强大的国际市场本身就是进入壁垒。很难想象，如果没有国际市场，波音和空客客机的成本将会多么高。

第三，为了遏制供应商的谈判权力，企业也有必要进入国际市场，进行所谓的后向垂直一体化，以整合价值链上的很多环节。采掘业的很多企业（如铝土矿采掘）都有很强的后向一体化动机，以稳定原材料的供应（例如铝冶炼）。有的国家自然资源丰富而政治不稳定，如利比亚和委内瑞拉，很多企业别无选择，还是会进入这些国家去开采。为了稳定石油供给，西方企业为什么要如此冒险进入那些政治不稳定的国家呢？很显然，与OPEC（欧佩克）这样不友好的供应商比起来，这点麻烦的成本还是比较低的。

第四，买方议价能力可能需要企业进入当地市场，这通常被称为前向垂直一体化。[9] 例如，为对付零售商作为购买者想要获得显著的价格优惠，苹果公司在全球主要城市建立了专卖店。

第五，替代产品的存在也会促使企业国际化。20世纪，柯达和富士引领胶片行业。随后它们的产品被佳能的数码相机所取代。接着手机制造商如诺基亚和三星在其产品中增加了照相功能，在很大程度上又替代了数码相机。在每一轮替代过程中，替代产品企业都极力将其产品销往全球。

综上，产业的结构和该产业的五种力量都显著地影响了其企业的国外市场进入决策。接下来我们将从资源基础观解释国外市场进入。

资源基础观

第三章介绍的VRIO框架也能够很好地解释国外市场进入。[10]

第一，企业所具有的资源和能力是推动国际化的主要原因。[11] 往往是像Stagecoach一样企业自身有强大的资源和能力才能克服外来者劣势（见开篇案例）。

第二，拥有稀缺性资产的企业会选择进入国外市场并因此牟利。专利、品牌和商标等措施合法地维护了该产品的稀缺性。因而我们不难理解，像汽车和DVD这样受到专利和品牌保护的产品，通常更追求全球市场。但由此产生了一个悖论：由于各个国家对知识产权的保护力度不同，产品进入越多的国外市场（产品也变得不稀缺），山寨产品也越多。产品的稀缺性直接引发了第二个问题——产品易被模仿。

第三，如果企业担心它们的产品（资产）会被某个国家模仿，那么企业可能不会进入这个国家。换句话说，去这个国家的交易成本太高了。这主要是由于**传播风险（dissemination risks）**，即企业的专有资产未经授权就被模仿和传播的风险。[12] 其最坏的结果是培养了一个竞争者。

第四，企业层面一揽子的资源和能力，如果互补并整合成一个系统，就会促使企业在国外市场使用这些资源和能力。[13] 很多跨国公司的某种组织方式都保护或者引导它们进入其他市场——例如ExxonMobil和BP几乎完全垂直一体化。

总之，资源基础观对企业的国际市场进入具有潜在的影响作用。而被模仿和传播的风险与知识产权有关，这就引出了我们下一个研究内容。

制度基础观

在第四章，我们列举了一些非正式制度差异，如文化差异对国外市场进入的影响，这里我们主要集中讨论正式制度对国外市场进入的限制因素：（1）管制风险，（2）贸易壁垒，（3）汇率风险（见图5.2）。

管制风险（regulatory risks）指的是政府制定某些对企业不利的政策而带来的风险（参见新兴市场案例5.1）。某些政府可能会要求外国公司与本国企业分享技术，但这实质上增加了传播风险。比如，尽管已经成为WTO组织成员，中国政府还是按照历史做法，只批准国外汽车生产商以与本国企业合资的方式进入中国，而禁止其以全资子公司的方式进入。政府声明这样做的目的是"鼓励"当地企业向外国汽车制造商学习。

其中一个很著名的管制风险是**协议过期（obsolescing bargain）**，它指的是跨国公司在进入市场以后东道国政府改变了以前双方协议的规定，通常有三个回合：

- 第一回合，跨国公司与东道国政府之间达成一项合作协议。通常政府被要求合理地保护产权和收益，甚至是提供一些激励政策（如免税期），而如果没有这些条件，跨国公司是不会进入该国的。
- 第二回合，跨国公司进入该国以后，如果一切顺利，则获利颇丰。
- 第三回合，受国内政治集团的压力，政府可能要求和跨国公司重新谈判，并认为跨国公司取得了"超常"利润（而跨国公司认为这仍然属于"公平的"和"正常的"利润范围）。因而前一轮的协议就作废了。

政府的政策还包括取消对外国公司的刺激政策，征收更高的税费，甚至没收外国资产，即**征收资产（expropriation）**。在20世纪70年代，印度政府曾要求可口可乐分享它的配方，而可口可乐甚至都不会跟美国政府分享配方。跨国公司已经在东道国投入大量资源（称为**沉没成本，sunk cost**）之后，又被当地政府要求作出新的调整，否则，它们会面临被征收或者忍受巨额损失退出市场的风险（正如可口可乐退出了印度市场）。不幸的是，可口可乐的遭遇并非少见。20世纪50年代、60年代和70年代，很多非洲、亚洲和拉丁美洲的政府，都曾没收了外国公司资产并归国有。

最近，世界各地相继涌现出一些有利于跨国公司发展的变化（见第一章）。很多政府发现，将外国企业收归国有并不能最大化其自身利益。尽管征收活动赶走了外国企业，但是大多数国有企业并不能有效地经营这些资产，很多企业因经营不善而亏损，损害了企业价值。因而在20世纪80年代和90年代开始了与国有化相反的私有化运动，政府将很多国有企业转归于私人所有（见第十一章）。有意思的是，很多申请接管这些资产的企业正是原来的跨国公司。而这一次跨国公司在投资之前，通常会推动当地政府政策的透明度和可预测性，否则不会轻易投资。这点也容易理解。可口可乐在20世纪90年代同意回归印度，但明确告知印度政府，它的配方是不可触碰的。

综上，为招商引资，各国政府（特别是发展中国家政府）之间开展了激烈竞争，对跨国公司的态度也从敌对转变到合作。尽管各国的管制风险已经纷纷下降，但是个别国家仍然较高。我们呼吁谨慎对待管制风险。2012年，阿根廷就将西班牙企业Repsol征收了。

贸易壁垒（trade barriers）包括（1）关税壁垒和非关税壁垒，（2）本地化的要求，（3）对某些进入模式的限制。**关税壁垒（tariff barriers）**是政府对进口商品征收关税。**非关税壁垒（nontariff barriers）**更加微妙。例如，日本海关将从荷兰进口的每一枝郁金香一劈两半，理由是检测外国细菌。即使荷兰方面称它们的郁金香很安全，出口到其他国家都没有发现任何问题，但这也并未说服日本。这类政策迫使外国企业在当地生产而不是出口到当地。

然而，即便某些企业在当地设立了工厂，它们仍然有可能出口大量的基本零件到东道国，然后在当地组装。这类工厂被形象地称为"扳手工厂"——当地劳动力仅仅充当"扳手"。作为回击，当地政府强迫外国企业签订**本土内容要求**（local content requirements），即它们的本地生产必须达到一定比例（如美国是51%），否则其在该国生产的产品仍然要收取一定的关税。巴西政府对 Petrobras 设备的规定是 70% 的本土内容要求。

某些进入模式会受到限制。很多国家限制甚至完全禁止外国企业在当地设立全资子公司。例如，在美国，外国航空公司不允许建立子公司，也不能够并购当地的企业。在俄罗斯，外国企业不能在其战略行业，如石油和天然气领域，建立全资子公司。

汇率风险（currency risks）源于企业所使用的货币发生不利变动。例如，如果中国人民币升值（受美国政府的压力），在中国生产的本土和外国企业都将失去低成本优势。沃尔玛大部分的产品产自中国（大部分是外资企业），人民币升值 30%（在其他条件不变的情况下）可能导致沃尔玛大多数产品成本上升 30%。因此，沃尔玛和在中国生产的美国供应商都会面临人民币升值带来的汇率风险。

作为反应，企业可以进行汇率对冲或者战略对冲。**汇率对冲**（currency hedging）保护企业不受外汇波动的影响。但如果对冲方向相反，风险则会更大。**战略对冲**（strategic hedging）指的是将经营活动分散到汇率不同的各个地区，因而一个地区的汇率变化可以由另一个地区的汇率变化相互抵消。这也是丰田汽车在法国设立新工厂而不是继续在英国扩张生产线的主要原因。法国是欧元区成员国，而英国不是。

除了正式制度的限制，企业还需要了解非正式制度的限制作用，如文化距离和制度距离。由于第四章对此做了详尽的描述，我们在此也就不再重复。但是，我们将在下一小节重温其中的某些内容。

综上，制度基础观的核心假设是"制度很重要"，在国外市场进入决策中尤为如此。[14] 在没有了解制度差异的情况下就贸然进入国外市场是非常危险的，甚至是灾难性的。

进入哪里

像房地产行业一样，国际商务的信条也是"区位、区位、区位"。实际上，国际商务的典型特征就是空间扩张，即企业在国外市场开展业务。[15] 进入国外市场要考虑两个因素：（1）战略目标，以及（2）文化和制度距离。我们将在下面分别阐述。

区位优势和战略目标

某些国家优越的地理位置可能会使在那里经营的企业获得**区位优势**（location-specific advantages）。某些区位具有别处无法匹敌的优势，例如，迪拜就是欧洲和亚洲以及非洲和亚洲之间理想的航空枢纽。阿联酋航空公司就因此具备了得天独厚的区位优势（见新兴市场案例5.2）。

新兴市场案例 5.2

迪拜机场连接世界

作为阿联酋的一部分，迪拜已经成为中东无可争议的金融、商务与购物中心。迪拜国际机场（DXB）不仅将自己定位为周边地区的航空中心，同时也是世界的重要航空枢纽。从地理位置来看，迪拜确实就是世界的中心，被专家们称为自然"扭点"。它是欧洲和亚洲以及非洲和亚洲之间最理想的航空枢纽。20亿人住在迪拜的4小时飞行圈内，40亿人住在7小时飞行圈内。迪拜有130条航线，跨越6个大陆，连接220个目的地。迪拜国际机场每年大约要接待超过4000万乘客。在不久的将来，迪拜国际机场将扩张到每年服务6000万的乘客。然而迪拜本国人口还不到400万，因此大部分的乘客不是来自迪拜或是前往迪拜。迪拜国际机场的扩张将会更加依赖其他国家到此中转的乘客。但乘客真的会来吗？

以迪拜国际机场为基地的阿联酋航空公司认为，乘客会来的。阿联酋航空公司成立于1985年，它以"超级连接"航空公司而著名，服务对象主要是中转乘客。阿联酋航空公司作为世界上最强的航空公司之一，拥有138架大型客机，还另外订购了140架飞机（其中包括50架空客A380）。从迪拜出发，阿联酋航空公司飞往超过60个国家的100多个城市。阿联酋航空公司是波音777最大的顾客，也是A380最大的用户。通过这些飞机，世界上的任何两个城市都能够通过迪拜一站式连接。阿联酋航空公司直接对传统国际航空公司（例如英国航空公司和德国汉莎航空公司）构成威胁。阿联酋航空公司已经开展迪拜和二线城市（规模仍然很大）的直飞航班，例如曼彻斯特、汉堡和加尔各答。而英国航空、德国汉莎航空、印度航空都只专注于自己的航空枢纽而忽略了这些城市。从汉堡飞往悉尼，乘客一般不会介意是在法兰克福还是在迪拜转机，特别是当阿联酋航空的飞机更新、更安静、机票更便宜和设备更好的时候。

从1950年开始，迪拜国际机场实现了每年令人惊讶的15%的增长率。今天，它已经成为继伦敦希思罗机场和香港机场之后，世界上第三大繁忙的国际机场，并且是第七大货物周转机场。它将会被更大的机场取代——迪拜世界中心国际机场（DWC），该机场在2010年部分开放（一个跑道并只开放货物运输）。当其建成之时，新的迪拜世界中心国际机场将会成为世界上最大的航空港，拥有5个平行跑道，每年客运量将超过1.6亿！

资料来源：(1) *Aviation News*, 2011, Dubai International Airport, December: 34–39; (2) *Bloomberg Businessweek*, 2010, Emirates wins with big planes and low costs, July 5: 18–19; (3) *Economist*, 2010, Rulers of the new silk road, June 5: 75–77; (4) *Economist*, 2010, Super-duper-connectors from the Gulf, June 5: 21。

除了天然地理优势，经济活动的集中也会使某些地方具有区位优势，这通常被称为**集群（agglomeration）**。1890年英国经济学家阿尔弗雷德·马歇尔（Alfred Marshall）首次提出了这个观点。从本质上来看，区位优势来源于（1）地理位置相近企业之间的人才流动产生的知识溢出效应；（2）产业需求提升了劳动力的娴熟程度，使他们能为当地不同企业工作；（3）产业需求促使专业供应商和客户位于同一区域。[16] 例如，由于产业集群效应，美国达拉斯成为世界上电信企业的集聚地。美国企业如美国电话电报公司、惠普、雷神（Raytheon）、德州仪器（TI）和威瑞森（Verizon）都汇聚于此。而无数的国外电信企业也纷至沓来，如阿尔卡特-朗讯、爱立信、富士通（Fujitsu）、华为、西门子和意法半导体（STMicroelectronics）。

根据不同地区的不同优势，企业有必要将其战略目标与区位优势相结合。企业的四个战略目标如表5.1所示。

表 5.1 匹配战略目标和区位优势

战略目标	区位优势	文中案例
寻求自然资源	拥有自然资源以及有关交通和通信设施	中东、俄罗斯和委内瑞拉的石油
寻求市场	市场需求量大并且顾客愿意支付	在中国的通用汽车公司
寻求效率	规模经济和丰富的低成本要素	中国制造（特别是上海）
寻求创新	具有大量的创新人才、企业和大学	美国硅谷和印度班加罗尔的信息技术；达拉斯的电信；俄罗斯的航空航天

- 寻求自然资源型企业应该进入特定的自然资源丰富的地区，例如石油资源丰富的中东、俄罗斯、委内瑞拉等地区。尽管委内瑞拉政府很难相处，但是西方石油公司对此也只能忍耐。

- 寻求市场型企业应该进入对其产品和服务有巨大需求的国家。例如，中国如今是世界上最大的汽车消费市场，几乎所有汽车企业都想方设法进入中国。通用汽车是领头者，目前它在中国的汽车销量超过了其在美国本土的销量。

- 寻求效率型企业往往选择那些既有规模经济又有低成本要素的高效率市场。许多跨国企业为了寻求效率而进入中国。中国现在制造了全世界三分之二的复印机、鞋子、玩具、微波炉，一半的数码相机和纺织产品，三分之一的台式电脑，四分之一的手机、电视和钢铁。世界五百强中有 400 多家进入了上海，中国四分之一的外国直接投资集中在上海。[17] 需要指出的是，中国的劳力成本并不是全球最低的，而上海又是中国劳动力成本最高的城市。上海吸引外国企业的原因是它能够降低综合成本、提高企业效率。

- 寻求创新型企业会进入世界上以创新闻名的地区，例如美国硅谷和印度班加罗尔（信息技术）、达拉斯（电信）及俄罗斯（航天航空）（详见第十章）。[18]

有一点需要跨国公司特别注意：区位优势可能会增长或减弱，因而企业也需要相应地重新布局。如果政策制定者不能维持制度的吸引力（例如提高税收），或者太多企业蜂拥而至导致土地和人才成本急剧上升，那么一些企业可能会退出之前具有优势的地区。例如，20 世纪 90 年代之前，宝马和奔驰都可以很自豪地说它们保持了 100% 的"德国制造"。但此后，它们也开始在各个国家生产，如巴西、中国、墨西哥、南非、美国、越南等。此时，它们只能吹嘘是"宝马制造"和"奔驰制造"而非"德国制造"了。这就是德国的区位优势下降而其他国家区位优势上升的必然结果。

文化／制度距离和区位选择

除了战略目标，企业的市场进入还需要考虑文化距离和制度距离的因素（见第四章）。文化距离指的是两种文化在特定维度上的差异（比如个人主义）。[19] 如果把文化作为一个国家制度框架中非正式的一部分，那么制度距离就是"两个国家的制度在规则、规范和认知维度上相同点和不同点之间的差异"。[20] 很多西方消费品公司如欧莱雅就退出了沙特阿拉伯市场，因为沙特阿拉伯严格限制个人的行为，究其根本原因正是这个国家和西方之间的制度距离太远了。

有两个学派的观点解释了文化／制度距离对区位选择的影响。首先是阶段模型学派，认为企业在国际化前期会进入具有相似文化的国家，当它们后期更加自信的时候才会进入文化差距较大的国家。[21] 表面上这个观点很有吸引力，比如由于共同文化、语言和历史渊源的优势，比利时企业先进入法国就很容易理解。[22] 具有相同语言的两国间的商业往来是不同语言两国间商业往来的三倍。来自英美法系国家的公司（英语国家和一些英国曾经的殖民地）对其他英美法系国家市场更感兴趣。历史上殖民地—殖民者国家之间的联系（例如英国与英联邦和西班牙与拉丁美洲的联系）更容易促进贸易交流。一般来说，来自新兴经济体的跨国企业在发展中国家会有更好的表现，因为母国与东道国具有相近的制度距离和相似的经济发展阶段。[23] 也有证据表明，在文化和制度上相近的国家经营，企业能够取得更好的成绩。[24]

第二个学派引用了很多相反的例子，他们认为市场或效率的战略目标要比文化和制度因素更为重要。[25] 例如，寻求自然资源型企业有充分的理由进入文化和制度距离较远的国家（如巴布亚新几内亚有铝土矿，赞比亚有铜矿）。《经济学人》写道，位于俄罗斯远东的库页岛石油储备充足，为了获取更多利润，西方石油企业也不得不对俄罗斯飞扬跋扈的做法毕恭毕敬。[26] 在这种情况下，文化的、制度的和地理的距离似乎都没有什么关联——西方石油企业除了在俄罗斯的监控下经营，别无选择。综上，在对进入决策进行复杂的推理过程中，区位只是众多需要考虑因素中的一个（见新兴市场案例5.3）。正如下文所述，进入时间和进入模式也非常关键。

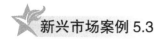

新兴市场案例 5.3

南非跨国公司的兴起

自从1994年种族隔离制度废除之后，南非兴建了众多的跨国公司，它们在国外市场上逐渐活跃起来。虽然这本书的大部分读者都听说过南非米勒啤酒公司（SABMiller）和德比尔斯钻石加工（De Beers），但你们是否听说过 Dimension Data，MTN，Old Mutual，SAB，SASOL，Standard Bank 呢？如果还没有，那么可能在不久的将来，这些公司就会出现在你周边的城市。

南非企业一般首先进入撒哈拉沙漠以南的非洲国家。事实上，南非是撒哈拉沙漠以南的非洲国家的主要外商投资者之一。南非啤酒公司（SAB）首先提出了非洲啤酒市场的概念，随后在2002年收购美国米勒啤酒公司，继而成为全球著名的跨国公司（SABMiller）。移动电话的先行者，电信服务商MTN公司一反传统认知，认为非洲蕴藏着强大的手机市场潜力。Massmart，Shoprite和Game等零售公司将西方的购物理念和方式，引入了马拉维、莫桑比克、尼日利亚、乌干达等其他非洲国家。标准银行已经进入了16个非洲国家，这些国家在之前明显缺乏基本的金融服务。一个南非的商人说，非洲将会是下一个中国，南非企业将会享受到非洲先行者的优势。

在短时间发展壮大之后，许多南非企业开始向非洲以外迅速扩张。在20世纪90年代早期，SAB就将业务拓展到中国和中东欧，比全球竞争对手在新兴经济体中更早抢占了更有利的位置。在收购米勒啤酒之后，SAB变得更加全球化，目前已经是南美第二大的啤酒制造企业。南非最大的金融服务公司Old Mutual于2005年购买了瑞士最古老的保险公司。Dimension Data是一家IT公司，已经发展到全球30多个国家。SASOL是一家化学和能源企业，在全球20多个国家运营。

如何解释南非企业的全球化浪潮呢？从产业基础观的角度来看，南非跨国公司倾向于专注那些在非洲和其他市场都快速增长的产业。从资源基础观的角度来看，南非拥有非洲10%的人口和 45% 的 GDP，因此，并不难理解南非企业比非洲其他国家的企业更具有竞争优势。更好地服务非洲顾客的能力，能够使企业更有效地在其他新兴市场上进行竞争。从制度基础观的角度来看，国家种族隔离制度的废除，以及更加开放的贸易环境，使得南非企业的全球投资成为可能。非洲最近终于和平而且政府（相对）开明，目前其贸易壁垒已经大大降低。非洲内部的贸易总额已经从 10 年前的 6% 发展到现在的 13%。一位专家曾说过，南非人有信心在其他地方也做得很好，他们并不恐惧，因为他们在最差的环境中都能发展得很好。

资料来源：(1) S. Burgess, 2003, Within-country diversity: Is it key to South Africa's prosperity in a changing world? *International Journal of Advertising*, 22: 157–182; (2) *BusinessWeek*, 2008, Africa's dynamo, December 15: 51–56; (3) *Economist*, 2006, Going global, July 15: 59–60; (4) *Economist*, 2009, Africa's new Big Man, April 18: 11; (5) *Economist*, 2011, The sun shines bright, December 3: 15。

何时进入

市场进入的时间选择要根据特定国家是否存在有吸引力的机会而定。一些企业寻找**先行优势（first-mover advantage）**，这种优势的定义是最先进入市场的先行者能够享受到而后来者无法享受到的优惠待遇和利益。[27] Xerox、FedEX 和 Google 如今已引申为描述相关行为的动词，如"Google 一下"。在很多的非洲国家，高露洁已经成为牙膏的代名词。作为后来者的联合利华感到非常失望，因为它们的非洲顾客竟然称呼它们的产品是"红色的高露洁"！表 5.2 列举了这类优势。

- 先行者可能通过专利技术获取竞争优势，如苹果的 iPod，iPad，iPhone 等。

- 先行者可能有更多优先投资的机会。比如，得益于经连会市场网络（Keiretsu，日本在商业关系和股权关系上相互融合的联盟经营方式），很多日本的跨国公司在东南亚捆绑住优秀的供应商和分销商，并阻止了西方国家供应商和分销商进入。[28]

- 先行者可能给后来者树立起强有力的市场壁垒，例如由品牌忠诚度而引起的高额转换成本。昂贵设备的购买者通常会长期选择同一家企业的零件、培训和服务。这就是为什么美国、英国、法国、德国和俄罗斯在冷战后波兰的航空装备市场中竞争如此激烈的原因——美国 F-16 战机最终获胜。

- 激烈的国内竞争可能会迫使国内不领先的企业也进军海外，以避开国内竞争。例如，松下电器、丰田汽车和 NEC 在日本是各自市场的领先者，但是索尼、本田和爱普生在美国市场中分别领先于日本各自市场的其他竞争者。

- 先行者可能与主要的利益相关者建立珍贵的友谊，例如顾客和政府。比如，花旗银行、摩根大通和中国冶金科工公司响应了阿富汗政府招商引资的号召而进入了阿富汗，赢得一片赞誉。[29]

先行者潜在的优势可能被某些不利因素抵消，这些不利因素是**后发优势（late-mover advantages）**带来的（见表 5.2）。诸多先行者企业，例如 CT 扫描仪器领域的 EMI 和浏览器领域的 Netscape，都在长期竞争中失去了市场优势。而相对后来者如 GE 和微软则取得了市场主导地位，后发优势可以通过三种方式体现出来。

- 后来者能够借助先行者的投资成果。如

在沙特阿拉伯，思科公司花费了数百万美元与包括国王在内的当地上层人士进行沟通，目的是使其理解互联网对经济发展的巨大作用。而后来者爱立信公司仅仅因为提供了低成本的解决方案就赢得了这次投资机会。例如，阿卜杜拉国王将价值 8400 万美金的城市电信项目给了爱立信公司，因为其报价比思科公司少了 20%。这仅仅是因为爱立信公司不需要对市场进行教育和投资。爱立信的执行总裁说："我们非常荣幸能够战胜像思科这样做了大量卓越的前期工作的公司。"[30]

- 先行者面临更多的技术与市场的不确定性。例如，尼桑公司研发并发售世界上第一台全电动汽车 Leaf，它能在没有一滴汽油的情况下运行。然而，当时存在着巨大的不确定性。在这些不确定性消失之后，后发企业例如通用和丰田已经推出了自己的电动汽车。
- 先行者的运营可能受到既定的固定资产、人员配置和生产线的限制。作为后来者能够享有先行者没有的灵活性，例如 Greyhound 在美国的城际巴士市场中纠结，因为它难以放弃既有的成本很高的巴士总站。而 Megabus 作为从英国来的后来者，借助路边车站的形式，反而获得了吸引更多乘客的优势。

综上所述，证据表明既存在先发优势也存在后发优势。然而，多如牛毛的研究仍然无法得出进入市场的最佳时间。[31] 虽然先行者也有获得成功的机会，但是先发地位并不能保证企业一定会取得成功。例如，在 20 世纪 80 年代，大众汽车进入中国汽车市场获得了巨大的成功，克莱斯勒也获得了一定的成功，但法国标致则失败并退出市场。虽然在 20 世纪 90 年代后来者面临激烈的竞争，但是通用、本田、现代汽车公司依然获得了大量的市场份额。明显可以看出，先发优势所建立的市场竞争优势和壁垒并非是外国投资者成功和失败的唯一原因，也许是与其他战略之间的互动和配合决定了最终的效果。[33]

表 5.2 先发优势和后发优势

先发优势	文中案例	后发优势	文中案例
产权、技术领先优势	苹果公司的 iPod、iPad、iPhone 等	搭便车的机会	得益于思科之前的努力，爱立信在沙特阿拉伯赢得了大订单
抢先获取稀有资源	日本在东南亚的跨国公司	排除了技术和市场的不确定性	通用和丰田汽车直到尼桑 Leaf 汽车排除了电动汽车的不确定风险之后才进入该市场
为后来者建立进入壁垒	波兰的 F-16 战机订单	先发者很难适应市场变化	产权、技术领先优势
避免与国内领先企业激烈竞争	索尼、本田和爱普生在美国市场中比它们国内的对手领先		
保持与关键利益相关者的关系，如政府	花旗银行、JP 摩根大通、中国冶金公司进入阿富汗		

如何进入

本节首先聚焦于大规模和小规模的进入。之后介绍一个决策模型。首先是确定是股权进入还是非股权进入，最终对比不同股权和非股权进入模式的优缺点。

市场进入规模：承诺和经验

对外投资决策的关键问题是**市场进入规模**（scale of entry），即在外国市场投入多少资源。在特定的策略和特定的市场中，已经证明大规模的市场进入存在优势。大规模的市场进入能够让当地的顾客和供应商放心（"我们有来这长期经营的信心和决心"），并且可以阻止潜在的进入者。但是这种方式明显的劣势是：(1) 大规模进入缺乏战略弹性，(2) 如果失败则需要承担巨大的损失。小规模的进入则投入成本较少，专注于"通过实践来学习"，同时以此限制下行风险。[32] 例如，为了进入穆斯林地区的金融市场（根据《古兰经》教义，穆斯林地区不能收取利息），花旗银行建立了花旗穆斯林银行分行，汇丰银行建立了 Amanah 银行，UBS 银行建立了 Noriba 银行，都是没有利息的银行。这些银行都在不同程度上解读了《古兰经》，在不违反教义的情况下开展营利业务。这种经营模式和经验显然无法在非穆斯林地区推广。综合来看，外国企业在投资国家经营时间越久，外来者劣势越少。然而小规模的缺点是，缺乏强有力的宣传和对市场的快速占领，如此很难借助先发优势获得预期的市场份额。

进入模式第一步：股权/非股权进入模式

管理者不可能同时考虑所有的进入模式。由于进入模式决策的复杂性，管理者必须先考虑主要因素，然后再考虑其他次要因素。参见决策模型，如图 5.3 所示。[53]

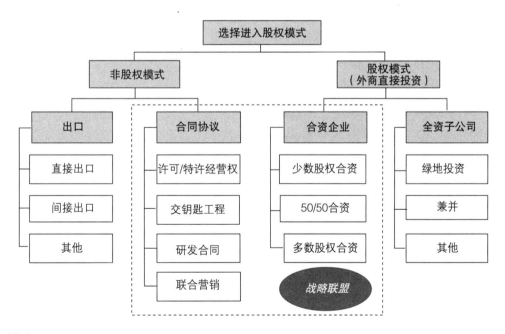

资料来源：改编自 Y. Pan & D. Tse, 2000, The hierarchical model of market entry modes (p. 538), Journal of International Business Studies, 31: 535–554。本文作者增加了"战略联盟"，包括非股权模式（合同协议）和股权模式（合资企业）。有关战略联盟的更多详细信息，请参阅第七章。

图 5.3　进入模式决策模型

第一步，对于是大规模还是小规模进入的选择，通常要考虑股权（所有权）的问题。**非股权模式（non-equity modes）**（产品出口和合作协议）更加适用于小规模的海外投资，而**股权模式（equity modes）**（合资公司和分公司）适用于大规模且不可逆的投资。股权模式需要建立海外独立机构（合资或独资），而非股权模式则不需要。

股权模式和非股权模式之间的区别依然存在。事实上，跨国公司就是这么定义的：以股权模式用对外直接投资方式进入外国市场的公司就是跨国公司。如果仅仅是以进出口的方式进入国外市场，该公司则不能被称为跨国公司。为什么一个企业，例如，石油进口商希望能够在石油输出国直接投资设厂，而不是依赖从石油输出国购买石油呢？

这是因为跨国公司相对于非跨国公司有三个基本的优势：所有权优势（O）、区位优势（L）和内部化优势（I）。由于前面已经讨论过区位优势，这里我们重点讨论所有权优势和内部化优势。对于在两个国家同时进行石油开采和加工的跨国公司，它们能够更好地协调跨国活动，例如在恰当的时间将原油输出到石油精炼厂（即时生产），而不需要让原油在昂贵的船只或者油罐里长期储存之后再进行加工，这就是**所有权优势（ownership advantage）**。另外一个优势是消除进口商和出口商之间的市场关系，这种关系往往产生较高的交易成本。在市场交易过程中，需要进行商业谈判和协定价格，交易和运输的各种方式都会产生高额的交易成本。如果双方存在机会主义，则交易成本会更高。例如，石油进口商可能拒绝购买出口商运来的石油，借口是不满意石油品质，而事实上可能是由于国内市场的下滑导致无法销售更多炼油（如油价高导致驾车减少）。最后石油出口商被迫寻找新的买家，以更低的价格卖掉整船原油。而另一方面，石油出口商可能找各种理由（从通货膨胀到自然灾害）要求支付高于协议的价格。进口商要么支付更高的价格，要么承受石油精炼厂高昂的闲置成本。这些交易成本的增加导致了国际市场缺乏效率。为了取代这种不完善的国际市场，改善这种市场关系，跨国公司组建跨国的组织机构，将外部市场交易在组织内部进行，即为**内部化过程（internalization）**。这样跨国公司能够减少交易成本并且提高效率。这就是**内部化优势（internalization advantage）**。相对于非跨国公司，跨国公司能够同时获得三种优势，即所有权优势（O）、区位优势（L）和内部化优势（I），如图 5.4 所示。国际投资领域杰出学者约翰·邓宁（John Dunning）称之为 **OLI 优势（OLI advantage）**。[34] 综上，进入模式的第一步至关重要，即是否进行海外直接投资，以及选择怎样的股权模式成为跨国公司。

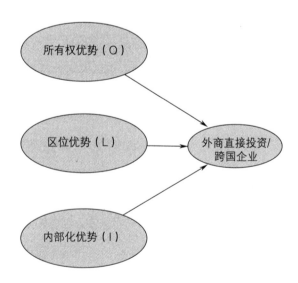

图 5.4　FDI 方式的跨国公司的 OLI 优势图

进入模式第二步：实际选择

在第二步中，管理者需要综合每种进入模式来考虑具体的决策问题。如果是出口，那么需要进一步考虑的是选择直接出口还是间接出口。直接出口是最基本的进入模式，能够获得国内集中生产的规模经济，与此同时，也能够控制销售渠道。例如，珠江牌钢琴就从中国出口到 80 多个其他国家或地区（见结篇案例）。该战略认为国外需求和国内需求一样，企业的设计和生产首先都是以满足国内需求为主。当国外需求不多的时候，直接出口具有优势，但是随着国外需求逐渐上升这种进入模式就不是最佳选择了。营销法则认为，企业应该在地理上和心理上接近顾客，所以企业需要考虑对外直接投资以拉近与国外顾客的距离。此外，出口还可能带来潜在的反倾销保护主义的麻烦（见第八章）。

另一种出口战略是间接出口，也就是通过国内的贸易公司出口到国外。这种战略也能够享受国内集中生产的规模经济，而且没有顾虑。很多价格竞争激烈的商品，如纺织产品和肉食产品都是通过中间商出口的。[35] 然而，间接出口也有缺点。例如，第三方出口贸易公司可能与出口商的目标不同。而选择出口商是因为国内外市场信息的不对称。[36] 中间商就是利用这种信息不对称赚钱，对降低信息不对称不感兴趣。中间商可能将产品打包，然后以自己的品牌出口，并坚持垄断与国外市场的交流渠道。甚至不会告知制造企业其产品在国外表现如何。

接下来一组进入模式涉及合同协议：（1）许可/特许经营，（2）交钥匙工程，（3）研发合同，（4）联合营销。在许可/特许经营合同中，许可商和特许经营商将其专利和专有技术这类知识产权出售给被许可/被特许经营企业，并收取一定的许可/特许经营费用（提成费用）。因而它们并不需要承担在国外经营的所有成本和风险。也就是说，它们对国外经营生产并没有实际控制权。[37] 举例来说，必胜客对泰国的许可经营商非常不满意，后者终止和必胜客的特许合同，并成立了新的比萨店与必胜客直接竞争，争夺必胜客的利润。

在**交钥匙工程（turnkey projects）**中，客户支付一笔费用，让承包商设计并建造新设施和培训相关人员。项目完成后，承包商向客户提交一个随时可以使用的设施，就像交了一把"钥匙"。这种模式使得公司从限制外商直接投资的国家中获得技术加工（如建筑行业）回报。然而，交钥匙工程有两个缺点：第一，如果国外客户是竞争对手，交钥匙工程可能会增强对方的竞争能力。第二，交钥匙工程结束后，承包商并不能长期留在那里。如果要长期留在当地发展，就需要采用普遍的建造—运营—转交合同，而不是传统的建造—转交合同。**建造—运营—转交合同（build-operate-transfer agreement, BOT）**是经过一段时间的经营以后，再将工程转交给当地的企业或代理商。例如，由德国、意大利和伊朗企业组成的一个集团获得了一个大规模的 BOT 工程，是在伊朗建造一个发电厂。发电厂建好后，该集团先经营 20 年，然后再转交给伊朗政府。

研发合同 [research and development（R&D）contracts] 指的是将研发外包给其他企业。A 企业同意为 B 企业承担一部分研发工作。因此，企业可以较低的成本获得某些地区的创新优势，如俄罗斯的航天航空。研发合同有三个缺点：第一，研发具有不确定性而且复杂多样，研发合同的谈判和实施困难。交接时间和成本相对比较容易确定，而研发质量则无法衡量。第二，这种战略有可能培养出新的竞争者。印度的信息技术行业就有很多这种例子，很多新成立的印度企业在国际市场上与西方企业竞争。第三，依赖其他企业做研发，长远来看可能会失去自己核心的研发能力。

联合营销（co-marketing）指的是几家企业联合起来共同销售它们的产品和服务。玩具制造商和电影制片商经常联合快餐连锁店，例如麦当劳儿童套餐内就销售根据电影人物制造的玩具。寰宇一家（One World）和星空联盟（Star Alliance）组成的航空联盟通过共享代码开展了广泛的联合营销。该方式的优点是双方都接触到了更多顾客，缺点是控制有限且缺乏协调。

接下来介绍股权进入模式，每种股权进入模式都带来了一定的外商直接投资并且把企业变为跨国公司。**合资企业（joint venture，JV）**是由两个及以上企业共同出资建造的新企业。主要有三种形式：少数股权合资（股权低于50%），50/50合资（平均股权），以及多数股权合资（股权高于50%）。合资企业，如上海大众具有三个优点：第一，跨国公司和当地企业一起承担成本、风险和利润，因而跨国公司既保留了一定的控制权又降低了风险。第二，跨国公司获得了当地市场的知识，而当地企业则获得了跨国公司的技术、资本和管理方法。第三，合资企业在东道国更加容易被认可和接受。

合资企业的缺点在于，首先，由于合资双方的背景和目标各不相同，冲突在所难免。其次，合资企业很难达到有效的股权控制和经营控制，因为任何事情都需要共同协商——有时需要争吵。最后，跨国公司对国外合资企业控制有限，这不利于全球协调。综上，各种非股权和股权模式的市场进入都可以看作战略联盟（图5.3虚线部分所示）。第七章将对此进行详尽展开。

最后一种进入模式是**全资子公司（wholly owned subsidiary，WOS）**，即跨国公司在东道国建立自己的子公司。设立全资子公司有两种方式。[38] 第一种是**绿地投资（greenfield operation）**——从零开始建立新工厂和办公室，即在原本是绿色的农业用地上建立新企业。例如，美国珠江钢琴就是中国的珠江钢琴在美国建立的全资子公司（见结篇案例）。它有三种优势：第一，母公司完全控制绿地投资的全资子公司，因而避免了合资中的很多麻烦。第二，未分割的股权可以有效保护产权技术。第三，它也有利于全球协调。通常情况下，某些子公司被要求亏损（如前面提到的在日本的德州仪器子公司），而许可经营的公司和合资企业的伙伴一般不会委屈自己去扮演这样的亏损角色！

绿地投资的缺点是昂贵而且风险高，不仅有经济风险而且还有政治风险。它明显的外国身份很容易成为国内民族主义的攻击对象。另一个缺点是它增加了行业的生产能力，使得这个行业更加拥挤。例如，日本汽车公司在美国建立那么多全资子公司，在很大程度上挤压了美国汽车企业的市场。最后，绿地投资的全资子公司市场进入速度慢（相对于兼并而言），至少需要一年以上。

全资子公司的另一种方式是兼并。珠江钢琴兼并里特米勒就是一个很好的例子（见结篇案例）。兼并除了可以获得绿地全资子公司的所有优势，还可以获得两点优势，即（1）扩充新的产能，（2）加快进入速度。其劣势是除了没有扩充产业能力和进入速度慢以外，其他的和绿地全资子公司的劣势一样。而且兼并的全资子公司还有一个劣势，即兼并后的整合问题（详见第九章）。

各种进入模式的优劣势总结在表5.3中。

表 5.3　进入模式：优势和劣势

进入模式（文中案例）	优势	劣势
1. 非股权模式：出口		
直接出口（珠江钢琴出口到 80 多个国家）	■ 集中国内生产享受规模经济 ■ 更好地控制销售渠道	■ 运输大件产品的高额成本 ■ 客户的营销距离 ■ 贸易壁垒和保护主义
间接出口（纺织品和肉类的贸易出口）	■ 集中资源生产 ■ 不需要直接处理出口过程	■ 对销售渠道控制较弱（相对于直接出口） ■ 无法学习怎样在国外经营
2. 非股权模式：合同协议		
许可/特许经营权（必胜客在泰国的经营方式）	■ 发展成本较低 ■ 海外扩张风险较低	■ 对技术和市场缺乏控制 ■ 可能培养起竞争者 ■ 无法进行全球协调
交钥匙工程（德国、意大利和伊朗的 BOT 项目的咨询公司）	■ 在限制 FDI 的国家仍然能从技术加工中获利	■ 可能会造成有效的竞争者 ■ 无法长期经营
研发合同（印度的 IT 产业和俄罗斯的航空航天产业）	■ 以较低的成本获取某些地区的创新能力	■ 很难谈判和实施合同 ■ 可能会培养新的竞争者 ■ 可能会失去核心创新能力
联合营销（麦当劳与电影制作公司和玩具厂家的合作；航空公司的联盟）	■ 能够吸引消费者	■ 缺乏协调
3. 股权模式：合资企业		
合资公司（上海大众）	■ 摊销成本和共享利润 ■ 获得合作伙伴的知识和资产 ■ 政治允许	■ 合作伙伴不同的目标和利益 ■ 股权和经营限制 ■ 全球协调困难
4. 股权模式：全资子公司		
绿地投资（美国 PRPC 公司，日本在美国的汽车子公司）	■ 完全控制股权和经营 ■ 保护知识 ■ 全球协调的能力	■ 潜在的政治问题和风险 ■ 较高的开发成本 ■ 为产业增加新的能力 ■ 降低进入速度（相比和兼并）
兼并（珠江钢琴公司并购了里特米勒）	■ 与绿地投资相同（如上） ■ 没有增加新的产能 ■ 市场进入速度快	■ 对销售渠道控制较弱（相对于直接出口） ■ 无法学习怎样在国外经营

争论和引申

本章讨论了有关先发优势和后发优势的理论争论。在此我们将讨论另外三个热点争论，（1）外来者的劣势和优势，（2）全球多样化和区域多样化，（3）传统跨国公司和新兴跨国公司。

外来者的劣势和优势

与"外来者劣势"相对的一个观点是，在某种环境下，外来身份也可能变成一种资产，即是一种竞争优势。[39] 在美国和日本，德国汽车被认为质量很高。在中国，消费者歧视那些在"中国制造"的奢侈品。尽管中国制造的这些奢侈品牌来自欧洲，但还是被认为比在法国制造的手提包和瑞士制造的手表要差一些（见第二章的结篇案例）。欧洲中部和东部的人认为抽美国香烟很酷。而韩国的任何产品——从手提包到电视机，从泡菜到方便面——在东南亚一带都很流行。概念上讲，这些正是人们熟知的**原产国效应**（country-of-origin effect），即对来自某个国家或企业的产品具有积极或消极的认知。珠江钢琴对其里特米勒品牌的推广过程中特别强调它的德国渊源，这也说明原产国效应（至少在某种程度上）是可以克服的（见结篇案例）。珠江钢琴并不是唯一这样做的企业。我们进行一个简单的小测验：你知道哈根达斯（Häagen-Dazs）冰激凌是哪个国家的吗？我的美国学生通常会说是德国、比利时、瑞士或者欧洲其他国家。不好意思，这些都错了。哈根达斯从来就是美国的！

外来者身份到底具有优势还是具有劣势，依然是一个棘手的问题。东京迪士尼乐园非常受欢迎，因为它尽显美国特色。但是巴黎迪士尼在法国报刊中总是得到差评，也是因为它的美国特色。为了安全起见，香港迪士尼就综合了美国形象和中国元素。你去过上海迪士尼吗？上海迪士尼对迪士尼的外来者身份作出了怎样的平衡呢？

随着时间的推移，原产国效应也会发生变化。一些英国公司曾经骄傲地以英国某公司命名，如英国电信（British Telecom）和英国石油（British Petroleum）。但是最近它们避免使用"英国"，而直接将品牌改成了BT和BP。这在英国成为一场"B现象"运动。更改品牌活动并不是轻而易举的事情。这表明了英国公司对英国的原产国效应失去了信心。例如，BAE Systems公司，也就是曾经的British Aerospace公司，最近发表声明说，它的英国原产国效应给它在美国的生意造成了困扰。只有美国公民才能知道它与美国军方的订单详情，而英国的CEO却无权知道。这是难以为继的，因为该公司现在五分之二的业务都在美国。因此BAE Systems很严肃地考虑，是否要成为美国公司。但是这样的话，BAE Systems反过来可能会在英国遭遇外来者劣势。[40]毫不惊讶，B现象在英国是有争议的。从中我们可以获得一个经验，即外来者身份要么具有劣势要么具有优势，而且还可能发生变化。一种解决方案就是使原产地变得模糊。例如，古驰将自己塑造为一个扎根于意大利的企业，但注册地址在荷兰，而产品具有法国时尚风味。

全球多元化和区域多元化

在全球化的时代，有关跨国公司应该在多大范围内经营的话题仍然是争论的焦点。[41]尽管大家普遍认为现在的跨国公司正在扩张成为"全球化"跨国公司，但是国际商务学者艾伦·鲁格曼（Alan Rugman）和他的同事们惊讶地发现，即便是世界500强公司，也很少是真正的"全球化"的跨国公司。[42]他们对全球化跨国公司的标准是，在全球三大区域即亚洲、欧洲和北美的销售占比不低于20%但不超过50%，按此合理的标准，仅仅只有9家公司符合要求（见表5.4）。

表5.4 按照销售占比，只有9家企业是真正的"全球化"跨国公司

1	IBM
2	索尼
3	飞利浦
4	诺基亚
5	英特尔
6	佳能
7	可口可乐
8	伟创力公司
9	路易威登

资料来源：改编自 A. Rugman & A. Verbeke, 2004, A perspective on regional and global strategies of multinational enterprises (pp. 8–10), *Journal of International Business Studies*, 35: 3–18。

大部分跨国公司有必要进一步"全球化"吗？有两个回答：第一，大部分跨国公司很清楚它们自己在做什么，而公司现在经营的地理范围也是它们

能够管理的。它们当中某些企业已经过度多元化，可能需要缩小经营范围。第二，鲁格曼等的研究结果只是基于某一个时间点上的现状（21世纪初），随着时间推移，某些跨国公司可能会变得更加"全球化"。然而，最近的数据也并没有发生显著的变化。[43] 尽管争论未决，但这至少给我们一个启示，就是要慎用"全球化"这个词。大部分大的跨国公司在其地理分布上并没有实现真正的"全球化"。

传统跨国公司和新兴跨国公司

跨国公司被认为具有OLI优势。OLI框架是基于总部在发达国家的跨国公司的经验总结，它们通常具有高端的技术和管理技能。然而，来自中国（见结篇案例）、俄罗斯（新兴市场案例5.1）、南非（新兴市场案例5.3）的新兴跨国公司，则对传统理论提出了新的挑战。[44] 尽管这些公司和传统的跨国公司一样，在国外市场追求区位优势并开展内部化交易——符合OLI框架中的L和I——但它们并没有更好的产权技术，而且管理能力也不是全球顶级的。换句话说，O普遍缺失。那么，我们应该怎么理解这类新兴的跨国公司呢？

学者约翰·马修斯（John Mathews）提出了一个有趣的"连接（linkage），撬动（leverage）和学习（learning）"的LLL框架。[45] 连接是指新兴跨国公司识别和弥补差距的能力。实际上，珠江钢琴能够提供很好的质量和服务，但来自中国的原产国效应限制了它们的定价。因而珠江钢琴公司采取了两大措施，(1)在保证质量的情况下通过降低单位成本来获取规模经济；(2)兼并和获得德国里特米勒品牌的钢琴，以减少原产国效应。从而珠江钢琴能够结合中国和德国两个原产国效应组合推动其国际化发展（见结篇案例）。

撬动指的是新兴跨国公司在深入了解顾客的期望和需求的基础上，充分挖掘和利用其特殊资源和能力优势的能力。例如，Naver在韩国占有76%的搜索市场份额，它准备扩张到日本以充分利用其对亚洲语言和文化的深入理解。长期来看，它还有拓展到其他文化的搜索引擎服务市场的野心。如"韩美Naver"和"中美Naver"。从全球来看，Naver相比Google肯定逊色很多，但是在某些特定市场如韩国，像Naver这样的跨国公司对Google形成了正面的竞争冲击。

学习是很多新兴跨国公司最重要的国际化动机。[46] 相比于传统跨国公司"我来告诉你怎么做"的模式，新兴跨国公司公开表明它们到国际市场上是专门向别人学习的，包括从基本的英语技能到高层管理技能、市场规划和对多国员工的管理等。

当然，OLI和LLL这两个框架有很多重合之处。所以这类争论就缩小到这两者之间的区别是根本性的，还是程度上的差异。前者要求成立一个完全新的理论框架如**LLL优势（LLL advantage）**，后者只需要将LLL作为新的一部分纳入OLI中即可。由于新兴跨国公司的快速发展，对这类问题的学习和争论肯定不会在短期内结束。[47]

精明的战略家

外国市场进入对全球化战略至关重要。没有进入海外市场这第一步，企业就永远都是本土企业。然而国际化经营的挑战是巨大的、复杂的和高风险的。精明的战略家可以从以下四个方面获得战略启示（见表5.5）。

第一，从产业基础观来看，你需要深入了解即将进入的国外市场产业动态竞争的特征。例如，21世纪初，一些欧洲的金融服务企业，如ABN Amro、HSBC、ING集团，斥资数十亿美元以兼并的方式进入美国市场。但是它们并没有意识到接下来的金融危机会席卷整个金融行业，结果使企业遭受了巨大的损失。

第二，从资源基础观来看，你和你的企业都需要开发超强的能力来克服外来者劣势。结篇案例的珠江钢琴公司就是一个很好的例子。

第三，从制度基础观来看，你必须理解商业规则，包括外国市场正式和非正式的竞争规则。不理解这些规则将要付出巨大代价。在21世纪初，Dubai Ports World（DP World）和中国海洋石油集团（CNOOC）低估了美国反对海外并购的情绪，这是非正式制度的一种体现。结果它们的兼并活动遇到了政治阻力。

表 5.5 战略启示

- 理解即将进入的东道国本行业的动态特征
- 建立起强大的资源和能力优势，以抵消外来者劣势
- 理解外国市场上正式和非正式的商业竞争规则
- 将市场进入和地理多元化与战略目标相匹配

第四，精明的战略家要将其进入模式与战略目标结合起来。如果战略目标是为了降低当地市场产品价格（如德州仪器进入日本），那么就应该做好打价格战和亏损的准备。如果战略目标是获取可观的收益，那么适时退出难缠的市场就是明智的（如沃尔玛退出德国）。

综上，本章对四个基本问题展开讨论。第一，为什么企业国际化倾向不同？我们从企业本身的规模和其国内市场规模两个方面展开了讨论。第二，企业该如何行动？我们讨论了产业竞争、企业能力和制度差异对市场进入决策的影响。第三，什么决定了企业的经营范围，即企业在国际市场上的经营范围？它根本上取决于企业获取和利用OLI这三种优势的区别。通过股权模式进入的企业在国外拥有资产继而成为跨国公司，它们要比没有这样做的国内企业拥有更多的国外市场份额。第四，什么决定了国际化的成功和失败？进入决策对企业国际化的成功和失败具有显著影响。[48] 尽管合适的市场进入战略非常重要，但这仅仅是一个开始。[49] 要想获得海外成功，还需要考虑到更多的其他因素，我们将在后面章节展开。

本章小结

1. 理解克服外来者劣势的必要性
- 当企业进入外国市场，会遭遇外来者劣势。
- 企业国际化的倾向与企业规模和国内市场规模有关。

2. 阐述国外市场进入模式的综合模型
- 产业基础观认为，企业不能忽视东道国产业的动态特征。
- 资源基础观认为，企业要围绕VRIO方面增强企业自身的能力。
- 制度基础观认为，企业在东道国必将遇到制度方面的限制。

3. 匹配区位优势的战略目标（进入哪里）

进入哪个国外市场，要结合国外市场的区位优势和本企业的战略目标，即寻求自然资源、市场、效率、创新这四个战略目标。

4. 对比先发优势和后发优势（何时进入）

两者都有优势和劣势，没有统一结论证明哪一种战略更好。

5. 描述进入国外市场的一般步骤（如何进入）
- 要考虑进入规模：大规模进入还是小规模进入。
- 决策模式首先要考虑股权（所有权）问题。
- 接下来要考虑实际的选择问题，例如出口、合同协议、合资企业还是全资企业。

6. 参与有关国外市场进入的讨论

- 外来者的劣势和优势，全球多元化和区域多元化，传统跨国公司和新兴跨国公司。

7. 战略启示
- 理解即将进入的东道国本行业的动态特征。
- 建立强大的资源和能力优势，以抵消外来者劣势。
- 理解国外市场上的商业规则。
- 将市场进入和地理多元化与战略目标相匹配。

关键词

外来者劣势　传播风险　谈判僵局　管制风险　征收资产　沉没成本　贸易壁垒　关税壁垒　非关税壁垒　本土内容要求　汇率风险　汇率对冲　战略对冲　区位优势集群　先行优势　后发优势　市场进入规模　非股权模式　股权模式　所有权优势　内部化过程　内部化优势　OLI优势　交钥匙工程　建造—运营—转交合同　研发合同　联合营销　合资企业　全资子公司　绿地投资　原产国效应　LLL优势

讨论题

1. 找出一个你们国家的国际化活跃的公司，并指出该产业中企业最想进入的是哪5个国家？为什么？

2. 从制度基础观和资源基础观的角度，举出新兴市场企业拓展国外市场过程中可能遇到的外来者劣势，并说说企业能够从哪些方面克服困难？

3. **伦理问题**：从定义上来看，进入国外市场，就意味着投资到本国以外的市场。这里有什么伦理问题吗？对以下人士你会给出什么建议？（1）跨国公司总监，（2）国内工会领导者，（3）东道国政府，（4）本国政府。

拓展题

1. 在20世纪90年代，很多北美、欧洲、亚洲的跨国公司都到墨西哥投资，以获取当地优势：（1）接近全球最大的市场；（2）是北美贸易协议成员国，市场开放性政策很好；（3）低成本、高质量的丰富劳动力。这些优势至今也并没有什么变化。请写下你对此的看法，在今天，你是否同意墨西哥依然具有这些优势？

2. **伦理问题**：外国进入者通常被指责破坏了本土企业的竞争以及当地的文化。两人成组讨论，一方作为当地电视台的记者，另一方作为某跨国公司在当地的CEO，就此问题进行采访。

3. **伦理问题**：作为一个社交媒体的CEO（例如脸书），你被告知不能在某个国家开展业务，因为社交媒体涉嫌引发社会动乱。（2011年的埃及确实如此，而2010年在英国也遭受过这样的威胁。）几个人组成一个小组，就此问题进行讨论，并向传统媒体写一份本公司的新闻发布，对你们公司的行为做出解释。

结篇案例　（新兴市场）

珠江钢琴的崛起

本书大部分的读者可能从未听说过，珠江钢琴公司现在是世界上最大的钢琴生产商，同时它也是北美市场发展最快的钢琴生产商和经销商，在加拿大和美国拥有最大的经销商网络（超过300个经销商）。它在网站上骄傲地宣称"珠江是世界上卖得最好的钢琴"。虽然你可能会说"我不会弹钢琴,所以我并不知道钢琴的领先品牌"。如果你听说过雅马哈和斯坦威,那么不会弹钢琴就当不成借口了。

这个问题既在于你自己也在于珠江钢琴本身。因为中国制造商品的质量被认为是层次较低的,所以你很难把优雅的乐器尤其是钢琴与中国企业联系起来。珠江钢琴公司是中国最大的钢琴生产商,已经超过了日本的雅马哈。尽管珠江钢琴能力突出,但是单凭这一家企业也很难改变世人对中国制造普遍的负面认知。

珠江钢琴于1956年在广州成立,它的第一架钢琴就出口到中国的香港地区。在中国内地,钢琴的需求随着居民收入的增加而逐渐增长。独生子女政策也导致父母更愿意对他们的子女进行投资。现在中国的钢琴购买量占世界钢琴产量的一半。

如果你认为在中国这个世界上最大的钢琴市场经营,这个企业的日子就很好过,那么你就又错了。事实上,珠江钢琴面临的竞争是激烈的,需求的增长吸引了更多的新进入者。大概有超过140家竞争者的加入削弱了珠江钢琴的竞争优势,市场份额一度从70%降到25%,但珠江钢琴仍然是中国市场的领先者。

残酷的国内竞争推动珠江钢琴寻找海外机会,现在它出口到80多个国家。在20世纪80年代后期,珠江钢琴在北美市场开始依赖美国的进口商。1999年珠江钢琴首次在美国进行了对外直接投资,并建立了子公司。珠江钢琴CEO童志成在意识到美国市场的重要性以及管理和国际水准的差距之后,果断聘用了在美国钢琴产业具有丰富管理经验的里奇(Al Rich)来领导美国子公司。在两年的时间内,他成功地把珠江钢琴打造成美国三大专业零售商之一。十年以后,珠江钢琴就变成了北美市场无可争议的领头羊。然而在进入高端市场的努力中,结果仍然是令人沮丧的。

尽管珠江钢琴在发展的过程中取得了令人羡慕的成绩,但是它也存在中国品牌常见的缺陷。里奇指出:"我们深刻地意识到我们的定价强烈地刺激了消费者的购买欲望,但是6 000美元仍然是很大一笔钱。"为了消除对中国产品的质量和品牌的负面认知,珠江钢琴在2000年进行了第二次对外直接投资,收购了德国里特米勒(Ritmüller)钢琴。

威廉·里特米勒于1795年创立了里特米勒钢琴公司。那是作曲家贝多芬和海顿还健在的时代。该公司是德国首批钢琴制造商之一,也是世界上最主要的钢琴制造商之一。然而在第二次世界大战后,Ritmüller这种小众的、手工艺制造的生产厂商很难与雅马哈和珠江钢琴这种具备大规模生产技术的企业进行竞争。在被珠江钢琴收购之前,该企业已经开始萧条了。但是今天,里特米勒钢琴进入了令人骄傲的新纪元,德国的工厂在满负荷运营。所有的生产线都对经典传统和卓越标准进行了重新诠释。珠江钢琴结合了德国精密的生产工艺进而成为国际领先的钢琴生产者。

资料来源:(1) *Beijing Review*, 2009, The return of the King, May 21, www.bjreview.com; (2) Funding Universe, 2009, Guangzhou Pearl River Piano Group Ltd., www.fundinguniverse.com; (3) Y. Lu, 2009, Pearl River Piano Group's international strategy, in M.W. Peng, *Global Strategy*, 2nd ed. (pp.437–440), Cincinnati: South-Western Cengage Learning; (4) Pearl River Piano Group, 2012, www.pearlriverpiano.com; (5) Pearl River USA, 2012, www.pearlriverusa.com。

案例讨论题:

1. 分别从产业基础观、资源基础观和制度基础观讨论,珠江钢琴是如何从一家落后企业,逐步发展成中国乃至世界上最大的钢琴制造商的。

2. 为什么珠江钢琴公司高层管理者认为必须要进入国际市场（除了出口之外）？

3. 为什么珠江钢琴公司采用不同的进入模式进入不同的市场？

注释

1. K. Meyer, S. Estrin, S. Bhaumik, & M. W. Peng, 2009, Institutions, resources, and entry strategies in emerging economies, *SMJ*, 30: 61–80.

2. G. Gao, J. Murray, M. Kotabe, & J. Lu, 2010, A strategy tripod perspective on export behaviors, *JIBS*, 41: 377–396; Y. Xie, H. Zhao, Q. Xie, & M. Arnold, 2012, On the determinants of post-entry strategic positioning of foreign firms in a host market: A strategy tripod perspective, *IBR* (in press).

3. A. Cuervo-Carurra, M. Maloney, & S. Manrakhan, 2007, Causes of the difficulties in internationalization, *JIBS*, 38: 709–725; B. Elango, 2009, Minimizing effects of "liability of foreignness", *JWB*, 44: 51–62; J. Johanson & J. Vahlne, 2009, The Uppsala internationalization process model revisited, *JIBS*, 40: 1411–1431; H. Yildiz & C. Fey, 2012, The liability of foreignness reconsidered, *IBR* (in press).

4. *BW*, 2009, Europe's rush to grab US stimulus cash, May 4: 52.

5. *SCMP*, 2010, GE's problem with China, July 6: B14.

6. *SCMP*, 2010, GE boards China's jumbo jet program, July 13: B4.

7. J. Hennart, 2007, The theoretical rationales for a multinationality-performance relationship, *MIR*, 47: 423–452.

8. T. Hutzschenreuter, T. Pederson, & H. Volberda, 2007, The role of path dependency and managerial intentionality, *JIBS*, 38: 1055–1068; D. Paul & P. Wooster, 2008, Strategic investments by US firms intransition economies, *JIBS*, 39: 249–266.

9. T. Shervani, G. Frazier, & G. Challagalla, 2007, The moderating influence of firm market power on the transaction cost economics model, *SMJ*, 28: 635–652.

10. A. Kirca et al., 2011, Firm-specific assets, multinationality, and financial performance, *AMJ*, 84: 47–72; M. W. Peng, 2001, The resource-based view and international business, *JM*, 27: 803–829.

11. H. Berry, 2006, Shareholder valuation of foreign investment and expansion, *SMJ*, 27: 1123–1140; S. Lee & M. Makhija, 2009, Flexibility in internationalization, *SMJ*, 30: 537–555.

12. X. Tian, 2010, Managing FDI technology spillovers, *JWB*, 45: 276–284.

13. W. Lin, K. Cheng, & Y. Liu, 2009, Organizational slack and firm's internationalization, *JWB*, 44: 397–406; N. Malhotra & C. Hinings, 2010, An organizational model for understanding internationalization process, *JIBS*, 41: 300–349.

14. C. Chan & S. Makino, 2007, Legitimacy and multilevel institutional environments, *JIBS*, 38: 621–638; M. Demirbag, K. Glaister, & E. Tatoglu, 2007, Institutional and transaction cost influence on MNEs' ownership strategies of their affiliates, *JWB*, 42: 418–434; J. Li, J. Yang, & D. Yue, 2007, Identity, community, and audience, *AMJ*, 50: 175–190; C. Oh & J. Oetzel, 2011, Multinationals' response to major disasters, *SMJ*, 32: 658–681; J. Shaner & M. Maznevski, 2011, The relationship between networks, institutional development, and performance in foreign investments, *SMJ*, 32: 556–568; A. Slangen & S. Beugelsdijk, 2010, The impact

of institutional hazards on foreign multinational activity, *JIBS*, 41: 980–995.

15. J. Dunning, 2009, Location and the MNE: A neglected factor? *JIBS*, 40: 5–19. See also R. Belderbos, W. Olffen, & J. Zou, 2011, Generic and specific social learning mechanisms in foreign entry location choice, *SMJ*, 32: 1309–1330; J. Cantwell, 2009, Location and the MNE, *JIBS*, 40: 35–41; R. Flores & R. Aguilera,2007, Globalization and location choice, *JIBS*, 38:1187–1210; E. Garcia-Canal & M. Guillen, 2008, Riskand the strategy of foreign location choice in regulated industries, *SMJ*, 29: 1097–1115; S. Zaheer & L. Nachum, 2011, Sense of place, *GSJ*, 1: 96–108.

16. A. Arikan & M. Schilling, 2011, Structure and governancein industrial districts, *JMS*, 48: 772–803; S. Bell, P. Tracey, & J. Heide, 2009, The organization ofregional clusters, *AMR*, 34: 623–642; S. Manning, J. Ricart, M. Rique, & A. Lewin, 2010, from blind spots to hotspots, *JIM*, 16: 369–382; B. McCann &G. Vroom, 2010, Pricing response to entry and agglomeration effects, *SMJ*, 31: 284–305.

17. *BW*, 2007, Shanghai rising, February 19: 51–55.

18. W. Chung & S. Yeaple, 2008, International knowledge sourcing, *SMJ*, 29: 1207–1224.

19. S. Lee, O. Shenkar, & J. Li, 2008, Cultural distance, investment flow, and control in cross-border cooperation, *SMJ*, 29: 1117–1125; R. Parente, B. Choi, A. Slangen, & S. Ketkar, 2010, Distribution systemchoice in a service industry, *JIM*, 16: 275–287.

20. D. Xu & O. Shenkar, 2002, Institutional distance and the multinational enterprise (p. 608), *AMR*, 27: 608–618. See also M. Cho & V. Kumar, 2010, The impact of institutional distance on the international diversity performance relationship, *JWB*, 45: 93–103; G. Delmestri & F. Wezel, 2011, Breaking the wave, *JIBS*, 42: 828–852.

21. H. Barkema& R. Drogendijk, 2007, Internationalizing in small, incremental or larger steps? *JIBS*, 38: 1132–1148.

22. S. Makino & E. Tsang, 2011, Historical ties and foreign direct investment, *JIBS*, 42: 545–557.

23. E. Tsang & P. Yip, 2007, Economic distance and survival of foreign direct investments, *AMJ*, 50:1156–1168.

24. M. Myers, C. Droge, & M. Cheung, 2007, The fit of home to foreign market environment, *JWB*, 42:170–183.

25. J. Steen & P. Liesch, 2007, A note on Penrosian growth, resource bundles, and the Uppsala model of internationalization, *MIR*, 47: 193–206.

26. *Economist*, 2006, Don't mess with Russia, December 16: 11.

27. A. Delios, A. Gaur, & S. Makino, 2008, The timing of international expansion, *JMS*, 45: 169–195; J. G. Frynas, K. Mellahi, & G. Pigman, 2006, First mover advantagesin international business and firm-specific political resources, *SMJ*, 27: 321–345.

28. M. W. Peng, S. Lee, & J. Tan, 2001, The keiretsu in Asia, *JIM*, 7: 253–276.

29. *BW*, 2011, Land of war and opportunity, January 10:46–54.

30. *BW*, 2008, Cisco's brave new world (p. 68), November 24: 56–68.

31. S. Dobrev& A. Gotsopoulos, 2010, Legitimacy vacuum,structural imprinting, and the first mover disadvantage, *AMJ*, 53: 1153–1174; J. Gomez & J. Maicas, 2011, Doswitching costs mediate the relationship between entrytiming and performance? *SMJ*, 32: 1251–1269; G. Lee, 2008, Relevance of organizational capabilities and its dynamics, *SMJ*, 29: 1257–1280; M. Semadeni & B. Anderson, 2010, The follower's dilemma, *AMJ*, 53:1175–1193; F. Suarez & G. Lanzolla, 2005, The half truth of first-mover advantage, *HBR*, April: 121–128; J. Woo, R. Reed, S. Shin, & D. Lemak, 2009, Strategic choice and performance

in latemovers, *JMS*, 46: 308–335.

32. G. Gao & Y. Pan, 2010, The pace of MNEs' sequential entries, *JIBS*, 41: 1572–1580; L. Lages, S. Jap, & D. Griffith, 2008, The role of past performance in export ventures, *JIBS*, 39: 304–325; P. Li & K. Meyer, 2009, Contextualizing experience effects in international business, *JWB*, 44: 370–382; A. Nadolska & H. Barkema, 2007, Learning to internationalize, *JIBS*, 38: 1170–1187; L. Qian & A. Delios, 2008, Internationalization and experience, *JIBS*, 39: 231–248; J. Xia, K. Boal, & A. Delios, 2009, When experience meets national institutional environmental change, *SMJ*, 30:1286–1309.

33. G. Benito, B. Petersen, & L. Welch, 2009, Towards more realistic conceptualizations of foreign operation modes, *JIBS*, 40: 1455–1470; Y. Pan & D. Tse, 2000,The hierarchical model of market entry modes, *JIBS*, 31: 535–554.

34. J. Dunning, 1993, *Multinational Enterprises and the Global Economy*, Reading, MA: Addison-Wesley. See also L. Brouthers, S. Mukhopadhyay, T. Wilkinson, & K. Brouthers, 2009, International market selection and subsidiary performance, *JWB*, 44: 262–273; J. Galan & J. Gonzalez-Benito, 2006, Distinctive determinant factors of Spanish foreign direct investment in Latin America, *JWB*, 41: 171–189; K. Ito & E. Rose, 2010, The implicit return on domestic and international sales, *JIBS*, 41: 1074–1089.

35. M. W. Peng, Y. Zhou, & A. York, 2006, Behind make or buy decisions in export strategy, *JWB*, 41: 289–300.

36. A. Chintakananda, A. York, H. O'Neill, & M. W. Peng, 2009, Structuring dyadic relationships between export producers and intermediaries, *EJIM*, 3: 302–327.

37. A. Akremi, K. Mignonac, & R. Perrigot, 2011, Opportunistic behaviors in franchise chains, *SMJ*, 32: 930–948; P. Aulakh, M. Jiang, & Y. Pan, 2010, International technology licensing, *JIBS*, 41: 587–605; J. Barthelemy, 2008, Opportunism, knowledge, and the performance of franchise chains, *SMJ*, 29: 1451–1463.

38. A. Slangen, 2011, A communication-based theory of the choice between greenfield and acquisition entry, *JMS*, 48: 1699–1726.

39. D. Kronborg & S. Thomsen, 2009, Foreign ownership and long-term survival, *SMJ*, 30: 207–219.

40. *Economist*, 2006, BAE Systems: Changing places, October 28: 66–67.

41. E. Banalieva & K. Eddleston, 2011, Home-region focus and performance of family firms, *JIBS*, 42:1060–1072; L. Cardinal, C. C. Miller, & L. Palich, 2011, Breaking the cycle of iteration, *GSJ*, 1:175–186; J. Cuervo & L. Pheng, 2004, Global performance measures for transnational construction corporations, *CME*, 22: 851–860; J. Dunning, J. Fujita, & N. Yakova, 2007, Some macro-data on the regionalization/globalization debate, *JIBS*, 38: 177–199; J. Hennart, 2011, A theoretical assessment of the empirical literature on the impact of multinationality on performance, *GSJ*, 1: 135–151; T. Osegowitsch & A. Sammartino, 2008, Reassessing (home-) regionalization, *JIBS*, 39: 184–196; G. Qian, T. Khoury, M. W. Peng, & Z. Qian, 2010, The performance implications of intra- and inter-regional geographic diversification, *SMJ*, 31: 1018–1030; M. Wiersema & H. Bowen, 2011, The relationship between international diversification and firm performance, *GSJ*, 1: 152–170.

42. S. Collinson & A. Rugman, 2007, The regional character of Asian multinational enterprises, *APJM*, 24:429–446; A. Rugman & A. Verbeke, 2004, A perspective on regional and global strategies of multinational enterprises, *JIBS*, 35: 3–18.

43. A. Rugman & C. Oh, 2012, Why the home region matters, *BJM* (in press).

44. M. W. Peng, 2012, The global strategy of emerging multinationals from China, *GSJ*, 2: 97–107.

45. J. Mathews, 2006, Dragon multinationals: Emerging players in 21st century globalization, *APJM*, 23: 5–27.

46. Y. Luo & R. Tung, 2007, International expansion of emerging market enterprises, *JIBS*, 38: 481–498.

47. M. W. Peng, R. Bhagat, & S. Chang, 2010, Asia and global business, *JIBS*, 41: 373–376.

48. M. Chari, S. Devaraj, & P. David, 2007, International diversification and firm performance, *JWB*, 42: 184–197; F. Contractor, V. Kumar, & S. Kundu, 2007, Nature of the relationship between international expansion and performance, *JWB*, 42: 401–417.

49. S. Chang & J. Rhee, 2011, Rapid FDI expansion and firm performance, *JIBS*, 42: 979–994; W. Hejazi & E.Santor, 2010, Foreign asset risk exposure, DOI, and performance, *JIBS*, 41: 845–860; S. Li & S. Tallman, 2011, MNC strategies, exogenous shocks, and performance outcomes, *SMJ*, 32: 1119–1127; T. Pedersen & J. M. Shaver, 2011, Internationalization revisited, *GSJ*, 1: 263–274; J. Puck, D. Holtbrugge, & A. Mohr, 2009, Beyond entry mode choice, *JIBS*, 40: 388–404; J. M. Shaver, 2011, The benefits of geographic salesdiversification, *SMJ*, 32: 1046–1060; D. Tan, 2009, Foreign market entry strategies and post-entrygrowth, *JIBS*, 40: 1046–1063.

第六章
创业企业

▶▶ 学习目标

通过本章学习，你应该能够
1. 定义创业、创业者和创业企业；
2. 描述创业的综合模型；
3. 识别创业企业成长的五种战略；
4. 区分进入海外市场的国际化战略与留在国内市场的国际化战略；
5. 参与创业相关的三个主要争论；
6. 获得战略启示。

➲ 开篇案例

阿里巴巴的崛起

阿里巴巴由英语教师出身的马云（Jack Ma）于1999年创立，现已成为中国乃至世界最大的电子商务公司，该平台上销售的商品价值现已超过了亚马逊和 eBay 的总和。阿里巴巴始于 B2B 门户网站，致力于连接海外买家和中国的小型制造商。随后，受 eBay 的启发，阿里巴巴推出了淘宝，这是一个连接客户与客户（C2C）的门户网站，目前拥有近10亿种产品，是全球访问量最大的20个网站之一。随后，随着天猫商城的出现，阿里巴巴提供了一个类似于亚马逊的 B2C 门户网站，使得中国的中产阶级可直接购买李维斯（Levi's）和迪士尼（Disney）等全球品牌的产品。

阿里巴巴的崛起令人叹为观止。中国是世界上最大的电子商务市场（甚至比美国还要大），而阿里巴巴控制着中国 4/5 的电子商务。2013 年的"光棍节"（每年的 11 月 11 日，一项鼓励单身人士"善待自己"的年度营销发明），阿里巴巴销售额达 57 亿美元。在准备于纽约上市时，《经济学人》预测阿里巴巴将跻身"世界最有价值公司"之列。2014 年 9 月 19 日，阿里巴巴在纽交所首次公开发行（IPO），募集了 250 亿美元，的确堪称世界之最。在 2016 年"光棍节"，阿里巴巴公司一天的销售额达到 180 亿美元。

从资源的角度来看，阿里巴巴的崛起是一个专注和创新的故事。马云曾说："eBay 可能是海洋中的鲨鱼，但我们是长江中的鳄鱼。如果在海洋中搏斗，我们会输，但是如果在江河里搏斗，我们会赢。"当马云渐渐被人们熟知时，"长江中的鳄鱼"仅仅专注于中国市场，避免同世界其他地区的 eBay 正面竞争，于是 eBay 被迫退出中国市场。在像中国这样一个相对传统的社会里，人们通常不愿在网上买陌生人的东西，也不愿使用信用卡。因此，阿里巴巴开创了支付宝系统。这种新型的在线支付系统依赖于第三方托管（只有当买方确认收到满意的货物时第三方才向卖方发放货款）。这不仅促进了阿里巴巴及其买家和卖家的交易，而且还有助于建立社会层面的信任。作为阿里巴巴的金融部门，阿里金融已经成为一个面向小企业的著名小额贷款机构，因为这些小企业通常不受中国国有银行重视。阿里金融现在也计划向个人贷款。或许阿里巴巴最大的财富是它拥有的大数据，包括中国数百万中产阶级和成千上万通过阿里巴巴开展业务的企业信誉数据，这显然是一个大数据金矿。

在马云的带领下，阿里巴巴已成为电子商务领域的全球知名领导者。2016 年，20 国集团（G20）领导人在阿里巴巴总部所在地杭州会面。会议期间，马云提出了一项全球联网的电子商务计划。随后，他很快被任命为联合国贸易和发展会议（UNCTAD，简称"贸发会议"）青年创业和小企业特别顾问。

尽管阿里巴巴很强大，但它并非没有遇到挑战。它的商业模式是在基于个人电脑的电子商务上发展起来的。随着中国逐渐成为世界上最大的智能手机市场，它正在以比其他主要经济体更快的速度向移动商务发展。根据阿里巴巴的招股说明书所言，"我们在成功实现移动用户流量货币化方面面临许多挑战"，换句话说，阿里巴巴只是众多竞争者之一。直到最近，就像历史上曾经的三国时期将中国一分为三，阿里巴巴和中国另外两个互联网巨头将其业务定位为"三足鼎立"。其中阿里巴巴主宰电子商务，百度是搜索引擎之王，腾讯则在网络游戏方面大获全胜。

"三国"之间的休战似乎随着移动商务的到来而结束，因为这三方都急于在这个新的市场前沿建立主导地位。百度以在中国与谷歌竞争而闻名，现已在纳斯达克上市，是微软在中国的合作伙伴。除了网络游戏，腾讯还以其微信社交应用程序而闻名，这一应用程序广受欢迎。在这场竞争中，难保阿里巴巴就一定能大获全胜。

尽管渴望为中国的移动商务而战，但"长江中的鳄鱼"也一直在关注着更广阔的"海洋"。目前，阿里巴巴大约 12% 的销售额来自海外。其最具吸引力的海外市场可能是低信任度、缺乏全面银行服务体系的亚洲、非洲和拉丁美洲的新兴经济体。但是像 eBay 和亚马逊这样的"鲨鱼"，对阿里巴巴进军海外是不会袖手旁观的。2016 年，阿里巴巴斥资 10 亿美元收购了总部位于新加坡、享有"东南亚亚马逊"之称的 Lazada

集团，这标志着阿里巴巴向国际化迈出了重要一步。展望未来，阿里巴巴能否成为世界上最有价值的公司之一，将取决于它如何在移动时代捍卫其在国内的电子商务主导地位，以及如何在海外拓展业务。

资料来源：(1) "Alibaba plays defense against Tencent", *Bloomberg Businessweek*, 26 August 2013: 38–40; (2) 2013, "Tencent's worth", *Economist*, 21 September 2013: 66–68; (3) "The Alibaba phenomenon", *Economist*, 23 March 2013: 15; (4) "The world's greatest bazaar", *Economist*, 23 March 2013: 27–30; (5) "From bazaar to bonanza", *Economist*, 10 May 2014: 63–65; (6) "After the float", *Economist*, 6 September 2014: 66–67; (7) "Just spend", *Economist*, 19 November 2016: 65; (8) "Jack Ma", *Fortune*, 1 December 2016: 85; (9) "Alibaba expected to be approved for IPO", *South China Morningt Post*, 12 July 2014: B4; (10) "Jack Ma named special advisor on youth entrepreneurship at United Nations trade body", *South China Morning Post*, 21 September 2016: www.scmp.com。

像阿里巴巴一样的创业企业如何成长？它们面临怎样的挑战与约束？与某些只关注大型企业战略的教科书不同，本章将回答这些重要的问题。由于每一个大企业都始于小企业，今天的许多（不是全部）**中小企业（small and medium-sized enterprises，简称 SMEs）**可能成为明天的跨国公司，从这个意义而言，当前和未来的战略家如果仅仅关注大企业将无法获得战略的全貌。中小企业在美国是指员工数少于 500 人的企业，在欧盟是指少于 250 人的企业，在中国所属行业不同，对中小企业的判定标准也不相同（阿里巴巴不再是一家中小企业）。大部分毕业生将到中小企业就业，本书的一些读者也将会创建自己的中小企业，因此，这些原因进一步迫使我们关注大量的中小企业，而不是少量的大型企业。

本章首先定义创业。接下来，基于三种主流战略观建立创业综合模型。然后，介绍六个主要的企业战略。最后是争论和引申。

创业与创业企业

尽管创业（或企业家精神）通常与小的、年轻的企业相关，但并不说明大规模的老企业不能有"企业家精神"。所以，到底什么是创业？最近的研究表明，企业规模与年龄不能定义创业的特征。相反，**创业（entrepreneurship）**是指"识别和利用先前未被开发的机会"。[1] 具体来说，创业关注"机会的来源，机会的发现、评估与利用过程，发现、评估与利用这些机会的人群"。[2] 因此，这些人就是**创业者（entrepreneurs）**。"创业者"这个源自法语的词是指联系其他人的中间人。今天，这个词主要指新企业的创立者和所有者或是现有企业的管理者。因此，**国际创业（international entrepreneurship）**是指"创新的、积极主动的和追求风险的跨国界行为，其意图是通过组织创造财富"。[3]

尽管创业并不专指中小企业，但是许多人习惯上将两者联系在一起，这是因为中小企业一般来说比大企业更具有企业家精神。为了使这种混淆最小化，本章后续内容将沿用这种习惯，尽管这并不完全精确。换句话说，虽然我们认为大型企业的一些管理者具有企业家（或创业）特征，我们仅将"创业者"这一术语用于中小企业的所有者、创立者和管理者。而且，当涉及中小企业时，我们使用"创业企业"这一术语。

中小企业是重要的。从世界范围看，它们约占企业总数的95%，创造了约50%的经济总增加值和60%～90%的就业机会（因国家而异）。[4]

很显然，创业有利有弊。[5] 许多创业者会跃跃欲试，许多中小企业将会失败。[6] 仅有少部分创业者和中小企业会成功。

战略三脚架包含三个主流的战略观点，即产业基础观、资源基础观和制度基础观，它们很大程度上阐明了创业现象。图 6.1 描述了创业的综合模型。

创业综合模型

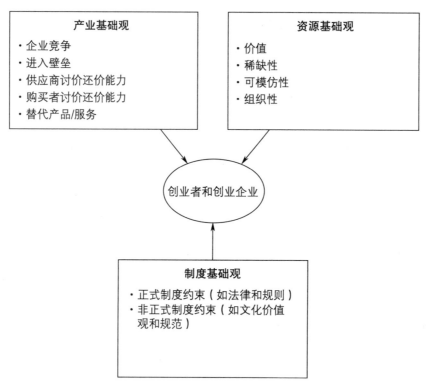

图 6.1　创业的综合模型

产业基础观

本书第二章的波特五力模型介绍了产业基础观，它强调（1）企业竞争，（2）进入壁垒，（3）供应商讨价还价能力，（4）购买者讨价还价能力，以及（5）替代品威胁。首先，**企业竞争**强度直接影响一个新创企业成功的可能性。[7] 在位企业（incumbents）的数量越少，它们形成某种合谋阻止新进入者获得市场份额的可能性就越大。在最糟糕的情况下，仅有一家垄断性企业（例如微软）主导市场，将导致可能扼杀中小企业带来的创新——这就是微软被美国和欧盟反垄断机构起诉的关键原因。

进入壁垒影响创业。新企业进入低进入壁垒的产业（如餐饮业）并不令人惊讶。相反，资本密集型产业会阻碍创业。例如，目前没有一个正常的创业者会用他们的钱去与波音或空客一决高下。

当**供应商讨价还价能力**变得很强大时，创业的解决方案会降低这种讨价还价能力。例如，微软对世界上大多数个人电脑制造商来说是垄断供应商，这些制造商因被强迫购买微软产品而感到不安。结果，LINUX 作为一个新的替代品变得更受欢迎。

类似地，具有降低**购买者讨价还价能力**的创业者可能也会发现自己的商机。例如，少数全国连锁书店（实体店）曾经是许多出版商售卖图书的唯一主要出路。互联网创业书店，如美国亚马逊和中国的当当网，为出版商提供了更多出路，因而降低了传统书店作为买家的讨价还价能力。

替代产品/服务可能为创业者提供更多的机会。如果创业者能引进重新定义商业游戏的替代品，他们就能有效瓦解在位企业的一些竞争优势。例如，创业企业开创的电子邮件和在线支付已逐渐替代大部分的传真、快递和纸质支票的印刷与处理，而这些使在位企业无力反击。

显然，创业者需要仔细了解想要进入产业的本质。但是，即使进入某个产业是有利的，也不能保证创业者会成功。企业特有（通常是创业者特有）的资源和能力也是重要的。

资源基础观

本书第三章首次介绍了资源基础观，其很大程度上阐明了创业，并关注创业的价值、稀缺性、可模仿性与组织性（VRIO）因素（见图6.1）。第一，创业资源必须创造**价值**。[8] 例如，对于中程城际客运来说，自驾太累，乘飞机去又太近，且飞行成本和增加的麻烦也很多。Megabus为中程旅行者提供廉价车票、便利日程、Wifi，以及每个座位都有的电源端口等卓越服务（见第五章开篇案例）。在中程旅行线路中，Megabus正快速改变美国人——尤其是年轻人——的旅行方式，它甚至可能会扼杀新高铁计划，因为高速铁路不能像Megabus那样提供那么多的价值。

第二，资源必须是**稀缺的**。正如俗话所说，"如果每人都拥有它，你就无法用它赚钱"。最出色的创业者常常拥有关于商业机会的稀缺知识和深邃洞察力。例如，在20世纪80年代，宗庆后，一个微不足道的小业主，蹬三轮车兜售学校用品和冰激凌。他注意到，作为"计划生育"政策的产物，中国儿童被他们的父母和祖父母宠坏了，喜欢垃圾食品胜过营养食品。因此，这些"小皇帝"可以从提供所需维他命和矿物质的营养补品中获益。但在那个时候，中国市场上所有营养补品的目标对象都是成年人，宣称可以延长寿命。有了这个深刻的洞察，宗庆后创办了娃哈哈集团并开创了儿童营养补品这一产品种类。[9] 娃哈哈集团已成长为中国最大的饮料企业之一，宗庆后也成为中国最富有的人之一。

第三，资源必须是**难以模仿的**。例如，在电子商务行业，作为在线版主所做的"互联网最肮脏工作"（dirtiest job on the Internet）的能力是非常难以模仿的。这就是为什么像eModeration和ICUC Moderation这样的企业每月能收取高达50 000美元的费用来为现有企业清理评论和推文的原因（见战略行动6.1）。

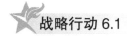

战略行动6.1

从肮脏的线上工作中获利

在人们的相互合作中，互联网展现了许多最高尚的人文精神——维基百科就是个例子。但是，互联网也释放了一些最肮脏的、最令人作呕、最有害的表达方式，它们被坏人选作武器，危害极大。在在线社区、论坛和社会媒体中，匿名和辩论的致命结合经常会导致讨论失控，诅咒和谩骂逐渐成为主导。虽然这类不文明言论不超过在线评论的10%，但是通常能获得更多关注，这使现有企业、非营利机构和政府部门感到头痛、难堪，甚至可能成为灾难。这些不文明言论也为新生代的、被称为"版主"（或者"mods"）的创业者提供了极好的机会。

版主删除这些不文明的评论，批评发表这些评论的人（诸如"我们不相互称呼'混蛋（asshole）'"），如果再发表亵渎的言论就禁用他们的账户。这些版主可以在家工作（或者在假期工作），他们每年可以获得4万~8万美元的收入。但是他们必须做好准备去应对那些极端种族歧视和偏见、恋童癖的图片，以及其他难以预测的表达方式。这份工作大概是互联网上最肮脏的工作。"有时你感到需要洗2个小时的淋浴，因为它们实在是太恶心了。"来自加拿大温尼伯的ICUC Moderation公司的创始人基思·比罗斯（Keith Bilous）说。

ICUC Moderation已成为年收入1000万美元的全球领先企业，雇用了超过200名版主。它的客户包括Calvin Klein、雪佛龙、英特尔、莫尔森（Molson）、全国公共广播电台（National Public Radio）、加拿大丰业银行（Scotiabank）、星巴克、维珍集团（Virgin Group）及加拿大政府等。来自伦敦的eModeration是另一家领先企业，它有160个版主和700万美元的收入。它的客户包括英国广播公司、《经济学家》杂志、娱乐体育节目电视网、汇丰银行、乐高、MTV、Oprah及索尼爱立信等。2010年，雀巢的公共关系部门尝试处理脸书页面上来自绿色和平组织的批评，但由于没用专业版主最后演变成了一场公关灾难。若用了版主，他们的经验、判断力及专业能力应能在该事件被引爆前就能将其按压下来。

许多企业（如《纽约时报》）会将自己的网站变得更温和。但趋势是逐步将这些工作外包给像ICUC Moderation和eModeration这样的专业在线内容和社区管理服务提供商，它们通常索取每小时30到40美元的费用。然而，随着印度和菲律宾服务提供商为客户报价仅为每小时5美元，竞争已经快速全球化。

资料来源：（1）*Bloomberg Businessweek*, 2011, The dirtiest job on the Internet, December 5:95—97；（2）www.emoderation.com；（3）www.icucmoderation.com。

第四，创业资源必须是嵌入在**组织**中的。[10] 例如，只要有战争，就会有雇佣兵。但是最近以来，私人军事企业（private military companies, PMCs）成为一个全球行业，这多亏了创业企业出色的组织能力，如Blackwater（现称为Xe）（见战略行动6.2）。

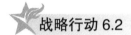

战略行动 6.2

私人军事企业

私人军事企业塑造了一个1000亿美元的全球产业。虽然经常被刻板地认为是"雇佣兵"，现代私人军事企业本质还是专业化公司，在绝大多数个人、企业和政府及国家军队都宁愿避开的环境中提供有价值的、独特的、难以模仿的组织能力。创业者们最擅长浑水摸鱼。私人军事企业在伊拉克和阿富汗大发战争财。当美军和盟军撤退后，私人军事企业随即进入。在阿富汗，2009年私人军事企业是最大的军事力量（13万人），超过阿富汗军队（10万人）和美军（6.4万人）。在伊拉克，2009年私人军事企业（11.3万人）是仅次于美军（13万人）的第二大军事力量。自2011年美军正式撤出伊拉克之后的很长一段时间内，私人军事企业将一直活跃于这个国家。美国国务院就在伊拉克聘用了近5000人的私人军事企业员工。虽然不是每个雇佣兵都会直接涉入战争中，但这份工作依然相当危险。截至2009年，私人军事企业报告在伊拉克和阿富汗有1800人死亡和4万人受伤。

私人军事企业面临的一个道德挑战是它们在完成任务的同时如何部署自身的武装能力。2007年，愤怒的美国国会针对Blackwater公司进行了听证会，因为伊拉克政府声称这家企业在巴格达杀害了17名无辜平民。Blackwater的坚定拥护者往往是那些受私人士兵保护的美国官员。美国官员首选私人军事企业是因为他们认为私人军事企业的员工比（国家）军事警卫受过更好的训练。Blackwater 的创立者埃里克·普林斯（Erik Prince）告诉国会委员会"没有一个受 Blackwater 保护的人死亡或重伤"，而它的 30 名私人士兵在工作中死亡。听证会之后，Blackwater 被禁止在伊拉克运营。2009 年，Blackwater 更名为 Xe Services LLC。

私人军事企业持续不断地寻找新的创业机会，许多企业最近将业务扩展到海事安全服务，这要"归功"于索马里海盗袭击非洲海岸的船只。还有哪个国家会吸引私人军事企业的注意力？我想你应该能想到是利比亚。

资料来源：（1）*Bloomberg Businessweek*, 2011, As war winds down in Libya, enter the consultants, September 26: 17–18;（2）*Bloomberg Businessweek*, 2011, For sale, cheap, December 19: 32–35;（3）*Economist*, 2007, Blackwater in hot water, October 13:51;（4）T. Hammes, 2010, Private contractors in conflict zones, *Strategic Forum of National Defense University*, 260:1–15;（5）M. W. Peng, 2014, Private military companies, in M. W. Peng, *Global Business*, 3rd ed., Cincinnati: South-Western Cengage Learning;（6）M. Schwartz, 2009, *Department of Defense Contactors in Iraq and Afghanistan*, Washington, DC: Congressional Research Service。

制度基础观

第四章首次提出正式制度和非正式制度约束。作为游戏规则，它们影响创业（见图 6.1）。一般而言，尽管创业在全球范围内兴起，但其发展并不均衡。创业是被促进还是被阻碍依赖于正式制度对创业者创办新企业的影响程度。[11] 世界银行 *Doing Business* 的调研指出，根据注册、许可、成立等方面创办新企业的难易程度而言，政府制度存在很大的差异（见图 6.2）。一个相对明确（甚至是"简单"）的为新建商业楼宇接入电力的任务可作为例子来说明这种巨大差异。一般来讲，发达国家政府规定较少的手续（OECD 高收入国家平均执行 4.6 个手续）、较低的总成本（日本免费，在德国约为人均 GDP 的 5.1%）。另一方面，贫穷国家的创业者不得不面对更严苛的障碍。在布隆迪，按照政府规定，创业者获取电力的总成本是人均 GDP 的 430 倍。塞拉利昂的创业者要花费 441 天才能通上电。总体来说，正式制度越是有利于创业者，创业就越繁荣，经济就越发达；反之亦然。因此，越来越多的国家正在改革其正式制度，以更有利于创业者。

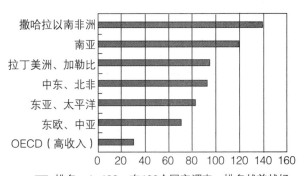

资料来源：数据来自 World Bank, 2010, *Doing Business 2010*（database at www.doingbusiness.org）。

图 6.2 开展商业活动难易程度平均排名

除正式制度之外，非正式制度如文化价值观和规范也会影响创业。[12] 例如，由于创业需要承担较高的风险，个人主义和不确定性规避程度低的社会易于培育相对更多的创业者，而集体主义和不确定性规避程度高的社会可能产生相对较少的创业者。在发达国家中，日本的初创企业比率最低，是美国的三分之一和欧洲的一半。[13] 在另一个例子中，俄罗斯人大量使用线上社交网络，平均每月 9.8 小时，高于世界平均水平两倍。在漫长而又寒冷的俄罗斯冬季，花费如此长的时间上网是情有可原的，不过另一个更重要的原因是，俄罗斯人日常生活中更依赖非正式信息网络这一悠久传统。这些非正式的规范有助于培育社会网络创业者（如俄罗斯的Vkontakte），并吸引外国进入者（如脸书）。[14] 总体而言，制度基础观认为，正式制度和非正式制度都很重要。接下来将讨论它们如何重要。

五种创业战略

本节讨论五种创业战略：（1）成长；（2）创新；（3）网络；（4）融资/治理；（5）收获/退出。第六种战略是国际化，将在下一节讨论。

成长

对许多创业者而言，最开始时正是新企业成长带来的兴奋吸引他们创业。[15] 回顾资源基础观，企业可被看作资源和能力的集合。因此，创业企业的成长可视为充分使用当前尚未被充分利用的资源和能力的一种努力。一家创业企业可利用它的愿景、动力和领导能力来成长，即使与大型企业相比，它可能缺乏金融资本等资源。

创新

创新是创业的核心。[16] 例如，以色列中小企业因其强大的创新能力而知名。众所周知的例子包括防火墙（Checkpoint）、ICQ即时通信软件（Mirabilis）、奔腾芯片（由英特尔的以色列子公司开发）。[17]

创新战略是差异化战略的一种具体形式（见第二章）。它有三个优点：首先，它为竞争优势提供潜在的可持续发展基础。首次推出新产品或服务的企业在竞争对手出现之前可能获得"垄断利润"。如果创业企业弄出了"破坏性技术"，它就可能重新定义竞争规则，消除在位企业的优势。[18]

其次，创新应被更广泛地理解。创新不仅仅包括技术突破，产品新意一般但经营模式新颖也是一种创新。大多数创业企业都会复制现有组织流程，但是有的创业者会**重组**它们来创造一些新奇的产品/服务，如联邦快递重组当时分开的空中和地面资产从而开创了新市场。

创业企业时刻准备创新。创业企业的所有者、管理者和员工比那些大企业中的人更具有创新和冒险精神。实际上，许多中小企业是由原大型企业的员工创建的，他们在原来的大企业中因无法将创新理念转化为现实而备受挫折。IBM德国子公司的一群程序员提出，标准编程方案可卖给顾客获利。在想法被拒绝后，他们就辞职并创建了SAP，现已发展成为欣欣向荣的企业资源计划（ERP）市场的引领者。由于产权往往归企业所有，大企业中的创新者也很难从创新中获得个人收益。相反，创业企业的创新者更能从创新中获得财务收益，因此他们具有创新动力。

网络

网络战略指有意识地构建和介入个人和组织拥有的关系、链接和联系中。[19] 一般存在两种网络：个人的和组织的，二者都很重要。创业企业在创建前和创建期间，这两种网络显著交织在一起。换句话说，创业者的个人网络与企业的组织网络基本上是一样的。[20] 创业的本质就是将个人网络转变成增加价值的组织网络。三个属性——紧迫性、强度和影响——可以区分创业网络。

首先，创业企业在开发和利用网络方面具有高度**紧迫性**。它们面临**新颖性劣势（liability of newness）**，即新创企业作为新进入者所存在的固有劣势。因没有业绩（许多创业企业仅有创意），在供应商、客户、投资人及其他利益相关者眼中，新创企业难以信任，也缺乏合法性。因此，创业企业迫切需要利用创业者的社会网络来战胜新颖性劣势。说服更有合法性和得到认可的个人（如联合创始人、管理团队成员、投资者或董事）和组织（如联盟伙伴、赞助人或客户）施以援手，以促进新创企业的合法性。换句话说，合法性这种无形却十分重要的资源是可以转移的。[21]

其次一个区分创业网络的特征是网络**强度**。网络关系可分为强联系和弱联系。**强联系（strong ties）**更加持久、可靠和值得信任，而**弱联系（weak ties）**则较短暂、不可靠和不值得信任。培养、发展和维持强联系的努力通常强于弱联系。创业者常常依赖强联系——典型的是5—20人——获得建议、帮助和支持。随着时间的推移，对强联系的偏好可能会改变，弱联系的好处可能会显现（见下一节）。

最后，由于小企业的规模，创业者个人网络的贡献对企业绩效有显著的**影响**。[22] 相比较而言，因为规模原因，大企业中管理者的个人关系网络对绩效的影响较小。而且，作为私营业主，创业者可以在企业运作良好时直接获益，因而，这也促使他们让这些网络发挥作用。

总体来说，有很强的证据表明，个人和组织网络都代表了重要的资源和机会，而且成功的网络活动可带来成功的创业绩效。最有利的网络位置是能够连接大量相互之间没有联系的参与者——换句话说，处于更中心的网络位置是有益的。因此，拥有有用联系的创业者可以真正成为"通过联系和利用其他人之间关系而获益的人"。[23] 还记得吗？这正是创业者这个词的原意。

融资和治理

所有的创业企业都需要融资。[24] 曾有一个小测验（也是一个小笑话）：在创业者融资来源的"4F"中，前三个F分别是创立者（founder）、家人（family）和朋友（friends），第四个来源是什么？答案是……傻瓜（fool）！虽然这只是个笑话，但是它在创业领域引起了共鸣：考虑到初创企业众所周知的失败风险（**大多数**企业都将失败），为什么除了傻瓜外每个人仍乐意投资初创企业？实际上，大多数外部战略投资者，如天使投资人（富有的个人投资者）、**风险投资者**、银行、外国企业、政府机构都不是傻瓜。他们通常会审查商业计划书，要求一个强有力的管理团队，审核财务评估和分析。他们也需要某些担保（如抵押物）来表明创业者不会"拿钱跑路"。创业者需要与这些外部投资者建立关系，其中一些是弱联系。将弱联系转变成有意愿的投资者是非常具有挑战性的。[25]

虽然处理强联系可能是非正式的（握个手或签个简单的合同就可达成），但是和弱联系者间的工作需要更加正式的方式。由于缺乏互动的历史，弱联系投资者（如天使投资和风险投资）通常需要一个更加正式的治理结构来保护他们的投资，如显著比例的股权（如20%~40%）、一定比例的董事数量、一套正式的规则与政策。[26] 在极端情况下，当业务不好时，风险投资者可能会行使他们正式的投票权利，解雇创始CEO。创业者因此不得不在更大规模的融资需求与必须放弃自己在"梦想"企业中显著比例的所有权和控制权间进行权衡。

由于初创企业存在众所周知的风险，创业者所做的任何提高成功机会的事情都有助益。在决定性的早期阶段，存活率与企业规模息息相关，企业规模越大越好（见表6.1）。因此，初创企业达到一定规模越快，在创立初期面对新颖性劣势时存活的机会就越大。由于需要大量资本以达到一定规模，创业者通常需要在接受更多外部投资和放弃某些所有权和控制权间做出选择。[27]

表 6.1　不同企业规模在第 1 年和第 4 年的存活率

企业规模（员工数）	1 年后的存活率	企业规模（员工数）	4 年后的存活率
0~9	78%	0~19	50%
10~19	86%	20~49	67%
20~99	95%	50~99	67%
100~249	95%	100~499	70%
250+	100%		

资料来源：改编自 J. Timmons, 1999, *New Venture Creation*（p.33），Boston: Irwin McGraw-Hill, 基于美国数据。

在国际上，创业者从家人和朋友获取资源和通过正式的外部投资者（如风险投资）获取资源的程度是不同的。全球创业观察组织（Global Entrepreneurship Monitor, GEM）指出，瑞典、南非、比利时和美国在风险投资占 GDP 的比例上最高。[28] 相比较而言，希腊和中国的风险投资程度最低。另一方面，中国是世界上从家人和朋友处获得非正式投资额占 GDP 比例最高的国家。与之对比，巴西和匈牙利非正式投资水平最低。尽管这种世界范围的数据存在许多误差，但中国的例子（第二低的风险投资和最高的非正式投资）很容易解释：由于缺乏正式的市场支持制度，如风险投资和信用报告机构，这就需要更多的非正式投资，尤其是在创业急速发展的时期。[29]

小额信贷（microfinance）作为一个高度创新的解决方案，其出现是对许多国家创业融资缺乏的回应。小额信贷通过出借小额资金（50~300 美元）来开办小企业，目的是帮助创业者脱贫。它起源于 20 世纪 70 年代孟加拉国和印度等一些国家，现已成为全球活动，对此争议不断（见结篇案例）。

收获和退出

表 6.2 显示，创业的收获和退出可采取多种方式。第一，出售股权给外部战略投资者（见前文讨论）可充分增加企业价值，并因此有很好的收获。但是，创业者必须乐意放弃一些所有权和控制权。

第二，假如企业绩效下滑，可能就需要令人痛心的折扣才能将企业出售给其他私营业主或企业，而如果企业处于繁荣期则可能得到丰厚的溢价。[30] 出售企业是创业者面对的一个最重要的、最情绪化的事件之一。需要指出的是，"出售"并不一定意味着失败。许多创业者创办企业的意图就是期待被大企业收购并获得丰厚利润。

第三，当企业运营不佳时，与其他企业合并是另一个选择。缺点是企业可能失去其独立性，而且一些创业者不得不退出，以便让位给来自对方企业的管理者。显而易见，一家惨淡经营的企业不会处在讨价还价的有利地位。但是，如果恰当地规划和谈判，企业合并将允许创业者获得辛勤工作的回报。

表 6.2　企业收获和退出的方式

- 出售股权
- 出售企业
- 与其他企业合并
- 上市（IPO）
- 宣告破产

第四，创业者将他们的企业**上市**（initial public offering，简称 IPO）。这是许多创业者的目标。上市既有优点也有缺点（见表 6.3）。在优点中，首要的也是最重要的是财务稳定性，因为企业不再需要时常"讨"钱了。对创业者而言，上市可能会发一笔横财。对企业而言，股权可作为奖励手段来激励、吸引并留住有能力的员工。上市也是表示企业已经"成功"的信号。这一强化的声誉能帮助企业融到更多的资本促进未来成长（如收购）。

另一方面，上市也存在很多不可忽视的劣

势。企业会受制于金融市场理性和非理性激动（或悲观）的支配。在上市之后，企业创始人会逐渐丧失主要的控制权。从法律上讲，企业不再属于"他们"。相反，企业创始人有新的责任来照顾外部股东的利益。结果是，创业者的行动自由受到限制。他们受到证券监管机构、股东和媒体的审查，这经常迫使企业计较短期利益。此外，个人隐私，如关于个人财产、持股情况和报酬等信息，都需要向公众披露。在最糟糕的情况下，创业者可被新的管理者罢黜——苹果创始人乔布斯在1985年就遭受了这种耻辱。由于这些担心，一些创业者，如瑞典家具连锁企业宜家的创始人英格瓦·坎普拉德（Ingvar Kamprad）、日本拉链制造巨头YKK的创立者吉田忠雄，都拒绝企业上市。[31]

表6.3 上市（IPO）的优劣势

优势	劣势
改善财务状况	受制于金融市场影响
有机会使用更多资本	被迫关注短期利益
股东多样化	失去创业者控制
提高套现能力	新的股东受托责任
管理和员工激励	隐私丧失
增强企业声誉	丧失管理活动的自由
为未来并购提供更大的机会	需要定期报告

第五，尽管企业通过上市是最成功的收获方式，但许多失败的创业企业就没那么幸运。对这些企业来说，唯一可行的退出方法常是宣告企业破产（详见讨论与引申部分）。

总而言之，有许多收获和退出方式可供创业者选择。例如，应该鼓励创业者在企业早期就考虑退出方案，目的是从他们的劳动果实中获取最大利益。否则，他们最终可能不得不宣告破产，甚至面临始料未及的结果。

创业企业的国际化

有这样一种迷思：只有大型跨国企业才能在全球开展业务，中小企业只能在国内运营。随着越来越多的中小企业走向国际市场，这种基于历史刻板印象的迷思正受到挑战。[32]而且，许多新创企业在成立之初就试图在海外开展业务。这些企业被称为**天生国际化企业（born global firms，或 international new ventures）**。[33]本节讨论创业企业如何国际化。

交易成本和创业机会

和国内交易成本（做生意的成本）相比，国际化的交易成本更高。一些成本高是因为不同国家间正式制度和非正式规范之间存在很多差异（见第四章）。但是，其他成本可能是由于很多难以察觉和补救的机会主义行为。例如，当得克萨斯州一家年收入500万美元的小型制造商，收到一份主动送上门的100万美元订单，尽管这份订单来自阿拉斯加一位陌生的买主，该企业很可能将履行这份订单，并允许阿拉斯加买主在收到产品后的30至60天内付款——这是美国国内市场上的一宗典型交易。但是，如果订单是来自阿塞拜疆的陌生买主（本例子中是进口商）呢？如果这个得克萨斯企业发送了产品，但付款未能及时收到（在30天、60天甚至更多的时间之后），这就很难评判是阿塞拜疆的企业没有准时付款的制度规范，还是特定进口商故意钻空子。如果确实是后者，在阿塞拜疆起诉那个进口商可能因为语言问题而成本高昂，这对一家小型美国出口商来说不应是一个考虑的选项。

也许阿塞拜疆进口商是一家诚实的且有实力的企业，有意愿和能力付款。但因为在交易前，得克萨斯这家企业没能弄清楚阿塞拜疆方面将会是货到付款，所以就简单地回复了"不，谢谢"。从概念上讲，这是一个交易成本如此之高以至许多企业可能不会选择追求国际机会的案例。因此，这就存在创业机会，以降低交易成本，并把相距甚远的人、企业和国家联系起来。表6.4描述了当创业企业通过进入国外市场实现国际化时，它们也可以增加国际业务而不必真地走出国门。接下来，我们讨论中小企业如何使用这些战略。

表6.4 创业企业的国际化战略	
进入国外市场	留在国内市场
■ 直接出口 ■ 许可经营/特许经营 ■ 对外直接投资（绿地投资建立全资企业、战略联盟、国外并购）	■ 间接出口（通过国内出口代理商） ■ 外国企业的供应商 ■ 外国品牌的被许可经营者/特许加盟者 ■ 外国直接投资者的联盟伙伴 ■ 收获和退出（通过出售给外国企业）

进入国外市场的国际化战略

中小企业可通过三种方式进入国外市场：（1）直接出口；（2）许可经营/特许经营；（3）对外直接投资（FDI）（详见第五章）。首先，**直接出口（direct export）**是指创业企业将母国生产的产品销售给其他国家的客户。这种战略具有吸引力是因为创业企业可直接将产品销售给外国客户。当国内市场低迷时，海外销售可以弥补损失。但是，这种战略主要的缺点是，中小企业可能没有足够的资源将海外机会转变为利润。

进入国际市场的第二种方式是许可经营和/或特许经营。**许可经营（licensing）**经常用于制造行业，是指企业B向企业A支付使用费后，A准予B使用A的专有技术（如专利）或商标（如企业标志）的协议。假设一个美国出口商不能满足土耳其市场的需求，那么，美国出口商可能考

虑授权一家土耳其企业使用它的技术和商标并收取费用。**特许经营（franchising）**本质上与许可经营相同，但主要用于*服务业*，如快餐业。中小企业作为许可商和特许商的一个优势是，可以在较小的风险下进行国外扩张。有意愿成为被许可者和特许加盟者的外国企业不得不先投入自己的资本。例如，麦当劳的特许权需要花费加盟者约100万美元。但是许可商和特许商也承担一定的风险，因为他们可能丧失对技术和品牌使用的控制。假如一家芬兰的麦当劳加盟者生产了损害品牌的不合格产品，并且拒绝提高质量，那么，麦当劳将面临两个艰难选择：（1）在陌生的芬兰法庭控告这个加盟者；（2）终止合作关系。每一种选择都很麻烦且费用昂贵。

第三种进入方式是对外直接投资，包括建立全资子公司（见第五章）、与外国企业建立战略联盟（见第七章）、收购外国企业（见第九章）。通过不断在海外扎根，企业会更加致力于服务国外市场。这是在实体和心理方面都更加接近外国消费者的方式。和许可经营、特许经营相比，对外直接投资使企业更有能力控制其专有技术的使用。但是，对外直接投资有一个主要的缺点：成本高且复杂。它同时需要大量的资金和管理投入。

尽管许多创业企业积极地进行国际化，但大多数中小企业没有能力这样做恐怕也是事实。因为在国内市场它们已经有太多头痛的事情了。不过，正如接下来要讨论的，一些中小企业留在国内仍能进行国际化。

留在国内市场的国际化战略

表6.4描述了中小创业企业在不离开母国情况下的国际化战略。五种主要战略是：（1）间接出口；（2）成为外国企业的供应商；（3）成为外国品牌的被许可经营者或特许加盟者；（4）成为外国直接投资者的联盟伙伴；（5）通过出售企业

而收获或退出。

第一，尽管直接出口有利可图，但许多中小企业没有资源从事这种业务。然而，它们能通过**间接出口**（indirect exports）获得海外顾客，也就是通过国内出口中介来实现。**出口中介**（export intermediaries）在联系国内卖家和国外买家中扮演重要的中间人角色，否则二者之间无法联系起来。[34] 同样也是创业者，出口中介便利了许多中小企业的国际化。[35]

第二，成为在本国市场经营的外国企业的供应商。例如，当赛百味（Subway）在北爱尔兰开设餐馆时，与一家北爱尔兰企业签订了提供半成品冷冻烤面包合同。这个合作非常成功，以至这家企业目前已成为赛百味在欧洲所有加盟店的供应商。因此，中小供应商可以通过依靠大型外国企业实现国际化。

第三，创业企业可考虑成为外国品牌的被许可经营者或特许加盟者。外国许可商和特许商会提供培训和技术转让——当然不是免费的。因此，中小企业能学到大量世界级的管理经验。而且，如果学到足够多的经验，中小企业可能会终止这种关系以便获取更大的创业收益。泰国的Minor集团曾是必胜客20年的特许经营者，后来脱离了加盟关系。随后，它创立的新企业——The Pizza，成为泰国市场的领导者。[36]

第四，成为外国直接投资者的联盟伙伴。[37] 面对众多跨国公司的冲击，许多创业企业难以维持其市场地位。此时，遵循古训"如果不能击败它们，就加入它们"！很重要。虽然与巨人共舞非常棘手，但好过被它们击垮。

第五，收获与退出战略，创业者可能向外国企业出售部分股权或整个企业。[38] 来自西雅图的一对美国夫妇在英国创办了一家类似星巴克的咖啡连锁店——西雅图咖啡店。当星巴克进入英国后，这对夫妇以8400万美元的高价将60家连锁店卖给了星巴克。考虑到创业企业的高失败率，被外国企业收购有助于长期维持现有业务。

争论和引申

创业热潮在全球范围内掀起巨大的争论。本节介绍三种主要争论：（1）特征与制度；（2）渐进国际化与天生国际化；（3）反失败偏见与对创业者友好型破产法。

特征与制度

这可能是关于创业最久的争论。它关注这样一个问题：当大多人满足于为老板打工时，是什么促使创业者创立新企业？特征论者认为，个人特征使然。与非创业者相比，创业者似乎更可能拥有强烈的成就渴望，更愿意承担风险并容忍不确定性。总之，创业不可避免地背离了为他人工作的规范，这种背离可能存在于创业者的"血液"中。[39] 例如，**连续创业者**（serial entrepreneurs）是在职业生涯中创办、发展并出售多个企业的人。戴维·尼尔曼（David Neeleman）是一个连续创业者的例子。他在三个国家创办了四家航空公司（美国的Morris和JetBlue，加拿大的WestJet，巴西的Azul）。[40]

但是，批评者认为，某些特征，如强烈的成就导向，不是创业者特有的，许多成功人士的身上也具备这种特征。创业者的多样性很难有一个标准的心理或个性特征。批评者认为，制度才是重要的，即设定了正式和非正式游戏规则的环境。看看华裔，他们在东南亚的创业程度很高。作为少数族裔（像在印度尼西亚和泰国，通常少于总人口的10%），华裔控制着当地70%~80%的财富。但20世纪50年代至70年代的30年间，中国几乎没有创业企业，这要归因于当时的政策。但是，在过去40年中，随着政府政策对创业越来越支持，制度变迁打开了中国创业的闸门。[41]

一个备受瞩目的个案可说明制度是如何制约或促进创业的。2005年，中国互联网创业企业百度在纳斯达克上市，一天内股票上涨354%（从27美元涨到154美元），是自2000年来美国资本市场单日最大股票涨幅。尽管其中可能有美国投资者追逐"中国谷歌"的"非理性行为"，但也表明他们没有歧视百度。比较悲摧的是，百度在自己国内上市的申请未得到证券监管机构的批准。可以说，百度当时是被迫到美国上市的，而美国支持创业的制度环境，如纳斯达克，能促进更大的创业成功。[42] 简言之，不是人们的"血液"使创业成功或失败——是制度鼓励或限制了创业。

除了宏观社会层面的制度外，更多的微观层面制度也在起作用。家庭背景和教育水平已被发现与创业相关。来自富裕家庭，尤其是拥有家族产业家庭的孩子，其创业的可能性更大。受过良好教育的人也是如此。总体看来，在创办新企业是否具有合法性方面，支配着社会经济群体的非正式规范对创业倾向具有强有力的影响。总之，这是"先天还是后天"争论的延伸。目前，大多数学者认为，创业是先天和后天共同作用的结果。

渐进国际化与天生国际化

在这里有两个问题需要考虑：（1）中小企业的国际化能否快于传统**阶段模型（stage models**，此模型认为中小企业国际化是一个缓慢的阶段性过程）所假定的那样？（2）中小企业应该快速国际化吗？第一个问题已尘埃落定：某些（并不是所有的）中小企业快速国际化是可能的。以罗技（Logitech）为例，它是计算机周边设备的全球领导者。这家企业由来自瑞士和美国的创业者创办，并因此分别设立了两个总部。最初研发和制造分别在这两个国家，然后通过对外直接投资迅速扩张到爱尔兰和中国台湾地区。它的第一份合同是与一家日本企业签订的。罗技并不是唯一一家天生国际化企业。

目前，争论的焦点是第二个问题。[43] 一方面，支持者认为，目前所有的行业都变得"全球化"，创业企业需要快速追寻这些机会。[44] 另一方面，阶段模型认为，企业需要先进入文化和制度相近的市场，花上充分的时间来积累海外经验。然后，在距离更远的市场逐渐从原始的方式（如出口）转变到更加复杂的战略（如对外直接投资）。瑞典宜家企业的国际化符合阶段模型，它在进入邻国挪威之前等待了20年（1943—1963），直到最近才加快了国际化进程。阶段模型警告说，没有经验的企业可能会在不熟悉的外国市场面临"欲速则不达"的窘境。

因此，关键问题是，创业者在创业之后立即国际化（如天生国际化企业那样）较好，还是推迟国际化直到企业积累了足够的资源（像宜家那样）更好？一种观点支持快速国际化。具体来说，遵循阶段模型的企业最终要进行国际化时，必须要克服母国导向固有的惯性。[45] 相反，越早国际化的企业就越少遇到这些障碍。因此，没有母国导向的中小企业（如前文提到的罗技）也许胜过那些等一段时间再国际化的对手。[46] 换言之，与阶段模型所说的中小企业国际化中的内在劣势相反，创业时就进军海外可能是一种"内在优势"。

另一方面，一些学者认为，尽管天生国际化的观点很有吸引力，但实际是一种似是而非的危险说法。他们坚持认为"你必须首先在国内成功，然后以一种可预期的并真正适应当地差异的方式国际化"。[47] 换言之，阶段模型的观点仍是中肯的。因此，不加区分地"走向全球"的建议无法保证成功。[48]

反失败偏见与对创业者友好型破产法[49]

企业破产在2008年经济大衰退时期达到顶峰（在这里"破产"仅指企业破产，不考虑个人破产）。在世界各地，从大型公司（如通用汽车）到小的创业企业都有破产的经历。破产听起来不太好也不鼓舞人心，我们——政府、金融机构、消费者或者社会大众——能做什么可以阻止广泛存在的企业破产呢？

挽救企业破产的努力来自"反失败"偏见，这种偏见广泛存在于创业者、学者、新闻记者和政府官员中。尽管大多数创业企业会失败，但"反失败"偏见导致对创业成功的强烈兴趣（还记得谷歌和脸书多少次出现在新闻上吗），却鲜少关注大多数以失败和破产告终的创业企业。但是，一种观点认为，虽然破产对创业者和员工无疑是痛苦的，但可能对社会是有益的。因此，破产法需要改革成为对创业者更友好型的法律，以便让创业者更容易宣布破产并继续干。这样，被失败企业困住的财务、人力和物质资源就可以社会最优方式重新配置。

一个主要的争论是关于如何对待申请破产的失败创业者。让他们远离债务还是惩罚他们？历史上，对创业者友好和破产法像一对"矛盾"，因为破产法一般是苛刻甚至是残忍的。"破产"这一术语来自一个苛刻的实践：在中世纪的意大利，如果破产的创业者不偿还债务，债务人会毁掉他的摊位。意大利语中被毁的摊位"banca rotta"，演化成为英语中的"bankruptcy"一词。莎士比亚的《威尼斯商人》中，债权人要求从债务人身上割一磅肉来还债只是略带夸张。世界第一部破产法诞生于1542年的英国，那时破产者被认定为罪犯，并且有从监禁到死刑不同程度的惩罚在等着他。

最近，许多政府意识到，创业者友好的破产法不仅可以降低退出壁垒，也可以降低进入壁垒。尽管我们相信许多创业企业会失败，但眼前不可能预测哪一家会破产。因此，基于制度基础观，如果创业受到鼓励，就需要通过如允许创业者避开债务等方法减轻破产的痛苦，这是受破产的美国创业者所感激的一项合法权利。相反，直至最近破产法的改革，破产的德国创业者最长要背负未支付债务30年。而且，德国和日本破产企业的管理者还要承担刑事处罚。大量破产的日本创业者自杀了。作为"结束游戏"的规则，苛刻的破产法成为恐怖的退出壁垒，也成为重要的进入壁垒，因为它令潜在创业者望而却步。

从社会层面讲，假如许多想成为创业者的人因惧怕失败而放弃创业，那就不会有繁荣的创业活动。考虑到风险和不确定性，许多创业者首次创业失败不足为奇。但是，如果给予他们第二次、第三次甚至更多的机会，总有人会成功。约50%破产的美国创业者在4年内又创立了新的企业。如此积极的创业，部分是由于美国有相对有利于创业者的破产法（如美破产法第十一章提出的破产重组，而不是直接清算）。另一方面，一个严厉惩罚失败创业者（如逼迫资不抵债的企业进行清算）的社会不可能培育广泛的创业活动。总之，来自29个国家——包括发达经济体和新兴经济体——的证据已经发现，对创业者友好的破产法与新企业的创办存在显著关系。[50]

从制度上来说，我们迫切需要消除某些对失败的偏见，并设计对创业者友好的破产政策，以便给失败的创业者更多机会。在社会层面，创业失败可能是有益的，因为通过大量的创业试验——尽管许多会失败——成功之路才会出现，经济才得以发展。简言之，大量企业破产不见得是坏事。[51]

精明的创业者

约瑟夫·熊彼特首先提出，创业者及其企业是支撑全球"创造性破坏"过程的典型引擎。以上三种主要观点在很大程度上都可以解释创业。产业基础观认为，创业企业倾向于选择低进入壁垒的产业。资源基础观认为，是大量的无形资源如愿景、动机和承担风险的意愿促进了创业。最后，制度基础观认为，世界范围内创业和经济发展背后的因素很多，可以用更大的制度框架加以解释。

因此，精明的创业者可以从中获得至少四个重要启示（见表6.5）：首先，深入了解所在产业以便识别差距和机会，或者换句话说，假如威胁太大，就要避开或退出这个产业。其次，利用企业资源和能力，如企业动机、创新能力和网络联系。再次，争取更多有利于创业者的正式制度，例如，有关如何创办新企业（见图6.2），以及如何完善破产的法律规定。创业者还需要培育强的非正式规范以赋予新创企业合法性。与高中生和大学生对话、安排实习项目、作为天使投资为新创企业提供种子资金等，都是创业者可以采取的一些行动。最后，推进国际化时，要大胆但不过于大胆。[52] 大胆并不意味着鲁莽。本章一个具体的洞见是，企业在从未迈出过国门的情况下实现国际化是有可能的。有很多国际化战略可以让创业企业留在国内市场。当创业企业没有准备好承担海外的高风险时，有限参与可能是一种最佳的选择。

表 6.5　战略启示

- 深入了解所在产业以便识别差距和机会
- 利用企业资源和能力
- 争取更多有利于创业发展的制度——正式的和非正式的
- 推进国际化时，要大胆但不要过于大胆

我们通过回顾四个基本问题来总结本章内容。因为新创企业是其创办者个人特征的化身，为什么企业之间存在差异（问题1）以及它们如何行动（问题2），可以从创业者和非创业者之间的差异中找到答案。什么决定企业的经营范围（问题3）可以归结为成功的创业者如何扩展业务。最后，什么决定企业国际化的成功与失败（问题4）取决于创业者能否在国内及海外市场选择正确的产业、发挥其专长，以及巧用正式和非正式的制度资源。[53]

本章小结

1. 定义创业、创业者和创业企业
- 创业是识别和利用先前未被开发的机会。
- 创业者可能是新企业的创办者和拥有者，或者是现有企业的管理者。
- 创业企业在本章是指中小企业。

2. 描述创业的综合模型
- 影响创业的产业五力模型。
- 资源和能力在很大程度上决定创业成败。
- 制度能够推动和约束创业。

3. 识别创业企业成长的五种战略
（1）成长；（2）创新；（3）网络；（4）融资/治理；（5）收获/退出。

4. 区分进入海外市场的国际化战略和留在国内市场的国际化战略
- 创业企业通过进军国外市场实现国际化，进入模式有直接出口，许可经营/特许经营，对外直接投资等。
- 创业企业也可以并不直接进入海外市场，留在国内市场也可实现国际化，主要通过间接出口，作为外国企业的供应商，成为外国企业的特许经营者/加盟者，作为外国企业的联盟伙伴，以及将企业出售给外国企业五种方式。

5. 参与创业相关的三个主要争论
- 特征与制度;
- 渐进国际化与天生国际化;
- 反失败偏见与对创业者友好型破产法。

6. 战略启示
- 深入了解所在产业以便识别差距和机会。
- 利用企业资源和能力。
- 争取更多有利于创业发展的制度。
- 推进国际化时,要大胆但不要过于大胆。

关键词

天生全球化企业(国际新创企业) 间接出口 连续创业者 首次公开发行股票 中小企业 直接出口 国际创业 阶段模型 创业者 强联系 创业 新颖性劣势 风险投资人(VC) 出口中介 许可经营 弱联系 特许经营 小额信贷

讨论题

1. 为什么与创业联系在一起的总是中小企业,而不是大企业?

2. 考虑到大多数创业企业以失败告终,为什么创业者还创办如此多的新企业?为什么(大部分)政府乐意支持更多的创业企业?

3. **伦理问题**:你先前的高中密友邀请你加入一家专门生产假货的创业企业。他聘请你做首席执行官,并给你10%的股份。被警察抓住的机会很小。你目前处在失业状态。你对他的提议该如何回应?

拓展题

1. 有人认为外国市场是过度扩张的创业企业的坟墓,也有人认为外国市场是中小企业的未来。如果你是一家有一定利润的小企业的所有者,你会考虑进军海外市场吗?为什么会或为什么不会?简单陈述你的理由。

2. **伦理问题**:与讨论题3的情况一样,除了其中的"假冒"外,该产品是一种更便宜的治疗艾滋病的非专利药。低价出售这些药品可拯救世界上数以百万计不能承受高价专利药品的患者。你会对此如何回应?简单陈述你的理由。

3. **伦理问题**:有人认为那些允许创业者从债务中脱身的对创业者友好型破产法是不道德的,因为它增加了每个人的融资成本。回顾本章的争论与引申部分。分小组讨论这种观点,然后决定你是否支持更多的对创业者友好型破产法。以短论文或PPT形式展现你的答案。

结篇案例 (新兴市场)

小额信贷:巨大成功还是全球乱局?

授人以渔,其可以受益一生。但是,其中存在一个误区:在很多贫穷的发展中国家,有大量希望捕鱼的渔民——也是创业者——没有能力购买钓竿。1976年,穆罕默德·尤努斯,一个获得范德堡大学博士学位的年轻经济学教授,在其家乡孟加拉国自掏腰包27美元,借给一群贫穷的工匠。他还帮助创建了一个名为"格莱珉"(Grameen)的村办企业项目。尤努斯根本没有想到他的这些举措激励了全球的创业融资活动,更没有想到在30多年之后,他及其建立的格莱珉银行在2006年被授予诺贝尔和平奖。

用来购买从奶牛到手机（被作为整个村庄的公用电话）等各种商品的小额贷款（通常50~300美元），带来了巨大变化。穷人既没有资产（必要的担保物），也没有信用记录，使传统的信贷模式存在风险。最新颖且简单的方案是借钱给女性。平均来说，女人比男人更愿意将她们的收入用于满足家庭需求，而男人更可能沉迷于酗酒、赌博或吸毒。更复杂一些的方法是将村里的女人组成一个集体，借钱给这个集体而不是个人。总的来说，80%的小额信贷接收者是女人。即使年利率平均达35%，但仍远低于当地高利贷的利率。截止到2011年，全球有超过7000家小额信贷机构，拥有1.2亿客户。

然而，虽然小额信贷渐成主流，但此事并非都是鲜花和掌声。近来爆发了两个激烈的争论。第一个争论是如何看待小额信贷机构首次公开发行股票（见表6.6）。几家小额信贷机构发行股票的"成功"引起了批评，这些批评认为，这些小额信贷机构和它们的新股东绝大多数是来自北美和欧洲的富有投资者，他们以金字塔底层赤贫者为代价来中饱私囊。简言之，富人从穷人身上牟利，这对吗？

表6.6　小额信贷机构首次公开发行股票

小额信贷机构	国家	募集资本	年份
Bank Rakyat	印度尼西亚	4.80亿美元	2003
Equity Bank	肯尼亚	0.88亿美元	2006
Banco Compartamos	墨西哥	4.67亿美元	2007
SKS Microfinance	印度	15.00亿美元	2010

第二，随着2008年金融危机的冲击，违约率暴涨。几家相互竞争的小额信贷机构也许都将小额贷款放给了同一个未受过教育的客户。在小额信贷繁荣期，许多借款活动逐渐变得激进和鲁莽，与西方金融危机前的次级贷款类似。假如庄稼歉收或企业失败，客户将无力偿还。小额信贷机构有时甚至采取包括恐吓在内的催债方法。印度政府有一张85个小额信贷机构"受害者"的名单，他们都选择了自杀。作为回应，印度一些地方的官员规定利率上限不得超过24%，并呼吁违约的借款人拒绝支付。因此，在印度某些地方有近80%的借款人是违约的。由于数以百万计的小额贷款发放和收回的高昂成本，小额信贷机构所获得的只是刀锋般的薄利。如此大量的违约迅速导致许多小额信贷机构破产，印度政府只得于2010年不情愿地拨款2.21亿美元帮助它们脱离困境。孟加拉国总理谢赫·哈西娜指控小额信贷机构"从穷人身上吸血"，把孟加拉国人民视为"试验品"。她启动了一项据称针对格莱珉银行违规操作的调查。尽管作为格莱珉银行总经理，尤努斯最终清除了违规行为，但小额信贷——及其开创者——遭受了信任危机。

资料来源：（1）*Bloomberg Businessweek*, 2010, An IPO for India's top lender to the poor, May 10: 16–17；（2）*Bloomberg Businessweek*, 2010, In a microfinance boom, echoes of subprime, June 21: 50–51；（3）G. Bruton, S. Khavul, & H. Chavez, 2011, Microlending in emerging economics, *Journal of International Business Studies*, 42: 718–739；（4）*Economist*, 2010, Leave well alone, November 20: 16；（5）*Economist*, 2010, Under well alone, December 11: 56；（6）*Economist*, 2011, Saint under siege, January 8: 75；（7）*Newsweek*, 2010, The micromess, December 20: 10；（8）B. Pinkham & P. Nair, 2011, Microfinance: Going global ...and global public? Case study, University of Texas at Dallas。

案例讨论题：

1. 为什么尤努斯获得诺贝尔和平奖（而不是诺贝尔经济学奖）？

2. **伦理问题**：作为发达经济体的投资者，你对投资小额信贷有何问题？

3. **伦理问题**：作为肯尼亚、印度尼西亚或墨西哥一家领先的小额信贷公司的首席执行官，你应本国主流报纸之邀，要撰写一篇为小额信贷辩护的文章。这次辩护由印度政府救助小额信贷和孟加拉国政府调查格莱珉银行事件引发。你该如何撰写？

注释

1. M. Hitt, R. D. Ireland, S. M. Camp, & D. Sexton, 2001, Strategic entrepreneurship (p. 480), *SMJ*, 22: 479–491. See also M. Hitt, R. D. Ireland, D. Sirmon, & C. Trahms, 2011, Strategic entrepreneurship, *AMP*, May: 57–75; R. Hoskisson, J. Covin, H. Volberda, & R. Johnson, 2011, Revitalizing entrepreneurship, *JMS*, 48: 1141–1168; J. McMullen & D. Shepherd, 2006, Entrepreneurial action and the role of uncertainty in the theory of the entrepreneur, *AMR*, 31: 132–152; S. Venkataraman, S. Sarasvathy, N. Dew, & W. Forster, 2012, Reflections on the 2010 *AMR* Decade Award: Whither the promise? *AMR*, 37: 21–33.

2. S. Shane & S. Venkataraman, 2000, The promise of entrepreneurship as a field of research (p. 218), *AMR*, 25: 217–226.

3. P. McDougall & B. Oviatt, 2000, International entrepreneurship (p. 903), *AMJ*, 43: 902–906. See also T. Baker, E. Gedajlovic, & M. Lubatkin, 2005, A framework for comparing entrepreneurship processes across nations, *JIBS*, 36: 492–504; Y. Chandra & N. Coviello, 2010, Broadening the concept of international entrepreneurship, *JWB*, 45: 228–236; D. Cumming, H. Sapienza, D. Siegel, & M. Wright, 2009, International entrepreneurship, *SEJ*, 3: 283–296.

4. Z. Acs & C. Armington, 2006, *Entrepreneurship, Geography, and American Economic Growth*, New York: Cambridge University Press.

5. M. Hayward, D. Shepherd, & D. Griffin, 2006, A hubris theory of entrepreneurship, *MS*, 52: 160–172; V. Lau, M. Shaffer, & K. Au, 2007, Entrepreneurial career success from a Chinese perspective, *JIBS*, 38: 126–146; R. Lowe & A. Ziedonis, 2006, Overoptimism and the performance of entrepreneurial firms, *MS*, 52: 173–186.

6. R. Mudambi & S. Zahra, 2007, The survival of international new ventures, *JIBS*, 38: 333–352.

7. S. Bradley, H. Aldrich, D. Shepherd, & J. Wiklund, 2011, Resources, environmental change, and survival, *SMJ*, 32: 486–509; T. Fan, 2010, De novo venture strategy, *SMJ*, 31: 19–38; P. Geroski, J. Mata, & P. Portugal, 2010, Founding conditions and the survival of new firms, *SMJ*, 31: 510–529.

8. A. Arikan & A. McGrahan, 2010, The development of capabilities in new firms, *SMJ*, 31: 1–18; A. Arora & A. Nandkumar, 2012, Insecure advantage? *SMJ*, 33: 231–251; B. Campbell, M. Ganco, A. Franco, & R. Agarwal, 2012, Who leaves, where to, and why worry? *SMJ*, 33: 65–87; A. Chatterji, 2009, Spawned with a silver spoon? *SMJ*, 30: 185–206; G. Knight & D. Kim, 2009, International business competence and the contemporary firm, *JIBS*, 40: 255–273; D. Lepak, K. Smith, & M. S. Taylor, 2007, Value creation and value capture, *AMR*, 32: 180–194; H. Park & H. K. Steensma, 2012, When does corporate venture capital add value for new ventures? *SMJ*, 33: 1–22.

9. D. Sull, 2005, Strategy as active waiting (p. 125), *HBR*, September: 121–129.

10. G. George, 2005, Slack resources and the performance of privately held firms, *AMJ*, 48: 661–676; R. Katila & S. Shane, 2005, When does lack of resources make new firms innovative? *AMJ*, 48: 814–829.

11. S. Anokhin & J. Wincent, 2012, Start-up rates and innovation, *JIBS*, 43: 41–60; H. Bowen & D. De Clercq, 2008, Institutional context and the allocation of entrepreneurial efforts, *JIBS*, 39: 747–767; J. Capelleras,

K. Mole, F. Freene, & D. Storey, 2008, Do more heavily regulated economies have poorer performing new ventures? *JIBS*, 39: 688–704; J. Levie & E. Autio, 2011, Regulatory burden, rule of law, and entry of strategic entrepreneurs, *JMS*, 48: 1392–1419; T. Manolova, R. Eunni, & B. Gyoshev, 2008, Institutional environments for entrepreneurship, *ETP*, January: 203–218.

12. D. Kim, E. Morse, R. Mitchell, & K. Seawright, 2010, Institutional environment and entrepreneurial cognitions, *ETP*, 34: 491–516.

13. *Economist*, 2011, Son also rises, November 27: 71–72.

14. *BW*, 2011, In Russia, Facebook is more than a social network, January 3: 32–33.

15. M. Cardon, J. Wincent, J. Singh, & M. Drnovsek, 2009, The nature and experience of entrepreneurial passion, *AMR*, 34: 511–532; J. Clarke, 2011, Revitalizing entrepreneurship, *JMS*, 48: 1365–1391; V. Rindova, D. Barry, & D. Ketchen, 2009, Entrepreneuring as emancipation, *AMR*, 34: 477–491; D. Souder, Z. Simsek, & S. Johnson, 2012, The differing effects of agent and founder CEOs on the firm's market expansion, *SMJ*, 33: 23–41.

16. G. Dess & G. T. Lumpkin, 2005, The role of entrepreneurial orientation in stimulating effective corporate entrepreneurship, *AME*, 19: 147–156; J. Dyer, H. Gregerson, & C. Christensen, 2008, Entrepreneur behaviors, opportunity recognition, and the origins of innovative ventures, *SEJ*, 2: 317–338; I. Filatotchev & J. Piesse, 2009, R&D, internationalization, and growth of newly listed firms, *JIBS*, 40: 1260–1276; A. Gaur, D. Mukherjee, S. Gaur, & F. Schmid, 2011, Environmental and firm-level influences on interorganizational trust and SME performance, *JMS*, 48: 1752–1781; B. George, 2011, Entrepreneurial orientation, *JMS*, 48: 1291–1313; E. Golovko & G. Valentini, 2011, Exploring the complementarity between innovation and export for SMEs' growth, *JIBS*, 42: 362–380; S. Kotha, 2010, Spillovers, spill-ins, and strategic entrepreneurship, *SEJ*, 4: 284–306; F. Santos & K. Eisenhardt, 2009, Constructing markets and shaping boundaries, *AMJ*, 52: 643–671; M. Terziovski, 2010, Innovative practice and its performance implications in SMEs in the manufacturing sector, *SMJ*, 31: 892–902.

17. *Economist*, 2009, Lands of opportunity, March 14: 16–17; *Economist*, 2011, Beyond the start-up nation, January 1: 60.

18. C. Christensen, 1997, *The Innovator's Dilemma*, Boston: Harvard Business School Press.

19. D. Gregorio, M. Musteen, & D. Thomas, 2008, International new ventures, *JWB*, 43: 186–196; S. Jack, 2010, Approaches to studying networks, *JBV*, 25: 120–137; R. Ma, Y. Huang, & O. Shenkar, 2011, Social networks and opportunity recognition, *SMJ*, 32: 1183–1205; D. Sullivan & M. Marvel, 2011, Knowledge acquisition, network reliance, and early-stage technology venture outcomes, *JMS*, 48: 1169–1193; B. Vissa, 2011, A matching theory of entrepreneurs' tie formation intentions and initiation of economic exchange, *AMJ*, 54: 137–158; L. Zhou, B. Barnes, & Y. Lu, 2010, Entrepreneurial proclivity, capability upgrading, and performance advantage of newness among international new ventures, *JIBS*, 41: 882–905.

20. M. Colombo, L. Grilli, S. Murtinu, L. Piscitello, & E. Piva, 2009, Effects of international R&D alliances in performance of high-tech start-ups, *SEJ*, 3: 346–368; T. Manolova, I. Manev, & B. Gyoshev, 2010, In good company, *JWB*, 45: 257–265; M. Musteen, J. Francis, & D. Datta, 2010, The influence of international networks on internationalization speed and performance, *JWB*, 45: 197–205; S. Prashantham & C. Dhanaraj, 2010, The dynamic influence of social capital on the international growth of new ventures, *JMS*, 47: 965–994; L. Riddle, G. Hrivnak, &

T. Nielsen, 2010, Transnational diaspora entrepreneurship in emerging markets, *JIM*, 16: 398–411; P. Sonderegger & F. Taube, 2010, Cluster life cycle and diaspora effects, *JIM*, 16: 383–397; J. Yu, B. Gilbert, & B. Oviatt, 2011, Effects of alliances, time, and network cohesion on the initiation of foreign sales by new ventures, *SMJ*, 32: 424–446.

21. G. Chen, D. Hambrick, & T. Pollock, 2008, Puttin' on the Ritz, *AMJ*, 51: 954–975.

22. M. W. Peng & Y. Luo, 2000, Managerial ties and firm performance in a transition economy, *AMJ*, 43: 486–501.

23. R. Burt, 1997, The contingent value of social capital (p. 342), *ASQ*, 42: 339–365.

24. P. Vaaler, 2011, Immigrant remittances and the venture investment environment of developing countries, *JIBS*, 42: 1121–1149.

25. T. Dalziel, R. White, & J. Arthurs, 2011, Principal costs in initial public offerings, *JMS*, 48: 1346–1364; A. Zacharakis, J. McMullen, & D. Shepherd, 2007, Venture capitalists' decision policies across three countries, *JIBS*, 38: 691–708.

26. G. Bruton, I. Filatotchev, S. Chahine, & M. Wright, 2010, Governance, ownership structure, and performance of IPO firms, *SMJ*, 31: 491–509; B. Walters, M. Kroll, & P. Wright, 2010, The impact of TMT board member control and environment on post-IPO performance, *AMJ*, 53: 572–595.

27. D. Hope, D. Thomas, & D. Vyas, 2011, Financial credibility, ownership, and financing constraints in private firms, *JIBS*, 42: 935–951.

28. M. Minniti, W. Bygrave, & E. Autio, 2006, *Global Entrepreneurship Monitor 2006*, Wellesley, MA: Babson College.

29. D. Ahlstrom, G. Bruton, & K. Yeh, 2007, Venture capital in China: Past, present, future, *APJM*, 24: 247–268; K. Au & H. Kwan, 2009, Start-up capital and Chinese entrepreneurs, *ETP*, 33: 889–908; M. Wright, 2007, Venture capital in China: A view from Europe, *APJM*, 24: 269–282.

30. M. Graebner & K. Eisenhardt, 2004, The seller's side of the story, *ASQ*, 49: 366–403.

31. R. Larsson, K. Brousseau, M. Driver, M. Holmqvist, & V. Tarnovskaya, 2003, International growth through cooperation (p. 15), *AME*, 17: 7–21.

32. C. Bingham, 2009, Oscillating improvisation, *SEJ*, 3: 321–345; S. Fernhaber, B. Gilbert, & P. McDougall, 2008, International entrepreneurship and geographic location, *JIBS*, 39: 267–290; M. Giarratana & S. Torrisi, 2010, Foreign entry and survival in a knowledgeintensive market, *SEJ*, 4: 85–104.

33. N. Hashai, 2011, Sequencing the expansion of geographic scope and foreign operations by "born global" firms, *JIBS*, 42: 995–1015.

34. M. W. Peng, 1998, *Behind the Success and Failure of US Export Intermediaries*, Westport, CT: Quorum.

35. M. W. Peng & A. York, 2001, Behind intermediary performance in export trade, *JIBS*, 32: 327–346.

36. *FEER*, 2002, Pepperoni power, November 14: 59–60.

37. V. Aggarwal & D. Hsu, 2009, Modes of cooperative R&D commercialization by start-ups, *SMJ*, 30: 835–864; P. Ozcan & K. Eisenhardt, 2009, Origin of alliance portfolios, *AMJ*, 52: 246–279.

38. M. Graebner, 2009, Caveat venditor, *AMJ*, 52: 435–472.

39. G. Cassar, 2010, Are individuals entering selfemployment overly optimistic? *SMJ*, 31: 822–840; D. Gregoire, A. Corbett, & J. McMullen, 2011, The cognitive perspective in entrepreneurship, *JMS*, 48: 1443–1477.

40. *BW*, 2010, Getting over the JetBlues, February 15: 52–54.

41. D. Ahlstrom, S. Chen, & K. Yeh, 2010, Managing in ethnic Chinese communities, *APJM*, 27: 341–354; J. Lu & Z. Tao, 2010, Determinants of entrepreneurial activities in China,

JBV, 25: 261–273; M. W. Peng, 2001, How entrepreneurs create wealth in transition economies, *AME*, 15: 95–108.

42. Y. Yamakawa, M. W. Peng, & D. Deeds, 2008, What drives new ventures to internationalize from emerging to developed economies?, *ETP*, 32: 59–82.

43. S. Loane, J. Bell, & R. McNaughton, 2007, A crossnational study on the impact of management teams on the rapid internationalization of small firms, *JWB*, 42: 489–504; H. Sapienza, E. Autio, G. George, & S. Zahra, 2006, A capabilities perspective on the effects of early internationalization on firm survival and growth, *AMR*, 31: 914–933.

44. V. Govindarajan & A. Gupta, 2001, *The Quest for Global Dominance*, San Francisco: Jossey-Bass.

45. S. Nadkarni, P. Herrmann, & P. Perez, 2011, Domestic mindset and early international performance, *SMJ*, 32: 510–531.

46. J. Mathews & I. Zander, 2007, The international entrepreneurial dynamics of accelerated internationalization, *JIBS*, 38: 387–403.

47. S. Rangan & R. Adner, 2001, Profits and the Internet (pp. 49–50), *SMR*, summer: 44–53.

48. L. Lopez, S. Kundu, & L. Ciravegna, 2009, Born global or born regional? *JIBS*, 40: 1228–1238.

49. This section draws heavily from S. Lee, M. W. Peng, & J. Barney, 2007, Bankruptcy law and entrepreneurship development, *AMR*, 32: 257–272; M. W. Peng, Y. Yamakawa, & S. Lee, 2010, Bankruptcy laws and entrepreneur-friendliness, *ETP*, 34: 517–530.

50. S. Lee, Y. Yamakawa, M. W. Peng, & J. Barney, 2011, How do bankruptcy laws affect entrepreneurship development around the world? *JBV*, 28: 505–520.

51. A. Knott & H. Posen, 2005, Is failure good? *SMJ*, 26: 617–641.

52. M. W. Peng, C. Hill, & D. Wang, 2000, Schumpeterian dynamics versus Williamsonian considerations, *JMS*, 37: 167–184.

53. D. Ahlstrom & G, Bruton, 2010, Rapid institutional shifts and the co-evolution of entrepreneurial firms in transition economies, *ETP*, 34: 531–554; G. Bruton, D. Ahlstrom, & H. Li, 2010, Institutional theory and entrepreneurship, *ETP*, 34: 421–440; C. Moore, R. G. Bell, & I. Filatotchev, 2010, Institutions and foreign IPO firms, *ETP*, 34: 469–490; R. Nasra & M. T. Dacin, 2010, Institutional arrangements and international entrepreneurship, *ETP*, 34: 583–609; S. Puffer, D. McCarthy, & M. Boisot, 2010, Entrepreneurship in Russia and China, *ETP*, 34: 441–467; J. Webb, G. Kistruck, R. D. Ireland, & D. Ketchen, 2010, The entrepreneurship process in base of the pyramid markets, *ETP*, 34: 555–581; S. Zahra & M. Wright, 2011, Entrepreneurship's next act, *AMP*, November: 67–83.

第七章
战略联盟与网络

学习目标

通过本章学习，你应该能够

1. 定义战略联盟和网络；
2. 阐述战略联盟和网络的综合模型；
3. 理解联盟和网络形成背后的决策过程；
4. 深入了解联盟和网络的演化；
5. 识别影响联盟和网络绩效的动因；
6. 参与关于联盟与网络的三种主要争论；
7. 从中获得战略启示。

开篇案例 （新兴市场）

百胜团队与中石化的合作

加油站通常采取一切措施避免"火热"。然而 2011 年中国石油化工股份有限公司（简称中石化）旗下的加油站间的竞争却是热火朝天。它是由中石化和百胜餐饮集团（Yum! Brands）战略联盟协议的签订而引发的。百胜作为中国餐饮连锁店的龙头老大，在中国650座城市中拥有3500家肯德基和560家必胜客店面。协议宣布肯德基与必胜客将开在中石化加油站内。从营业收入来看，中石化是中国最大和世界第五大企业（2011年销售额达2730亿美元），它在中国拥有超过3万家加油站。由于中国轿车保有量的不断上升，中石化和百胜的增长潜力巨大。

"两家企业均期望这次重要合作对企业发展和业务战略成长有显著而深远的影响。通过两家企业的优势互补，强强联合可以为顾客提供更好的服务，提升双方品牌影响力，获得更多经济效益并提高持续发展能力。"

上面这一段听上去像是引用中石化和百胜合作的新闻稿——但事实是，不是！这实际是从中石化2007年与百胜餐饮集团的老对手麦当劳所签署的战略联盟宣言中引用的。在它们的故乡，麦当劳击败了百胜，肯德基在苦苦挣扎。但是在中国，麦当劳的1000家餐厅完全不是分布更广、规模更大的肯德基、必胜客和他们的"中国兄弟"东方既白（一个仅卖中国快餐的新连锁品牌）的竞争对手。为了弥补这一巨大差距，麦当劳与中石化建立了合作联盟。

结果，百胜成了与中石化合作的后来者。因为中石化和麦当劳之间的合同是20年，百胜餐厅无法在中石化加油站中取代麦当劳。但百胜可以在没有麦当劳的新加油站运营，或者在当前加油站中的麦当劳旁边营业。而对于这种"一夫多妻"的做法，麦当劳认为它是"原配"，理应享有优先权以选择好位置。从"健康竞争"角度，百胜强调其有两方面优势：（1）不同品牌的餐厅可以满足不同人群的需求；（2）它的供应链分布更广，因此可以满足与中石化一起服务中国偏远地区的要求。

作为中国快餐之王，百胜不仅持续面临本土中小竞争者的竞争，与意欲侵蚀其市场的其他跨国公司的竞争也日益激烈。除了麦当劳，竞争者还包括亚洲连锁企业如顶新国际集团（Ting Hsin International Group）旗下的德克士（Dicos）；日本吉野家株式会社（Yoshinoya Holdings）旗下的吉野家（Yoshinoya）；以及总部位于马尼拉的快乐蜂旗下（Manila-based Jollibee）的永和大王（Yonghe King）和宏状元。快乐蜂是一家在菲律宾打败麦当劳和百胜餐饮的强大的区域性连锁餐饮企业。

如此激烈的竞争压力促使百胜进入中石化加油站。作为这个微妙三角关系的后进入者，百胜需要时间检验与中石化的联盟是否可以达到期望的增长。敬请期待这有意思的三角关系的发展。

资料来源：（1）*21st Century Business Insights*, 2011, KFC and McDonald's fight over Chinese gas stations, December 16: 60–61; (2) *Bloomberg*, 2011, McDonald's no match for KFC in China as colonels rules fast food, January 26, www.bloomberg.com; (3) *China Daily*, 2011, Yum! Brands signs deal with Sinopec, November 23, www.chinadaily.com.cn; (4) Sinopec, 2007, The first "drive-through" restaurant and gas station complex is opened collaboratively by Sinopec and McDonald's, January 19, english.sinopec.com。

为什么百胜和麦当劳均与中石化建立战略联盟？它们该如何驾驭这微妙复杂的三角关系？这些联盟会以成功还是以失败告终？这些是本章所要讨论的部分关键问题。随着全球化的推进，按照通用电气前董事长和首席执行官杰克·韦尔奇的说法，"认为自己可以独霸全世界的想法，是赢得全球市场的最差方式"。[1] 如今，虽然几乎每行每业、每个国家都可以看到战略联盟和网络的

扩散，但是30%到70%的联盟和网络都失败了，因此我们需要关注它们失败的原因。

本章首先定义战略联盟和网络，然后建立一个基于战略三脚架的综合模型。接下来，我们会讨论联盟和网络的形成、演进和绩效，最后是争论和引申。

定义战略联盟和网络

战略联盟（strategic alliances）是企业间自愿达成的合作协议。[2]正如第五章所讲的，图5.3虚线区域所包含的非股权协议和以股权为基础的合资企业（joint ventures，JVs）均可从广义上理解为战略联盟。图7.1进一步形象地说明了联盟是纯市场交易和并购之间的一种妥协性安排。**契约（非股权）联盟** [contractual (non-equity-based) alliances]包括合作营销、研发协议、交钥匙工程、战略供应链、战略经销商和授权/特许经营。**股权联盟**（equity-based alliance）包括**战略投资**（strategic investment）（一个伙伴给另一个伙伴投资）、**交叉持股**（cross-shareholding）（两个伙伴互相投资）和合资企业。合资企业是股权联盟的一种形式，它包括建立一个新的合法的独立实体（换句话说就是新企业），这个实体由两个（或更多）的伙伴投资（详见结篇案例）。

战略网络（strategic networks）是由很多企业组成的战略联盟，用来与其他类似联盟和传统的单一企业竞争。[3]例如，航空业有三大战略联盟：星空联盟（Star Alliance），包括美联航（United Airlines）、汉莎航空（Lufthansa）、加拿大航空（Air Canada）、北欧航空（SAS）等；天合联盟（SkyTeam），包括达美航空（Delta Airlines）、法国和荷兰皇家航空（Air France-KLM）、大韩航空（Korean Air）等；寰宇一家（Oneworld），包括美国航空（American Airlines）、英国航空（British Airways）、国泰航空（Cathay Pacific）、澳洲航空（Qantas）、日本航空（Japan Airlines）等。

这些战略网络有时候也被称为**多伙伴战略联盟**（constellations）。如战略行动7.1所示，这些多边战略网络比两家企业之间单一的联盟关系更复杂。[4]总之，我们使用"战略联盟"和"战略网络"来指代企业间的合作关系。

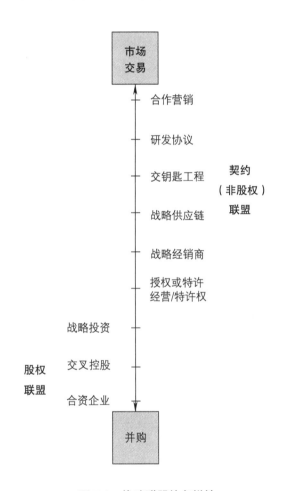

图7.1　战略联盟的多样性

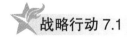 **战略行动 7.1**

围绕日本航空公司的激烈竞争

从2000年开始，全球的天空就被三大航空联盟——寰宇一家、天合联盟、星空联盟——所垄断。尽管小航空公司转变联盟成员身份时有发生，但是，寰宇一家（以美国航空为首）和天合联盟（以达美航空为首）间围绕日本航空公司的争斗可能最具有戏剧性。

作为亚洲营业收入最大的航空公司，日本航空遭受了2008年全球金融危机后乘客数急剧下滑、巨额养老金负担、飞机老化和大量航线亏损等一系列重创。2010年1月，按照公司重组法，日本航空申请破产（类似美国破产法第十一章规定的做法），其股票也在2010年2月被摘牌。达美航空及其天合联盟伙伴扮演了"白衣骑士"的角色，提出成为日本航空战略投资者并拿出了10亿美元——条件是日本航空脱离所在的寰宇一家。为什么达美航空和它的伙伴们愿意参股这样一家濒临破产的航空公司呢？

尽管负债累累，日本航空还是因占据亚太地区的绝佳位置而颇具吸引力，其航线运输增长会远超世界其他地区。日本政府官员力促日本航空接受达美的（和天合联盟的）提议，主要是因为天合联盟是一个更大的（因此是财务风险更低的）联盟。2010年，天合联盟搭载了3.84亿乘客，寰宇一家是3.33亿（包括日本航空的5300万）。作为应对，美国航空和其寰宇一家其他伙伴勉强拿出14亿美元来拯救陷入绝境的日本航空。除了强调日本航空每年从寰宇联盟获利5亿美元外，美国航空还指出由达美和其伙伴提供的10亿美元中的相当大的部分将用来支付离开寰宇一家的罚款。因此，实质拿到手的将远小于10亿美元。经过密集的协商后，日本航空宣布将会继续留在寰宇一家。日本航空的首席执行官宣称，"我们决定与美国航空加强联盟关系的最大原因是尽量避免给我们顾客带来不便"。虽然美国航空和其伙伴们所提出的14亿美元从未在公告中被提及，每个人都知道正是这笔钱起了关键的作用。

在某种程度上由于美国航空和其伙伴们的现金注入，日本航空于2011年3月从破产保护中解脱出来。不幸的是，为日本航空如此慷慨解囊，成为美国航空自己于2011年11月陷入破产重组的部分原因。日本航空是否会救助美国航空？

资料来源：(1) *CBC News*, 2010, Japan Airlines chooses American over Delta, February 9, www.cbc.ca; (2) *Financial Times*, 2010, Tokyo rejects external funding for JAL, January 10, cachef.ft.com; (3) *New York Times*, 2009, Dueling alliances make aid offers to Japan Airlines, November 18, www.nytimes.com。

战略联盟和网络的综合模型

尽管企业间合作关系纷繁多样，但在每个加入联盟和网络的决策背后都是由之前讨论过的包含在战略三脚架中的一系列战略考虑。这些考虑产生了一个综合模型（见图7.2）。

产业基础观

根据传统的产业基础观，企业是追求绩效最大化的独立"玩家"。在现实生活中，任何行业中的大多数企业都嵌入在大量竞争和/或合作的关系中，因此，如果我们想真正理解动态五力模型就需要考虑其联盟和网络联系。[5]

第一，由于竞争导致利润下降，许多竞争者通过组成战略联盟来合作，这被称为**水平联盟（horizontal alliances）**。[6]例如，宝马和奔驰在绿色汽车技术方面的合作。辉瑞和葛兰素史克将其在艾滋病病毒方面的资产合并，创建了专注生产抗艾滋病药的ViiV Healthcare公司。这并不意味着这些竞争者（宝马和奔驰、辉瑞和葛兰素史克）间不再相互竞争，在大多数情况下，竞争还在继续。有意思的是，它们决定在有限的领域开展合作。

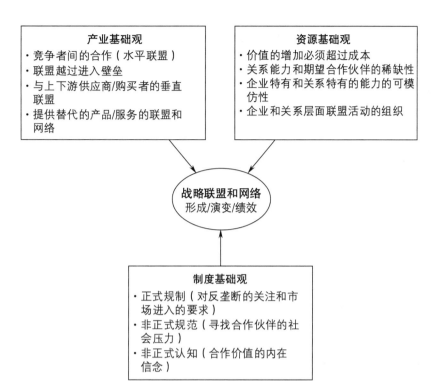

图 7.2 战略联盟和网络的综合模型

第二，尽管高进入壁垒可能会吓阻单个企业，但企业可以组成战略联盟来克服进入壁垒。例如，可口可乐和雀巢都想进入日本的听装热饮市场（如热咖啡和茶）。然而，日本国内以三得利（Suntory）为首的企业构筑了强大的进入壁垒。尽管有全球经验，可口可乐或雀巢都没有任何关于这个独特的日本市场的专门经验。尽管三得利在速溶咖啡和茶方面比可口可乐做得更好，比雀巢有更强大的分销网络，不过一旦这两大巨头结成联盟，三得利就无法与之匹敌。总之，联盟的力量使得伙伴企业可以以较低的成本和较低的风险进入新的市场。

第三，尽管五力模型中的供应商一般被认为是一种威胁，但并不总是如此。如第二章所介绍的，与供应商建立战略联盟是可能的，这被称为**上游垂直联盟（upstream vertical alliances）**，如日本的**经连会**（*keiretsu*）网络。本质上来说，战略供应联盟将一种围绕艰苦谈判的对抗性关系转变为一个以知识分享和互相协助为特征的合作关系。与面对一群手握短期供应合同的供应商不同（如 20 世纪 90 年代，美国汽车供应合同期平均为 2.3 年），战略供应商联盟依赖于签署长期合同的少量关键供应商（如 20 世纪 90 年代，日本汽车供应合同期平均是 8 年）。[7] 这种做法有助于将企业与供应商之间的利益一致起来，因此供应商反过来也更愿意增加专门投资来生产更好的零部件。这不是说讨价还价变得不重要了。相反，买方企业增加了对少量战略供应商的依赖性，这些供应商的讨价还价能力反而**增强**了。然而，通过将一个零和游戏转变为一个双赢局面的合作，合作柔化了某些谈判锱铢必较的尖锐面。

第四，相似地，企业通过建立**战略分销联盟，也叫下游垂直联盟（downstream vertical alliances）**，将其与销售商和分销商捆绑在一起，而不是把销售商和分销商视为可能的一种威胁。例如，大量宾馆、出版商、航空公司和汽车租赁公司发现，与主流网络分销商如亚马逊、Expedia、Priceline 和 Travelocity 等联盟能使它们得到更多的顾客。

第五，替代品的市场潜力可能鼓励企业组成战略联盟和网络来实现这些产品的商业价值。例如，基于谷歌及其合作伙伴（如三星）的安卓联盟所开发的智能手机，现在已经部分替代了个人电脑。

资源基础观

用 VRIO 框架下的资源基础观也能解释战略联盟和网络的作用（如图 7.2）。[8]

价值。联盟必须创造价值。[9] 与未结盟的航空公司在同样航线的分段飞行相比，三家航空联盟网络通过实行两阶段转机飞行降低了机票成本的 18%—28%，从而创造了价值。[10] 从如何做到利大于弊方面（见表 7.1），我们可以识别三种价值创造类别。首先，联盟可以降低成本、风险和不确定性。[11] 随着谷歌成为搜索引擎的龙头，微软为了它的必应而与百度、脸书、火狐、诺基亚、黑莓（RIM）和雅虎结成联盟。其次，联盟可以使诸如麦当劳、百胜和中石化等企业与其合作伙伴的资产进行互补并促进学习（详见开篇案例）。[12] 在另一个案例中，当雷诺（Renault）公司通过合资企业进入土耳其时，其土方合作伙伴是持有合资企业 49% 股份的 Oyak 集团（土耳其军方养老基金）。[13] Oyak 会给这家制造汽车的合资企业带来什么样的互补资源呢？除了资本，在一个军队享有很高声誉的国家，政治关联显然对企业有帮助。

最后，联盟的一个重要优势在于作为实物期权的价值。[14] 理论上，期权是一种在未来采取某种行动的权利，不是义务。技术上说，金融期权是一种投资工具，它允许持有者为某项资产先付小部分钱（通常称为保证金），未来如有必要可增加投资直至最终完全获得权利。**实物期权（real option）**与**金融投资**相比是一种投资于实际业务的期权。[15] 实物期权有两个命题：

● 在第一阶段，投资者投入数目相对较小的初始投资来购买一个期权，获得未来投资的权利（但不是义务性的）。

● 投资者一直拥有期权直到第二阶段的决策时点，此时要决定行权还是弃权。

表 7.1 战略联盟和网络：优势和劣势

优势	劣势
降低成本、风险和不确定性	选错合作伙伴的可能性
获得互补资产	谈判及协商的成本
从合作伙伴中学习的机会	合作伙伴机会主义的可能性
将战略和联盟作为实物期权的可能性	帮助培养竞争者、为人作嫁的风险（学习竞赛）

对于有意最终并购其他企业但还不确定是否该这样做的企业来说，联盟合作提供了一个以内部人视角来评估合作伙伴能力的机会。这和在买新鞋前通过试穿来感觉是否合脚是一样的。[16] 并购不仅代价不菲，且非常容易失败，而联盟允许企业如果决定继续并购，可以循序渐进地增加它们的投资。另一方面，作为合作伙伴一起合作后，如果企业发现并购不是一个好选择，也没有义务一定要这样做。总之，联盟以其可以循序渐进增加或减少投资的灵活性而成为一个很好的实物期权工具。

另一方面，联盟也有一些明显的缺点。首先，有可能找错伙伴而产生无尽的烦恼。[17] 企业需要慎重选择未来的合作伙伴。合作伙伴应该有足够的差异性，能够提供与企业互补的（不重叠的）能力。[18] 就像很多人在结婚前很难了解另一半的真实面目一样，许多企业发现，评估合作伙伴的真实意图和能力很难，直至一切已无法挽回。

其次是潜在合作伙伴的机会主义。机会主义可能存在于任何经济关系中，但对一些（不是全部）合作伙伴来说，联盟提供了很强的机会主义激励。合作关系总是需要一些信任，而这种信任经常被轻易滥用。[19] 例如，英国石油公司在俄罗斯的合资伙伴声称，英国石油公司没有将它们视为平等的伙伴，而是卑微的附庸（详见新兴市场案例7.1和结篇案例）。

最后，联盟特别是竞争对手间的联盟可能是危险的，因为可能帮助竞争对手。通过向外人敞开"大门"，联盟使得观察和模仿企业特有能力变得更容易。竞争者之间的联盟有**"学习竞赛"**（learning race）的可能，即合作伙伴旨在尽快从对方身上学会"诀窍"以便超越对方。

稀缺性。VRIO框架的第二个方面有两个维度：（1）能力稀缺性和（2）合作伙伴稀缺性。首先，成功管理企业间关系的能力——经常被称为**关系能力或合作能力**（relational/ collaborative capabilities）——可能是稀缺的。参与联盟的经理们需要掌握关系处理技巧，但这恰恰是只强调竞争而非合作的传统商学院课程所缺少的。[20] 为了真正从联盟中获利，经理们需要培养与合作伙伴的信任关系，同时也要警惕机会主义。[21]

联盟不仅代表一种战略和经济的安排，也是一种社会、心理和情感现象：如"求婚""结婚""离婚"等词经常可以看到。考虑到合作企业的利益不完全一致，且经常是冲突的，参与联盟的经理人经常生活在矛盾中，既要代表各自企业的利益，还要试图平衡复杂的关系。考虑到人际交往中良好关系技巧的缺失（记住：美国50%的婚姻是失败的），成功管理联盟的良好关系能力的短缺也就不足为奇了。

稀缺性的第二个方面是**合作伙伴稀缺性**（partner rarity），它被定义为寻找具有理想合作伙伴的难度。原因来自两个方面：（1）产业结构，（2）网络位置。首先，从产业结构的观点来看，在很多寡头垄断行业，可作为潜在合作伙伴的企业数量是有限的。在一些新兴经济体中，仅有少量当地企业可作为合作伙伴，后来者可能发现潜在合作伙伴早已被竞争对手"精挑细选"走了。在中国的汽车行业（不允许外国全资子公司），福特作为后来者只能与中国的二线企业联盟，忍受平平业绩。

其次，从网络位置观点来看，处于网络中心位置的企业会有更多更好的机会（如信息、关系、资本、商品和服务），因此可能积累更多的权力和影响力。[22] 结果是有更高**网络中心性**（network centrality）（即在企业间网络中，一个企业所处的位置对其他企业来讲是非常关键的）的企业更有可能成为有吸引力的合作伙伴。不幸的是，这种企业很少，而且它们对于合作伙伴也是很挑剔的。例如，思科、花旗集团和家乐福经常拒绝来自全球的各种联盟提议。

可模仿性。可模仿性问题涉及两个层面：（1）企业层面和（2）联盟层面。首先，正如之前所说，一个企业的资源和能力可能被合作伙伴效仿。例如，在20世纪80年代末期，麦当劳和莫斯科市政府建立了一个合资企业，后者帮助其进入了俄罗斯市场。然而，在20世纪90年代，莫斯科市市长创立了一家竞争性的快餐连锁店Bistro。Bistro试图通过大量复制麦当劳的产品和服务来蚕食其市场。麦当劳却做不了什么，因为没人会起诉莫斯科市市长并且还希望官司能赢。

另一个问题是成功联盟的合作伙伴间的信任和理解。没有这种"感觉"的企业可能很难模仿

第七章 战略联盟与网络 | 153

此类行为。CFM International 是通用电气和斯奈克玛（Snecma）在法国生产喷气发动机的一家合资企业，它已经成功运营了 30 多年。竞争对手很难模仿这种成功的关系。

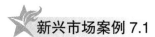

新兴市场案例 7.1

当地合作伙伴的视角："英国石油公司一直将俄罗斯人视为其附庸"

以下摘自 2008 年 7 月 7 日伦敦《金融时报》的文章，作者是秋明英国石油公司（TNK-BP）董事会主席，同时也是阿尔法集团（Alfa Group）的创始人，俄罗斯富豪米哈伊尔·弗里德曼（Mikhail Fridman），他拥有秋明英国石油公司 25% 的股份。

- 我们着眼于合资企业的未来，没打算出售有发展前途的业务。
- 我们想将秋明英国石油公司打造成国际石油巨子。
- 但是只有英国石油公司（BP）把我们视为其合作伙伴而不是其附庸时，我们才能做到这些。

资料来源：M. Fridman, 2008, BP has been treating Russians as subjects, *Financial Times*, July 7: 11. © Financial Times。

组织。类似地，组织问题影响到两个层面：（1）企业层面和（2）联盟/网络层面。首先，在企业层面，企业如何组织起来以便从联盟和网络中获益是一个重要问题。[23] 当此类关系数量较少时，许多企业会采取试错的方式。毫无疑问，"失误"是经常的。但问题是，即使是"成功"的案例，这种特别的方法也无法让企业从经验中进行系统的学习。对于参与全球很多联盟和网络的跨国公司来说，这显然是一种冒险的组织方式。作为应对，许多企业建立了一个专门的联盟部门（就像传统的财务和营销部门一样），通常由一名副总裁或部门主管领衔。这样一种专业部门成为从以前及当前联盟关系中获取经验的关键。惠普已经完成了一本 300 页的联盟战略管理指南，包括 60 种不同的工具和模板（如联盟协议、度量和审核清单）。惠普还组织每年 3 次、每次 2 天的课程，将联盟管理的心得传授给其世界各地的经理人。

在联盟/网络层面，一些联盟关系用一种让其他企业很难复制的方式组织起来。就像托尔斯泰在《安娜·卡列尼娜》开篇中所说的那样：幸福的家庭都是相似的，不幸的家庭各有各的不幸。如同处于不幸婚姻中的双方很难改善关系（尽管有许多专业的婚姻顾问、社工、朋友和家人）一样，不成功联盟（无论是什么原因）中的企业经常发现，组织和管理企业间关系是一项极具挑战性的工作。

制度基础观

规则支柱支持的正式制度。战略联盟和网络在正式的法律和管制框架内发挥作用。[24] 这些正式制度的影响可以从两个维度来阐释：（1）对反垄断的关注和（2）进入模式的要求。首先，很多企业会与竞争者建立联盟。竞争者之间的合作通常被反垄断当局怀疑至少存在暗中勾结的行为（详见第八章）。不过，因为联盟内的整合通常没有收购（会消除一个竞争者）那么紧密，因此，反垄断当局更可能批准联盟而反对收购。[25] 例如，美国和英国反垄断当局均反对美国航空公司和英国航空公司合并的提议。然而，却允许它们结成联盟，该联盟最终发展成了拥有多家合作伙伴的寰宇一家。另一个例子是，美国反垄断当局反对 AT&T 和 T-Mobile（德国电信在美国的一家全资子公司）的合并，但是两家企业的漫游业务合作却得到了美国政府的支持。

其次，市场进入模式的正式要求会影响联盟和网络。在许多国家，政府不鼓励或者干脆禁止建立外资独资企业，因此和当地企业建立一些联盟关系是对外直接投资唯一的进入方式。例如，印度政府曾规定零售业外资企业的股份不能超过51%，这迫使外国进入者与当地企业建立合资公司等企业联盟。沃尔玛就与巴蒂成立了各占一半股权的合资企业——巴蒂沃尔玛私营有限公司。

最近，在进入模式的要求上，正式的政府政策有了两个新的特点：第一是总体趋势倾向于自由化政策。原来仅认可合资企业进入方式的一些政府（如墨西哥和韩国），现在也允许独资企业进入了。结果，在新兴市场中合资企业数量明显下降，而并购数量相应增长。[26] 第二个特点是很多政府仍然有大量要求，尤其是当外资企业并购本国资产的时候。在具有战略重要性的中国汽车装配业和俄罗斯油气行业中，只允许合资企业进入（详见结篇案例），因此没有并购的可能性。美国法律规定外国航空公司持有美国任何一家航空公司的股份不能超过25%，欧盟也限制非欧盟成员持有欧盟航空公司的股份不得超过49%。

规范与认知支柱支持的非正式制度。 非正式制度首先集中体现在规范支柱支持的集体规范上。制度基础观的一个核心观点是，由于企业要提高或者保护其合法性，因此，模仿其他声誉好的企业——甚至还不知道这样做的直接收益如何——可能是获得合法性的一种低成本方式。这样，当竞争者有很多联盟的时候，追随联盟"潮流"比忽视这种行业趋势是遵从规范的更好方法。[27] 换句话说，与没有合作者因而连立足之地也没有相反，来自商业舆论、投资群体和董事会意见方面的非正式但强大的规范压力，可能推动如福特之类的后来者与中国相对弱小的企业（如前所述）结成联盟。与未婚成年人可能会经历被催婚的社会压力一样，坚持"独立发展"的企业，特别是当它们面临绩效问题的时候，经常会面临来自同行、分析师、投资者和媒体类似的压力和批评。这样做的另一面就是很多企业在没有进行足够的**尽职调查（due diligence）**（在签协议之前开展调查）前，就一头扎进了企业间关系网络，然后就是烧钱。

非正式制度的第二个方面强调认知支柱，它的核心是能引导企业行为的内部价值观和信念。英国宇航系统公司（BAE Systems，原英国宇航公司）在20世纪90年代宣布，未来所有飞机研发项目都将以联盟形式开展，充分说明了这家公司对联盟战略的坚定信念。

总之，这两种基于制度基础观的（最早在第四章提出）核心命题都可在此用上。第一个命题——个体和企业都会在制度限制内理性追求利益并做出战略选择——体现在正式的规则、非正式但强大的规范及内部化的认知等的制约和赋能上。第二个命题——当正式约束失灵时，非正式约束可能发挥巨大的作用——也是显而易见的。与规范人类婚姻的制度相似，正式管制和契约只能规范联盟/网络行为的小（尽管重要）部分，而这种关系成功与否，在很大程度上取决于合作伙伴间受非正式规范和认知影响的日常互动。这一点在下面三节有关战略联盟和网络形成、演化和绩效中进一步详细展开。

联盟的形成

联盟是怎样形成的？图7.3通过一个三阶段模型来回答这个问题。[28]

第一阶段：合作还是不合作

在第一阶段，企业必须决定是否能够通过市场交易、并购或联盟来获得增长。[29] 单纯通过市场交易获得增长，企业将不得不独自面对竞争的挑战。这对企业提出了很高要求，即使是资源丰富的跨国公司也是如此。就如在本章之前所提到的，并购有一些特殊的劣势，使得很多管理者认为联盟是可行之路。例如，位于达拉斯的萨博旅行网（Sabre Travel Network）依靠联盟进入了澳大利亚、巴林、印度、以色列、日本和新加坡市场。

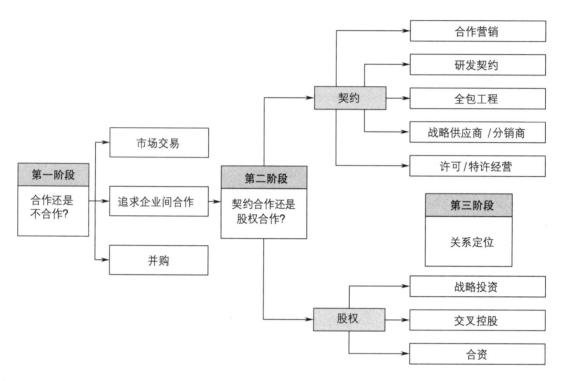

资料来源：改编自 S. Tallman & O. Shenkar, 1994, A managerial decision model of international cooperative venture formation (p. 101), *Journal of International Business Studies,* 25(1): 91–113。

图 7.3　联盟的形成

第二阶段：契约合作还是股权合作

在第二阶段，企业必须决定是采用契约还是股权的方式进行合作。正如第五章所说，在契约和股权之间的选择是至关重要的。表 7.2 提出了四种驱动力。第一种驱动力是共享的能力。这种能力越隐性（即很难描述和编码）就越倾向于股权合作。尽管这不是唯一的方式，学习**复杂**过程的最有效方式是通过**干中学（learning by doing）**。一个好的例子就是通过实际下厨而不是仅仅阅读烹饪书来学习烹饪。许多业务流程的学习也是这样的。一家想生产汽车的企业会发现书中或者是报告中的显性知识（codified knowledge）是不够的。很多隐性知识（tacit knowledge）只能通过干中学来获得，尤其是通过与专家结成联盟伙伴。

第二种驱动力是直接监督和控制的重要性。股权关系使企业可对联合业务有直接且持续不断的控制，但是契约关系通常不是。总体上来说，害怕知识产权可能被侵害的企业更倾向于股权联盟（并持有高股份）。

第三种驱动力是实物期权的思想。一些企业倾向于首先建立契约关系，实际上是一种实物期权（或垫脚石）行为，一旦双方都对合作满意就可进一步升级为股权联盟。

驱动契约和股权之间选择的第四种力是制度约束。前面提到过，一些政府倾向于通过要求或鼓励本国企业与外国企业成立合资企业来帮助本国企业获得技术升级。中国汽车行业就是一个很好的例子。

表 7.2	股权与非股权战略联盟和网络	
动力	股权联盟／网络	非股权联盟／网络
共享资源的性质（隐性和复杂性程度）	高	低
直接监督和控制的重要性	高	低
实物期权的潜力	高（可能升级到并购）	高（可能升级到股权关系）
正式制度的影响	高（当受到监管限制或鼓励时）	高（当受到监管限制或鼓励时）

第三阶段：关系定位

尽管历史上战略联盟的形成一直被假设发生在两个合作者之间，但企业间关系的大量涌现意味着需要扩展这样的假定。如果每家企业都可能罗织多个企业间关系网，将其作为企业组合（或网络）（详见表 7.3）来管理就很重要。考虑到与竞争对手建立的一些棘手的联盟关系，几个独自看都算得上"最佳"的关系组合，并不一定能创造出对整个企业最优的关系组合。[30] 在这个错综复杂的世界中，联盟打开了一些门，同时也关上了其他的机会。换句话说，"我朋友的敌人是我的敌人，我敌人的敌人是我的朋友"。因此，为防止"战略僵局"，在每个关系**形成前**认真评估其对企业其他关系的影响就显得越来越重要了（详见开篇案例和结篇案例）。

表 7.3	思科的高级战略联盟伙伴
平台企业	惠普，IBM，EMC，微软，SAP
电信企业	富士通，Italtel，摩托罗拉，诺基亚，诺基亚西门子通信
服务企业	埃森哲，毕博，Capgemini，EDS，Wipro

资料来源：www.cisco.com。

联盟的演化

所有的关系都在演化——一些成长，一些消亡。[31] 本节将解决三方面问题：（1）防范机会主义；（2）从强关系演化为弱关系；（3）关系解除。

防范机会主义

机会主义的威胁在联盟里挥之不去。大多数企业想让自己拥有的关系发挥作用，而一旦对方是机会主义者的时候，也想保护自己（见结篇案例）。[32] 尽管完全消除机会主义很难，但是可以通过（1）隔离关键能力或（2）通过可靠的承诺来交换关键能力，从而最小化其威胁。

首先，双方都可以通过签订契约来隔离不愿分享的关键技术和能力。例如，通用和 Snecma 合作生产飞机发动机，但通用却不想与斯奈克玛完全分享其专利技术。通用因此提供密封的"黑箱"核心部件（Snecma 无法看到内部），只允许 Snecma 进行总装。这种关系，用婚姻来描述，就像夫妻通过婚前协议保护婚前财产一样。只要双方都愿意接受这种协议，这种关系就可以发展。

其次是技术和技能交换，与第一种措施完全相反。双方不仅同意不隐瞒关键技术和能力，而且运用可信的承诺持有对方的技术和能力作为"人质"（hostage）。[33] 例如，摩托罗拉将其微处理器技术授权给东芝，作为交换，东芝将其内存芯片技术许可给摩托罗拉。建立一种互惠的关系可能会增加双方合作的动力。

在婚姻术语中，互为"人质"与以下承诺类似："亲爱的，我将永远爱你。如果我背叛了你，你可以杀了我。但是如果你敢背叛我，我会砍掉你的头！"稍微换个角度看，冷战期间岌岌可危的和平可看作互为"人质"的成功案例。因为美国和苏联都将对方看作"人质"，没人敢先发起核打击。只要首先遭受核打击的受害者剩下一艘装载洲际弹道导弹的核潜艇（比如美国俄亥俄级或苏联台风级），这一艘潜艇就有足够的报复火力将美国或苏联的前20座大城市从地球上抹掉，这是两个超级大国都不能接受的结果（见电影《猎杀红十月号》）。冷战没有升级的部分原因就是这种"相互确保摧毁"（mutually assured destruction，MAD）战略——一个真实的军事术语。

从强联系到弱联系的演化

在第六章首次介绍的强联系是经过长时间形成的更持久可靠和值得信任的关系。强联系有两种优势：

- 强联系经常与精确的、高质量的信息交换有关。
- 强联系作为非正式的社会控制机制，可替代的正式契约，因此，可用来与机会主义斗争。很多战略联盟和网络最初就是建立在个体和企业之间的强联系上的。

以低频率互动和低亲密性为特点的弱联系可能提供更多的机会。弱联系有两种优势：

- 维持弱联系的开销很少（需要的时间、精力和金钱更少）。
- 弱联系在连接自己不熟悉的其他个体上有优势，这些个体拥有战略行动所需的独特和新颖信息——通常被认为是弱联系的**强项**。这一点对企业搜寻先进技术和实践的新知识时尤为重要。

同一个人通常既有少量好友（强联系）也有大量认识的人（弱联系）一样，企业在任何时点也会同时拥有企业间的强联系和弱联系。强联系和弱联系都是有益的，但是要看在什么情况下。影响企业获取所需优势的一种情况是，看其战略设计在多大程度上是**利用**现有资源（如现有联系），还是**开发**新机会（如未来的技术）。

我们特别感兴趣的是由著名组织理论学家詹姆斯·马奇提出的"利用"和"开发"之间的差异。**利用**（exploitation）是指"诸如提炼、选择、生产、效能、挑选和实施"，而**探索**（exploration）包括"搜索、变化、风险承担、试验、游戏、柔性、发现和创新之类术语描述的事情"。[34] 尽管两种战略行动都很重要且经常同时发生，但由于企业拥有的资源有限，就要在两者之间取舍以求平衡。[35] 因此，企业在特定时期会**强调**某类联系。在有利于利用的环境下，强联系可能更有益。相反，在适合开发的环境里，弱联系可能更有利。

许多强关系会演变成弱关系，我们可以举两个不同情境的例子来说明这种动态性。首先，新创企业经常首先关注紧密的强联系，因为它要寻求利用创始人现有的外部网络资源来确保生存。在下一阶段，最初的大部分机会都使用（和消耗）完之后，企业开始寻求新机会。因此，企业转变到开发行为以寻求新机会，这就需要更多元化的弱联系。亚马逊联盟组合的改变就是这样一种演化。最初，亚马逊与一些关键出版商和分销商建立了强联系。当亚马逊拓展到新产品（玩具和CD）和新商业模式（拍卖）时，它就与许多不同类型的大供应商、小商人和拍卖企业建立了弱联系。

第二个例子是由两个合作伙伴创立的合资企业。随着时间的推移，合作初期的机会被合资企业充分利用至枯竭后，双方开始新一轮的机会搜寻时，就会希望与不同类型的企业建立一些弱联系。换句话说，合资企业内部的强联系可能变得太局限了。然而，原有的合作伙伴会因此感到沮丧。想想在婚姻关系中，当一方正在发展第三者关系时（尽管只是弱联系！），另一方的勃然大怒就比较容易理解了。在英国石油公司与俄罗斯AAR公司关于TNK-BP公司分歧的案例中，AAR就因英国石油公司与俄罗斯石油公司通过一个新的联盟建立"婚外恋"关系而感到不满（详见结篇案例）。

从企业联姻到离婚[36]

联盟经常被描述为企业联姻，那么当结束的时候，就是企业离婚。图7.4刻画了一种联盟分手模型。为使用离婚这一比喻，我们聚焦在两个合作伙伴的联盟上。按照惯例，首先启动结束联盟关系的一方被称为发起方，另一方被称为伙伴方——因为没有更合适的词。我们会在结篇案例解释这一过程。

第一阶段是发起。当发起者开始对联盟感觉不舒服时，这个解散过程就开始了（不管什么原因）。风浪始于发起方，如案例中的AAR公司，静悄悄地单方面动摇。在反复请求英国石油公司改变其行为遭到失败之后，AAR开始升级其诉求。这时，AAR开始越来越大胆地表现出不满。起初，其伙伴方英国石油公司还不"明白"。发起方的"突然"不满使伙伴方感到莫名其妙。因此，发起趋向升级。

第二阶段是公开。首先发布消息的一方有先动优势。通过公布一条能被社会公众接受并对己有利的理由，该方可以赢得关键利益相关者（例如母公司高管、投资者和新闻记者）的同情。无疑，发起方有可能首先公开。另一种可能是伙伴方先发制人，指责发起方并树立起自己的正义形象——这就是英国石油公司的做法。最终，AAR和英国石油公司都急于公开宣泄它们的不满（详见新兴市场7.1）。

第三阶段是解散。如离婚一样，联盟解散可以是友好的或是敌对的。在无异议离婚中，双方将分手更多归因于环境改变之类。例如，美国礼来公司（Eli Lilly）和印度兰伯西公司（Ranbaxy）关闭了双方在印度的合资企业，但是彼此仍然保持了友好的关系。相反，有异议离婚往往是一方责备另一方。最坏的情况是每个回合都有一方故意让另一方遭受"千刀万剐"的痛苦。一个案例是达能和娃哈哈互相指责对方而在很多国家（如英属维尔京群岛、中国、法国、意大利和美国）相互告来告去，引发大量诉讼和仲裁。

最后一个阶段是分手后。和大部分的个体离婚一样，大多数（并不是所有）"离婚的"企业倾向于寻找新伙伴。可以理解的是，新联盟的谈判更加冗长。[37]据报道，一家意大利公司的总裁曾在一份长达2 000页的联盟协议的每页上都签了字！[38]然而，过度正式可能是缺少信任的信号——这与婚前协议可能会吓跑许多潜在的婚姻伴侣一样。

图7.4阐明了在解散的每个阶段，都有一种退出方式。在英国石油公司与俄罗斯AAR公司有关秋明公司争议的案例中，尽管双方都公开指责对方，但仍设法保持"婚姻"状态，并没有解除对双方都很重要的联盟关系（详见结篇案例）。

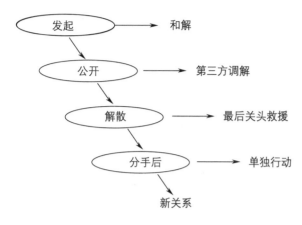

资料来源：改编自 Adapted from M. W. Peng & O. Shenkar, 2002, Joint venture dissolution as corporate divorce (p. 95), *Academy of Management Executive*, 16 (2): 92–105。

图 7.4 联盟解散

联盟的绩效

绩效是战略联盟和网络的中心议题。[39] 这一部分将讨论（1）联盟和网络的绩效，以及（2）母公司的绩效。

战略联盟和网络的绩效

尽管管理者很自然地会关注联盟绩效，但对于如何测量绩效观点各异。[40] 表 7.4 表明，可使用客观测量（如利润和市场份额）和主观测量（如管理满意度）相结合的方法。图 7.5 指出了四种可能影响联盟绩效的因素：（1）股权；（2）学习和经验；（3）国籍；以及（4）关系能力。

首先，股权比重对联盟如何运作的影响是至关重要的。持股比例越高就意味着企业越投入，越可能产生更高的绩效。其次，当评估联盟绩效时，企业是否能成功地从合作伙伴那里学到知识也是重要的。由于学习是抽象的，常常就用经验来代替，因为相对容易测量。[41] 尽管经验肯定是有帮助的，但它对绩效的影响并不是线性的。超过某个极限后，经验的增长也许就不再增进绩

效。[42] 再次，国籍可能影响绩效。如同双方有相似背景的婚姻更加稳定一样，国家文化的不同可能会给联盟造成负担。国际联盟比国内联盟有更多问题就不足为奇了（详见结篇案例）。最后，联盟绩效可以基本归结为难以测量的软关系能力。这种企业专有的、难以编码和转移的关系能力艺术，可以成就也可以摧毁联盟。

然而，这些因素中没有一个能直接明确地影响绩效。[43] 研究发现它们可能与绩效有某些**相关性**。如果认为任何单一因素就可以确保成功，那就太天真了，是它们的**组合**共同提高了战略联盟成功的概率。

表 7.4 联盟和网络相关绩效测量

联盟/网络层面	母公司层面
客观指标：	客观指标：
■ 财务绩效（例如：利润率）	■ 财务绩效（例如：利润率）
■ 产品市场绩效（例如：市场份额）	■ 产品市场绩效（例如：市场份额）
■ 稳定性和长久性	■ 股票市场反应
主观指标：	主观指标：
■ 高层管理满意度	■ 目标达成的评估

母公司的绩效

母公司能从战略联盟和网络中获益吗？[44] 这需要回到联盟和网络关系是否会增加价值这个问题上来（之前讨论过）。与联盟/网络绩效问题缺少共识相比，有关母公司绩效（如利润率、产品市场份额和股票市场反应）的测量标准有很多共识（见表 7.4），另外，像目标达成这一更主观的测量也为管理者所接受。

许多研究表明合作和共享技术的层次越高，母公司的盈利能力和产品市场份额越好。[45] 另一些研究通过将每次进入或退出一个联盟（网络）的决策视为"事件"，来关注股票市场反应。如果事件窗口足够短（事件发生前后几天内），就

可能观察到由这个特定事件直接引起的"异常"股价变化。许多事件研究的确发现股票市场对联盟活动有积极反应，但仅仅发生在某些情形下，例如：（1）资源互补；（2）有联盟经验；（3）管理东道国政治风险的能力。[46] 总之战略联盟和网络能为母公司创造价值是显而易见的，但是如何创造的仍然不清楚。

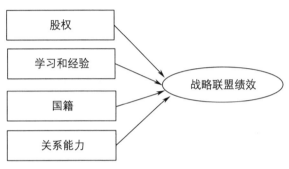

图7.5 联盟绩效的背后是什么？

争论和引申

联盟和网络的兴起产生了许多争论。这里介绍其中三条：（1）合资企业中作为控制机制的多数股权与作为实物期权的少数股权；（2）联盟与收购；（3）收购与不收购联盟伙伴。

作为控制机制的多数股权合资与作为实物期权的少数股权合资

一个长期存在的争论是关于合资企业中股权的适当比例问题。尽管在大部分合资企业中拥有高比例股权控制的逻辑是显而易见的，但是实际执行中经常存在问题。即使在高控股和强议价能力情况下，一方坚持控制权也会激怒其他方。这尤其可能发生在新兴经济体的国际合资企业中，当地合作伙伴经常对西方跨国企业的盛气凌人感到愤愤不平（见新兴市场案例7.1）。一些学者主张50/50平分管理控制权，即使跨国公司持有多数股权。[47] 但是，50/50的合资企业也有头痛的事（详见结篇案例）。

作为少数股权合资者除了常见的好处之外（如在管理资源和注意力上的低成本和低需求），另一好处是之前提及的行使实物期权。一般来说，情况越不确定，实物期权的价值就越高。在高不确定性但有潜在希望的行业和国家，并购或多数股权可能是不明智的，因为失败的成本是巨大的。因此，推荐采用少数股权的立脚点（**toehold**）投资，作为未来进一步投资可能的垫脚石——如果必要的话——以免将合作伙伴过于暴露在风险之中。

由于实物期权的观点较新，其应用性仍在争论中。尽管实物期权的逻辑是简单明了的，但其实践——当应用到合资企业并购时——是混乱的。这是因为大部分合资协议没有事先约定一方购买另一方资产的价格，而是仅仅给出了同意在友好协商下的优先购买权。这是可以理解的，因为"任何一方都不想以高于预期的价格购买或低于预期的价格卖出"。[48] 结果，如何达成"公平"价格的协议就很棘手。

联盟与收购

联盟的一种替代形式是并购（见第九章）。许多企业似乎孤立地追寻并购或联盟。尽管很多大型跨国公司有并购管理部门，有一些也设立了联盟管理部门（之前讨论过），但很少有企业设立整合的"并购和联盟"管理部门。从实践角度看，还是建议企业将联盟和并购放在一个决策框架内考虑。[49] 见新兴市场案例7.2。

新兴市场案例 7.2

巴西航空工业公司的联盟和收购

巴西航空工业公司是巴西小型商用和军用飞机制造商，作为国有企业成立于20世纪60年代。1994年，巴西航空工业公司完成私有化，60%股份为巴西私人企业所有（尽管政府仍持有控制性的"金股"）。公司在私有化之前就进行了海外投资（1979年在美国，1988年在欧洲），主要为发达国家客户提供销售和技术支持。1994年之后——特别是1999年——与欧洲宇航防务集团和法国泰利斯（Thales）等欧洲企业集团建立了一系列战略联盟，以获取技术（以及通过合作来减少风险）。此后，又通过收购来确保其在特殊航空器市场的品牌认知度。2004年，公司在中国建立了组装工厂（拥有51%的股权），为中国和区域市场提供飞机最终的组装服务。由于销售收入的90%来自海外，巴西航空工业公司被视为巴西（甚至拉丁美洲）少数真正的全球企业。

资料来源：United Nations, 2006, *World Investment Report 2006: FDI from Developing and Transition Economies* (p. 159), New York and Geneva: United Nations/UN Conference on Trade and Development (UNCTAD). © United Nations, 2006。

表 7.5 联盟与收购

	联盟	收购
资源依赖性	低	高
软资产对硬资产的比例	高	低
价值创造的来源	整合互补资源	去除冗余资源
不确定性水平	高	低

资料来源：基于 J. Dyer, P. Kale, & H. Singh, 2003, *Do you know when to ally or acquire? Choosing between acquisitions and alliances*, Working paper, Brigham Young University。

如表 7.5 所示，联盟倾向于合作伙伴间的松散协作，在相互依赖程度高的情况下是不适用的，这种情况就需要收购。当软硬资产比相对较高时（如隐性知识高度集中），联盟比较适用；当比例较低时，收购比较适用。联盟主要通过整合互补资源创造价值；而收购主要通过去除冗余资源产生价值。最后，与实物期权观点一致，联盟更加适用于不确定性环境，收购则适合确定性环境。[50]

尽管这些规则并不复杂，"但很少有企业能够严格遵循"。[51] 以可口可乐和宝洁公司于 2001 年的一次合作为例。两者将各自的果汁饮料业务合并（如可口可乐 Minute Maid 和宝洁的 Sunny Delight），成立了一家 50/50 合资企业。成立目的是要整合可口可乐的分销系统和宝洁的消费品研发能力。然而，股票市场随即释放出了混合的信号。在消息宣布当天，宝洁的股票上涨了 2%，而可口可乐股票却下跌了 6%。其实，可口可乐可以简单地通过收购宝洁果汁饮料业务获得更好的绩效，理由有三个：首先，为了获取预期协同效应，需要更高的整合度；其次，因为可口可乐的分销资产是相对容易衡量的硬资产，而宝洁公司的研发能力是难以衡量的软资产，所以可口可乐公司要承担更高的风险；最后，果汁饮料行业的不确定性较低。因此，投资者难以理解为什么可口可乐愿意将这一快速增长的业务 50% 拿出来与行业落后者宝洁分享。因此，这一合资在六个月内就结束就不足为怪了。

另一方面，许多并购案（如戴姆勒与克莱斯勒）如果至少在最初阶段采用联盟方式，结果可能就会好很多。总体上看，收购作为获取另一企业资源的第一步，在实践中可能被过度使用了；而联盟这一方式可以在投资规模的扩大或缩小上提供很多的灵活性。

收购与不收购联盟伙伴

正如前面所指出的，网络中心性高的联盟伙伴从其位于网络中心的位置上获益。一种争论是中心企业是否应该收购网络中其他更边缘（距中心较远位置）的企业和较小的企业。有关美国和中国企业的比较研究揭示了有趣的相反结果。在美国，一个网络联盟中心位置的企业似乎愿意享受高中心性收益，并不急于收购联盟伙伴——这一发现与传统的网络理论预言相一致。[52] 然而，在中国，享有高中心性的企业看上去更加野心勃勃，会以更快的速度收购合作伙伴——这一发现与标准的预测正好**相反**。[53]

为什么会有这样的差异？学者们猜测，可能是因为中国动态的、快速变化的制度变迁，任何与高中心性相关的竞争优势都可能转瞬即逝，促使中心位置的企业快速收购联盟伙伴。在美国，动态竞争的脚步没有如此疾速，因而允许一些中心企业放心享受收益而不需要去收购联盟伙伴。[54] 换句话说，如果实物期权逻辑有用，那么它在美国要比在中国在更长一段时间发挥作用。

除了中国企业，新兴市场如巴西和印度的企业看起来也很少有耐心，经常陷入收购海外联盟伙伴的"并购狂潮"中。习惯了**国内**动态快速的竞争，新兴市场企业可能对激进的快速收购**海外**合作伙伴感兴趣——因为它们害怕如果行动不迅速，任何与收购相关的竞争优势会很快被削弱。[55]

快速收购战略联盟伙伴是否能改善母公司绩效还不得而知。从这个争论中可以得出的两点经验是：（1）发达经济体中的联盟伙伴需要习惯由新兴经济体企业发起的更"火速"的收购；（2）在新兴经济体中竞争时，来自发达经济体的企业需要加快它们的伙伴收购过程。[56]

精明的战略家

按照定义，传统上的企业战略是关于单一企业如何制定战略和竞争的。与仅仅关注竞争不同，新一代战略家需要同时在竞争和合作上——或者说是在"合作竞争"中得心应手。[57] 例如，在2010年苹果公司CEO斯蒂夫·乔布斯去世前，有记者问谷歌时任CEO埃里克·施密特（Eric Schmidt）："你不再担任苹果公司董事。据说乔布斯对你这个朋友很失望。他说，'我没有进入搜索业务领域，为什么你进入手机行业？'"埃里克是这样回答的：

> 苹果既是我们的合作伙伴也是我们的竞争对手。我们与他们有搜索业务上的合作，并在最近得以延伸，我们还一起做了各种有关地图以及其他类似业务。这些事情加在一起说明，两家大企业将保持紧密的关系，两家企业都很重要，我都非常在乎。但是安卓系统比苹果手机出现得更早。[58]

精明的战略家提供了三个重要的行动启示（见表7.6）。

表 7.6　战略启示

- 提升关系（合作）能力对战略联盟和网络成功至关重要
- 理解并掌握世界范围内治理联盟和网络的游戏规则
- 谨慎权衡联盟与收购的利弊

首先，提升关系（合作）能力对战略联盟和网络的成功至关重要的。考虑到优秀的关系处理技能在总体上是稀缺的（想想高离婚率）及学校商科课程经常强调牺牲合作的竞争，你就需要格外努力去学会合作。表7.7中列出的该做与不该做的事情可作为一个有益的开始。

表 7.7　提高联盟成功的概率

领域	该做与不该做的
合同与"感觉"	没有一个合同能涉及关系中的所有要素。靠一份详尽的合同并不能确保成功的关系。它也许意味着缺乏信任
警示标志	识别常见的批评、防御（总将问题归咎于他人）和障碍（在对抗中撤退）的特征
对关系投资	如同婚后双方努力增进关系一样，联盟也需要持续的滋养。一旦一方开始动摇，很难扭转分手进程
冲突解决机制	"感情好的"夫妻也会吵架。他们的秘密武器是找到避免冲突无限扩大的机制。管理者需要以一种可靠的、负责任的和可控的方式来处理每个联盟中必然存在的冲突

资料来源：M. W. Peng & O. Shenkar, 2002, Joint venture dissolution as corporate divorce (pp. 101–102), *Academy of Management Executive*, 16 (2): 92–105。

其次，你需要理解和掌握世界范围内治理联盟和网络——正式的和非正式的——的游戏规则。一个国家的正式规则要求企业以联盟而非独资作为进入模式首选，这自然会令企业采用联盟战略。正如美国礼来公司在 20 世纪 90 年代进入印度时的做法。随着时间推移，这些规则都慢慢放松了，独资企业也被允许了，因此，这使礼来公司能够重新考虑其合资战略。非正式规范和价值也同样重要。在联盟缺乏正式法律支持时，进入新兴经济体的规范曾一度支持联盟的发展（详见开篇和结篇案例）。然而，近来在新兴经济体中的趋势是，逐渐淘汰联盟并强化对子公司的控制。

最后，需要仔细衡量联盟和收购的利弊。正如可口可乐与宝洁建立果汁饮料合资企业之后所发现的那样，没有考虑其他选项就一头扎入联盟（或收购）可能适得其反。将联盟和收购**整合**在同一个决策框架中是必要的。

总之，本章回答了战略中的四个基本问题。

问题 1（为什么企业存在不同？）和问题 2（企业如何行动？）的答案归结为基于产业、资源和制度考虑，分别如何驱动了联盟和网络的活动。是什么因素决定企业的经营范围（问题 3）——本章中具体指联盟的范围——可以在这些关系的战略目标中找到。一些联盟范围较广，预期最终会合并（如雷诺日产联盟）；而另一些联盟范围有限，合作伙伴在其他方面进行着激烈的竞争（如通用汽车和丰田的合资企业）。最后，除了如技术和资本等"硬"资产外，战略联盟和网络的全球成败（问题 4），从根本上讲，取决于企业在管理其关系时如何发展、占有和利用"软"关系能力。总之，毫无疑问，战略联盟和网络是很难管理的。但管理从来都不简单，无论是管理外部关系还是管理内部单元。

本章小结

1. 定义战略联盟和网络
- 战略联盟是企业间自愿达成的合作协议。
- 战略网络是由多个企业建立起来的战略联盟。
2. 阐述战略联盟和网络的综合模型
   基于产业、资源和制度考虑，构成了战略联盟和网络综合模型的骨架。
3. 理解联盟和网络形成背后的决策过程
   联盟和网络形成的主要阶段包括：（1）决定是否合作；（2）决定采用契约还是股权模式；（3）定位具体关系。
4. 深入了解联盟和网络的演化
   我们强调演化的三个方面是：（1）反对机会主义；（2）从强关系演化为弱关系；（3）从合作联姻到分手。
5. 识别影响联盟和网络绩效的动因
   在联盟/网络层次，（1）股权；（2）学习和经验；（3）国籍；（4）理性能力等被认为影响联盟和网络的绩效。

6. 参与关于联盟与网络的三种主要争论（1）作为控制机制的多数股权合资与作为实物期权的少数股权合资；（2）联盟与收购；（3）收购与不收购联盟伙伴。

7. 战略启示
- 提高关系（合作）能力。
- 理解并掌握世界范围内管理不同联盟与网络的游戏规则。
- 谨慎权衡联盟与收购的利弊。

关键词

多伙伴战略联盟　开发　实物期权　契约（非股权）联盟　利用　关系（合作）能力　交叉持股　横向联盟　战略联盟　下游垂直联盟　干中学　战略投资　尽职调查　学习竞赛　战略网络　股权联盟　网络中心性　上游垂直联盟　伙伴稀缺性

讨论题

1. 任意挑选一个最近成立的跨国企业联盟的公告。预测它将成功还是失败。

2. **伦理问题**：在接触和谈判阶段，管理者经常强调"平等伙伴关系"且不暴露（和试图隐藏）他们的真正意图。这里的道德困境是什么？

3. **伦理问题**：有些人认为参加"学习竞赛"是不道德的。另外一些人认为"学习竞赛"是联盟关系的重要组成部分，尤其是竞争者之间。你怎么认为？

拓展题

1. 有些人认为，战略联盟和网络的失败率很高，约为30%~70%（取决于不同的研究）。因此，企业应减少联盟和网络行为。还有一些人认为，这个失败率并不会高于新创企业、企业内创业、单个企业开发的新产品，以及并购。因此，这样的失败率并不值得特别关注。请简要描述你对这个争论的看法。

2. 请两两合作，找出你所能找到的时间最长的联盟关系。以小论文或幻灯片形式说明其长寿的秘诀。

3. 人类婚姻与企业联盟的异同点是什么？人类婚姻成功与否的背后经验如何增强联盟成功概率？请简要陈述你的观点。

结篇案例 （道德困境、新兴市场）

英国石油公司、俄罗斯AAR公司和秋明公司（可同时参阅新兴市场案例7.1）

秋明英国石油公司（TNK-BP，以下简称秋明公司）是一家合资企业，英国石油公司拥有50%股份，代表俄罗斯三大主要商业集团Alfa、Access和Renova的俄罗斯AAR财团拥有剩下的50%股份。秋明公司是一家大型石油公司，成立于2003年。它是俄罗斯第三大石油生产商，也是世界前十大私营石油公司。秋明公司每天生产190万桶原油，占英国石油公司产量的25%，储备量的40%。每年支付给英国石油公司20亿美元的分红。用《彭博新闻周刊》的话说，这样一个拥有巨额储备的现金牛看起来就是一个"上帝的礼物"。不幸的是，秋明公司却陷入了英国石油和其三家俄罗斯寡头合伙人之间无休止的烦恼、冲突和阴谋中。三个寡头合伙人分别是哈伊尔·弗里德曼（Alfa 集团创始人及秋明英国石油公司董事会主席）；伦恩·布拉瓦特尼克（Len Blavatink，Access 集团创始人）和维克托·韦斯伯格（Viktor Vekselberg，Renova 集团创始人）。两段剧情由此展开。

第一幕

2008 年，俄罗斯合伙人公开了两点不满。首先，秋明公司对英国石油公司的外派咨询顾问依赖太多，他们的费用就像"欺诈"——对英国石油公司来说是额外分红，但对秋明公司来说却是额外的成本。其次，也是更为重要的，俄罗斯合伙人希望秋明公司能走出俄罗斯和乌克兰，但英国石油公司坚持让其在俄罗斯和乌克兰发展，以免秋明公司成为自己的全球竞争者。一份来自时任秋明公司首席执行官、美国人鲍勃·达德利（Bob Dudley）的备忘录禁止管理者考虑与美国国务院黑名单上的国家（如古巴、伊朗和叙利亚等）进行交易。"秋明公司是一家独立的俄罗斯企业，"弗里德曼指出，"因此应该遵循俄罗斯法律。"这意味着可以和这些国家进行交易。事实上，考虑到企业的俄罗斯背景，秋明公司可能更适合去这些被美国政府列为"流氓"的国家中开拓市场。董事会的争吵很快泄露并登上了媒体的头条。俄罗斯合伙人宣称秋明公司可以自由成长为一家独立的、全球性石油公司（至少合资协议并没有禁止这样）。

该事件在 2008 年快速发酵。1 月，在秋明公司工作的英国石油公司 148 位外籍咨询顾问的签证被吊销。3 月，警察突击搜查了英国石油公司和秋明公司在莫斯科的办公室。不久之后，一位秋明公司的经理因被指控间谍罪遭到被捕。4 月，一位鲜为人知的小股东向法院提起诉讼，以阻止英国石油公司外籍咨询顾问在秋明公司工作。6 月，这场关于谁应该在这家公司掌权的闹剧达到了高潮。在莫斯科一场有移民官员主持的、有关该给秋明公司外籍员工多少份签证的听证会上，竟出现了两个宣称代表秋明公司的代表！秋明公司首席运营官和英国石油公司代表蒂姆·萨默（Tim Summers）认为需要 150 位外籍员工签证。但是，秋明公司的一名董事会成员及 12.5% 股份的持有者韦斯伯格则认为仅需要 71 份签证。政府官员支持韦斯伯格的提案，并几乎立即强制驱逐一些外籍员工永远离开俄罗斯。

英国石油公司将此次事件看作寡头长久以来形成的、通过政治压力攫取企业控制权的行动，认为事件结果将是对俄罗斯法治的检验。英国石油公司也暗示，俄罗斯政府可能是俄方寡头大胆举动的幕后操纵者。在《金融时报》2008 年 7 月 7 日的一篇文章中，弗里德曼否定了政治动机这一说法，并将此事件描述为"一场有关对业务战略发展存在不同设想的传统商业纠纷"（见新兴市场案例 7.1）。弗里德曼批评了英国石油公司的机会主义，指出英国石油公司对待秋明公司就像其全资子公司，而完全不像合资企业。据称，英国石油公司无视股东的平等权利，视俄罗斯人如"附庸"。文章同时指出，英国石油公司更加关心石油储备而不是成本或利润。结果呢？达德利作为公司的首席执行官被解雇了。在如此巨大的压力下，Dudley 不得不迅速逃离俄罗斯。一家俄罗斯法庭甚至以所谓的违反当地劳动法的名义，禁止其工作两年。2008 年 9 月，弗里德曼除了担任公司董事会主席外，也成为公司临时首席执行官。

最终，俄罗斯企业还是需要英国石油公司的专业经验，英国石油公司也需要秋明公司在西伯利亚的原油，毕竟这与在墨西哥湾等复杂又不安全的深水钻油相比，既简单又安全。2010 年 4 月，英国石油公司在墨西哥湾发生了灾难性的漏油事故。2010 年 7 月，达德利——尽管在俄罗斯受辱——被晋升为英国石油公司新任首席执行官。作为新任首席执行官，达德利迅速飞往莫斯科且变得对俄罗斯合伙人更包容。英国石油公司的态度也随之改变，同意秋明公司向海外扩张。2010年10月，英国石油公司将其在委内瑞拉和越南价值18亿美元的资产卖给了秋明公司——这是秋明公司最终走出俄罗斯和乌克兰的里程碑事件。作为俄罗斯公司，秋明公司可能真的能够在如委内瑞拉和越南等"微妙的"国家做得更好。而对于英国石油公司来说，这些销售收入带来的现金可以支付墨西哥湾的清洁和补偿成本，而且不必将这些资产卖给竞争对手。总之，第一幕看上去是一个（相对来说）皆大欢喜的结局。

第二幕

仅在第一幕结束不久的几个月后，第二幕就上演了。2011年1月，英国石油公司对外宣布与俄罗斯国有的Rosneft公司建立高达160亿美元的战略联盟。作为国际企业和俄罗斯石油企业间的第一个交叉持股联盟，这一协议使得英国石油公司拥有Rosneft公司9.5%的股份，而Rosneft拥有英国石油公司5%的股份。双方将共同开采位于喀拉海的俄罗斯北极大陆架上的近海油田。Rosneft是俄罗斯第二大石油公司，每天生产240万桶原油（产量在俄罗斯天然气工业股份公司之后，但是在秋明公司之前）。这个新联盟得到了俄罗斯政府的全力支持——毕竟，Rosneft公司的董事会主席伊戈尔·谢钦（Igor Sechin）就是该国时任副总理。所有一切看上去都很好……除了一个问题——秋明公司的俄罗斯合伙人跳出来试图阻挠这份协议。他们认为根据已有的合资协议，英国石油公司仅能通过秋明公司在俄罗斯开展更多的业务。换句话说，违反了AAR的优先权。简单来说，"如果你想找一个新老婆，就必须先与原来的老婆离婚，"愤怒的弗里德曼如是说。俄罗斯政府对英国石油公司也很生气，"我会见了英国石油公司负责人，对此他只字未提，"时任总理普京说。说到底，英国石油公司对Rosneft公司谎称其没有第三方义务。据《经济学人》报道：

> 至少，从英国石油公司角度来看这是个悲惨的错误判断。英国石油公司说它不知道与Rosneft公司的协议会导致这样一场法律纠纷，所以它感到不需要向其俄罗斯新伙伴提及其与秋明公司的股东协议。或许达德利先生决定赌一把，与Rosneft公司的合作会堵上秋明公司的嘴。

赌局的结果严重地适得其反。AAR通过启动仲裁程序试图阻止英国石油公司和Rosneft公司的交易。*2011年3月，一家瑞典仲裁法庭裁决支持AAR，这给Rosneft公司的交易带来了沉重一击，这就是著名的"Ros-nyet"（"对Rosneft说不"）判决。2011年5月，英国石油公司承认失败并重申仍旧致力于将秋明公司作为其"在俄罗斯的主要业务载体"——套用描述婚姻关系的话，就像是婚外情被发现后承认AAR是其合法伴侣一样。

然而，使英国石油公司头疼的事还没有完。2011年9月，其失意的伙伴Rosneft与埃克森美孚公司签订了一项新的战略联盟协议。他们将会共同开发从英国石油公司手里溜走的同一片北极喀拉海地区。随后事情变得更糟糕了。接下来的一天，英国石油公司的莫斯科办公室又遭到了警察的突击搜查。一方面既得罪了俄罗斯政府又得罪了Rosneft——想象一下克里姆林宫在协

---

* 仲裁绕过东道国和母国的法院，是一种私下解决争端的方式。在这种情况下，秋明公司当事人在签订合同时同意俄罗斯法律和英国法律都不管辖合同关系。相反，他们同意在第三方中立国（瑞典）通过仲裁方式解决争端。

议失败后大发雷霆的样子；另一方面又得罪了AAR，"英国石油公司在俄罗斯似乎任人摆布"，《经济学人》如是说。2011年10月，元气大伤的英国石油公司同意让弗里德曼正式担任首席执行官，由此基本上让他和AAR的合伙人掌握了秋明公司的控制权。

尽管经历了磨难、挑战和怨气，英国石油公司和AAR都继续致力于秋明公司的成功。但是如果相信双方会"从此幸福地生活下去"的话，你就太天真了。因此，敬请期待这场戏剧的第三幕……

资料来源：(1) *BusinessWeek*, 2008, BP: Roughed up in Russia, June 16: 69; (2) *Bloomberg Businessweek*, 2010, How BP learned to dance with the Russian bear, September 27: 19–20; (3) BP, 2010, BP to sell Venezuela and Vietnam businesses to TNK-BP, October 18, www.bp.com; (4) BP, 2011, BP and AAR agree on new management structure for TNK-BP, October 21, www.bp.com; (5) BP, 2011, BP and AAR reaffirm commitment to growth and success of TNK-BP, May 17, www.bp.com; (6) BP, 2011, BP remains committed to partner with Russia, March 24, www.bp.com; (7) BP, 2011, Rosneft and BP form global and Arctic strategic alliance, January 14, www.bp.com; (8) *Economist*, 2008, At war with itself, July 5: 74; (9) *Economist*, 2008, Crude tactics, June 7: 74–75; (10) *Economist*, 2011, Dudley do-wrong, April 2: 60; (11) *Economist*, 2011, Exxonerated, September 3: 64; (12) M. Fridman, 2008, BP has been treating Russians as' subjects, *Financial Times*, July 7: 11。

案例讨论题：

1. 从产业基础观解释为什么在俄罗斯石油行业，企业联盟是一种惯常的进入模式。

2. 从资源基础观来看，英国石油公司和AAR两方带给秋明公司哪些互补的资源和能力？

3. 从制度基础观来看，什么是统治俄罗斯石油行业的正式和非正式游戏规则？

4. **伦理问题**：作为英国石油公司的社会责任顾问，在上述两幕与AAR的冲突中，你会给公司怎样的建议？

5. **伦理问题**：如果你是瑞典斯德哥尔摩的一位仲裁人，在上述两幕中你会支持哪方？

注释

1. Cited in J. Reuer, 2004, Introduction (p. 2), in J. Reuer (ed.), *Strategic Alliances*, New York: Oxford University Press.

2. P. Beamish & N. Lupton, 2009, Managing JVs, *AMP*, May, 75–94; P. Kale & H. Singh, 2009, Managing strategic alliances, *AMP*, August: 45–62.

3. T. Das & B. Teng, 2002, Alliance constellations, *AMR*, 27: 445–456; S. Nambisan & M. Sawhney, 2011, Orchestration processes in network-centric innovation, *AMP*, August: 40–56.

4. S. Lazzarini, 2007, The impact of membership in competing alliance constellations, *SMJ*, 28: 345–367.

5. X. Yin & M. Shanley, 2008, Industry determinants of the "merger versus alliance" decision, *AMR*, 33: 473–491.

6. B. Garrette, X. Castaner, & P. Dussauge, 2009, Horizontal alliances as an alternative to autonomous production, *SMJ*, 30: 885–894.

7. J. Dyer, 1997, Effective interfirm collaboration, *SMJ*, 18: 543–556.

8. L. Mesquita, J. Anand, & T. Brush, 2008, Comparing the resource-based and relational views, *SMJ*, 29: 913–941; M. Schreiner, P. Kale, & D. Corsten, 2009, What really is alliance management capability and how does it impact alliance outcomes and success? *SMJ*, 30: 1395–1419.

9. J. Adegbesan & M. Higgins, 2010, The intra-alliance division of value created through collaboration, *SMJ*, 32: 187–211; R. Agarwal, R. Croson, & J. Mahoney, 2010, The role of incentives and communication in strategic alliances, *SMJ*, 31: 413–437; R. Z. Ainuddin, P. Beamish, J. Hulland, & M. Rouse, 2007, Resource attributes and firm performance in IJVs, *JWB*, 42: 47–60; F. Castellucci & G. Ertug, 2010, What's in it for them? *AMJ*, 53: 149–166; E. Fang & S. Zou, 2009, Antecedents and consequences of marketing dynamic capabilities in IJVs, *JIBS*, 40: 742–761; A. Joshi & A. Nerkar, 2011, When do strategic alliances inhibit innovation by firms? *SMJ*, 32: 1139–1160; M. Srivastava & D. Gnyawali, 2011, When do relational resources matter? *AMJ*, 54: 797–810.

10. *Economist*, 2003, Open skies and flights of fancy (p. 67), October 4: 65–67.

11. S. Ang, 2008, Competitive intensity and collaboration, *SMJ*, 29: 1057–1075; R. Sampson, 2007, R&D alliances and firm performance, *AMJ*, 50: 364–386.

12. B. Bourdeau, J. Cronin, & C. Voorhees, 2007, Modeling service alliances, *SMJ*, 28: 609–622; H. Mitsuhashi & H. Greve, 2009, A matching theory of alliance formation and organizational success, *AMJ*, 52: 975–995; A. Tiwana & M. Keil, 2007, Does peripheral knowledge complement control? *SMJ*, 28: 623–634.

13. M. Koza, S. Tallman, & A. Ataay, 2011, The strategic assembly of global firms (p. 38), *GSJ*, 1: 27–46.

14. A. Chintakananda & D. McIntyre, 2012, Market entry in the presence of network effects, *JM* (in press); I. Cuypers & X. Martin, 2010, What makes and what does not make a real option? *JIBS*, 41: 47–69.

15. B. Kogut, 1991, JVs and the option to expand and acquire, *MS*, 37: 19–33; T. Tong, J. Reuer, & M. W. Peng, 2008, International joint ventures and the value of growth options, *AMJ*, 51: 1014–1029.

16. M. McCarter, J. Mahoney, & G. Northcraft, 2011, Testing the waters, *AMR*, 36: 621–640.

17. L. Hsieh, S. Rodrigues, & J. Child, 2010, Risk perception and post-formation governance in IJVs in Taiwan, *JIM*, 16: 288–303; M. Meuleman, A. Lockett, S. Manigart, & M. Wright, 2010, Partner selection decisions in interfirm collaborations, *JMS*, 47: 995–1018.

18. M. Jensen & A. Roy, 2008, Staging exchange partner choices, *AMJ*, 51: 495–516; D. Li, L. Eden, M. Hitt, & R. D. Ireland, 2008, Friends, acquaintances, or strangers? *AMJ*, 51: 315–334; X. Luo & L. Deng, 2009, Do birds of a feather flock higher? *JMS*, 46: 1005–1030; F. Rothaermel & W. Boeker, 2008, Old technology meets new technology, *SMJ*, 29: 47–77; R. Shah & V. Swaminathan, 2008, Factors influencing partner selection in strategic alliances, *SMJ*, 29: 471–494.

19. A. Arino & P. Ring, 2010, The role of fairness in alliance formation, *SMJ*, 31: 1054–1087.

20. D. Zoogah & M. W. Peng, 2011, What determines the performance of strategic alliance managers? *APJM*, 28: 483–508.

21. C. Jiang, R. Chua, M. Kotabe, & J. Murray, 2011, Effects of cultural ethnicity, firm size, and firm age on senior executives' trust in their overseas business partners, *JIBS*, 42: 1150–1173; Y. Luo, 2009, Are we on the same page? *JWB*, 44: 383–396; L. Mesquita, 2007, Starting over when the bickering never ends, *AMR*, 32: 72–91; F. Molina-Morales & M. Martinez-Fernandez, 2009, Too much love in the neighborhood can hurt, *SMJ*, 30: 1013–1023; A. Phene & S. Tallman, 2012, Complexity, context, and governance in biotechnology alliances, *JIBS*, 43: 61–83.

22. G. Ahuja, F. Polidoro, & W. Mitchell, 2009, Structural homophily or social asymmetry? *SMJ*, 30: 941–958; B. Koka & J. Prescott, 2008, Designing alliance networks, SMJ, 29: 639–661; C. Phelps, 2010, A longitudinal

study of the influence of alliance network structure and composition on firm exploratory innovation, *AMJ*, 53: 890–913; H. Yang, Z. Lin, & Y. Lin, 2010, A multilevel framework of firm boundaries, *SMJ*, 31: 237–261; A. Zaheer, R. Gozubuyuk, & H. Milanov, 2010, It's the connections, *AMP*, February: 62–76.

23. V. Aggarwal, N. Siggelkow, & H. Singh, 2011, Governing collaborative activity, *SMJ*, 32: 705–730.

24. D. Chen, Y. Paik, & S. Park, 2010, Host-country policies and MNE management control in IJVs, *JIBS*, 41: 526–537; W. Shi, S. Sun, & M. W. Peng, 2013, Sub-national institutional contingencies, network positions, and IJV partner selection, *JMS* (in press).

25. Federal Trade Commission, 2000, *Antitrust Guidelines for Collaborations among Competitors*, Washington: FTC; T. Tong & J. Reuer, 2010, Competitive consequences of interfirm collaboration, *JIBS*, 41: 1056–1073.

26. M. W. Peng, 2006, Making M&As fly in China, *HBR*, March: 26–27. See also H. K. Steensma, L. Tihanyi, M. Lyles, & C. Dhanaraj, 2005, The evolving value of foreign partnerships in transitioning economies, *AMJ*, 48: 213–235; J. Xia, J. Tan, & D. Tan, 2008, Mimetic entry and bandwagon effect, *SMJ*, 29: 195–217.

27. M. T. Dacin, C. Oliver, & J. Roy, 2007, The legitimacy of strategic alliances, *SMJ*, 28: 169–187.

28. This section draws heavily from S. Tallman & O. Shenkar, 1994, A managerial decision model of international cooperative venture formation, *JIBS*, 25: 91–113.

29. G. Lee & M. Lieberman, 2010, Acquisition versus internal development, *SMJ*, 31: 140–158.

30. W. Hoffmann, 2007, Strategies for managing a portfolio of alliances, *SMJ*, 28: 827–856; D. Lavie, C. Lechner, & H. Singh, 2007, The performance implications of timing of entry and involvement in multipartner alliances, *AMJ*, 50: 578–604; J. Reuer & R. Ragozzino, 2006, Agency hazards and alliance portfolios, *SMJ*, 27: 27–43.

31. S. Makino, C. Chan, T. Isobe, & P. Beamish, 2007, Intended and unintended termination of IJVs, *SMJ*, 28: 1113–1132; H. Ness, 2009, Governance, negotiations, and alliance dynamics, *JMS*, 46: 451–480; H. K. Steensma, J. Barden, C. Dhanaraj, M. Lyles, & L. Tihanyi, 2008, The evolution and internalization of IJVs in a transitioning economy, *JIBS*, 39: 491–507.

32. S. White & S. Lui, 2005, Distinguishing costs of cooperation and control in alliances, *SMJ*, 26: 913–932.

33. Y. Zhang & N. Rajagopalan, 2002, Inter-partner credible threat in IJVs, *JIBS*, 33: 457–478.

34. J. March, 1991, Exploration and exploitation in organizational learning (p. 71), *OSc*, 2: 71–87.

35. D. Lavie & L. Rosenkopf, 2006, Balancing exploration and exploitation in alliance formation, *AMJ*, 49: 797–818.

36. This section draws heavily from M. W. Peng & O. Shenkar, 2002, JV dissolution as corporate divorce, *AME*, 16: 92–105. See also H. Greve, J. Baum, H. Mitsuhashi, & T. Rowley, 2010, Built to last but falling apart, *AMJ*, 53: 302–322.

37. D. Faems, M. Janssens, A. Madhok, & B. Looy, 2008, Toward an integrative perspective on alliance governance, *AMJ*, 51: 1053–1078; N. Pangarkar, 2009, Do firms learn from alliance terminations? *JMS*, 46: 982–1004; J. Reuer & A. Arino, 2007, Strategic alliance contracts, *SMJ*, 28: 313–330.

38. A. Arino & J. Reuer, 2002, Designing and renegotiating strategic alliance contracts (p. 44), *AME*, 18: 37–48.

39. A. Goerzen, 2007, Alliance networks and firm performance, *SMJ*, 28: 487–509.

40. R. Kaplan, D. Norton, & B. Rugelsjoen, 2010,

Managing alliances with the balanced scorecard, *HBR*, January: 114–120; J. Li, C. Zhou, & E. Zajac, 2009, Control, collaboration, and productivity, *SMJ*, 30: 865–884; J. Lu & D. Xu, 2006, Growth and survival of IJVs, *JM*, 32: 426–448; A. Shipilov, 2006, Network strategy and performance of Canadian investment banks, *AMJ*, 49: 590–604.

41. M. Cheung, M. Myers, & J. Mentzer, 2011, The value of relational learning in global buyer-supplier exchanges, *SMJ*, 32: 1061–1082; F. Evangelista & L. Hau, 2009, Organizational context and knowledge acquisition in IJVs, *JWB*, 44: 63–73; E. Fang & S. Zou, 2010, The effects of absorptive and joint learning on the instability of IJVs in emerging economies, *JIBS*, 41: 906–924; R. Gulati, D. Lavie, & H. Singh, 2009, The nature of partnering experience and the gains from alliances, *SMJ*, 30: 1213–1233; P. Kale & H. Singh, 2007, Building firm capabilities through learning, *SMJ*, 28: 981–1000; J. Lai, S. Chang, & S. Chen, 2010, Is experience valuable in international strategic alliances? *JIM*, 16: 247–261; C. Liu, P. Ghauri, & R. Sinkovics, 2010, Understanding the impact of relational capital and organizational learning on alliance outcomes, *JWB*, 45: 237–249; M. Lyles & J. Salk, 2007, Knowledge acquisition from foreign parents in IJVs, *JIBS*, 38: 3–18; K. Meyer, 2007, Contextualizing organizational learning, *JIBS*, 38: 27–37; B. Nielsen & S. Nielsen, 2009, Learning and innovation in international strategic alliances, *JMS*, 46: 1031–1058; S. Tallman & A. Chacar, 2011, Communities, alliances, networks, and knowledge in multinational firms, *JIM*, 17: 201–210; G. Vasudeva & J. Anand, 2011, Unpacking absorptive capacity, *AMJ*, 54: 611–623; M. Zollo & J. Reuer, 2010, Experience spillovers across corporate development activities, *OSc*, 21: 1195–1212.

42. Y. Luo & M. W. Peng, 1999, Learning to compete in a transition economy, *JIBS*, 30: 269–296.

43. A. Gaur & J. Lu, 2007, Ownership strategies and survival of foreign subsidiaries, *JM*, 33: 84–110; A. Madhok, 2006, How much does ownership really matter? *JIBS*, 37: 4–11; J. Xia, 2011, Mutual dependence, partner substitutability, and repeated partnership, *SMJ*, 32: 229–253.

44. D. Lavie, 2007, Alliance portfolios and firm performance, *SMJ*, 28: 1187–1212.

45. A. Afuah, 2000, How much do your co-opetitors' capabilities matter in the face of technological change?, *SMJ*, 21: 387–404; J. Baum, T. Calabrese, & B. Silverman, 2000, Don't go it alone, *SMJ*, 21: 267–294.

46. M. Kunar, 2010, Are JVs positive sum games? *SMJ*, 32: 32–54; S. Yeniyurt, J. Townsend, S. T. Cavusgil, & P. Ghauri, 2009, Mimetic and experiential effects in international marketing alliance formations of US pharmaceutical firms, *JIBS*, 40: 301–320.

47. C. Choi & P. Beamish, 2004, Split management control and IJV performance, *JIBS*, 35: 201–215; H. K. Steensma & M. Lyles, 2000, Explaining IJV survival in a transition economy, *SMJ*, 21: 831–851.

48. T. Chi, 2000, Option to acquire or divest a JV, *SMJ* (p. 671), 21: 665–687.

49. L. Wang & E. Zajac, 2007, Alliance or acquisition? *SMJ*, 28: 1291–1317.

50. K. Brouthers & D. Dikova, 2010, Acquisitions and real options, *JMS*, 47: 1048–1070.

51. J. Dyer, P. Kale, & H. Singh, 2004, When to ally and when to acquire, *HBR* (p. 113), July–August: 109–115.

52. R. Burt, 1992, *Structural Holes*, Cambridge, MA: Harvard University Press; H. Yang, Z. Lin, & M. W. Peng, 2011, Behind acquisitions of alliance partners, *AMJ*, 54: 1069–1080.

53. Z. Lin, M. W. Peng, H. Yang, & S. Sun, 2009, How do networks and learning drive M&As? *SMJ*, 30: 1113–1132.

54. H. Yang, S. Sun, Z. Lin, & M. W. Peng, 2011, Behind M&As in China and the United States, *APJM*, 28: 239–255.

55. S. Sun, M. W. Peng, B. Ren, & D. Yan, 2012, A comparative ownership advantage framework for cross-border M&As, *JWB*, 47: 4–16.

56. M. W. Peng, 2012, The global strategy of emerging multinationals from China, *GSJ*, 2: 97–107.

57. A. Brandenburger & B. Nablebuff, 1996, *Co-opetition*, New York: Doubleday.

58. *BW*, 2010, Charlie Rose talks to Eric Schmidt, September 27: 39.

第八章
全球动态竞争

▶▶ 学习目标

通过本章学习，你应该能够

1. 阐述"战略是行动"的观点；
2. 理解行业背景有利于企业间合作和共谋；
3. 解释资源和能力如何影响动态竞争；
4. 概述反垄断法和反倾销法如何影响国内和国际竞争；
5. 识别进攻、反击和发出信号的动力；
6. 探讨本土企业如何与跨国公司开展竞争；
7. 参与有关动态竞争的两大主要争论；
8. 从中获得战略启示。

⊙ 开篇案例

专利战和"鲨鱼"进攻

全球范围内的专利申请数已从20世纪80年代的约80万件/年，飙升到21世纪初的200万件/年。专利诉讼的数量也急剧上升。在竞争激烈的移动终端领域，苹果公司起诉三星、诺基亚、宏达专利侵权；作为报复，三星、诺基亚、宏达同样起诉苹果公司专利侵权。柯达也在起诉苹果和黑莓手机制造商 RIM 专利侵权。甲骨文和富士施乐起诉谷歌……"专利大战"中几乎每周都会有新的"专利"诉讼案。

在许多快速发展但受制于专利的行业，真正的危险是不经意间对他人专利的侵犯。《经济学人》认为，"每家企业都或多或少在侵犯他人的专利"。这为公司参与整理和囤积专利的"军备竞赛"创造了激励。在专利战中，专利既是防御性武器又是进攻性武器。

与一些常规的思维不同，许多专利并非真的具有新颖性和非显见性。《商业周刊》指出，美国现在"淹没在垃圾专利的海洋中，有些专利简直就是垃圾，例如一个关于'训练和逗猫的方法'（就是通过一个激光笔去逗它们）"。批评者认为，这样"大规模过度申请专利"会造成"专利传染病"。增加专利申请显然要企业投入大量资金：平均每项专利需要花费 50 万美元。但是企业是理性的，从战略角度来看，围绕一些核心技术申请系列专利，可以使企业在专利诉讼和谈判中占上风。如今，专利诉讼案的结果已经变得容易预测了。当 A 公司起诉 B 公司专利侵权时，B 公司会通过检查自己的专利组合找出一些被 A 公司侵权的专利，由此反诉 A 公司侵权。为避免双方代价高昂且无休止的专利诉讼，诉讼双方最终会达成交叉许可协议，即通过支付少量费用，给予对方专利使用权。

但这里的关键问题是，要成为这种交换协议的一方，公司必须拥有足够量的专利储备。谷歌在手机领域还是一个年轻公司，2011 年之前，只有 307 项相关专利。与 RIM 的 3 134 项、诺基亚的 2 655 项和微软的 2 594 项相关专利相比，这方面是谷歌的薄弱环节。这也是谷歌用 125 亿美元收购当时正在亏损的摩托罗拉移动业务背后的真正原因。谷歌感兴趣的不是摩托罗拉的手机业务，而是其拥有的与手机相关的一千多项专利储备。

那些在诸如移动设备等新兴产业激烈竞争的大型企业中，专利战很常见甚至（在某种程度上）可预测。但专利"鲨鱼"（或专利"流氓"）的攻击却很难预测且危害很大。"流氓"指持有专利的个人或（小）企业，它们经常因其他厂商非法使用其专利而进行合法的侵权诉讼，以求获得赔偿。"鲨鱼"和"流氓"只是形象化的标签，行话称为"非经营性实体"（non-operating entities, NOEs）。对比前面所有对"经营实体"的命名，非经营性实体被定义为既没有能力也没有打算将其专利商业化的个人或（小）企业。大多数非经营性实体通常将它们的专利授权给厂商使用来收专利授权费。但当今许多"流氓"却希望专利被侵权，为了造成其他厂商非法使用其专利的事实，它们会千方百计隐藏其专利（行话称为"潜伏"）。然后，它们一下子跳出来要求远超正常专利许可费的赔偿。1990 年，个体发明者 Jerome Lemelson 控告玩具制造商 Mattel 公司将其耦合技术应用于玩具卡车制造过程中。虽然法院认定 Mattel 公司是无意（不是故意）侵权，但仍判罚 Mattel 赔偿 2 400 万美元——这需要卖出多少玩具卡车呀！许多专家认为，如果 Lemelson 和 Mattel 在这次侵权案之前进行谈判，那么 Lemelson 可能得到的专利使用费肯定达不到这个天文数字。这类案例刺激了许多流氓，最终开启了一扇"流氓业务"之门。虽然这种手段在伦理方面遭到了质疑，但这种战略不仅有利可图而且完全合法。

很多人建议"经营实体"（制造商）特别是那些高科技企业中的高管，应对鲨鱼进攻做好准备。其中，加强专利法知识学习至关重要。高科技行业中有一个笑话广为流传，即这些企业必须将大部分研发经费投入在专利律师身上。另一种显而易见的方法就是投入更多经费去监控专利。但是，这个解决方案不可能完美，考虑到专利数量正如雨后春笋般增长，专利监控费也会随之大幅上升。而简单地忽略已有技术的整体风险已经上升。另一方面，大多数"流氓"的专利都是小的和容易发明的，这进一步刺激了公司在其专利组合中保留一系列可替代专利，以防万一。

资料来源：(1) *Bloomberg Businessweek*, 2011, Android's dominance is patent pending, August 8:36–37; (2) *BusinessWeek*, 2006, epidemic, January 9:60–62; (3) *Economist*, 2005, Patent sense, October 22:5; (4) *Economist*, 2010 The great patent battle,October 23:75–76; (5)*Economist*,2011 Inventive warfare, August 20:57–58; (6) *Economist*, 2011, Patent applications, November 19:105; (7) M. Reitzig. J. Hendel, & C. Heath, 2007, On sharks, trolls, and their patent prey, *Research Policy*, 36: 134–154; （8）R. Ziedonis, 2004, Don't fence me in, *Management Science*, 50:804–820。

为什么企业会采取一些类似于专利诉讼的行动？当一方采取行动时，另一方会如何回应？这是本章所涉及的战略性问题。这些战略问题聚焦于**动态竞争（competitive dynamics）**——竞争企业采取的行动和做出的反应。[1] 由于一个公司的行为很难不被竞争对手注意到，因此行动发起公司在行动之前会倾向于先行预测竞争对手的反应。[2] 这个过程叫**竞争者分析（competitor analysis）**，该战略在很早之前由中国的战略家孙武提出——我们不仅要知己，更要知彼。

回顾第一章关于"战略计划"和"战略行动"流派的介绍。军官们早就深谙敌人不会按照我们的计划行动，最初的行动方案一定坚持不了多久，它需要随着战事的推进而随之改变！因此战略的特征应该定义为行动而非计划。这一章首先强调"战略是行动"的观点，其次介绍一个综合模型，再次概述进攻、反击和信号，并讨论一下新兴经济体中本土企业怎样与跨国公司竞争。最后是争论和引伸部分。

战略是行动

本章核心是"战略是行动"的观点（见图8.1）。该观点认为战略的本质就是相互作用，这种作用与反作用会给企业带来竞争优势。企业像军队一样经常进行激烈竞争，并且常用到一些军事术语，例如"进攻"（attacks）、"反击"（counterattacks）和"价格战"。[3] 通用汽车曾在其60名高管间模拟了一场战争游戏，这些高管组成6个团队，各自扮演公司主要竞争者力图打败通用。[4]

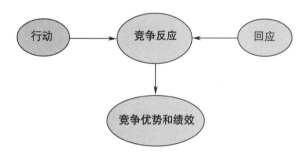

资料来源：C. M. Grimm & K. G. Smith, 1997, *Strategy as Action: Industry Rivalry and Coordination* (p. 62), Cincinnati: South-Western Thomson (now Cengage Learning)。

图 8.1　战略是行动

所以，商场如战场——难道不是吗？但显然军事准则并不能完全应用到商场中，因为市场毕竟不是一个"非生即死"的战场。如果双方都誓死对抗，将会毁掉现有的"馅饼"，最后大家都一无所有。在商界，参与竞争并获得胜利而不用消灭对手是可能的。事实上，商界是战争与和平的共同体。与此同时，大多数动态竞争的概念也可以用运动术语来解释，例如"进攻"（offense）

和"防守"（defense）。

军队之间是为了领土、领海和领空而战，而公司之间则是沿着产品维度和地理维度在市场上进行竞争。**多市场竞争（multimarket competition）**是指公司在多个市场和相同对手的竞争。[5] 多市场竞争者不仅应该能够在被攻击的市场上，而且在其他与竞争对手狭路相逢的市场上都能及时做出反应，因此，进攻者应该在发起进攻前三思。换句话说，尽管公司是"本地经营"，但仍然需要具备"全球思维"。因为公司会考虑竞争对手在多个市场上有能力进行反击，这样的多市场竞争可能会降低对手之间的竞争强度，即**相互克制（mutual forbearance）**[6]，我们将在下一节进行详细的讨论。

总体来说，战略三脚架很好地解释了动态竞争，并构成了一个综合模型（见图 8.2）。以下三部分将分别讨论战略三脚架的各个部分。

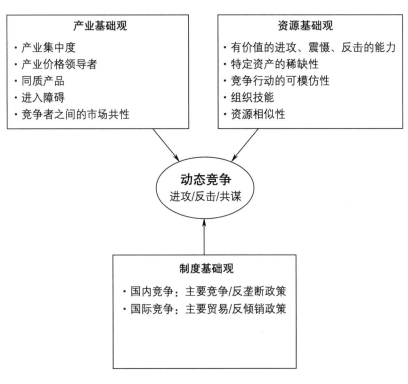

图 8.2　全球动态竞争的综合模型

产业基础观

共谋和囚徒困境

产业基础观首先关注波特的五力模型以及产业中竞争者之间的竞争（参见第二章）。如果可以选择，产业中的大多数企业都希望降低竞争水平。早在 1776 年，亚当·斯密在《国富论》中便指出，"同行业的人即使为了休闲娱乐也很少聚会，但他们一碰面谈话最终必定以针对公众的密谋而告终。"用现代行话来讲，这意味着产业中相互竞争的企业倾向于共谋，**共谋（collusion）**即通过集体努力来减少竞争。

由于管理者（和学生）通常不愿意讨论"共谋"，因此另一个词"协调"的使用频率现在超过了"共谋"的使用频率。[7] 但是，由于法律论争主要集中在共谋上，管理者（和学生）无法回避；相反他们需要直面其法律定义并公开讨论，因为共谋既可以是隐性的，也可以是显性的。企业通过参与**隐性共谋（tacit collusion）**间接地发出想要降低产量和维持高于竞争水平的定价。而**公开串谋（explicit collusion）**则表现为企业直接对产出、定价和瓜分市场进行谈判。公开串谋导致**卡特尔（cartel）**——涉及多个竞争者、锁定产量和价格的垄断实体——的出现。卡特尔又称托拉斯（trust），其成员在履行协议过程中必须相互信任。自 1890 年谢尔曼法案颁布以来，卡特尔就被贴上了"不正当竞争"的标签，被许多国家的**反垄断法（antitrust laws）**所禁止。

除了反垄断法，共谋也经常饱受**博弈论（game theory）**中**囚徒困境（prisoners' dilemma）**之苦。"囚徒困境"一词源自一个简单的博弈，在博弈中，两名犯罪分子共同涉嫌一次犯罪行为（如入室盗窃），现分别对他们进行审问，并且被告知如果有一方招供则招供者只需获刑 1 年，而另一方则要获刑 10 年。由于警方并没有强有力的犯罪证据，如果双方都不招供，则会被定一个较轻的罪名（如擅自闯入）各获刑 2 年。但如果双方都招供则都获刑 10 年。乍一看，这个问题的解决方案很明了，对囚犯来说获取最大总收益的方法就是双方都不招供。尽管双方在被捕前都约定不招供，但实际审问中招供对他们的诱惑仍然是极大的。

我们可用上述理论来解释航空公司的定价。图 8.3 描述了在某一特定市场，比如澳大利亚悉尼和新西兰奥克兰航线上 A、B 航空公司的收益结构。假设乘客总数为 200。方格 1 代表双方都维持 500 美元价格的最理想结果：每家公司都有 100 名乘客可获 5 万美元的收益——"行业"总收入达 10 万美元。方格 2 表示，如果 B 维持 500 美元的价格而 A 却将价格下降到 300 美元，B 可能失去所有顾客。假设在互联网上定价信息完全公开透明，那么谁还会用 500 美元去购买一张 300 美元就能买到的机票呢？因此，A 可能从 200 名乘客中获得 6 万美元的收益而 B 一无所获。方格 3 和方格 2 正好相反。在方格 2 和方格 3 的情况下，虽然整个行业的总收入减少 40%，但是先降价者的总收入增加了 20%。因此 A 和 B 都有很强的降价动机并希望对方变成"傻瓜"，但是没有人想成为"傻瓜"。因此正如方格 4，A 和 B 都可能降价，每个公司还是得到 100 名乘客，但两家公司和整个行业的最终总收入都减少 40%。博弈论一个重要的发现是，即使 A 和 B 事先协商定价在 500 美元，双方都还是有很强的动机去欺骗对方的，从而将行业结果推向方格 4，双方得到的结果显然更糟。[8]

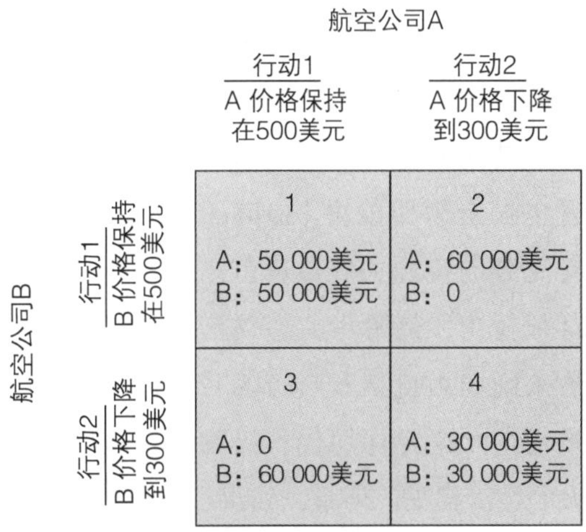

		航空公司 A	
		行动 1 A 价格保持 在 500 美元	行动 2 A 价格下降 到 300 美元
航空公司 B	行动 1 B 价格保持 在 500 美元	1 A：50 000 美元 B：50 000 美元	2 A：60 000 美元 B：0
	行动 2 B 价格下降 到 300 美元	3 A：0 B：60 000 美元	4 A：30 000 美元 B：30 000 美元

图 8.3　航线和收益结构的囚徒困境
（假定共有 200 名乘客）

产业特征、共谋与竞争

既然共谋是有好处的并会激励欺骗行为，那么哪些产业特点会导致共谋或竞争？目前应考虑五个因素（见表 8.1）。第一个相关因素是公司的数量——更专业的说法是**产业集中度（concentration ratio）**，即前四、前八或前二十家公司所占全行业市场份额的比重。通常产业集中度越高则越容易组织合谋。在美国，由于移动无线通信服务行业的前四家公司拥有超过 90% 的市场份额，反垄断当局阻止了第二大公司 AT&T 与第四大公司 T-Mobile 的合并。美国司法部特别申明：

> 合并将导致行业集中度进一步提高，全国手机服务供应商数量将由 4 家减少到 3 家，这将增强不当竞争协调的风险，从而导致竞争减少。移动无线通信服务市场的某些方面，包括定价透明，买方市场权力较少，进入和扩张的壁垒较高，使得它们更倾向于相互协调。[9]

第二个相关因素是存在**价格领导者（price leader）**，指一个企业在一个行业中占有压倒性市场份额，有能力为行业制定"合理"价格和利润率，它帮助维持隐性合谋所需的次序和稳定的局面。价格领导者可以通过自己的定价行为向整个产业发出信号，什么时候可以在不危害整个行业结构的基础上提高或降低价格。价格领导者也拥有**惩罚能力（capacity to punish）**，即拥有充分的资源去威慑和打击背叛行为。为打击背叛行为，最常用的惩罚措施就是通过大幅降价来削弱由价格背叛行为带来的优势，使其无果而终。这种惩罚代价极高，在短期会带来极大的经济损失。但是，如果小规模的背叛行为没有受到惩罚，那么很快就可能成风。因此，价格领导者既要有意愿又要有能力进行惩罚，并承担成本（参见新兴市场案例 8.1）。另外，如果没有一个资深的价格领导者，那么一个行业会变得更加混乱。20 世纪 80 年代以前，通用汽车就扮演着价格领导者的角色，率先宣布提价并且希望福特公司和克莱斯勒公司跟随（通常它们都会这样做）。如果后者行为"出界"，通用汽车将会惩罚它们。但是，最近当亚洲和欧洲的挑战者拒绝跟随通用汽车的领导时，通用汽车公司不再有意愿和能力扮演价格领导者角色。因此，整个行业变得混乱且竞争越来越激烈。美国汽车产业由以前的三大巨头操控变为现在七大企业混战（另外四个是本田、丰田、日产和现代/起亚）。[10]

第三个相关因素是同质产品。产品同质化的行业因为会迫使竞争对手们打价格战（而不是差异化），很可能会导致合谋。[11] 由于价格战经常是"一剑封喉"，所以企业往往有很强的合谋动机。20 世纪 90 年代以来，全球普通商品行业的许多企业，如航运和维生素等，由于价格共谋而被定罪。

第四个相关因素是进入障碍。对于新进入者来说，高进入壁垒的产业（如造船业）比低进入壁垒的产业（如餐饮行业）更可能形成合谋。新进入者很可能通过引入含有新科技（换一个说法就是"破坏性技术"）的非同质化产品，而无视行业现存规则。[12] 像"牛犊"一样，新进入者"会在产业宁静海面上放炮"。[13] 现有企业会有共同兴趣抵制此类新进入者。

表 8.1 产业特征及合谋或竞争的可能性

合谋的可能性	合谋困难（竞争的可能性）
■ 少数几家公司（市场高度集中） ■ 存在产业价格领导者 ■ 同质产品 ■ 较高的进入障碍 ■ 市场共同性高（相互克制）	■ 许多公司（市场分散） ■ 不存在产业价格领导者 ■ 异质产品 ■ 较低的进入障碍 ■ 缺乏市场共同性（没有相互克制）

第五个相关因素是**市场共同性（market commonality）**，它定义为两个竞争者市场重合的程度，也会对竞争程度产生重要影响。[14] 多市场企业可能会尊重对手在特定市场的影响，对手

们也会这样做，由此形成隐性合谋。要做到这一点，企业需要通过相互跟随对方进入新市场来建立多市场联系。[15] 因此，当嘉士伯新进入一个国家时，喜力也会紧随其后。

高程度的市场共同性导致相互节制，主要源于两个因素：（1）威慑和（2）熟悉度。[16] 威慑很重要。因为高程度市场共同性意味着，如果某个企业在一个市场进攻，其竞争对手可能采取**交叉市场报复**（cross-market retaliation）手段，这会给双方造成巨大的损失。熟悉度是指企业通过对对手行动、意图及能力的了解，提高隐性合谋可能性的程度。[17] 反复互动可以提高熟悉度，导致更多的互相尊重。按通用电气总裁杰夫·伊梅尔特（Jeff Imelt）的话讲：

> 通用非常尊重如西门子、飞利浦、劳斯莱斯等传统竞争对手。但是我们也知道如何与它们进行竞争，它们不可能打败我们。但是像 Mindry、Suzlon、Goldwind 和海尔等新兴巨头，通过一种创新产品，创造新的性价比，倒是完全有可能打败我们。[18]

总体来说，以产业组织（IO）经济学 (见第二章)为基础的产业基础观，大大丰富了动态竞争理论。产业组织经济学也对反垄断法产生了影响。例如，产业集中度曾被美国反垄断部门生搬硬套，很多年间（直到 1982 年），如果一个行业前四大公司产业集中度超过 20%，就会自动引发反垄断调查。然而，从 20 世纪 80 年代起，这种生搬硬套的方法已不再被使用，部分原因是"卡特尔已经在那些不太符合其结构标准的市场上形成了，又在那些所谓理想的市场上苦苦挣扎"。[19] 显然，产业基础观很有见地，但并不完整。因此，需要资源基础观和制度基础观来补充和完善，这两种观点将在下文一一说明。

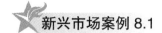

新兴市场案例 8.1

钻石（卡特尔）恒久远吗？

世界上时间最长的卡特尔是以南非戴比尔斯（De Beers）为首的国际钻石卡特尔。根据《经济学人》的描述，支撑这个年产值 640 亿美元产业的卡特尔体系"令人好奇且非同寻常——没有其他市场存在这种卡特尔，也没有任何一个严肃的行业会容忍这么做"。

钻石如此昂贵的关键原因是其根植于人们观念中的稀缺性。如果供过于求，价格就可能暴跌。1875 年，在南非建立戴比尔斯矿业的英国大亨塞西尔·罗兹（Cecil Rhodes）通过两个方面来解决这个问题。首先，罗兹意识到作为当时全球唯一重要的供应商，南非的供应量应该被限制。其次，由于生产者（采矿工）无法控制他们所挖到的矿石的质量和数量，他们希望与那些好矿石与一般矿石都能收走的买家做生意。因为挖到的大部分都是普通矿石，生产者希望消除不确定性并能卖掉所有挖到的矿石。另外，买方（钻石商人）希望保持矿石的稳定供应（高低端的都要）。罗兹的解决方案是，为每个生产者与每个收购者提供一个长期协议，以维持有限供应和高昂价格。

罗兹将他的想法付诸行动，于 19 世纪 90 年代收购了南非所有重要的矿山，并成立了一个名为"钻石辛迪加"的钻石商人协会，来出售他的产品。在这样的"单一市场渠道"中，所有协会成员都承诺从罗兹手中购买钻石，并且按一定数量和价格进行销售。有了这样一个固定价格和数量的方案，钻石卡特尔应运而生了。

由于组织和激励问题，大多数卡特尔失败了，但戴比尔斯卡特尔却已经存活了 100 多年，这是极不寻常的。它如此长寿至少有三个原因：

第一,产业高度集中。在罗兹有生之年,戴比尔斯控制了整个南非(相当于全球)所有钻石的产量。至今戴比尔斯依然控制了全球大约40%裸钻产品的产量。按价值计算,其总部位于伦敦的全资子公司钻石贸易公司(DTC),分拣、估价和销售的裸钻约占世界的70%。

第二,戴比尔斯是无可争议的价格领导者。一年十次,DTC为精心挑选的来自安特卫普、约翰内斯堡、孟买、纽约、特拉维夫等城市的"看货商"举办独家裸钻销售活动。看货商告知DTC他们的喜好,然后DTC根据看货商的喜好决定其库存。在每次挑选过程中,DTC为每个看货商提供一个事先准备好的产品组合。看货商可以买下也可以拒绝,但是不允许还价。看货商通常会买下这个组合。如果看货商反复拒绝买下产品组合,他们将不再会被邀请。在这一策略下,对于哪种产品、多少量及什么价格进入市场,戴比尔斯可以精确地控制到每一克拉。为保持看货商的排他性,其数量已由20世纪70年代的350家左右锐减到21世纪初的不足100家。

第三,戴比尔斯拥有执行卡特尔协议的意愿和能力。像所有卡特尔一样,欺骗激励是极大的:生产者和购买者都希望在交易中撇开戴比尔斯。但作为价格领导者的戴比尔斯有极强的惩罚能力,对任何此类行为均能做出迅速有力的反应。1981年,扎伊尔(现为刚果民主共和国)总统蒙博托·塞科(Mobutu Seko)宣布他的国家将脱离戴比尔斯,直接进行钻石销售。虽然戴比尔斯只失去了3%的销售量,但如果没有惩罚此类行为,其在世界范围内建立起来的秩序将受到威胁。因此,戴比尔斯将大量库存产品投入市场,直接将扎伊尔工业钻石的价格从每克拉3美元打压至1.8美元,使扎伊尔人没有任何收益可得。虽然自身损失巨大,但是戴比尔斯表明了其态度并使扎伊尔再次臣服。

另一个案例是,20世纪70年代,为对抗以色列严重的通货膨胀,特拉维夫的许多看货商开始囤积从DTC购买的钻石。大量钻石从国际流通市场消失导致供应紧张,并诱发了钻石价格暴涨,从而鼓励其他地方的商人也开始囤积钻石以从中获利。虽然通过高价短期可以获利,但是戴比尔斯意识到这种不可控的投机泡沫终将破灭。因此,戴比尔斯审查了1/3的看货商并从中剔除了最过火的以色列投机商。由于供应被切断,投机商被迫降低库存,从而使价格恢复到正常水平。

最后,戴比尔斯面临一个令人头痛的制度性问题。美国政府认为戴比尔斯违反了美国反垄断法,并试图在1945年、1974年和1994年分别对其提起诉讼。因为戴比尔斯在美国既没有正式投资企业身份,也没有进行(直接)销售,才能免于美国法律管辖。虽然所有钻石都在伦敦出售,并由看货商合法地出口到美国。但有50%的零售钻石买家来自美国,这些法律诉讼导致戴比尔斯的高管们因害怕被捕而无法去美国拜访他们的买家和零售商。2008年,戴比尔斯与美国政府达成和解,向美国赔款2.95亿美元,并同意按照全球公平竞争的法则来运作。摆在戴比尔斯高管和反垄断官员面前的一个问题是:这个存续时间最长的卡特尔真的走到尽头了吗?这确实是个价值连城的问题。

资料来源:(1) *Chicago Tribune*, 2008, Diamond refunds are a consumer's best friend, January 21, www.chicagotribune.com; (2) A. Cockburn, 2002, Diamonds: The real story, *National Geographic*, March: 2–35; (3) *Economist*, 2004, The cartel isn't forever, July 17: 60–62; (4) *Economist*, 2011, Betting on De Beers, Novermber 12: 73; (5) D. Spa, 1994, *The Cooperative Edge: The Internal Politics of International Cartels*, Ithaca, NY: Cornell University Press; (6) www.debeersgroup.com。

资源基础观

在第四章首次涉及的 VRIO 框架中,许多资源基础观的考虑导致了与动态竞争相关的决策和行为(见图 8.2)。

价值性

与竞争对手竞争时,企业资源必须能够创造价值。[20]申请专利是一种增加资源价值的方法。企业正快速扩大专利的规模和使用范围(见开篇案例)。同时,有多个市场进攻能力,如吉列(现为宝洁的一部分)同时在 23 个国家投放传感器剃须刀,这能使竞争对手措手不及,从而自己创造价值。同样,面对挑战的快速反应能力也能创造价值。[21]另外就是拥有关键市场的主导地位(如美国航空公司进出达拉斯/沃斯堡机场航权)。这样强大的势力范围,表明企业将积极捍卫其核心市场,进而对竞争对手构成威胁。

稀缺性

无论先天还是后天的(或是两者均有),有些资源是相当稀缺的,因此能为企业创造显著优势。新加坡航空不但以连接欧亚大陆的最佳区位之一为基地,而且还经常被评为全球最佳航空公司。这种既有先天地理的又有后天声誉的优势组合是稀缺的,因此,新加坡航空能制定更高的价格并且不断配备更新、更好的装备。它是世界上首家采用全新空客 A380 机型的航空公司。

可模仿性

大多数竞争者时刻关注彼此,并且对竞争对手如何竞争相当清楚(尽管不是很精确)。然而,接下来的障碍在于如何模仿成功的对手。行动迟缓的公司会发现它们很难做到。许多主要的航空公司都试图模仿西南、瑞安等廉价航空,但屡战屡败。

组织性

一方面,一些企业在竞争行动方面组织得更好,如隐性进攻和"针锋相对"回应挑战。[22]"勇士"文化不仅需要高管层的承诺,也需要"一线将士"的参与。正是这种自成风格的"狼性"文化才使得华为成为思科的主要挑战者。要使行动缓慢的企业突然觉醒并且变得更具进攻性是很困难的。[23]

另一方面,在相互节制方面,更多的中央协调型企业或许比松散控制企业做得更好。对于一家在多国与对手展开竞争的跨国公司,出于对竞争对手势力范围的尊重,相互节制战略要求某些业务单元要有所保留,宁愿不要最大化其市场利益。当然,这样的协调要有助于处于市场主导地位的其他单元的绩效最大化,从而对整个企业有助益。成功实施此类相互克制战略,需要有鼓励单元间合作的报酬系统(如物质奖励和职位晋升)。相反,如果一个企业有竞争性的报酬系统(如奖励与业务单元的绩效挂钩),业务单元的管理者可能就不愿为了整个企业的利益而放弃当地市场利益,从而削弱了相互克制。[24]

资源相似性

资源相似性(resource similarity)定义为"一个特定竞争对手所拥有的资源禀赋在种类和数量上与本企业相媲美的程度"。[25]资源相似程度越高的企业越有可能采取相同的竞争行为。例如,20 世纪 90 年代,苹果公司和 IBM 公司曾有许多相似资源，因此竞争激烈。为什么近期竞争不像之前那么激烈了呢？一个原因是它们的资源相似度降低了。

如果将资源相似性与市场共同性（前面讨论过）放到一起，可以组成一个适用于任一对竞争对手的分析框架（见图8.4）。在方格4中，由于两个公司资源相似性水平高而市场共同性（很少相互克制）程度低，竞争强度可能最高。相反，在方格一中，由于两个公司资源相似性水平低而市场共同性程度高，竞争强度可能最低。方格2和方格3代表中等竞争水平。

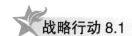

资料来源：(1) M. Chen, 1996, Competitor analysis and interfirm rivalry: Toward a theoretical integration (p. 108), *Academy of Management Review*, 21: 100–134; (2) J. Gimeno & C. Y. Woo, 1996, Hypercompetition in a multimarket environment: The role of strategic similarity and multimarket contact in competitive de-escalation (p. 338), *Organization Science*, 7: 322–341.

图8.4 一对竞争对手间的分析框架

例如，高端的星巴克和大众化的麦当劳曾经资源相似性很低。两者有很高的市场共同性——连锁店遍布全美。换句话说，它们处在竞争强度最小的方格1中。但是，最近麦当劳渴望进军"高端市场"，通过推出一些像冰咖啡这样的新品来蚕食星巴克的部分市场。迫于利润压力，星巴克似乎开始通过提供廉价饮料和速溶咖啡进入"低端市场"。我们可以认为，它们的资源相似性增加了。由于市场共同性程度仍然很高，所以它们的竞争移到了方格2，强度高于方格1。为进一步说明，战略行动8.1将描述福克斯如何进入竞争激烈的美国播音行业。总的来讲，认真按照图8.4的分析框架可以帮助管理者找准关键分析点，面对每一个对手的威胁合理分配资源，避免出现措手不及的局面。

战略行动 8.1

鸡舍里的狐狸

1996年之前，美国电视广播业可被看作一个相对宁静的"鸡舍"。三大广播电视网（ABC，NBC和CBS）主导着主流节目，CNN则24小时播放新闻节目。就像母鸡们共享一个鸡舍一样，存在一定程度的竞争，但是所有人都能充分理解游戏规则，比如不策反彼此的下属电视台。整体而言，竞争是比较温和的。

然而，1996年随着默多克新闻集团的子公司福克斯新闻频道的到来，整个行业发生了改变。首先，通过策反三大电视网下属的电视台，福克斯违反了行业规则。福克斯成功劝说一些附属电视台转投其麾下。在一些地区，三大电视网下属电视台的倒戈，让福克斯一夜成名。其次，福克斯为每个用户向有线电视网络运营商支付的费用高达11美元。这违反了另一个行业规则，即网络运营商只向电视台支付节目播放费。战胜了三巨头后，福克斯把目标瞄准了CNN。当时代华纳购买CNN时，反垄断当局要求它除CNN以外需要再增设第二个新闻频道。当时代华纳选择了MSNBC而没有选福克斯后，福克斯由此起诉了时代华纳。媒体大战不再显得那么绅士：CNN

所有者特德·特纳（Ted Turner）公开将默多克比作希特勒，默多克的《纽约邮报》则质疑特纳是否心智健全。或许这样的论战正是福克斯想要的。批评者一再指责福克斯宣扬保守主义（据说就是共和党）观点。观众们可不管这些。到2006年，福克斯已成为美国收视率最高的新闻频道，覆盖了96%的全美家庭。

利用图8.4来分析，我们可以认为，1996年以前整个行业处于方格2中。因为三巨头和CNN有较高的市场共同性（都集中在美国市场）和较高的资源相似性（电视节目），所以整个行业的竞争强度属于第二低。然而，福克斯的进入改变了整个游戏格局。新闻集团是一个全球企业，历史上总部曾设在澳大利亚，现在纽约，并在纽约上市。除了发源于澳大利亚，新闻集团业务也遍及亚洲、加拿大和欧洲。

新闻集团在美国的第一次收购发生于1973年。同时，为满足只有美国公民才能拥有美国电视台的要求，默多克于1985年成为美国公民。换句话说，虽然福克斯与三巨头和CNN资源相似性水平高，但它与几乎都在美国经营的三巨头公司的市场共同性程度很低。结果呢？现在这个行业处于竞争强度最高的方格4中。福克斯能打败三巨头的原因是其不担心自己在美国以外的市场遭受报复。以美国为中心的思维使三巨头付出了沉重的代价。更为国际化的CNN在与福克斯的竞争中相对有利。1997年，特纳和默多克和解，时代华纳同意接受福克斯，新闻集团同意时代华纳接入其亚洲和欧洲的卫星。换言之，他们建立了某种相互节制。

资料来源：*BusinessWeek*, August 21/28, 2006: 82; (2) www.newscorp.com。

与低成本对手竞争

企业一个主要的挑战是怎样与低成本对手竞争。[26] 到20世纪90年代，戴尔、西南航空和沃尔玛都运用了低成本战略。现在，低成本竞争在全世界非常流行，如仿制药行业中以色列的特瓦（Teva）制药公司、通信设备行业中中国的华为和中兴通讯及智能手机行业中的HTC（参见结篇案例）。对于企业来说，忽视低成本竞争将是危险的，但是企业真的有足够的能力与低成本对手展开竞争吗？

TaTa Son's集团（塔塔集团控股公司）执行委员会成员、伦敦商学院营销学教授库马尔（N. Kumar）在2016年12月的《哈佛商业评论》上发表了一篇文章"如何对抗低成本对手"。*这篇经典文章为应对低成本对手提供了一个框架。它表明企业在战胜低成本竞争对手的过程中应该避免发起价格战。从制度基础观角度，掠夺性定价在许多国家是不合法的（参见下节）。从资源基础观角度，因为竞争者在低成本竞争中具有更强的竞争能力，一旦发起价格战，企业最终往往得不偿失。凯马特（K-Mart）与沃尔玛展开价格战，最后不仅失败而且破产。同样，美国航空公司与西南航空公司展开价格战（两者总部都在达拉斯/沃斯堡地区，但位于不同机场）。最后，西南航空业绩飙升，而美国航空公司不幸破产。我们给企业的建议是，提高差异化程度并说服顾客为此买单（参见第二章）。苹果设计很酷的东西；塔吉特的定价略高于沃尔玛，而不尝试去与沃尔玛比拼价格。

但是，当差异化失败，企业被迫进行低成本战略时，需要认真审视VRIO框架中O（组织性）的部分：自己有足够的组织能力与低成本对手竞争吗？企业往往会天真地认为，它们能够基于经

---

* N. Kumar, 2006, Strategies to fight low-cost rivals, *Harvard Business Review*, December: 104–112.——编者注

验轻而易举地复制低成本运营模式。20世纪90年代，大部分主要航空公司都推出了廉价运营服务，如英国航空的Go、大陆航空的Lite、达美航空的Express、荷兰皇家航空的Buzz、北欧航空的Snowflake和美联航的Shuttle。从那时起，它们就全部失败了，因为其既缺乏组织能力，也缺乏学习"新花样"的能力。2008年经济危机时期，寇驰推出了一款"打手品牌"Poppy，定位于低价的手袋和饰物，同时维持其高价位的寇驰系列。寇驰会达成其目的并使Poppy受欢迎吗？你们可以去搜索一下。

最后，虽然企业可能（希望）转型为成功的低价竞争者，也可能转向销售解决方案。例如，由于市场被低成本对手侵蚀，IBM从硬件销售转向销售高端解决方案；钢琴制造领导者施坦威现在重点关注"体验"，同时售出了大量由其来自中国的低成本竞争对手珠江钢琴为其贴牌制造的产品（珠江钢琴品质过硬但品牌推广能力有限）。

制度基础观

制度基础观强调管理者要精通国内外竞争的"游戏规则"。令人惊讶的是，现有的战略教材很少（或者没有）涉及治理动态竞争的制度。这很不幸，因为缺乏对这些制度的理解可能会使一些成功的企业（如微软）深陷困境。简言之，制度基础观认为，自由市场并不一定是自由的。本节将对此做出解释。

治理国内竞争的正式制度：关注反垄断

治理国内竞争的正式制度广泛地受到竞争政策的引导，**竞争政策（competition policy）**指"决定形成市场体系的竞争和合作制度组合"。[27]与我们密切相关的是打击垄断和卡特尔的**反垄断政策(antitrust policy)**。竞争政策和反垄断政策旨在寻找效率与公平之间的平衡。虽然效率相对容易理解，但理解什么是"公平"却并不容易。在美国，"公平"意味着市场上现有企业和新进入者拥有平等的机会。如果现有企业垄断价格，并通过抬高进入门槛将竞争者拒之门外，就是"不公平的"。但是在日本，"公平"的意思正好相反——那些已在一个行业投资并长期深耕的企业应该受保护，免于新进入者的竞争。美国所认同的"市场活力"却被日本贴上了"市场动荡"的负面标签。而日本理想中的"有序竞争"在美国却被认为是"共谋"。总而言之，美国的反垄断政策是鼓励新进入者竞争并维护消费者权益，而日本则是保护现有企业并维护生产者权益。虽然很难判断谁对谁错，但是我们需要知道这个重要差别。

作为例子，表8.2列出了美国三部主要的反垄断法和五个典型案例。竞争政策和反垄断政策聚焦在价格同盟和掠夺性定价两点上。**价格同盟（collusive price setting）**即垄断厂商或合谋各方设定一个高于竞争水平的价格。例如，全球维生素卡特尔由于在21世纪初人为抬价30%~40%而被定罪。

另一个值得关注的领域是**掠夺性定价（predatory pricing）**，其定义为定价低于成本，并试图在长期内消灭对手后涨价以弥补损失（"一种垄断企图"）。这是一个很有争论的研究领域。首先，人们对"成本"的真正构成并不清楚。其次，即使发现企业低于成本销售，美国法院认为如果竞争对手多到消灭不完，一家企业就不可能通过先亏本降价打败某些竞争对手之后又提价来弥补损失，因此，其定价不能判定为"掠夺性"的。大多数行业似乎都是这种情况。这两项法律标准的存在使得想在美国赢得一个（国内的）掠夺性定价案件变得非常困难。[28]

还有一个关注的领域是**治外法权（extrater-**

ritoriality），即一个国家的法律适用到其他国家。美国法院曾单方面处罚美国以外的卡特尔（有些在其他国家是合法的）。戴比尔斯领导的钻石卡特尔就是一个例子（参见新兴市场案例 8.1）。欧盟显然已经采用了美国反垄断法中的一些条例。它曾威胁要否决波音和麦道之间的合并，成功阻止了通用汽车和霍尼韦尔提出的合并，并重罚了微软和英特尔（见新兴市场案例 8.2）。毋庸置疑，在全球化时代，国内竞争/反垄断法治外法权的运用，给政府与企业之间造成了紧张关系。[29]

自里根时代起，美国反垄断法的执行总体而言变得更加宽容。自 20 世纪 80 年代起，竞争对手间战略联盟的激增并非偶然（参见第七章）。尽管清晰度和认可度有所提高，但法律标准依然模棱两可。例如，1996 年，波音获准收购麦道，从而在商用飞机行业形成了真正的垄断（至少在美国国内）。但是，2011 年，AT&T 和 T-Mobile 两家公司即使合并后的全美市场总份额才勉强超过 40%，但 AT&T 还是没能获准并购 T-Mobile。鉴于一个国家内反垄断法的运用尚且如此波动和不一致，不同国家间反垄断法的国际运用就更加不可预知了。由于国际间反垄断政策的不一致性，企业在制定计划方案时尤其要注意这些含糊之处，特别是当在多个国家运营时（参见新兴市场案例 8.2）。

表 8.2　美国主要反垄断法和经典案例

主要的反垄断法	经典案例
1890 年颁布《谢尔曼法》 ■ 垄断或者企图垄断一个产业是非法的 ■ "想要垄断，或者企图垄断，或者勾结/鼓励任何人（群）在几个州或国家之间垄断部分贸易的任何人都应该受到法律惩罚" ■ 公开串谋明显是非法的 ■ 隐性合谋是一个灰色地带，虽然法律精神是反对的	标准石油（Standard Oil）（1911） ■ 曾经在美国的市场份额超过 85% ■ 违反反垄断法规 ■ 被分解成很多小公司 美国铝业公司（ALCOA）（1945） ■ 拥有 90% 的美国铝锭市场 ■ 违反垄断法规 ■ 责令对竞争对手的进入和销售企业进行补贴
1914 年颁布《克莱顿法》 ■ 创建了联邦贸易委员会（Federal Trade Commission, FTC），以规范企业的商业行为 ■ 授权联邦贸易委员会阻止企业从事有害的商业行为	IBM（1969—1982） ■ 曾经拥有美国计算机市场 70% 的市场份额 ■ 因其垄断而被司法部门起诉 ■ 案子最后交由里根政府处理
1976 年颁布《哈特—斯科特—罗迪诺（HSR）法案》 ■ 授权司法部（DOJ）可以要求企业提交内部文档 ■ 授权各州检察长（AGS）可以启动三重损害诉讼	AT&T（1974—1982） ■ 自 20 世纪初起"自然垄断"被认为是合法的 ■ 司法部门仍然对企业垄断进行起诉，特别是阻止新进入者 ■ 勒令停止 微软（1990—2001） ■ 微软磁盘操作系统和窗口曾经拥有 85% 的市场份额 ■ 美国司法部、联邦贸易委员会和 22 州起诉它垄断和非法捆绑产品 ■ 1994 年立案，2000 年美国地方法院下令将其一分为二，2001 年上诉成功，分拆判决被驳回

新兴市场案例 8.2

从贸易战到反垄断战

在 21 世纪，贸易战经常被作为一种威慑手段但很少被真正使用。然而一种以保护主义为中心的新型贸易战正悄然兴起。因为历史上曾专注于国内竞争的反垄断政策已被运用于国际贸易，这些新型贸易战越来越多地以反垄断战的形式为人熟知。

2001 年，欧盟反垄断当局否决了两家美国公司通用电气和霍尼韦尔公司的合并申请。2009 年，欧盟因英特尔对 AMD 公司的不当竞争行为对其开出了创纪录的 14.5 亿美元的罚单。2004 年，欧盟由于微软把 Windows 系统和自己的媒体播放器绑定在一起从而拒绝其美国竞争对手播放器（RealNetworks）公司的进入，处罚微软 6.6 亿美元。2009 年，欧盟指控微软 Windows 系统使用自带 IE 浏览器，限制了市场上其他浏览器的自由竞争——与十年前美国政府当局的反垄断诉讼一模一样。在先前美国微软的反垄断案中，当时唯一完全独立于微软发展的网景浏览器由于其用户市场占有率不足 1%，最终于 2009 年消失。这一次，欧盟针对微软的反垄断案是由位于挪威奥斯陆的浏览器公司欧普拉软件公司提起的。与 1999 年微软 IE 浏览器占全球 86% 的市场份额相比，2009 年的案子发生时，微软在浏览器上的优势已经变弱。2009 年，IE 浏览器只占全球市场份额的 68%，与其实力最接近的竞争者火狐浏览器（由美国 MOZILLA 公司开发）享有 20% 的份额。在欧洲市场上，微软 IE 浏览器则更弱，只占 60% 的市场份额，欧普拉 5%、火狐 3% 紧随其后，总体上，欧盟反垄断当局似乎对惩办美国的领先企业不遗余力，背后透出一种贸易保护主义的底色。

初出茅庐的中国反垄断部门同样不甘示弱，于 2008 年开始实施新的《反垄断法》。总部不在中国的企业合并，只要合并前一年在中国的营业额达到 1.2 亿美元，就需要得到中国反垄断的批准。例如，比利时英博（Inbev）公司与美国安海斯布希（Anheuser-Busch）公司合并得到了中国反垄断部门的有条件同意。一个颇有争议的案例是，首次叫停了 2009 年可口可乐收购中国主要果汁生产商汇源果汁一案。可口可乐出价 24 亿美元，是汇源 2008 年预期收益的 50 倍，汇源股价的 200% 溢价。汇源公司股东也很乐意把公司卖了。唯一的障碍来自中国商务部。商务部反对的一个重要原因就是，认为这次收购将对国内中小型果汁企业产生不利影响——换句话说，就是贸易保护。这个案件除了反垄断的因素，还有可能是中国政府以此表达对美当局的不满，因为美国政府此前刚刚否决了中国在美的数起收购案。但这种信号是复杂的，因为在 2011 年，中国政府同意百胜餐饮集团收购中国知名连锁餐馆企业——小肥羊火锅。因此，百胜餐饮在中国可将小肥羊办成一家像肯德基和必胜客一样成功的连锁店。

资料来源：(1) M. Bachrack, 2009, Merger control under China's Antimonopoly Law, *China Business Review*, July: 18–21; (2) J. Clougherty, 2005, Antitrust holdup source, cross-national institutional variation, and corporate political strategy implications for domestic mergers in a global context, *Strategic Management Journal*, 26: 769–790; (3) *Wall Street Journal*, 2009, EU hits Microsoft with new antitrust charges, January 17; (4) *Wall Street Journal*, 2011, Yum's proposed Little Sheep takeover approved, November 8, online.wsj.com。

治理国际竞争的正式制度：关注反倾销

与掠夺性定价精神相似，倾销（dumping）被定义为（1）出口商以低于成本的价格向国外销售，并且（2）计划在消灭本地竞争者后提高价格。虽然国内的倾销通常被视为"不当竞争"，而跨境倾销则往往被指控为更带感情色彩的"不公平"。

看看以下两种情形。第一种情形，印第安纳州的钢铁生产商进入新市场得克萨斯州，在得州的定价要比印第安纳州低，结果很快拿到了得州10%的市场份额。得州的钢铁生产企业有两个选择：第一个是起诉这家印第安纳州的公司有"掠夺性定价"行为。但很难证明（1）印第安纳州这家企业正以低于成本销售和（2）这种定价是以"垄断为目的"的。根据美国反垄断法，这样的情况没有任何胜算。换言之，不能期望得到国内竞争/反垄断法的保护。因此，得州企业很可能会选第二个选项——作为报复在印第安纳州市场上为消费者提供低价产品，以期同时让得州和印第安纳州的消费者获利。

第二种情形，"入侵"公司来自印度而不是印第安纳州。保持其他一切不变，得州公司可以认为印度公司有倾销行为。根据美国**反倾销法（antidumping laws）**，得州企业"几乎肯定能获得法律救助。基于同样的事实，如果面对（美国）国内企业反垄断诉讼案子都不会成立，更不用说反垄断法的救助了"。[30] 值得注意的是，对印度进口产品征收反倾销税将减弱得州企业通过进入印度进行反攻的动力，导致得州和印度两地的高价格，消费者利益其实将受到损害。这两种假设的情境是非常真实的。一项在澳大利亚、加拿大、欧盟和美国的经合组织研究发现，根据这些国家自己的反托拉斯法，90%不公平的倾销做法如果是由本国企业发起，根本不会被质疑。[31] 简言之，外国企业在正式游戏规则中受到了歧视。

在真实的反倾销调查中这种歧视也是很明显的。一个案件通常是由一家国内企业向相关政府当局提起诉讼。在美国，政府当局是国际贸易管理局（International Trade Administration，商务部下属部门）和国际贸易委员会（International Trade Commission，一个独立的政府机构）。然后，这些政府机构会给外国被诉倾销企业发出冗长的调查问卷，并且要求在30—45天内按照美国公认会计准则（GAAP）用英文提供有关成本和定价的全面完整资料。许多外国被告企业由于不熟悉美国公认会计准则而无法及时提供这些资料。调查会有以下四个可能结果：

- 如果没有来自国外的数据，原告提供的估算数据将成为证据，原告将轻松获胜。
- 如果外国公司提供了数据，原告仍可认为这些外国企业在说谎——"它们的成本不可能这么低！"在路易斯安那小龙虾供应商与中国小龙虾供应商的案子中，主要的争论点就是中国工人周薪9美元的真实性。
- 即使低成本的数据得到了验证，美国（和欧盟）反倾销法律仍然允许原告方继续主张这些数据是不"公平"的。在小龙虾案例中，原告方认为中国还是"非市场经济"国家，由于政府干预，成本数据极大失真。虽然工资可能低，但是可能会给工人提供廉价房及政府津贴补助等。因此，小龙虾的案子演变为假定在市场经济国家小龙虾的养殖成本是多少。在这个案子中，西班牙莫名其妙地被选中。尽管受到中方强烈反对，由于西班牙的养殖成本与路易斯安那的基本相同，中国企业还是因以低于西班牙成本的价格在美销售而被裁定为倾销。因此，中国产小龙虾被加收110%~123%的进口关税。
- 第四个可能的结果是被告赢了官司。但这是非常罕见的，仅占美国反倾销案总数的5%。

一项研究表明，仅仅提起反倾销诉讼（不管什么结果）就可能会使美国上市公司的股票价格增长1%（平均市值增长4600万美元）。[32] 显然，华尔街知道山姆大叔喜欢美国公司。在全球范围内，这意味着政府通常会在反倾销调查中保护本国企业。具有讽刺意味的是，反倾销案件伴随过去二十年的全球化大潮不断增加，而这是世界贸易组织所允许的。对那些要守护本国市场的企业来说，制度基础观给出的信息是明确的：去了解本国反倾销法。对那些想从事国际业务的企业来说，制度基础观的信息也是明确的：在国外定价的自由度肯定要低于国内。总而言之，在"自由市场"中竞争其实还是把"自由"这个词拿掉为好。

总体上，像反倾销保护有效性这样的制度不仅是"背景"，它们还直接决定了一个企业用什么样的武器来发动竞争。接下来，我们将列出两项主要行动。

进攻和反击

进攻（attack）指为获得竞争优势而展开的一系列行动，表现为降价、广告战、市场进入以及新产品发布等形式。反击（counterattack）则是为回应进攻而展开的一系列行动。这一节主要讨论：（1）进攻的主要类型有哪些？（2）哪种类型的进攻更容易获得成功？

三种主要的进攻类型

三种主要的进攻类型是（1）直接进攻，（2）佯攻，以及（3）舍卒保帅。[33] **直接进攻（thrust）**指典型的以强力正面进攻。智能手机战就是一个很恰当的例子。2008年，HTC推出了世界第一款基于谷歌安卓操作系统的智能手机。这种直接进攻使得HTC在2011年以25%的市场份额成为美国最大的智能手机供应商，领先于苹果20%的市场份额和黑莓9%的市场份额（见结篇案例）。

在篮球场上，**佯攻（feint）**是一个球员假装他会往某个方向进攻而实际上却往另一个方向进攻来欺骗防守队员。在动态竞争中，佯攻是指进攻者对竞争者的一个重要领域发起进攻，但其实该领域并非进攻者真正的目标。[34] 佯攻的下一步动作就是进攻者对真正目标区域的资源投入。来看菲利普·莫里斯（Philip Morris）和R. J. 雷诺（R. J. Reynolds）公司之间的"万宝路之战"。在20世纪90年代初期，两家公司在主要传统市场美国的销量与之前10年相比下降了15%，而且两家公司都对快速增长的中东欧地区颇感兴趣。菲利普·莫里斯通过在一天内（即1993年4月2日，被称为"万宝路星期五"）将其旗舰品牌万宝路降价20%的方式，在美国市场发起了一场佯攻。面对如此来势汹汹的举动，雷诺公司紧急从中东欧市场调集大量资源用于捍卫其美国市场，使得菲利普·莫里斯有机可乘，后者很快在中东欧市场占据了主导地位。

在国际象棋中，**舍卒保帅（gambit）**指为一颗大棋子而牺牲一颗小棋子的举动。在竞争中意指企业为占领某个高价值市场而主动从低价值市场退出以吸引对手将资源投入其中。例如，吉列和比克（Bic）在剃须刀和打火机两个市场同时竞争。吉列在剃须刀市场更强，而比克在打火机市场更强。吉列随后完全退出了打火机市场，专注于剃须刀。比克接受了吉利舍卒保帅的战术，将剃须刀市场的资源转移到打火机市场。这种舍卒保帅的行为可看作吉列和比克势力范围的交换，此后各自在一个领域变得更强大。

意识、动机和能力

显然，不受阻挠的进攻更易获得成功。因此，进攻者需要理解反击的三个驱动因素：（1）意识，（2）动机，以及（3）能力。[35]

- 如果进攻不易察觉以至于竞争对手都没有意识到，则进攻者可能实现自己的目标。一种有趣的想法是"**蓝海战略**"（blue ocean strategy），即避免进攻对手防卫严密的核心市场。[36]挑衅竞争对手核心市场的结果，很可能是一场血腥的价格战——也就是"红海"。20世纪90年代，通过将微软比作"死亡之星"（见电影《星球大战》）并预测互联网会将Windows淘汰，网景公司吸引了大量关注，它也迅速成为微软的眼中钉并最终消亡（或者说淹没在"红海"中）。

- 动机也很重要。被攻击的市场价值不大，对手可能不会还击。以海尔进入美国白色家电市场为例。虽然海尔依靠种类齐全的产品占领了中国市场，但它却选择了一个最没有威胁性的细分市场进入美国：旅馆和大学宿舍用的迷你酒吧（小型冰箱）。有人记得上次住过的酒店房间里迷你酒吧的品牌吗？显然，不但你没有注意，就连通用和惠而浦等市场上的现有竞争者也把它当作次要和低利润的市场看待。换言之，它们没有回击的动机。海尔现在之所以能占据美国50%的小型冰箱市场份额，并在南卡罗来纳州设厂生产利润更为丰厚的产品，部分原因就是现有竞争者没有反击的动力。

- 即使攻击被确认，企业也有反击的动机，但组织反击还需要强大的能力——如前面资源那一节所讨论的。

合作和信号

一些企业选择竞争，而另一些企业选择合作。企业为了降低竞争强度，怎样发出想合作的信号呢？因为不能以违法方式直接与竞争对手谈，企业不得不采取发信号的方式——"虽然你不能跟竞争对手谈定价，但总可以给他们使个眼色"。下面列出四种"使眼色"的方式：

- 公司可能进入新市场，并不是为了挑战竞争对手，而是通过建立多市场联系达到相互克制。因此，跨国公司经常互相追逐，进入一个又一个国家。在很多航线上竞争的航空公司往往没有像那些在一条或几条航线竞争的公司那么凶猛。

- 企业可以公开发出休战信号。2005年，当通用汽车面临严重财政危机时，丰田董事长两次告诉媒体，丰田将通过提高其在美国市场的价格来"帮助通用"。除了直接交流这种违法的方式，丰田发出的信号已经不能再清楚了。

- 企业有时通过争取政府帮助向竞争对手发出信号。虽然直接与竞争对手进行关于"公平"定价的谈判是不合法的，但在政府调查保护下的此类谈判却是合法的。因此，提起反倾销申诉或起诉竞争对手并不完全是出于敌意的，有时恰恰是想要交谈的信号。当思科起诉华为时，在美国政府和中国政府调解下，它们可以合法地在和解谈判中讨论一系列战略问题。最后，在双方达成和解协议后，思科撤回了对华为的起诉。

- 企业可与对手建立战略联盟以降低成本。虽然价格垄断是非法的，但是通过联盟降低10%的成本却是合法的。而且，从财务角度来讲和共谋提价10%的效果是一样的。

总之，由于试图降低竞争强度的企业间合作性质非常敏感，我们对其了解并不多。然而，从商业既是战争又是和平这个角度来看，战略家对这两方面的关注应是同等重要的。

本土企业与跨国公司

管理者、学生和记者经常为像可口可乐和百事可乐、通用汽车和丰田、SAP和甲骨文等跨国公司之间的竞争而着迷，却很少有人去了解本土企业怎样应对跨国公司的进攻。考虑到竞争和/或合作广泛的选择性，本土企业可以根据（1）行业状况和（2）竞争性资产性质来采取以下四种战略行动的一种，如图8.5所示。[37]

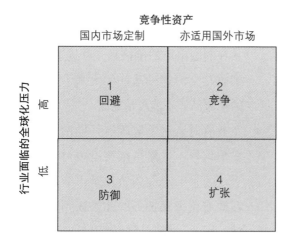

图8.5 新兴市场的本土企业如何应对跨国公司的竞争

方格3表示在一些行业中全球化的压力相对较小，本土企业的优势源于对本土市场的深刻了解。在这种情况下，跨国公司所缺乏的本土资源成为本土企业**防御**（**defender**）战略的手段。例如，面对化妆品跨国公司的冲击，以色列一些地方企业开始注重推出那些适应中东气候条件的产品，从而捍卫了自己的地盘。圣爱(Ahava，护肤品品牌)产品的走红，部分原因就源于其从死海中提炼出的特殊成分，这些成分是跨国公司从其他地方无法取得的。换言之，虽然像圣爱这样的本土公司面对跨国公司时放弃了一些市场（如主流化妆品市场），但是它们牢牢占据了一些细分市场（如"死海泥"）。这是个典型的舍卒保帅的例子。

方格4表示一些行业中全球化的压力相对较小，本土企业可能拥有一些可向海外转移的技能，从而形成**扩张**（**extender**）战略。这种战略主要将本土优势扩展到海外。例如，亚洲涂料公司（Asia Paints）控制了印度40%的油漆市场。印度油漆市场的特点是，成千上万的小零售商面对无数贫穷的消费者，为了省钱，消费者只想买少量且能被稀释的油漆。亚洲涂料公司针对这种需求形成了强大的市场能力。这种能力不仅是在印度市场，而且是在其他发展中国家市场的成功秘诀。与此相反，由于跨国公司的商业模型主要围绕发达经济体中的富裕消费者，因此很难再推出低端产品并从中获利。

方格1描述了本土企业参与全球化压力高的行业竞争。因此，**回避**（**dodger**）战略是必要的，这种战略主要指与跨国公司建立合资企业和被其并购。在中国汽车产业中，国内所有主要的汽车制造商都与跨国公司组建了合资企业。在捷克，政府将斯柯达卖给了大众。本质上讲，本土企业越是无法与跨国公司正面竞争，合作就越显得必要。换言之，打不过，就合作!

最后，在方格2，一些本土公司通过**竞争**（**contender**）战略，参与快速学习之后向海外市场拓展。一些中国手机厂商如华为、OPPO和小米迎头赶上了全球重量级手机制造商的步伐。本土企业在国内取得成功后，纷纷开始进入外国市场。

特别是在新兴经济体中，面对跨国公司的竞争，本土企业该做出怎样的反应对管理者来说至关重要。例如，在中国，跨国公司最初占据了主导地位，但并不代表能一直保持住。许多行业（如运动服饰、手机、个人电脑及家电），跨国公司的市场份额渐渐被本土企业侵蚀。虽然一些弱小的本土企业被淘汰了，但另外一些更为强大的本土企业不仅能在本土竞争中取胜，而且还能够挑战跨国公司的海外市场。在这个过程中，它们自己也变成了新生代的跨国公司。结论就是，当面临跨国公司的猛烈进攻时，本土企业不一定是"坐以待毙"了。

争论和引申

围绕这个敏感领域有许多争论，我们列出其中两个最主要的：（1）战略与产业经济学及反垄断政策；（2）竞争与反倾销。

战略与产业经济学及反垄断政策

管理者制定战略，领导其企业赢得市场。但是，有时受到产业经济学影响的反垄断官员会起诉企业（如微软）有"不当竞争"行为。一方面，大多数商学院学生没有学习反垄断政策，所以当他们毕业并成为管理者后也不太关心它。另一方面，反垄断官员则偏重学习经济与法律而不是管理。然而，经济与法律的背景并不能使他们深刻理解商学院教育所提供的如何开展公司层面的竞争和/或合作。这些官员通常认为，如果缺乏政府干预（特别是反垄断），大公司的竞争优势很可能会永久持续从而形成垄断。管理者则更清楚：即使缺乏政府干预，由于技术不断飞速发展，野心勃勃的新进入者不断出现，以及全球竞争压力不断加大，没有哪种竞争优势是可以永续的（见第三章）。也有可能没有任何一位政府官员曾学过像我们这样的战略管理课。但是，那些抱持竞争优势可持续观点的政府官员却是竞争政策的判定者和执行者。这样的脱节自然会导致双方的相互猜疑和不满。商学院的学生和管理者应该用反垄断知识来武装自己，并积极参与与政府官员和政策制定者的对话、讨论。

为什么AT&T、IBM和微软（见表8.2）这样成功的大型企业最初成功的那些行为，现在反而被指控为非法的"不正当竞争"了呢？有谣言盛传，谷歌将成为下一个反垄断目标。原因是美国拥有世界上最古老的反垄断框架（可追溯到1890年的《谢尔曼法》），美国关于反垄断的争论因此备受世界瞩目，这就是问题的关键所在。我们当然不是以美国为中心，而是将关于美国的争论作为一个能产生全球性影响的案例加以研究。

代表管理者的战略和管理学者提出了四种观点。[39] 首先，反垄断法往往反映的大多是旧的国内竞争现实——《谢尔曼法》的确是1890年颁布而并非因作者笔误将1990年写成了1890年。然而，今天的全球化竞争，在很大程度上意味着，一个国家的一家大型主导企业（就像波音公司）不会自动变成一个危险的垄断企业，现有外国竞争者的存在（如空中客车公司）使得它们更有竞争力。

其次，被指控为"不正当竞争"的行为本身实际上可能是高度"竞争"或者是"超竞争"的。在20世纪90年代，超竞争的微软公司被指控有"不正当竞争"行为。其被指控的罪名是没有自愿帮助它的竞争对手。为什么微软应该自愿帮助它的竞争对手？这一点颇令人费解。想象一下看：如果你的领导让你自愿去帮助公司的竞争者，你是会照做呢，还是认为你的领导发疯了？

再次，美国反垄断法造成了战略困扰。[40] 因为意图摧毁你公司的反垄断案如同一杆冒着烟的枪，因此，管理者们不得不使用更为温和的语言。不要说出或写下这样的备忘录——"我们要击败竞争对手！"否则，管理者可能就会被告上法庭。相反，非美国公司通常却会使用战争用语：日本小松公司（Komatsu）以"围剿卡特彼勒（Caterpillar）！"的口号著称，而本田则喊出了"摧毁、粉碎、消灭雅马哈！"在美国公司，因为不能直接这样说，在基层管理者和员工里造成了困扰，而一家备受困扰的企业是不太可能有进取精神的。

最后，因为美国的反垄断法歧视美国企业，所以它可能是不公平的。1983年，要是通用和福特打算共同生产汽车，反垄断官员会以有明显的勾结嫌疑而断然拒绝。用专业术语来说，这种行为本身违反了反垄断法。具有讽刺意味的是，从1983年开始，通用获准与丰田合资生产汽车。30年后，丰田已成为美国汽车制造业的领导者。结论是，美国反垄断法帮助了丰田而不是福特或者通用。一个国家（区域）的反垄断法可被用于打压其他国家的企业。例如，欧盟反垄断当局一直对美国企业十分苛刻：他们阻止了通用电气和霍尼韦尔的合并，重罚了微软和英特尔。虽然这些举动遭到了美方的抗议，但是至少从保护主义角度来看是可以理解的（见新兴市场案例8.2）。难以理解的是，为什么美国企业有时会受到本国政府的歧视？2011年，AT&T不单被迫放弃了与德国电信（DT）全资子公司T-Mobile的合并，而且被迫向T-Mobile支付了3亿美元的分手费！一个美国企业就这样被美国政府逼迫着补贴了一家甚至都不想继续在美国市场干下去的外国公司。

这种基于制度基础观的争论，不单从理论上会对未来全球竞争产生深远的影响。商学院的学生和未来的管理者应该关注这类争论并随时加入。当管理者晋升到更加具有战略性的C级职位（如首席执行官、首席财务官和首席信息官）时，掌握更多这方面知识的重要性将更加凸显。

竞争与反倾销

目前，反对对外国企业进行反倾销限制的有两种观点。首先，因为倾销的核心是"低于成本价格"销售，但考虑到"成本"的模糊性，要证明倾销成立往往是很困难的。其次，如果外国企业确实以低于成本的价格销售，那又如何呢？这仅仅是一种简单的（超）竞争行为。当进入一个新市场时，几乎所有的企业在第一天（甚至在第一年）都会赔钱。在达到盈亏平衡之前，企业因为低于成本销售而一直在亏损。在美国国内这类完全合法的倾销做法层出不穷。我们都在现实中收到过大量提供免费或者廉价产品的优惠券，优惠券商品往往是低于成本的价格销售（或者赠送）。消费者会抱怨这样的好事吗？估计不会。"如果外商以低于成本的价格向我们国家销售（倾销）商品，我们为什么要抱怨呢？"[41]

一种典型的回应是，如果外商通过"不公平"的倾销打败本土企业后提高价格呢？鉴于大多数行业的竞争性本质，要想消灭所有竞争者然后通过收取较高的垄断价格来弥补亏损，往往是很困难的。对外商垄断的恐惧经常被某些特殊利益集团人为夸大，而他们却以牺牲全国消费者为代价由此获利。诺贝尔经济学奖获得者约瑟夫·斯蒂格利茨（Joseph Stiglitz）认为，反倾销税"是赤裸裸的贸易保护主义"，一个国家的"公平贸易法"在其他国家就变成了"不公平贸易法"。[42]

一种解决方案就是，淘汰反倾销法，而对国内外企业一视同仁用国内反掠夺性定价的标准。这种相互豁免反倾销指控已在澳大利亚和新西兰、加拿大和美国及欧盟内部之间实现了。因此，加拿大企业可被视为美国企业，在美国可能遭到掠夺性定价起诉，但不再会被控倾销。由于反倾销是"我们对他们"，这种协调措施实质上扩展了"我们"的概念。然而，正如前面所述，在国内掠夺性定价是很难在法律上成立的。由此，竞争得到加强，进取得到奖励，"倾销"得以合法化。

精明的战略家

如熊彼特所言，如果资本主义是"创造性破坏"，那么"战略是行动"的观点则强调这种创造性破坏的力量如何在市场中释放。因此，对精明战略家的启示有三条（见表8.3）。

首先，你需要深入了解所处行业有哪些能推动竞争和/或合作的特征。以音乐、软件和影视行业为例，随着互联网的快速发展，数字盗版问题日益突出。表8.4表明，现有企业（版权所有者）将盗版者视为竞争者和新进入者。因此，对付数字盗版，产业基础观所倡导的低成本和差异化可能更有效。

其次，你和你的公司需要有效强化自身竞争和/或合作的能力。在进攻和反击中，敏锐性、频繁度、复杂性和不可预测性都是有帮助的。在合作中，市场相似性和相互克制可能会更好。如《孙子兵法》所言，你不仅需要"知己"而且需要通过发展对竞争对手分析的技巧和直觉，以及换位思考来"知彼"。

最后，你需要了解世界各地治理国际和国内竞争的游戏规则。像"让我们打败竞争对手"这样激进的语言，在诸如美国等国家是不允许出现的。记住，电子邮件就像钻石一样是"永久的"，被"删除"的邮件仍然储存在服务器上，是可被恢复并被对手当成武器来攻击你的。但是，像沃尔玛"我们要成为食品超市行业第一"这样精心设计的宣言是合法的，因为这样的措辞（至少在字面上）没有展现任何企图消灭竞争对手的非法动机。然而不幸的是，自20世纪90年代沃尔玛进食品超市行业以来，美国已有31家连锁超市宣布破产——多么悲剧性的巧合！[43]

进军海外市场时理解这种游戏规则的必要性是至关重要的。在国内合法未必在国外也合法。许多中国管理者为他们的低成本战略在崇尚"自由市场"竞争的国家竟被认定为"非法"倾销而大吃一惊。在现实生活中，"自由市场"并非是自由的。但是，精通游戏规则的管理者可能会发动不足以引起反倾销官员关注的小规模进攻。美国反倾销法认定12个月内低于3%市场份额的进口量是"微不足道的进口"，不值得调查。[44]因此，外国公司只要不越过这条"红线"就是安全的。作为一个出口商，你是想数十年如一日地保持3%稳定的美国市场份额，还是在第一年就激增到30%，随即招致反倾销调查，以至于失去第二年及以后的进一步发展机会呢？

关于战略的四个基本问题，为什么企业会有所不同（问题一）和企业如何表现（问题二），可归结为战略三脚架如何影响动态竞争。什么决定了企业的经营范围（问题三）部分是由于与多市场竞争对手建立相互克制所决定的——换句话说，"有效的进攻是最好的防御"。最后，什么决定了企业在国际上的成败（问题四），很大程度上取决于企业如何展开其竞争和合作行动。总之，假如经商是战争与和平同行，那就如同打仗和下棋，其制胜法宝是"三思而后行"。

表 8.3　战略启示

- 深入了解行业对竞争和/或合作有利的特征
- 强化有效竞争和/或合作的资源和能力
- 了解管理国内和国际竞争的游戏规则

表 8.4　数字盗版的战略应对

- 为了让其产品成为行业标准,尤其考虑到所产生的网络效应,企业不仅与盗版者竞争,还通过采取宽容的态度开展合作
- 免费提供正版音乐小样,而不是让盗版者用有质量问题的音乐去满足听众需求
- 通过降低法定商品的价格成为成本领先者,以阻止盗版者进入
- 给支付全款的消费者提供额外的礼品以合法地增加差异化
- 改变对购买盗版消费者的激励(如唱片公司支持"苹果的 iTunes 服务")
- 通过合法地挑战和惩罚主要犯罪者,形成相关的行业规范

资料来源:C. Hill, 2007, Digital piracy: Causes, consequences, and strategic responses, *Asia Pacific Journal of Management*, 24:9–25. For related research, see D. Bryce, J. Dyer, & N. Hatch, 2011, Competing against free, *Harvard Business Review*, June:104–111。

本章小结

1. 阐述"战略是行动"的观点

根据"战略是行动"的观点,动态竞争指竞争企业所采取的行动和做出的反应。

2. 理解引发企业间合作和共谋的产业条件

这类产业业往往有较少的竞争者,一个价格领导者,同质化产品,高进入壁垒,以及高度的市场共同性(相互克制)。

3. 解释资源和能力如何影响动态竞争

资源相似性和市场共同性可为竞争对手分析提供一个强大的分析框架。

4. 概述反垄断和反倾销如何影响国内和国际竞争

- 在国内,反垄断法主要关注共谋和掠夺性定价。
- 国际上,反倾销法歧视外国公司并保护本国公司。

5. 识别进攻、反击和发出信号的动因

- 三种主要进攻类型是直接进攻、佯攻和舍卒保帅。反击由意识、动机和能力驱动。
- 企业可通过各种方式向竞争对手发出信号,而不用直接与它们对话。

6. 探讨本土企业如何与跨国公司开展竞争

当面对跨国公司时,本土企业可以选择多种战略方法:防御、扩张、回避、竞争。本土企业并没有像人们所认为的那样不堪一击。

7. 参与有关动态竞争的两大主流争论

- 战略与产业经济学以及反垄断政策;
- 竞争与反倾销。

8. 战略启示

- 深入了解你所处的行业有哪些能够促进竞争和/或合作的特征。
- 强化有效竞争和/或合作的资源和能力。
- 了解世界各地治理国内外竞争的游戏规则。

关键词

反倾销法律　(产业)集中度　博弈论　反垄断法律　竞争战略　市场共同性　反垄断政策　反击　多市场竞争　进攻　交叉市场报复　相互克制　蓝海战略　防御战略　掠夺性定价　惩罚能力　回避战略　价格领导者　卡特尔(托拉斯)　倾销　囚徒困境　共谋　公开串谋　资源相似性　价格同盟　扩张战略　隐性共谋　竞争政策　治外法权　直接进攻　动态竞争　佯攻　竞争者分析　舍卒保帅

讨论题

1. **伦理问题**:作为一名 CEO,你感觉到行

业内的价格战已损害到所有企业的利益。但是，公司律师警告你不要公开地和你认识的（或许你们曾一起上学）竞争对手讨论定价问题。那你将怎样发出信号表明你的意图？

2. **伦理问题**：作为一名CEO，你担心你的企业和本国这一行业被进口产品摧毁。贸易律师建议你对国外主要对手提起反倾销诉讼并保证你能获胜。你会提起这个反倾销诉讼吗？为什么？

3. **伦理问题**：作为佯攻的一部分，你的公司（A公司）宣布打算在下一年进入竞争者（B公司）势力非常强的X国。其实你们的真正目的是进入竞争者（B公司）势力非常弱的Y国，根本没有进入X国的打算。然而，在试图"欺骗"B的过程中，客户、供应商、投资人和媒体也在无意中被误导了。这里的道德困境在哪里？这个行动的利大于弊吗？

拓展题

1. 找一些新兴经济体跨国企业的竞争行动。用图8.4和图8.5两个框架帮助你理解这些行动。

2. 如果你的国家有竞争/反垄断法，那么找一个经典案例并且解释你是支持原告还是被告。如果你所在的国家没有竞争/反垄断法，请解释为什么没有。

3. **伦理问题**：作为没有直接涉及美国与AT&T（第二次）官司（指2011年美国政府阻止了AT&T合并T-mobile的提议）的第三方，如果你是另一家公司的经理或者一个学生，你认为关于反垄断政策什么是对的？什么是错的？为什么？

结篇案例 （道德困境、新兴市场）

HTC大战苹果

每个人都听说过苹果公司和它的iPhone。在它2007年第一次出现时，就一下子引爆了智能手机市场。今天我们回顾一下2012年的一场战争，当时美国智能手机市场哪家公司份额最高呢？不是苹果（20%市场份额），不是三星（20%市场份额），也不是黑莓（9%市场份额）——而是HTC，它在美国市场份额高达25%。

根据《彭博商业周刊》报道，在高手如云的智能手机行业中，1997年成立于中国台湾地区的HTC"不太像一个领导者"。成立之初公司叫作"宏达国际电子"，与台湾地区的其他公司一样，以承接外包业务起家，没有属于自己的品牌。其最初的名字（现已停止使用）就像任何一家普通公司的名字一样，没有任何特色。公司作为一家原始设计制造商（ODM），长期以来默默无闻地为Verizon和Orange等西方主流移动运营商设计制造高端智能手机。HTC第一笔大订单来自微软，并很快成为世界第一大微软手机制造商。它将其美国总部设在微软总部所在地华盛顿州西雅图郊区的贝尔维。与许多接单制造商一样，HTC担心没有品牌的自己会永远是一家低利润率的商品制造商。更糟糕的是，随着客户寻找更低成本的供应商，自己已经微薄的利润将被进一步挤压。解决办法通常是拥有自己的品牌以获取更高的利润和更多的尊重。换句话说，成为一家像苹果一样的原始品牌制造商（OBM）。但是，如新兴市场上的大部分公司一样，要跨出这一步往往会面临"双重困难"：（1）缺乏创新和品牌推广的能力；（2）因不想与一个来自新兴市场的竞争对手做生意而导致客户流失。如此"双重困难"使得许多制造商被迫继续停留在低成本作坊水平上。HTC是怎样克服这些挑战的？

HTC的经验主要有三点：第一，正如HTC董事长王雪红接受媒体采访时强调的那样，HTC从来没做过贴牌生产（OEM），它从开始就一直从事ODM并强调设计这一理念，这恰恰是大多数OEM企业所缺乏的（像富士康或鸿海，都是台湾地区最大的OEM企业）。差别是显而易见的：HTC已拥有了世界一流的设计和创新能力。早在1998年它就开始设计开发世界上首批触摸屏和手持无线装置。

第二，HTC非常擅长与大公司合作。这种成功的合作加上其雄厚的设计实力，使其很快在这个高速发展的行业中取得了一系列令人羡慕的先行者成就。具体包括：创造了世界上第一个触屏智能端，即美国Palm公司的Treo和康柏公司的iPAQ（2000）；第一款微软智能手机（2002）及第一款微软3G智能手机（2005）；全球第一款安装免费开源的谷歌安卓系统的智能手机（2008）；美国第一款4G手机（2010）等。

第三，与那些因语言障碍和文化限制造成国际化困难的诸多亚洲公司不同，HTC是"天生全球化"的公司。公司成立之初起邮件和文件就都是用英文写的。根据《经济学人》报道，CEO周永明（Peter Chou）的英文名字听起来更像是一位硅谷管理领袖，而不是一位典型的亚洲企业领导者。他说，"我不是告诉他们做什么，而是希望他们自由开发自己的才华"，这样开放的文化更能吸引外国人才。2006年，HTC聘请了一名微软冉冉升起的新星——曾任Windows Mobile的创意总监陆学森。陆学森在HTC创立了由快速响应开发团队构成的创新平台，其中的一些团队就在西雅图。2011年HTC在北卡罗来纳州的达勒姆也设立了研发办公室。2010年周永明在接受采访时自豪地指出，在高管层中，直接向首席执行官汇报的人中超过半数都不是来自台湾地区的。

作为刚探出头的OBM新人，HTC于2006年起研发自有品牌。到2008年他们的安卓手机首次问世时，才被命名为"HTC"。由于谷歌创建了基于安卓的生态系统与苹果抗衡，作为谷歌主要的安卓合作伙伴，HTC获得了巨大的知名度。从此以后，HTC腾飞了。2011年，国际品牌集团的数据显示，HTC已取代宏碁名列中国台湾地区全球品牌第一，世界排名第98，2011年还获得了世界移动通信大会颁发的"年度最佳手机制造商"大奖。而且，它的市值超过了诺基亚，成为世界上仅次于苹果、三星的第三大智能手机制造商。当在采访中被问及苹果时，周永明也承认，尽管HTC颇具吸引力，但还是不会吸引到那些为第一时间体验新品而半夜就在苹果店门口排队的"果粉"们。周永明强调，"HTC就是HTC，我不在乎iPhone，甚至不会瞧它一眼。"

另一方面，苹果非常认真地对待HTC的挑战，除了大力在产品上竞争，2010年苹果还起诉HTC20项专利侵权。这是苹果为遏制HTC、三星、摩托罗拉等安卓手机战略的一部分。以HTC为首的安卓手机市场份额从2009年的不足3%飙升到2011年的48%。除了HTC，苹果也同样起诉三星、摩托罗拉甚至谷歌。作为反击，HTC起诉苹果侵犯其五项专利，并试图禁止苹果产品从亚洲加工地进口到美国。

随着HTC与苹果公司的战斗从产品市场蔓延到法庭，明显处于劣势的HTC声称，有充足专利来对抗苹果。王雪红回应媒体的采访时表示"专利诉讼是正常现象，但中国企业很少使用这类战略，所以我们正在树立一个榜样"。周永明也表达了相同看法，"如果HTC在创新上有建树并树立榜样，我们就能激励其他企业做同样的事情。"

资料来源：(1) *21st Century Business Insights*, 2011, HTC: Can being itself allow it to surpass Apple? October 1:58–59; (2) *Bloomberg Business Week*, 2010, A former no-name from Taiwan builds a global brand, November 1: 37–38; (3) *Bloomberg Businessweek*, 2011, Android's dominance is patent pending, August 8: 36–37; (4) *Economist*, 2009, Upwardly mobile, July 11: 68; (5) *Economist*, 2011, Android alert, July 23: 64; (6) Inter brand, 2011, Taiwan top 20 global brands 2011, www.brandingtaiwan.com。

案例讨论题：

1. 基于资源基础观，什么是HTC独一无二的资源和能力？

2. 基于制度基础观，从HTC和苹果公司的专利诉讼案你可以获得什么样的经验和教训呢？

3. 当野心勃勃的亚洲和其他新兴经济体企业渴望提升能力、更具创新性并以OBM身份受到更多的尊重时，他们又可从中获得什么样的经验教训？

注释

1. D. Ketchen, C. Snow, & V. Hoover, 2004, Research on competitive dynamics, *JM*, 30:779–804.

2. L. Capron & O. Chatain, 2008, Competitors' resource oriented strategies, *AMR*, 33: 97–121; K. Coyne & J. Horn, 2009, Predicting your competitor's reaction, *HBR*, April: 90–97; W. Tsai, K. Su, & M. Chen, 2011, Seeing through the eyes of a rival, *AMJ*, 54: 761–778.

3. V. Rindova, M. Becerra, & I. Contardo, 2004, Enacting competitive wars, *AMR*, 29: 670–686.

4. *BW*, 2011, Dan Akerson is not a car guy, August 29: 56–60.

5. J. Anand, L. Mesquita, & R. Vassolo, 2009, The dynamics of multimarket competition in exploration and exploitation activities, *AMJ*, 52: 802–821; H. Greve, 2008, Multimarket contact and sales growth, *SMJ*, 29: 229–249; Z. Guedri & J. McGurie, 2011, Multimarket competition, mobility barriers, and firm performance, *JMS*, 48: 857–890; G. Mark man, P. Gianiodis, & A. Buchholtz, 2009, Factor-market rivalry, *AMR*, 34:423–441; J. Prince & D. Simon, 2009, Multimarket contact and service quality, *AMJ*, 52: 336–354.

6. T. Yu, M. Subramanian, & A. Cannella, 2009, Rivalry deterrence in international markets, *AMJ*, 52: 127–147.

7. J. Baker, 1999, Developments in antitrust economics, *JEP*, 13: 181–194.

8. S. Brenner, 2011, Self-disclosure at international cartels, *JIBS*, 42: 221–234; Y. Zhang & J. Gimeno, 2010, Earnings pressure and competitive behavior, *AMJ*, 53: 743–768.

9. *United States et al. v. AT&T Inc. et al.*, 2011, Second amended complaint (p. 17), September 30, Washington, DC: US District Court for the District of Columbia.

10. *Economist*, 2011, From Big Three to Magnificent Seven, January 15: 67–68.

11. M. Semadeni, 2006, Minding your distance, *SMJ*, 27: 169–187.

12. M. Benner, 2007, The incumbent discount, *AMR*, 32: 703–720; C. Hill & F. Rothaermel, 2003, The performance of incumbent firms in the face of radical technological innovation, *AMR*, 28: 257–274.

13. J. Barney, 2002, *Gaining and Sustaining Competitive Advantage* (p. 359), Upper Saddle River, NJ: Prentice Hall.

14. M. Chen, 1996, Competitor analysis and inter firm

rivalry (p. 106), *AMR*, 21: 100–134.

15. E. Rose & K. Ito, 2008, Competitive interactions, *JIBS*, 39: 864–879.

16. G. Clarkson & P. Toh, 2010, "Keep out" signs, *SMJ*, 31: 1202–1225.

17. G. Kilduff, H. Elfenbein, & B. Staw, 2010, The psychology of rivalry, *AMJ*, 53: 943–969; R. S. Livengood & R. Reger, 2010, That's our turf! *AMR*, 35: 48–66.

18. J. Immelt, V. Govindarajan, & C. Trimble, 2009, How GE is disrupting itself, *HBR*, October: 56–65.

19. D. Spar, 1994, The Cooperative Edge: *The Internal Politics of International Cartels* (p. 5), Ithaca, NY: Cornell UP.

20. D. Sirmon, S. Gove, & M. Hitt, 2009, Resource management in dynamic competitive rivalry, *AMJ*, 51:919–935.

21. J. R. Baum & S. Wally, 2003, Strategic decision speed and firm performance, *SMJ*, 24: 1107–1129; H. Ndofor, D. Sirmon, & X. He, 2011, Firm resources, competitive actions, and performance, *SMJ*, 32: 640–657.

22. R. Agarwal, M. Ganco, & R. Ziedonis, 2009, Reputations for toughness in patent enforcement, *SMJ*, 30: 1349–1374; M. Chen, H. Lin, & J. Michel, 2010, Navigating in a hypercompetitive environment, *SMJ*, 31: 1410–1430; G. Vroom & J. Gimeno, 2007, Ownership form, managerial incentives, and the intensity of rivalry, *AMJ*, 50: 901–922.

23. J. Boyd & R. Bresser, 2008, Performance implications of delayed competitive responses, *SMJ*, 29: 1077–1096; B. Connelly, L. Tihanyi, S. T. Certo, & M. Hitt, 2010, Marching to the beat of different drummers, *AMJ*, 53: 723–742; V. Rindova, W. Ferrier, & R. Wiltbank, 2010, Value from gestalt, *SMJ*, 31: 1474–1497.

24. B. Golden & H. Ma, 2003, Mutual forbearance, *AMR*, 28: 479–493; A. Kalnins, 2004, Divisional multimarket contact within and between multiunit organizations, *AMJ*, 47: 117–128.

25. Chen, 1996, Competitor analysis and inter firm rivalry (p. 107). See also W. Desarbo, R. Grewal, & J. Wind, 2006, Who competes with whom? *SMJ*, 27: 101–129; L. Fuentelsaz & J. Gomez, 2006, Multipoint competition, strategic similarity, and entry into geographic markets, *SMJ*, 27: 477–499.

26. N. Kumar, 2006, Strategies to fight low-cost rivals, *HBR*, December: 104–112.

27. E. Graham & D. Richardson, 1997, Issue overview (p. 5), in E. Graham & D. Richardson (eds.), *Global Competition Policy*, Washington: Institute for International Economics.

28. *Economist*, 2009, The unkindest cuts, August 22: 68.

29. J. Clougherty, 2005, Antitrust holdup source, cross national institutional variation, and corporate political strategy implications for domestic mergers in a global context, *SMJ*, 26: 769–790.

30. R. Lipstein, 1997, Using antitrust principles to reform antidumping law (p. 408, original italics), in E. Graham & D. Richardson (eds.),*Global Competition Policy*, Washington: Institute for International Economics.

31. OECD, 1996,*Trade and Competition: Frictions After the Uruguay Round* (p. 18), Paris: OECD.

32. S. Marsh, 1998, Creating barriers for foreign competitors, *SMJ*,19: 25–37.

33. R. McGrath, M. Chen, & I. MacMillan, 1998, Multimarket maneuvering in uncertain spheres of influence, *AMR*, 23: 724–740.

34. G. Stalk, 2006, Curveball: Strategies to fool the competition, *HBR*, September: 115–122.

35. M. Chen, K. Su, & W. Tsai, 2007, Competitive tension, *AMJ*, 50: 101–118; T. Yu & A. Cannella, 2007, Rivalry between multinational enterprises, *AMJ*, 50: 665–686.

36. W. C. Kim & R. Mauborgne, 2005, *Blue Ocean Strategy*, Boston: Harvard Business School Press.

37. N. Dawar & T. Frost, 1999, Competing with giants, *HBR*, March: 119–129.

38. R. D'Aveni, G. Dagnino, & K. Smith, 2010. The age of temporary advantage, *SMJ*, 31: 1371–1385.

39. R. D'Aveni, 1994, *Hyper Competition*, New York: Free Press.

40. E. Rockefeller, 2007, *The Antitrust Religion*, Washington, DC: Cato Institute.

41. R. Griffin & M. Pustay, 2003, *International Business*, 3rd ed. (p. 241), Upper Saddle River, NJ: Prentice Hall.

42. J. Stglitz, 2002, *Globalization and Its Discontent* (pp. 172–173), New York: Norton.

43. C. Fishman, 2006, *The Wal-Mart Effect*, New York: Penguin.

44. M. Czinkota & M. Kotabe, 1997, A marketing perspective of the US International Trade Commission's antidumping actions (p. 183), *JWB*, 32: 169–187.

第九章
多元化与收购

学习目标

通过本章学习，你应该能够
1. 定义产品多元化和地理多元化；
2. 阐述多元化的综合模型；
3. 深刻理解收购的动因与绩效；
4. 加深对重组的理解；
5. 参与两个有关多元化、收购和重组的主要争论；
6. 从中获得战略启示。

开篇案例 （新兴市场）

韩国企业集团的多元化战略

韩国的财阀是讲到多元化时不得不说的一个例子。大型企业集团（商业集团），如三星、现代、LG，在韩国被称为财阀。它们主导着韩国的经济。20 世纪 90 年代是财阀经济的鼎盛时期，1996 年财阀贡献了约 40% 的国民生产总值。1996 年，三星有 80 个子公司，现代有 57 个，LG 有 49 个，大宇有 30 个——分别分布在不同行业，如汽车、化工、建筑、电子、金融、保险、半导体、造船和钢铁。财阀为何以及如何从行业内的小企业发展成这样庞大的企业集团？LG的董事长曾分享过一个有趣的故事：

> 我父亲和我在20世纪40年代末创办了一家生产美容产品的公司。在那时，没有一家公司能为我们的产品包装提供质量合格的塑料帽，所以我们不得不创办一家塑料企业。然而，单独生产塑料帽还不足以支撑企业的运营，因此，我们又增加了梳子、牙刷和肥皂盒业务。这家塑料企业也让我们能制造电风扇叶片和电话机，进而生产电气、电子产品和电信设备。塑料业务还使我们进入了石油炼制行业，而后者又需要一个油轮运输公司。并且仅这个炼油公司所支付的保费总额就超过了韩国当时最大的保险公司总收入的一半。因此，我们又建了一家保险公司。

这个故事没有透露的是，韩国政府这只"看得见的手"是如何引导金融资源促进财阀发展的。与此同时，政府保护国内市场免受外国竞争的影响。然而，这种舒适的保护不可能持续很久。这是因为，韩国渴望在1996年加入经合组织（OECD），这导致韩国因外部压力被迫开放本国市场，政府逐步开始消减进口限制。此外，资本市场越来越开放，并充满活力。同时，劳动力成本大幅上升。国际上，财阀的产品因高端的日本产品和低端的中国商品而进退两难。

面对20世纪90年代日益动荡的外部环境，作为企业集团，财阀扩大了公司经营范围。前30名财阀的平均子公司数量从1987年的17个增加到1996年的22个，增幅为30%。在这个过程中，它们承担了高水平的负债。银行乐于提供贷款，相信财阀"大而不倒"。平均来讲，前30名大财阀的债务/股本比是617%。一些极端的例子中，New Core集团的债务/股本比为1 225%，Halla集团的债务/股本比为2 066%，Jinro集团的债务/股本比为3 765%！

不幸的是，1997年亚洲经济危机到来之时，财阀遭受巨大的打击。它们的过度借贷和不计后果的增长受到严厉押击。1996年，前30名大财阀中有近半数经历了破产或者银行发起的重组计划。1996年排名第四的大宇集团看似已四分五裂。所有幸存的财阀都在出售业务并大幅缩减规模。

回头来看，此次危机之前财阀的问题就已昭然若揭了。确实有一段财阀多元化溢价的时期，其子公司绩效胜过了其他独立企业（在1984—1987年销售收入高出约10%）。但是，日益动荡的环境加上不断增长的企业规模，被证明是一个致命的组合。到了1994—1996年，出现了多元化折价，财阀集团成员企业的销售收入比独立企业低5%。最后，外部资本市场的良好发展进一步削弱了财阀内部资本市场运作的优势。

1997年之前，财阀通常被称赞为韩国经济发展的冠军和值得其他发展中经济体效仿的典范。然而，从1997年开始，财阀常因本国经济危机而受到指责。韩国和西方媒体都呼吁解散财阀。这两种观点似乎都很极端。财阀可能既不是"先锋队"也不是"寄生虫"，是它们的角色改变了。财阀作为企业集团在早期确实增加了价值，但经过一些拐点后，它们的缺陷开始超过益处。2008年全球危机之后，尽管韩国的整体出口下滑，但财阀的出口大量吞并了全球竞争对手的市场份额。因此，财阀在韩国再次被视为救世主。也许2010年4月3日是财阀最骄傲的一天，当《经济学人》道歉说："财阀应当从那些（包括本期刊）认为它们对现代商业来说过于笨拙的人那里获得道歉。"

最近，财阀企业多元化战略既有变化又有连续性。变化可从公司缩减经营范围和降低债务负担看出。1997年之前，三星在很多行业内都是一个普通企业。1997年之后,三星在液晶显示器和移动电话行业成为世界领先者——一个最关键的原因就是缩减经营范围、聚焦自己擅长的领域。然而,它持续追求集团化(产品不相关多元化)的战略似乎也很明显。近年来,雄心勃勃的三星宣布了一项宏伟的计划,它将在以前很少涉足的五个产品不相关行业:太阳能板、节能LED照明、医疗设备、生物医药、电动汽车电池中投入高达200亿美元。尽管这些行业缺乏明显的产品相关性,但三星认为这些行业有两个共同之处:(1)它们即将兴起,(2)可以通过增加制造规模和降低成本而从资本盛宴中获益。这基本上是重复三星在DRAM、LCD和移动电话上的成功。2010年三星为韩国国民生产总值和出口分别贡献了20%和13%,是一个光辉榜样,但并不是唯一的例子。也许,在稳固的家族所有权和耐心支持下,采取这样一种"快速跟随"和"规模建构"战略是财阀的核心能力。

资料来源:(1) S. Choe & T. Roehl, 2007, What to shed and what to keep, *Long Range Planning*, 40: 65–487; (2) *Economist*, 2010, Return of the overload, April 3: 71–73; (3) *Economist*, 2010, The chaebol conundrum, April 3: 14–15; (4) *Economist*, 2011, Asia's new model company, October 1: 14; (5) H. Kim, R. Hoskisson, L. Tihanyi, & J. Hong, 2004, The evolution and restructuring of diversified business groups in emerging markets, *Asia Pacific Journal of Management*, 21: 25–48; (6) K. B. Lee, M. W. Peng, & K. Lee, 2008, From diversification premium to diversification discount during institutional transitions, *Journal of World Business*, 43: 47–65。

三星和其他大集团为何追求集团化战略?为什么1997年亚洲金融危机之后,这些集团缩减经营范围获得了更好的绩效,使其能更好地应对2008年全球经济危机?企业如何提高多元化、收购和重组的成功概率?这是本章将要讨论的一些关键问题。

从本章开始,本书第九、十、十一、十二章将聚焦**公司层战略(corporate-level strategy)**(或简称公司战略),它是指一个企业如何通过布局和协调多个市场活动来创造价值。与之相对,本书第五、六、七、八章关注的是**业务层战略(business-level strategy)**,即企业在一个可识别的市场上建立竞争优势的方法。对于大型且拥有多个市场的企业来说,尽管业务层战略很重要,但公司层战略具有同等甚至比业务层战略更重要的作用。[1]换句话说,理解公司层战略有助于我们看到"森林",而业务层战略关注的只是"树木"。

在本章中,我们关注企业战略的一个关键方面——**多元化(diversification)**,它为企业增加了不同于现有经营的新业务。多元化可能是在公司战略领域研究、讨论和争论最多的一个主题。[2]多元化包含两个方面,一个是**产品多元化(product diversification)**——进入不同的产业;另一个是**地理多元化(geographic diversification)**——进入不同的国家。尽管市场进入也涉及绿地投资(详见第五章)和战略联盟(详见第七章),但本章关注主要是收购(M&As)和重组。

本章首先介绍产品多元化和地理多元化,其次开发一个基于战略三脚架的综合模型,再次讨论收购和重组,最后是争论和引申。

产品多元化

大多数企业在创立时聚焦单一产品或服务,几乎没有多元化的业务,这被称作**单一业务战略(single business strategy)**。随着时间的推移,企业可能会采取两大类（相关和不相关）产品多元化战略。

产品相关多元化

产品相关多元化（product-related diversification）是指进入与企业现有市场和/或活动相关的新产品市场和/或商业活动。[3] 它强调**业务协同**（operational synergy）（又称规模经济），即通过介入超过两个不同产品市场和/或活动以提高竞争力。换句话说，企业通过利用产品相关性降低单位成本来获益，即 2+2=5。业务协同可能源自（1）技术，如共同的平台；（2）市场，如共同的品牌；（3）制造，如共同的物流。

产品不相关多元化

产品不相关多元化（product-unrelated diversification）是指进入与企业现有业务范围无明显产品相关联系的行业。[4] 产品不相关多元化的企业（如开篇案例中的三星集团）称为**企业集团**（conglomerates），它们的战略称为**集团化**（conglomeration）。与业务协同不同的是，企业集团关注**财务协同**（financial synergy）（又称范围经济），即通过企业总部控制个体单位财务提高竞争力，以超越像单个企业那样独立竞争所能达到的水平。

获得财务协同的机制不同于业务协同，企业总部的关键作用在于识别并投资有利的机会。例如，三星集团最近进入的五个新行业（详见开篇案例）。换言之，作为一种**内部资本市场**（internal capital market），一个企业集团可以将金融资源引导到高潜力、高成长的地方。[5] 由于活跃的外部资本市场也试图做同样的事情，关键问题是：各行业附属于企业集团的单位（如通用电气的飞机发动机部门）能否胜过各自行业内独立的竞争对手（如斯奈克玛公司）？换句话说，问题在于，在识别和利用有利机会方面，企业总部能否做得比外部资本市场好。如果企业集团附属单位能战胜独立的竞争对手（如通用电气集团大部分附属单位始终在做的），便会出现**多元化溢价**（diversification premium，或集团优势）[6]——换言之，产品不相关多元化增加了价值。反之，当企业集团附属单位不如独立企业时，则会出现**多元化折价**（diversification discount，或集团劣势）（详见开篇案例）。

产品多元化与企业绩效

数以百计的研究（大多数都是西方的）认为，平均来说（尽管并不总是），当企业战略从单一业务转向产品相关多元化时，企业绩效可能会提高。但企业战略从产品相关多元化转向产品不相关多元化时，企业绩效可能会降低——换言之，产品多元化与企业绩效之间的联系呈倒"U"形（见图9.1）。[7] 单一战略本质上是"把所有的鸡蛋放在一个篮子里"，可能存在潜在风险且较为脆弱。产品不相关多元化本质上是"把鸡蛋放在不同的篮子里"，这样可能会降低风险，但其成功实施需要强有力的组织能力，而许多企业缺乏这种能力（后文讨论）。因此，从20世纪70年代起，产品相关多元化作为降低风险和利用协同的一种平衡方式出现了，其实质是"把鸡蛋放在类似的篮子里"。

但是，重要的警示依然存在。并非所有的产品相关多元化企业都能胜过产品不相关多元化企业。在注重"核心能力"的时代，诸如通用电气、西门子和维珍等企业集团的持续存在和繁荣说明，对一小部分高能力的企业集团而言，它们在发达经济体仍会持续创造价值。而且，在新兴经济体中，集团化战略似乎依然存在，一些企业集团单位（如韩国三星集团、印度塔塔集团、土耳其Koc集团的附属单位）优于独立的竞争者（详见开篇案例）。[8] 许多企业集团失败不是因为

第九章 多元化与收购

战略本身存在问题，而是因为企业未能执行这种战略。集团化需要企业管理者对附属单位采取严格的财务纪律，并确保附属单位的管理者负起责任——通用电气前董事长兼首席执行官杰克·韦尔奇（Jack Welch）对所有附属单位提出了著名的"要么成为行业中数一数二的，要么就等着被卖掉"的要求。但是，大多数企业管理者不会如此"无情"，他们可能会容忍一些单位的低绩效，使得这些单位可以被更好的单位补贴。[9] 通过剥削高绩效单位、援助低绩效单位，企业管理者本质上是在实践"社会主义"。随着时间推移，高绩效单位会失去前进动力，最终整个**企业集团**绩效会受到影响。

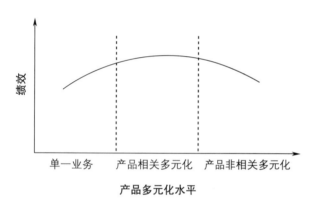

资料来源：改编自 R. E. Hoskisson, M. A. Hitt, R. D. Ireland, & J. S. Harrison, 2008, *Competing for Advantage*, 2nd ed. (p. 214), Cincinnati: South-Western Cengage Learning。

图 9.1　产品多元化与企业绩效

地理多元化

尽管地理多元化可发生在同一个国家内（从一个城市、州或省扩展到另一个城市、州或省），但在本章我们只关注**国际多元化**（international diversification），即关注企业所在的国家数量和多样性（同见第五章）。

有限的和广阔的国际化范围

地理多元化有两大类。第一类是有限的国际化范围，如主要在北美自由贸易区（NAFTA）参与竞争的美国企业，在拉丁美洲参与竞争的西班牙企业。它强调的是在文化和地理相近的国家经营以减少外来者劣势（详见第四章和第五章）。

第二类是广阔的国际化范围，保持在地理和文化相近国家之外的实质性存在。如百胜集团（Yum! Brands）（经营着肯德基和必胜客餐厅）最大的市场是中国。尽管邻国未必就是"容易"的市场，但是在遥远的国家成功（如百胜集团在中国市场的成功）显然需要一系列更强大的优势以弥补在那里的外来者劣势。

地理多元化与企业绩效

在当今的全球化时代，我们不断听到要扩大地理多元化的呼吁：所有的企业都要走向"全球"，非国际化企业要走出去，小的国际化企业应当扩大地理范围。不顺应这个潮流的企业可能遭遇困境。但是，证据并不完全支持这一流行观点。图9.2的S形曲线显示了两个发现：第一，在国际化水平较低的阶段，地理范围与企业绩效呈现U形关系，这表明在正收益尚未实现前，地理范围对企业绩效的影响最初是负向的。原因在于众所周知的外来者劣势（详见第五章）。第二，在国际化水平的中高阶段，地理范围与企业绩效呈现倒U形关系，意味着两者间存在正向关系——但仅仅到某个程度，一旦超过这个程度，进一步的扩张又会是不利的。换句话说，传统观点——"越是全球化越好"——实际上是一种误导。

并不是所有企业已经在海外经营中经历了像图9.2中S形曲线所显示的起伏。很多研究者得出U形关系，是因为他们仅仅使用了处在国际化早期到中期阶段的企业作为研究样本。[10] 经验不足的小企业在海外扩张的初始阶段往往不堪一击。另一方面，其他很多研究者得出倒U形关系，是因为他们的样本偏向处在国际化中高程度的大企业。[11]许多大型跨国公司有"插旗"的心态，即炫耀其涉足的国家数量。但是，超过一定限度后，其绩效往往会遭遇困境，而不得不选择退出。例如，沃尔玛就不得不退出德国和韩国市场。

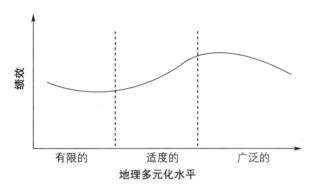

资料来源：改编自(1) F. Contractor, S. K. Kundu, & C.-C. Hsu, 2003, A three stage theory of international expansion: The link between multinationality and performance in the service sector (p. 7), *Journal of International Business Studies*, 34: 5–18; (2) J. Lu & P. Beamish, 2004, International diversification and firm performance: The S-curve hypothesis (p. 600), *Academy of Management Journal*, 47: 598–609。

图9.2　地理多元化与企业绩效：一条S形曲线

考虑到其复杂性，存在很多关于地理多元化的争论并不奇怪。[12]如图9.2所示，确实存在一个中间过程，其中企业绩效随着地理范围的扩大而提高，这使得一些以此间企业为样本的研究得出"国际化本身是有价值的，因为地理范围与企业更高的盈利能力相关"。[13]然而，以地理范围较大的企业为样本的研究却警告说，"跨国多元化的实践价值显然不像理论上那么大"。[14]最终，近年来从这些争辩中得到的共识是，既承认两种观点的有效性，也指出了每种观点（地理多元化对企业绩效究竟有助或有害）可能成立的具体条件。[15]

产品多元化与地理多元化的结合

尽管大部分的研究只关注了多元化的某一个维度（产品或地理）就已经很复杂了，但实际上，大多数企业（除了没有国际化打算的单一业务企业）不得不**同时**考虑多元化的两个维度。[16]图9.3展现了四种可能的组合。方格3的企业称为**锚定复制者（anchored replicators）**，因为它们关注产品相关多元化和有限的地理范围，锚定在将母国的一系列活动复制到少数国家内的相关行业。

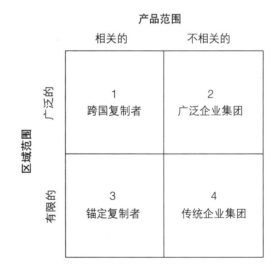

图9.3　产品多元化和地理多元化的结合

方格1的企业称为**跨国复制者（multinational replicators）**，因为它们一方面进行产品相关多元化，另一方面进行大范围的国际扩张。大多数汽车制造商，如大众、雷诺、日产等，都在寻求这种结合。

方格2的企业被称为**广泛企业集团（far-flung conglomerates）**，因为它们同时寻求产品不相关多元化和广泛的地理多元化。庞巴迪、通用电气、三井、三星、西门子、威望迪环球（Vivendi Universal）等跨国公司采用此组合。

最后，方格4的企业称为**传统企业集团**（**classic conglomerates**），它们在以母国为中心的少数国家推行产品不相关多元化。目前例子有印度的塔塔集团、土耳其的Koc集团和中国的希望集团等。

总的来说，尽管企业从一个方格转到另一个方格非常困难，但也是可能实现的。例如，当前大多数的跨国复制者（方格1）可以追溯至锚定复制者（方格3）。在过去的二十多年里，一种有趣的转变模式是许多传统企业集团，如丹麦的Danisco（见战略行动9.1）、芬兰的诺基亚、韩国的三星，以前曾在其母国控制多个不相关行业，随后缩减产品范围并显著扩张地理范围——换句话说就是从方格4移往方格1。[17] 在广义的战略术语上，这意味着开展海外业务的成本下降了，管理集团的成本上升了。或者说：

方格4的成本		方格1的成本
（大部分业务在国内的集团管理成本）	>	（广泛开展海外业务但维持产品相关多元化的成本）

更进一步，如果有谁断言某一方格内的企业会胜过其他单元的企业，那他不是鲁莽就是天真。在每个方格内，我们都可以同时发现非常成功和非常不成功的企业。接下来，我们将探究其原因。

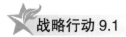

战略行动 9.1

Danisco 战略的演变

当Danisco在2009年宣布已完成将其糖业部分出售给德国竞争者Nordzucker时，许多丹麦人无法相信。对他们而言，"Danisco"就意味着"糖"。那么，Danisco目前在做什么？答案是，二十年间，Danisco正在经历稳步转型。

转型之后，Danisco成为基于天然原料的专业食品添加剂供应商。它的客户既包括全球食品巨头，如联合利华、卡夫、达能和雀巢，也包括所有主要经济体中的区域和当地企业。Danisco专业从事改变加工类食品特性的配料，如酸奶、冰激凌、调味酱和面包等。例如，它参与研发的梦龙冰激凌，被全球主要品牌制造商成功推向市场。

Danisco是如何成为这一细分专业市场的全球领导者的？Danisco公司在1989年由三家企业合并而成，其中最老的一家企业Danish Sugar历史可以追溯到1872年。合并后希望保持Danish Sugar的传统业务并提高其竞争能力。合并后的新企业是一家多元化企业集团，业务主要分布在丹麦和西北欧的其他地区。在第一年年报（1989/1990）中，企业战略阐述为"成为国际食品行业全球市场的一流供应商，以及欧洲相关市场高质量食品和品牌商品的供应商"。经过多年发展，食品、食品添加剂和包装业务获得成长，而机械制造部门的业务被出售了。

在糖业部门，Danisco首先巩固了其在丹麦的主导地位。而后通过收购环波罗的海的瑞典、（民主）德国、波兰和立陶宛等国企业得到成长。长期以来，欧盟的管制制度塑造着糖业市场，旨在保护种植甜菜的农民，但这也制约了竞争强度，限制了快速成长的范围。长久以来，人们一直期待的这个市场的自由化，终于在2009年得以成真。

1999年，Danisco宣告了一个只聚焦于食品添加剂的新战略，并以收购芬兰添加剂制造商Cultor OY公司来巩固这一战略转型。与此同时，Danisco开始出售其品牌食品和食品包装业务，包括标志性的丹麦品牌如Aalborg Snaps。但有两个部门保留下来：聚焦乳化剂、稳定剂、调料和酵素的添加剂部门，以及主导北欧糖业市场的糖业部门。此后，企业的国际销售额迅速增长，从1995年海外销售额占总销售额的69%增长到2004年的88%——这一数字在2009年出售糖业部门后超过了95%。2009年，Danisco的收入高达17亿欧元，其中38%来自欧洲，40%来自美国，17%来自亚太地区。公司在全球17个国家雇用了6 800名员工，部分服务于当地市场（如中国），部分处理特定产地的天然添加剂（如智利）。在欧洲、北美和澳大利亚的扩张主要通过收购完成，而在新兴经济体的业务成长，在很大程度上是通过绿地投资实现的。

2009年，Danisco公司出售糖业部门，这是其长达二十年战略演化的必然结果。糖业部门和添加剂部门的协同已经减少了，而欧盟糖业体制的自由化也管理者竞争会虽动态变化。作为回应，Danisco减少了产品范围，在全球扩张地理范围，从图9.3的方格4转移到方格1。2011年，Danisco被杜邦收购。

资料来源：改编自M. W. Peng & K. Meyer, 2011, *International Business*（pp. 422–423），London: Cengage Learning EMEA。

多元化的综合模型

企业为什么要多元化？战略三脚架提供了一个多元化的综合模型（见图9.4），以回答这个复杂且重要的问题。

产业基础观

多元化的一个直接动机是产业内的成长机会。如果一个产业中有大量的成长机会（如生物技术），大多数企业就会有动力从事产品相关多元化和/或国际多元化。但是，如果是一个"夕阳"产业（如打字机），很多企业可能就会选择退出，寻求其他机会。

除增长机会之外，五力模型所展示的产业结构吸引力对多元化也有重要的影响。企业间激烈的竞争可能促使其进行多元化。百事公司已经进军运动饮料。当碳酸饮料（如Mountain Dew）的需求不再增长（至少在美国）时，百事公司强大的分销能力在销售新收购的佳得乐产品时获得了协同效应。

图9.4 一个多元化的综合模型

再就是，较高的进入壁垒有利于某些企业实施多元化。例如，三星集团成功参与竞争的大部分产业——液晶显示器和移动电话——都有高进入壁垒的特点。三星集团大举进入的五个新产业——太阳能板、LED照明、医疗设备、生物医药、电动汽车电池——也具有同样的特点（详见开篇案例）。这种选择不是随机的。三星集团故意选择进入这种高资本密集型产业，因为高进入壁垒会吓跑很多潜在进入者。

供应商和购买者之间讨价还价的能力也可能促进企业通过收购上游供应商和/或下游购买者来拓宽经营范围。例如，可口可乐收购了其主要的灌装商。

替代品威胁也对多元化有影响。柯达和富士已经受到采取多样化战略进入数码相机行业的佳能、三星和惠普的威胁，而数码相机是胶卷的替代品。直到这一威胁成为事实之后，柯达和富士才把这些电子企业作为竞争对手。

总之，顾名思义，产业基础观主要从产业角度关注产品相关多元化（通常与地理多元化相结合）。接下来，我们介绍基于资源和基于制度的考虑以丰富这一讨论。

资源基础观

图9.4显示，资源基础观——VRIO框架所概括的——有一系列互补性观点支持多元化战略。

价值。多元化能创造价值吗？答案是肯定的，但需要在特定条件下。[18] 与非多元化的单一业务企业相比，多元化企业更有能力分散风险。甚至对那些必须重组的过度多元化的企业而言，也没有一个企业愿意重新回到没有多元化的单一业务情况。最佳点倾向于某个中等水平的多元化。

除了降低风险，多元化还能撬动某种核心竞争力、资源和能力来创造价值。本田就因其撬动在内燃发动机上的核心能力、实施产品相关多元化而闻名。它不仅参与汽车和摩托车市场的竞争，也进入船用发动机和割草机市场。本田飞机是其又一新的业务（详见战略行动9.2）。

稀缺性。为使多元化创造出价值，企业必须要有实行这一战略的独特技能。在2004年，中国联想公司的高管团队计划收购IBM的个人电脑业务——这是一个明显的地理多元化举动。该团队遭到了联想集团董事会的质疑，其中一个关键性问题是：如果一个优秀的美国科技公司难以从个人电脑业务中获益，那么联想凭什么能在一项如此复杂的全球业务中做得更加出色？答案实际上是没有什么。当收购团队同意不仅收购PC业务，也雇用美国高管时，联想董事会才勉强接受了这个计划。

可模仿性。尽管很多企业开展收购，但很少有企业掌握了收购后的整合艺术。[19] 因此，擅长整合的企业拥有**难以模仿的**能力。在诺斯洛普（Northrop）公司，整合收购业务已发展成为一门"科学"。每桩整合必须符合精心设计的近400个条目清单，从如何发布新闻稿到会计软件的使用。不像它的那些更大的竞争对手，如波音和雷神，诺斯洛普目前还没在任何收购上出过问题。

战略行动9.2

本田飞机能飞得高吗？

本田因其能充分利用在内燃发动机方面的核心能力而闻名，它不仅参与汽车和摩托车产业的竞争，也进入了船用发动机和割草机市场。现在，本田正冲向云霄。你准备好乘坐本田喷气式飞机（HondaJet）了吗？

在2003年的处女航后，HondaJet进军公务机（企业航空）市场。本田飞机公司的董事长和首席执行官 Michimasa Fujino 称，公司将在 2013 年为早期的客户提供几款飞机，2014 年实现扩产，到 2015 年达到全部生产能力——即每年大约生产 70 架到 100 架小飞机。

但是，目前本田喷气式飞机正接受美国联邦航空局和欧洲航空安全局的大量测试。由于本田将大量技术创新用于航空设计中，这些测试就特别重要。可能这些测试中最引人注目的是机翼上方的发动机悬架设计，本田公司宣称这种设计通过降低空气阻力极大地提高了飞机的性能和燃油效率。这项新的设计使本田飞机在外观上与众不同，同时也减少了噪声并提高了客运和货运能力。另一项创新是"下一代"玻璃飞行甲板，本田公司称其是"轻型公务机中最先进的"。

本田飞机公司是美国本田汽车公司在 2006 年设立的全资子公司。在本田飞机公司全球总部（北卡罗来纳州格林斯博罗的皮德蒙特机场，接近莱特兄弟第一次试飞时的飞机诞生地），最先进的研发和制造工作正在进行。简言之，目前的问题是"本田飞机能飞多高"。

资料来源：（1）K. Arcieri, 2012, Mass production of HondaJet expected later this year, *Business Journal*, May 14, http://www.bizjournals.com/triad/news/2012/05/14/honda-aircraft-co-to-begin-mass.html (accessed August 14, 2012);（2）R.Goyer, 2012, Honda jet makes progress, *Flying Magazine*, May 15, http://www.flyingmag.com/aircraft/jets/honda-jet-makes-progress (accessed August 14, 2012);（3）http://hondajet.honda.com (accessed February 29, 2012)。

组织性。基本上，多元化能否创造价值可归结为：企业如何组织起来以利用其优势并最小化其成本。[20] 由于第十章将专门讨论地理多元化的组织问题，所以这里我们聚焦产品多元化的组织问题。考虑到当前产品相关多元化比较流行，许多人认为产品不相关多元化是一种破坏价值的战略。然而，这种观点并不正确。如果适当地进行组织，产品不相关多元化也可以创造价值。

表 9.1 显示，产品相关多元化企业需要培育具有合作文化的集权化组织结构。其关键在于探索各部门间的关系，一些部门可能因协同需要而被迫中止或放慢运营。例如，为实现企业利润最大化，迪士尼《歌舞青春》（及其续集 2 和 3）电影的制作部门不得不苦苦等待产品部门准备好了相关商品（如书、DVD、视频游戏、舞台音乐剧、滑冰表演、情人节卡片、毛毯、枕头套等）后才能上映。如果电影制作者的奖金与电影的年度票房收入挂钩，他们显然希望电影尽早上映。但如果奖金与企业整体利润挂钩，他们就乐意协助产品部门同事，并不介意等待一段时间。因此，企业领导者不应该仅仅基于严格的财务目标（如销售额）来考核部门绩效。最根本的控制机制是**战略控制（strategic control）**（又称**行为控制，behavior control**），即在公司和事业部管理者间充分沟通的基础上，大部分依靠主观标准来监测和评价部门贡献。

表 9.1　产品相关多元化与产品不相关多元化

	产品相关多元化	产品不相关多元化
协同	运营协同	财务协同
经济	规模经济	范围经济
控制重点	战略（行为）控制	财务（产出）控制
组织结构	集权化	分权化
组织文化	合作	竞争
信息处理	大量密集的沟通	较不密集的沟通

但是，产品不相关多元化时，组织企业集团的最佳方式恰恰相反，其强调**财务控制（financial control）**（又称**产出控制，output control**），即

基于大量的客观指标（如投资回报）来监控和评价部门绩效。因为大部分企业管理者只有在一个行业（或几个）行业的工作经验，且现实中没有一个管理者能够成为集团内诸多不相关行业的专家，这让公司总部不得不关注财务控制，因为财务控制不需要丰富的特定产业知识。否则，集团管理者将会遭受严重的信息超载（有太多信息需要处理）。因此，合适的组织结构是部门享有真正自主的分权制——换句话说，就是结构上分离的业务单元。为使部门管理者关注财务绩效，他们的薪酬应直接与量化的部门绩效挂钩。因此，不同部门之间的关系是竞争性的，每一个部门都试图吸引更大份额的总部投资。这种内部资本市场的竞争与独立企业从外部资本市场吸引更多资金进行的竞争类似。例如，维珍集团视自己为"一个品牌风险投资公司"，它的投资组合包括航空、铁路、饮料和音乐。公司总部提供一个通用品牌（维珍），只要业务单元的管理者带来可观的绩效便"放任"其经营。

总体来说，通过产品相关多元化或产品不相关多元化来增加价值的关键在于，多元化战略与组织结构及控制的合理匹配。当集团管理者试图削弱业务单元自治权，而采用更为集权式的结构时，通常会遭遇失败。

制度基础观

由于是正式制度与非正式制度共同驱动企业战略（如多元化）的，接下来我们依次分析。

正式制度。 正式制度影响着多元化战略。[21] 20世纪50—60年代，旨在降低产品相关多元化的正式制度约束无意间促进了发达国家企业集团的兴起。在1950年之后，美国反垄断当局认为，旨在提高企业在产业内竞争力的产品相关多元化（尤其是兼并）是"反竞争的"，并对此提出限制。因此，寻求增长的企业被迫在自身产业之外寻求发展，从而引发企业集团化的大浪潮。到20世纪80年代，美国政府改变了看法，不再批判性审查产业内的有关兼并。20世纪80年代以来，解散企业集团及回归核心业务浪潮的兴起并非一种巧合。

类似地，新兴经济体企业集团化的流行也源自政府贸易保护主义政策的支持。企业集团（在新兴经济体中经常被称为商业集团）通过获得许可、安排融资（常常从国有或国家控股的银行获得）和保护技术来影响其与政府间的关系。只要贸易保护主义政策可以阻止外国企业的进入，企业集团就可以控制国内经济。然而，当政府开始取消保护主义政策时，外国跨国公司（以及国内非多元化的竞争对手）带来的竞争压力会变大。这些变化会迫使企业集团通过缩小经营范围来提高绩效（见开篇案例）。[22]

同样，大量企业掀起的地理多元化浪潮，至少可以部分归因于很多国家市场的逐步开放。

非正式制度。 沿着规范和认知维度可发现非正式制度。在规范上，管理者往往会追寻那些不会使其被股东、董事和媒体认为与众不同、招致批评的行事方式。因此，当流行搞企业集团时，更多的管理者就会简单跟随这种规范。绩效差的企业尤其会受到这种规范压力的影响。集团化的先行者（如通用电气）也许的确身怀绝技可以实施如此复杂的战略，但许多后来者可能没有这些能力，在绩效不佳时也只好随波逐流。随着时间推移，这（至少部分地）解释了为何发达国家大量的集团化并不尽如人意。

集团化的另一个非正式驱动因素是认知维度，即内化的信念指导着管理者行为。[23] 管理者可能有攫取更多个人利益的动机，这未必与企业和股东利益一致。[24] 管理者多元化动机常见的有：（1）降低管理者的雇佣风险；（2）追求权力、声誉和收入。因为单一业务企业难以应对经济波动（如经济衰退），导致管理者的工作和职业生涯可能存在风险。因此，为了降低雇佣风险，管理者会有兴趣推进企业的多元化。除此之外，由于权力、声誉和收入主要与更大的企业规模相关，所以有些管理者可能因一己私利而使企业过度多元化，从而导致企业价值受损。这种过度多元化被称为"构建商业帝国"（见第十一章）。

概言之，制度基础观认为，正式制度和非正式制度直接影响多元化战略。总之，产业基础观、资源基础观和制度基础观共同解释了企业经营范围的演变。

企业经营范围的演变[25]

多元化本质上受经济收益和官僚成本的驱动。**经济收益**（economic benefits）是指前面讨论的各种协同形式（如运营的或财务的）。**官僚成本**（bureaucratic costs）是指因组织更大、更多元化而带来的额外成本，如更多的员工和更加复杂的信息系统。理论上来说，是收益和成本的差异决定了多元化战略。因为经济收益最后一个单位的增加（如最后一次收购）被称为**边际收益**（marginal economic benefits，简称 MEB），产生的额外的官僚成本被称为**边际官僚成本**（marginal bureaucratic costs，简称 MBC），MEB 和 MBC 之间的对比决定了企业经营范围。如图 9.5 所示，最优的企业经营范围是 A 点，此时合适的多元化水平是 D_1。如果多元化水平是 D_2，企业多元化水平移往 D_1 可带来经济收益。相反，如果企业过度多元化到 D_3，那么企业经营范围缩减到 D_1 十分必要。因此，企业经营范围如何随着时间推移而变化，可以通过聚焦 MEB 和 MBC 来分析。[26]

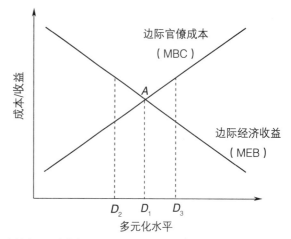

资料来源：改编自 G. Jones & C. Hill, 1988, Transaction cost analysis of strategy-structure choices (p. 166), *Strategic Management Journal*, 9: 159–172。

图 9.5　什么决定了企业经营范围

在 20 世纪 50—70 年代的美国，假设 MBC 为常数（随后我们会放宽这个假设），MEB 曲线向上移动，导致企业平均经营范围的扩大（D_1 点右移）。这是因为：（1）在相同行业内产品相关多元化的增长机会被反垄断政策等正式制度所限制，尤其是对大公司；（2）从集团化获得财务协同的组织能力开始出现；（3）这些行动通过模仿得以扩散，导致在管理者中形成了一个可见的非正式规范，即产品不相关多元化增长具有合法性。在那个时期，尚不复杂的外部资本市场是持支持态度的，相信集团在产品不相关业务之间的资本配置上具有优势。

但是，在 20 世纪 80 年代早期，产业、资源和制度维度发生了重大转变：第一，政府不再严格监管同一产业内的并购，没必要关注不同产业的不相关多元化。第二，资源基础观的分析表明，在 VRIO 框架下，尽管从集团化中获得竞争优势是可能的，但十分困难（如前所述）。换句话说，随着范围的扩大，MBC 也会增加，并常常超过 MEB 的增加（MBC 上移辐度大于 MEB

上移幅度）。很多企业过度多元化导致价值受损。因此，美国投资者对企业集团化的态度发生了戏剧性转变：20世纪60年代持肯定态度，70年代持中立态度，80年代持否定态度。与此同时，外部资本市场得到了更大发展，有了更多的分析师、更多实时透明的报告，所有这些促使金融资源更有效地流向高潜力企业。这样，作为内部资本市场的集团优势不再具有吸引力。第三，非正式的规范和认知发生了改变。管理者在资本市场不断加强的监管下，越来越相信关注股东价值最大化，并相信收缩经营范围是应该做的"正确"的事情。所有这些因素一起推动了20世纪90年代企业纷纷将经营范围缩小到合适的水平（D_1 点左移）。

从全球范围来看，有一个有趣的现象值得我们探讨，那就是为什么近年来在发达国家不被认可的企业集团不仅又流行起来，而且还为新兴经济体的某些（并不是所有）企业增加了价值。也就是说，新兴经济体中企业集团为何能在较高多元化水平上增加价值，而在发达国家却不行？分析这个问题依赖两个重要且合理的假设：第一个假设是，在给定的多元化水平下，新兴经济体的MEB大于发达经济体的MEB。这主要是因为新兴经济体不发达的外部资本市场使集团化作为内部资本市场更具有吸引力。

第二个假设是在给定的多元化水平下，新兴经济体的MBC小于发达国家的MBC。在新兴经济体中，由于正式制度的缺陷，非正式制度在调控经济中扮演**更加重要**的角色（见第四章）。这些国家中大多数的企业集团是家族企业，其管理者更多依赖非正式的个人（通常是家族）关系完成工作。相较发达国家的企业，新兴经济体企业具有较低的官僚化、正规化和职业化水平，从而使官僚成本更低一些。

读者可以尝试自己画图寻找发达国家与新兴经济体中企业合适的经营范围。新兴经济体企业的最佳经营范围点应该在发达国家企业最佳经营范围点的右侧，这意味着新兴经济体企业有更大的发展空间。但是，请记住，新兴经济体企业集团也面临与发达国家企业集团同样头疼的问题：企业范围越大，总部适当协调、控制及投资各个单位就越困难。看起来很明显的是，新兴经济体企业集团也有一个临界点，超过它，多元化就会适得其反。如同开篇案例中的韩国财阀一样，当新兴经济体的外部资本市场更加完善时，集团化的优势就会被侵蚀。因此，缩减经营范围同样成为必须。

总之，产业动力、资源储备和制度条件都不是静态的，多元化战略也一样。接下来的两节将分别介绍两种基本的扩张和收缩企业范围的方法——收购和重组。

收购

术语辨析

尽管我们通常使用"**兼并和收购**"（mergers and acquisitions，简称并购，M&As）这一术语，但实际上主要是收购。**收购**（acquisition）是指资产、运营、管理的控制权从一个企业（收购目标）转移到另一个企业（收购者），前者成为后者的一个子公司。**兼并**（merger）是指两个企业的资产、运营和管理整合在一起，成立一个新的法人实体。只有大约3%的跨国并购是兼并。甚至许多所谓的"平等兼并"实际上也是一个企业接管另一个企业（如戴姆勒-克莱斯勒公司）。因为"真正"的兼并数量很少，所以从实用角度，"并购"与"收购"这两个术语是可以互换的。特别地，我们关注跨国（国际）并购，图9.6列出了不同类型的跨国并购。在所有的并购中，跨国并购约占30%，对外直接投资流量的最大部分

（约占70%）是并购。

有三种主要的并购类型：（1）水平并购，（2）垂直并购，（3）集团化。**水平并购（horizontal M&As）**涉及同一行业内竞争性企业的交易（如野村证券收购雷曼兄弟的资产）。[27] 大约70%的跨国并购是水平并购。**垂直并购（vertical M&As）**，是另一种形式的产品相关多元化，指允许收购企业收购（上游）供应商和/或（下游）购买者（如可口可乐公司收购它的灌装商）。[28] 大约10%的跨国并购是垂直并购。**集团并购（conglomerate M&As）**涉及在产品不相关行业企业的交易（如3G资本收购汉堡王，见新兴市场9.1）。大约20%的跨国并购是集团并购。

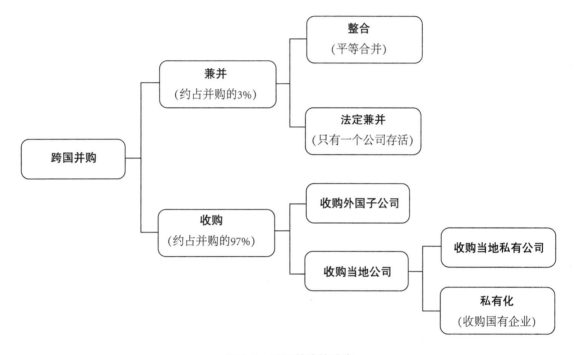

图9.6　跨国并购的种类

并购可以是善意的，也可以是敌意的。在**善意并购（friendly M&As）**中，被收购企业的董事会和管理者同意并购。**敌意并购（hostile M&As）**也叫**敌意接管（hostile takeovers）**，是违背被收购企业董事会和管理者意愿的。在美国，敌意并购更加频繁，20世纪80年代达到了并购总数的14%（尽管在20世纪90年代降至4%）。在全球范围内看，敌意并购十分罕见，占所有并购案数量不到0.2%的比例，总并购价值占比不足5%。2010年，卡夫对吉百利190亿美元的敌意收购是敌意跨国并购中的著名案例。

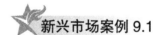新兴市场案例9.1

巴西的大汉堡交易

2010年，巴西私营企业3G资本（3G Capital）以33亿美元收购了总部位于迈阿密的快餐食品连锁企业汉堡王。3G资本得到了三个著名投资者的支持：豪尔赫·保罗·雷曼（Jorge Paulo Lemann）、卡洛斯·阿尔贝托·斯库彼拉（Carlos Alberto Sicupira）和马塞尔·泰勒斯（Marcel Telles）。20世纪70年代，雷曼创建了巴西最成功的投资银行之一——加伦蒂亚投资银行（Banco de Investimentos Garantia）。20世纪80年代，斯库彼拉就在那个银行供职，然后将在里约热内卢的单独一家商店发展成为 Lojas Americanas 公司，它是巴西最大的零售连锁企业之一。20世纪80年代，泰勒斯和雷曼及斯库彼拉三人获得了对一家巴西啤酒厂的控制，他们将其发展成为 AmBev 公司，这家公司兼并了比利时 InBev 公司，收购了美国百威英博（Anheuser-Busch）公司。

2011年，3G资本的管理合伙人亚历克斯·贝林（Alex Behring）成为汉堡王的董事长和首席执行官。贝林曾在斯库彼拉创立的一家私营企业 GP Investmentos 工作。因此，巴西人悄无声息地控制并管理了百威英博和汉堡王这两家标志性的美国品牌。

由于巴西国内市场竞争激烈，巴西企业很难通过本地并购获取增长。因此，它们对海外市场极感兴趣。积极参与海外并购的巴西企业主要有 Gerdau 集团（收购了 Ameristeel 公司）、JBS-Friboi 集团（买下了 Pilgrim's Pride 公司）、Petrobras 公司（接管 Pasadena 炼油厂和 Cascade Field 公司）、Vale 公司（投资了 White Plains 公司和 Fosfertil 公司）。

汉堡王的新管理团队必须振兴其在75个国家的12 000个店面，虽然这个规模远远落后于麦当劳，但这对汉堡王新的管理团队并非易事。加盟商抵制汉堡王建议的昂贵翻新工作。为了促进销售，弗吉尼亚州和马里兰州的一些店铺开始外卖服务。与拉丁美洲的联系也可以帮上忙。汉堡王的供应链可以因在南美洲采购肉类和粮食而受益。另外，快餐连锁店可以席卷整个大陆。在3G接管的两年内，汉堡王在拉丁美洲的餐馆数量增加了6%，达到1 200家。

资料来源：（1）*Bloomberg Businessweek*, 2010, An expensive face-lift on Burger King's menu, October 11: 21–22；（2）*Bloomberg Businessweek*, 2012, Burger King: A home delivery program, January 23: 26；（3）F. Luzio, 2010, Brazil's Whopper deal, *Harvard Business Review*, September 13: blogs.hbr.org。

并购动机

什么驱动了并购？表9.2列出了三种动机：（1）协同动机，（2）自负动机，（3）管理者动机，它们可以由前文述及的三个观点加以解释。在协同动机方面，最常被提及的产业相关的原因是，为了增强和巩固市场权力。[29] 如美国联合航空和大陆航空的兼并，诞生了世界上最大的航空公司。

表9.2 并购的动机

	基于产业	基于资源	基于制度
协同动机	■ 增强并巩固市场权力 ■ 克服进入壁垒 ■ 降低风险 ■ 利用范围经济	■ 利用最优质的资源 ■ 获得互补性资源 ■ 学习和发展新技能	■ 对正式制度约束和变迁的反应 ■ 利用市场开放和全球化
自负动机		■ 管理者对其能力过于自信	■ 羊群行为——遵循规范并追赶并购潮流
管理者动机			■ 由非正式规范和认知引导的利己主义行为，如构建商业帝国

从资源基础观来看，最重要的协同原理就是利用最优质的资源。[30] 本章结篇案例显示，印度企业跨国收购主要瞄准高科技和电脑服务业，其目的是要利用它们在这些产业的优质资源。另一种并购动机是获得互补性资源，如野村证券因看中雷曼兄弟的全球客户群才对其进行收购。[31]

从制度基础观来看，并购的协同动机通常是对正式制度约束和变迁的一种反应。[32] 过去二十年中，跨国并购数量的激增并不是一种巧合。在同一时期，贸易和投资壁垒下降，对外直接投资增加。

从理论上讲，所有的协同动机都会增加价值，但自负和管理者动机会降低价值。**自负（hubris）**指的是管理者对他们的能力过于自信。收购方企业的管理者会有两类强烈的声明。第一类是"我们能比你们（被收购企业的管理者）更好地管理你们的资产"。3G 资本的巴西管理者就是这么告诉汉堡王前管理团队的（见新兴市场9.1）。第二类更加大胆，这是因为上市公司的收购者需要支付**收购溢价（acquisition premium，** 即以高于市场的价格收购另一家企业）。[33] 美国企业的收购者平均需要支付 20%~30% 的溢价，欧盟企业的收购者支付的溢价稍低（约为 18%）。[34] 这实际上是在说"我们比市场更精明"。就资本市场（相对的）有效性，以及被收购企业市场价格反映内在价值的程度来说，收购者很难从这种收购中获益。即使我们假设资本市场是无效的，当溢价过高时，收购企业也一定是过度支付了。这在多个收购企业同时竞购一家企业时尤其明显，成功的收购者可能遭受拍卖市场的"赢家诅咒"——也就是说，成功者已经过度支付了。从制度基础观来看，很多管理者在行业内某些先发企业开始收购交易后，也会加入收购浪潮。并购成为"一波波"浪潮的事实充分揭示了"羊群行为"。[35] 后动者在这种浪潮中因急于追赶，可能带着一种"哇！抓住它！"的心态冲入其中。很多交易都以失败告终就不奇怪了。

自负动机认为，管理者是在不知不觉间向被收购对象进行了过度支付。但管理者动机却认为是出于自利原因，某些管理者可能故意支付收购溢价。[36] 受这样的规范和认知的驱使，某些管理者可能故意通过并购使其企业过度多元化（详见第十一章）。

总的来说，协同动机会增加价值，自负和管理者动机会损害价值。它们可能同时并存。本章结篇案例使用新兴市场跨国企业作为一个跨国收购者的新类型来展示这种动态。接下来，我们将讨论并购的绩效。

并购绩效

尽管并购十分流行，但其绩效真真可以令人清醒。[37] 据报道，约 70% 的并购都失败了。平均来讲，收购企业的绩效在收购之后不会得到提高，反而常受拖累。[38] 被收购企业在收购后的绩效往往比独立经营时更差。[39] 唯一可确认的赢家群体是被收购企业的股东，他们的股票价值可能在交易过程中平均增长 24%（多亏了收购溢价）。收购企业的股东股票价值同期降低了 4%。收购企业和被收购企业股东的总财富增长低于 2%，勉强为正。[40] 尽管这些结论大部分是基于美国三十年来的并购数据得出的（全球半数的并购发生在美国，并且大部分并购研究是在美国完成的），但这些结论也许可以应用到跨国收购。

为什么很多收购都以失败告终？问题可分为收购前和收购后两个阶段进行分析（见表9.3）。在收购前，由于高管自负和/或管理者动机，收购企业可能过度支付被收购企业——换句话说，他们掉进了"协同陷阱"。例如，1998 年当克莱斯勒公司效益不错时，戴姆勒–奔驰公司支付

400亿美元，以高于市场价值40%的溢价收购了它。在收购溢价为零时，假定克莱斯勒公司当前的股票价格已包括预期绩效。而戴姆勒－奔驰公司愿意支付如此高的溢价说明：（1）有强大的管理能力以获得协同效用；（2）高度自负；（3）明显的管理者自利；（4）**上述三者都有**。结果是，截至克莱斯勒公司在2007年被出售，售价仅74亿美元，导致价值折损80%。2010年，微软以85亿美元收购Skype，这是Skype公司年收入的400倍。尽管几乎本书的每位读者都听说过Skype公司，但Skype公司只是一个好看但不中用的网络公司——有多少人给Skype付钱？毫无疑问，微软这笔最大的收购引发了很多质疑。

表9.3 并购失败的症状

	所有并购的问题	跨国并购特有的问题
收购前： 过度支付被收购企业	■ 管理者高估其创造价值的能力 ■ 收购前未充分筛选 ■ 战略不匹配	■ 对外国文化、制度、商业系统不熟悉 ■ 有价值的收购对象不多 ■ 对外国收购者的民族主义关切（政治和媒体层面）
收购后： 整合失败	■ 组织不匹配 ■ 未能解决不同利益相关者群体的关注的问题	■ 组织文化冲突交织国家文化冲突 ■ 对外国收购者的民族主义关切（企业和员工层面）

收购前的另一个主要问题是没有充分筛选，也没有做到**战略匹配（strategic fit）**。战略匹配是指互补性战略能力的有效匹配。[41] 例如，2008年9月，美国银行匆忙完成交易，仅仅花了48个小时就同意以500亿美元收购美林证券。毫无疑问，由于没有充分做好功课——技术上称为"尽职调查"（合同签订前的调查）——导致在战略匹配方面存在很多问题。因此，《华尔街日报》称这个收购为"来自地狱的交易"。[42]

由于制度和文化距离更大，收购国际资产可能存在更多的问题，并且民族主义对外资收购的反感可能会爆发（见结篇案例）。当日本公司在20世纪80年代和90年代收购洛克菲勒中心和电影工作室时，美国媒体义愤填膺。21世纪初，当阿拉伯联合酋长国的DP World公司和中国海洋石油总公司试图收购美国资产时，也因为政治方面的抵制而不得不偃旗息鼓。

在收购后，大量整合问题会浮出水面。[43] **组织匹配（organizational fit）**是指其在文化、系统和结构方面的相似性，它和战略匹配同样重要。很多收购企业没有分析与被收购企业的组织匹配。例如，当野村证券在24小时内闪电般决定收购雷曼兄弟在亚洲和欧洲的资产时，并没有考虑到一个风风火火的纽约投资银行，与一个行为保守、论资排辈且还在实行终身雇佣制的日本企业之间的组织匹配问题。企业还可能败于没有解决和满足多方利益相关者关注的问题和需求，包括工作流失、权力被削弱等（见图9.7）。大多数企业关注任务问题，如标准化的报告，但没有对人的问题给予足够重视，这导致低迷的士气和人才的流失。

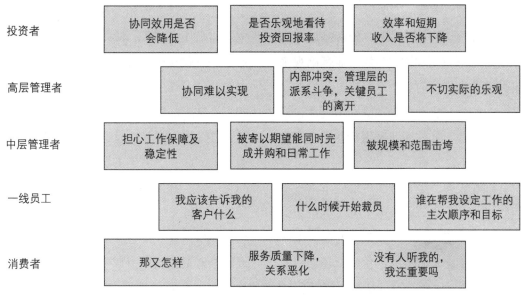

图 9.7 并购中利益相关者关注的问题

在跨国并购中，由于组织文化冲突交织着国家文化冲突，整合更困难。[44] 由于文化差异，中国收购者（如吉利汽车）在整合西方企业（如沃尔沃）时通常会很困难（见结篇案例）。但即使双方都来自西方，文化冲突也可能会爆发。当四季酒店收购巴黎一家宾馆时，要求员工对顾客微笑这样一个简单的美国式要求，却被法国员工拒绝了，并被当地媒体嘲笑为"米老鼠文化的行事方式"。在阿尔卡特收购朗讯之后，用《彭博商业周刊》的话说，情况变成了"近乎可笑的失常"。[45] 甚至在欧洲一家阿尔卡特-朗讯公司的一次全体员工聚会上，员工将水果和蔬菜扔向正在宣布新一轮企业重组的高管们。

尽管收购通常是大多数企业做出的最大资本支出，也常常是所有活动中计划和执行最糟糕的。[46] 不幸的是，当收购企业在收拾烂摊子时，竞争对手很可能趁火打劫。当戴姆勒首先陷入与克莱斯勒联姻的混乱，随后被纠缠在与克莱斯勒的"离婚"中时，宝马代替奔驰成了世界上头号豪华汽车生产商。综合考虑上述因素，大多数并购以失败而告终也就不足为奇了。

重组

术语辨析

尽管"**重组**"（restructuring）这一术语通常指通过多元化（扩张或进入）或剥离（收缩或退出）或两种方式同时使用来调整企业规模和范围[47]，但它最常用的定义是企业规模和范围的缩小——这里我们就采用这个广为接受的定义。片面使用"重组"这个词是有历史原因的。到了20世纪80和90年代，当这个单词出现在我们的词汇表中时，许多企业正承受过度多元化之苦，开始对缩减企业规模和范围感兴趣。在这个定义下，重组有两种主要方式：（1）**裁员**（downsizing），即通过解雇、让员工提前退休和外包减少员工数量；（2）**收缩经营范围**（downscoping），即通过剥离和分拆来缩小企业范围。收缩经营范围的另一面是**重新聚焦**（refocusing），即缩小经营范围以聚焦少数领域（见战略行动 9.1）。

重组的动因

我们可以分别从产业基础观、资源基础观和制度基础观来理解重组动因。[48] 从产业基础观来看，重组经常是由产业内竞争水平提升引发的。考虑到并购的一个主要动机是消除冗余资产，经历较多并购的产业，如汽车业和银行业，会经常进行重大重组就不足为奇了。

资源基础观表明，尽管重组可能会带来一些收益，但同时也会有显著的成本上升（如组织混乱、焦虑和士气低落等）。并不鲜见的是，大多数重组活动不仅不会产生持续的价值，还会引发组织问题。简言之，"企业不可能通过走捷径达到繁荣"。[49]

从制度基础观来看，到了20世纪80年代和90年代，发达国家的企业逐渐感到来自资本市场的重组压力。管理者也逐渐将重组看成正当经营活动的一部分。[50] 但是，也存在强大的反对重组的制度压力。在美国，近年来每次总统选举时，"重组""失业"和"外包"都是争论的话题。在德国，法律规定所有的"冗余人员"必须由劳工委员会（工会）协商决定，而工会成员不会热衷于投票让自己失业。在亚洲，重组一直很缓慢。总的来说，公司重组没有受到世界各地的广泛欢迎。[51]

争论和引申

这里我们讨论两个主要争论：（1）产品相关性与其他形式的相关性；（2）收购与联盟。

产品相关性与其他形式的相关性

相关性到底是什么？尽管产品相关性表面上看来很直白（见战略行动9.2），但它至少引出了三点重要的争论。首先，如何衡量产品相关性仍存在争议。[52] 现在，星巴克在其咖啡店里出售音乐光盘。咖啡和音乐是相关的吗？回答是既"相关"也"不相关"，取决于你如何衡量相关性。亚马逊不仅卖书，也卖服装、家具、电动工具、电视及许多其他种类的产品。这些产品是"相关"的吗？从产品的角度来看，当然不是。但是从分销/购物的角度看，说这些产品相关是能够令人信服的。做一个有趣的测试：如何描述索尼产品的相关性？我们中的大多数人会认为，索尼公司是电子硬件（如电视）和软件（如游戏）制造商，也是娱乐内容（如电影和音乐）的出版商。但是，近年来索尼公司所有以上产品盈利都很少甚至亏钱，支撑企业的是很少报道、（几乎完全）无关的人寿保险业务。因此，"索尼是做什么的"一个讽刺性的回答是，索尼是一家人寿保险公司，它的业余爱好是造电视机！[53]

其次，除了衡量的问题，一个被称为"**主导逻辑**"（**dominant logic**）的重要思想学派认为，产品相关性不能仅仅由那些看得见的产品关系来确定，它是一家多元化企业连接各种业务背后的一系列共同的主导逻辑。[54] 想一下经营易捷航空、易捷影院、易捷网络咖啡等业务的英国易捷集团。在其集团表面下，一个主导逻辑是积极地管理供给与需求。先来的和/或非高峰期的顾客得到廉价交易（如20美分看一场电影），后来的和/或高峰期的顾客则要支付更多。网络咖啡店的价格随着上座率提高而上涨。尽管许多企业（如航空公司）也实行这种"收益管理"，但没有一家企业像易捷一样激进。因此，我们不应把易捷集团看作"不相关多元化企业集团"，也许应当是"相关收益管理企业"。

最后，从制度基础观来看，一些"产品不相关"企业集团可能由**制度相关性**（**institutional relatedness**）联系在一起，它被定义为一家企业与环境中提供资源和合法性的主导制度的非正式连接。例如，在一些国家（通常是新兴经济体），政府机构控制着重要资源，如许可证、资金和劳动力供给等，企业与政府机构间良好的非正式关系可以促使其通过进入多种行业来利用这些关系。在新兴经济体中，与重要金融机构银行间的稳固关系可以帮助企业在进入多个行业时筹措到资金，而没有这种关系的创业企业通常就会面临困难。这种观点有助于解释，为什么在发达经济体中电子商务是由新创企业（如亚马逊和eBay）主宰，而在新兴经济体中，则是由老牌企业集团（如中国香港九龙仓集团和新加坡胜科集团）的新部门主宰。尽管西方国家的建议是要缩减企业经营范围，但看起来似乎新兴经济体的一些企业集团已经通过进入新行业（如太阳能电池板，见开篇案例）来扩大经营范围。换言之，那些"产品不相关"的企业集团实际上可能与制度有很大的关系。

收购与联盟

尽管收购十分流行，但惨淡的绩效导致人们对其是否被滥用产生了持续的争论。战略联盟是收购的一种替代方式（见第七章）。然而，很多企业似乎直接陷入了"兼并热"中。即使很多企业同时追求并购和联盟，这些活动往往也都是各自进行的。[55] 尽管很多大型跨国公司设立了并购部门，一些企业也设立了联盟部门，但是很少有企业设立"并购和联盟"这样的联合部门。事实上，清楚地对比收购与联盟才是明智之举。与收购相比，尽管联盟有自己的问题，但它成本较低，且给予企业在正式收购前互相学习的机会。很多失败的收购（如戴姆勒－克莱斯勒）如果先寻求联盟，也许结果可能会更好。

精明的战略家

沿着支持战略三脚架的三个主要观点，精明的战略家有三个重要的启示（见表9.4）。

表9.4　战略启示

- 理解需要多元化、收购和重组的产业的本质
- 发展有助于成功收购和重组的能力
- 熟练掌握世界范围内管理收购和重组的游戏规则

首先，不管是多元化，还是收购和重组，都要理解该产业的本质。在某些夕阳产业中，以多元化从中脱身是必要的。在炙手可热的成长产业和国家中，新进入者通常会感到收购的紧迫性，因为要确保及时入场（见结篇案例）。

其次，你和你的企业需要发展有助于成功收购和重组的能力。可以遵循表9.5给出的建议，包括不要为目标企业过度支付，关注战略匹配和组织匹配等。

表9.5　提高收购成功的可能性

时点	应该做什么和不应该做什么
收购前	■ 不要为收购目标企业额外支付，当溢价过高时避免竞购战 ■ 进行彻底的关于战略匹配和组织匹配的尽职调查
收购后	■ 处理不同股东关注的问题，试图留住关键人才 ■ 做好准备处理那些工作和权力受到损害的人所设置的障碍

最后，你需要熟练掌握世界范围内管理收购和重组的游戏规则。2001年，通用电气和霍尼韦尔提出合并，并通过了美国的反垄断审查。然而，它们未能预料到欧盟反垄断当局将这桩买卖毙了。[56] 这两个在其他方面特别能干的企业应该在制度方面多做一些"功课"——行话称为尽职调查。最近，很多中国企业在海外并购中失败，这大都是因为它们不懂得东道国错综复杂的制度而处处碰壁（见结篇案例）。

对于最基本的四个问题，本章直接回答了什么因素决定了企业的范围（问题三）。产业条件、资源储备和制度框架塑造了企业范围。除此之

第九章　多元化与收购

外，为什么企业之间有差异（问题一）以及企业如何行动（问题二）归结为企业为何以及如何选择不同的多元化战略。最后，什么因素决定了企业国际化的成败（问题四）？这个问题的答案可以用它们能否成功战胜多元化、收购和重组的挑战来回答。

本章小结

1. 定义产品多元化和地理多元化
- 产品相关多元化聚焦运营协同和规模经济
- 产品不相关多元化（企业集团）强调财务协同和范围经济
- 地理多元化企业可以是有限的或广泛的国际化范围
- 大多数企业同时寻求产品多元化和地理多元化

2. 阐述多元化的综合模型
- 战略三脚架以产业、资源和制度基础观来解释多元化

3. 深刻理解收购的动机与绩效
- 大多数并购是收购
- 并购受协同、自负、管理者动机驱使

4. 加深对重组的理解
重组包含裁员、收缩经营范围和归核化

5. 参与两个有关多元化、收购和重组的主要争论
- 产品相关性与其他形式的相关性
- 收购与联盟

6. 战略启示
- 理解需要多元化、收购和重组的产业的本质
- 发展有助于成功收购和重组的能力

- 熟练掌握世界范围内管理收购和重组的游戏规则

关键词

收购　经济收益　兼并　收购溢价　广泛的企业集团　并购　锚定复制者　财务控制（产出控制）　跨国复制者　官僚成本　商业集团　财务协同　业务协同　业务层战略　善意并购　组织匹配　传统企业集团　地理多元化　产品多元化　企业集团　水平并购　产品相关多元化　企业集团并购　敌意收购（敌意接管）　产品不相关多元化　集团化　自负　公司层战略（公司战略）　制度相关性　重新聚焦　多元化　内部资本市场　重组　多元化折价　国际多元化　规模经济　多元化溢价　主导逻辑　边际官僚成本　范围经济　收缩经营范围　边际经济收益　单一业务战略　裁员　战略控制（行为控制）　战略匹配　垂直并购

讨论题

1. 并购对大多数企业来说是罕见的活动。它如何帮助企业提高能力？

2. 伦理问题：作为一个企业的CEO，你正带领团队收购一家外国企业，并在接受东道国记者的采访。记者问："我们国家中很多人对这次收购我们的标志性企业非常愤怒。你如何回应他们的担心呢？"

3. 伦理问题：首席执行官的薪酬与其领导的企业规模密切相关。因此，很多人认为，首席执行官有一种固有的对并购的偏爱，以便用股东的钱来满足个人利益。你是否同意这种观点？请解释。

拓展题

1. 许多人认为，股东可以分散持股，没有必要通过企业多元化来降低风险。因此，任何超额收益（"自由现金流"）不必用于收购其他企业，而可以作为分红返给股东，所以企业应该追求更多的聚焦战略。请撰写一篇简短的论文来解释你是否同意这种观点。

2. 产品不相关多元化（企业集团）在发达国家已经名誉扫地。但是，在新兴经济体的某些案例中，它似乎仍然可以增加价值（见开篇案例）。随着时间的推移，企业集团在新兴经济体中会盛行还是减少呢？为什么？请撰写一篇简短的论文解释你的回答。

3. **伦理问题**：作为一家企业高管团队的成员，你正在决定是否收购一家外国企业。收购后，企业规模将翻一倍，成为行业内最大的企业。一方面，你对有机会成为行业内大企业首脑及由此带来的权力、声望和收入（你预期收入在明年翻番）而激动不已。另一方面，你又刚好阅读了本章内容，为"70%的并购以失败告终"这一经验数据而不安。三人至四人一组，讨论一个成功的战略，以短文或PPT形式展示答案。

结篇案例（新兴市场）

来自中国和印度的新兴收购者

新兴国家的跨国企业，尤其是来自中国和印度的，已成为世界上新的收购者。由于令人目不暇接的收购事件，它们常常登上媒体头条并引起争议。除了轶事，这些新的全球收购者是否有相似的模式？它们有何不同？直至近年来，严谨的学术研究才进行了系统对比（见表9.6）。

表9.6 中国企业和印度企业跨国并购比较

	中国跨国企业的并购	印度跨国企业的并购
首要目标产业	能源、矿产、采掘业	高技术和软件服务业
首要目标国家（地区）	中国香港地区	英国
首要目标区域	亚洲	欧洲
首要参与收购企业	国有企业	私人企业集团
成功完成交易的比例（%）	47	67

资料来源：Extracted from S. Sun, M.W. Peng, B. Ren, & D. Yan, 2012, A comparative ownership advantage framework for cross-borer M&As: The rise of Chinese and Indian MNEs, *Journal of World Business*, 47（1）：4–16。

总体来看，中国对外直接投资存量（占世界总数的1.5%）是印度（0.5%）的3倍。最直观的相似之处是，中国跨国企业和印度跨国企业似乎主要采用并购作为对外直接投资的模式。在21世纪的头10年，中国企业花费了1 300亿美元进行海外并购，而印度企业并购交易额为600亿美元。

从产业基础观来看，非常明显的是，中国跨国企业和印度跨国企业针对的产业，都是用来支持并强化其在本国最具竞争力的产业。考虑到在本土制造业的实力，中国企业海外并购主要针对的是能源、矿产和采掘业——可以满足它们制造业供应需求的重要产业。而印度跨国企业在高科技和软件服务业中的世界级领导地位，可以从收购这些行业的企业中反映出来。

这些跨国企业的地理扩张反映了它们的能力水平。中国企业的大部分交易是在亚洲，其香港地区是它们最喜欢的交易地点。换句话说，中国跨国企业的并购是区域性的而非全球性的。这表明，中国企业缺乏能力应对远离中国区域的管理挑战，尤其是在更加发达的经济体中。印度跨国企业主要在欧洲进行交易，英国是其主要的目标国家。例如，塔塔汽车（捷豹和路虎）和塔塔钢铁（康力斯集团）的收购，推动塔塔集团成为英国最大的私营企业。总体看来，印度企业的并购更加全球化，并且在发达经济体中交易表现得更加自信和老练。

从制度基础观来看，中国和印度的主要并购者是明显不同的。中国主要的并购者是国有企业，它们具有自身的优势（如中国政府的强大支持）和困境（如东道国政府的怀疑和犹豫）。印度主要的并购者是私人商业集团，一般不会受到强烈怀疑。

高调宣布交易是一回事，而完成交易又是另一回事。中国跨国企业在完成其所宣布的海外收购方面做得不是很好。在所宣布的收购中仅有不到一半（47%）的交易得以完成，低于印度跨国企业67%的完成率。一个原因是，中国跨国企业在尽职调查和融资方面缺少能力和经验；另一个原因是它们遇到的政治抵制，尤其是在发达经济体中。2005年，中海油竞标美国优尼科公司的失败，以及2009年中铝竞标力拓集团在澳大利亚的资产失败，就是两个典型例子。

即便假设收购成功完成，整合也是收购后的主要挑战。中国企业和印度企业似乎都面临这些挑战。例如，塔塔集团就被捷豹拖住了。一般来讲，中国和印度的收购企业通常使用"高姿态"（high road）收购，允许被收购企业保留自主性，保持高管团队的完整，然后逐渐鼓励双方合作。与之相反，"低姿态"（low road）收购是要收购企业迅速将其自身系统和规则施加给被收购企业。尽管"高姿态"收购听起来很好，但这反映了收购者缺乏国际管理经验和能力。

资料来源：（1）Y. Chen & M. Young, 2010, Cross-border M&As by Chinese listed companies, *Asia Pacific Journal of Management*, 27: 523–539；（2）L. Cui & F. Jiang, 2010, Behind ownership decision of Chinese outward FDI, *Asia Pacific Journal of Management*, 27: 751–774；（3）P. Deng, 2009, Why do Chinese firms tend to acquire strategic assets in international expansion? *Journal of World Business Studies*, 44: 74–84；（4）S. Gubbi, P. Aulakh, S.Ray, M.Sarkar, & R. Chittoor, 2010, Do international acquisitions by emerging firms create shareholder value? *Journal of International Business Studies*, 41: 397–418；（5）M. W. Peng, 2012, The global strategy of emerging multinationals from China, *Global Strategy Journal*, 2: 97–107；（6）M. W. Peng, 2012, Why China's investments aren't a threat, *Harvard Business Review*, February: blogs.hbr.org；（7）H.Rui & G. Yip, 2008, Foreign acquisitions by Chinese firms, *Journal of World Business*, 43: 213–226；（8）S. Sun, M. W. Peng, B. Ren, & D.Yan, 2012, A comparative ownership advantage framework for cross-border M&As: The rise of Chinese and Indian MNEs, *Journal of World Business*, 47: 4–16。

案例讨论题

1. 为什么中国和印度跨国企业将并购作为主要的海外市场进入模式？

2. 基于产业、资源和制度基础观，概述中国和印度跨国并购企业的异同点。

3. 伦理问题：作为正在进行一项高调海外收购的中国或印度企业的首席执行官，本国股东批评你在"浪费"他们的钱，同时被收购企业的管理层和工会，以及东道国的政府和媒体又抵制收购。此时，你是应该继续收购还是考虑放弃？什么条件下你会选择放弃这次交易？

注释

1. E. Bowman & C. Helfat, 2001, Does corporate strategy matter? *SMJ*, 22: 1–23.

2. M. Nippa, U. Pidun, & H. Rubner, 2011, Corporate portfolio management, *AMP*, November: 50–66.

3. M. Benner & M. Tripsas, 2012, The influence of prior industry affiliation on framing in nascent industries, *SMJ*, 33: 277–302; J. Eggers, 2012, All experience is not created equal, *SMJ*, 33: 315–335; H. Tanriverdi & C. Lee, 2008, Within-industry diversification and firm performance in the presence of network externalities, *AMJ*, 51: 381–397.

4. D. Miller, M. Fern, & L. Cardinal, 2007, The use of knowledge for technological innovation within diversified firms, *AMJ*, 50: 308–326.

5. J. Shackman, 2007, Corporate diversification, vertical integration, and internal capital markets, *MIR*, 47: 479–504.

6. K. B. Lee, M. W. Peng, & K. Lee, 2008, From diversification premium to diversification discount during institutional transitions, *JWB*, 43: 47–65.

7. P. Chen, C. Williams, & R. Agarwal, 2012, Growing pains, *SMJ*, 33: 252–276.

8. M. Carney, E. Gedajlovic, P. Heugens, M. Van Essen, & J. Van Oosterhout, 2011, Business group affiliation, performance, context, and strategy, *AMJ*, 54: 437–460; B. Kedia, D. Mukherjee, & S. Lahiri, 2006, Indian business groups, *APJM*, 23: 559–577; M. Li, K. Ramaswamy, & B. Petitt, 2006, Business groups and market failures, *APJM*, 24: 439–452; Y. Lu & J. Yao, 2006, Impact of state ownership and control mechanisms on the performance of group affiliated companies in China, *APJM*, 23: 485–504; M. W. Peng & A. Delios, 2006, What determines the scope of the firm over time and around the world? *APJM*, 24: 385–405.

9. D. Lange, S. Boivie, & A. Henderson, 2009, The parenting paradox, *AMJ*, 52: 179–198.

10. N. Capar & M. Kotabe, 2003, The relationship between international diversification and performance in service firms, *JIBS*, 34: 345–355.

11. L. Gomes & K. Ramaswamy, 1999, An empirical examination of the form of the relationship between multinationality and performance, *JIBS*, 30: 173–188.

12. M. Chari, S. Devaraj, & P. David, 2007, International diversification and firm performance, *JWB*, 42: 184–197; Y. Fang, M. Wade, A. Delios, & P. Beamish, 2007, International diversification, subsidiary performance, and the mobility of knowledge resources, *SMJ*, 28: 1053–1064; A. Gande, C. Schenzler, & L. Senbert, 2009, Valuation effects of global diversification, *JIBS*, 40: 1515–1532; M. Hitt, L. Tihanyi, T. Miller, & B. Connelly, 2006, International diversification, *JM*, 32: 831–867.

13. A. Delios & P. Beamish, 1999, Geographic scope, product diversification, and the corporate performance of Japanese firms (p. 724), *SMJ*, 20: 711–727.

14. J. M. Geringer, S. Tallman, & D. Olsen, 2000, Product and international diversification among Japanese multinational firms (p. 76), *SMJ*, 21: 51–80.

15. G. Qian, T. Khoury, M. W. Peng, & Z. Qian, 2010, The performance implications of intra- and interregional geographic diversification, *SMJ*, 31: 1018–1030.

16. A. Goerzen & S. Makino, 2007, Multinational corporation internationalization in the service sector, *JIBS*, 38: 1149–1169; M. Wiersema & H. Bowen, 2008, Corporate diversification, *SMJ*, 29: 115–132.

17. K. Meyer, 2006, Global focusing, *JMS*, 43: 1109–1144.

18. J. Bercovitz & W. Mitchell, 2007, When is more better? *SMJ*, 28: 61–79; L. Capron & J. Shen, 2007, Acquisitions of private vs. public firms, *SMJ*, 28: 891–911; E. Doving & P. Gooderham, 2008, Dynamic capabilities

as antecedents of the scope of related diversification, *SMJ*, 29: 841–857; S. Karim, 2006, Modularity in organizational structure, *SMJ*, 27: 799–823; K. Ellis, T. Reus, B. Lamont, & A. Ranft, 2011, Transfer effects in large acquisitions, *AMJ*, 54: 1261–1276; J. Macher & C. Boerner, 2006, Experience and scale and scope economies, *SMJ*, 27: 845–865; K. Uhlenbruck, M. Hitt, & M. Semadeni, 2006, Market value effects of acquisitions involving Internet firms, *SMJ*, 27: 899–913.

19. J. Kim & S. Finkelstein, 2009, The effects of strategic and market complementarity on acquisition performance, *SMJ*, 30: 617–646.

20. K. Ellis, T. Reus, & B. Lamont, 2009, The effects of procedural and informational justice in the integration of related acquisitions, *SMJ*, 30: 137–161.

21. C. Moschieri & J. Campa, 2009, The European M&A industry, *AMP*, November: 71–87.

22. M. Dieleman, 2009, Shock imprinting, *APJM*, 27: 481–502.

23. C. Marquis & M. Lounsbury, 2007, Vive la resistance, *AMJ*, 50: 799–820.

24. E. Matta & P. Beamish, 2008, The accentuated CEO career horizon problem, *SMJ*, 29: 683–700; P. Parvinen & H. Tikkanen, 2007, Incentive asymmetries in the M&A process, *JMS*, 44: 759–786.

25. This section draws heavily from M. W. Peng, S. Lee, & D. Wang, 2005, What determines the scope of the firm over time? A focus on institutional relatedness, *AMR*, 30: 622–633.

26. G. Jones & C. Hill, 1988, Transaction cost analysis of strategy-structure choices, *SMJ*, 9: 159–172. See also E. Rawley, 2010, Diversification, coordination costs, and organizational rigidity, *SMJ*, 31: 873–891; Y. Zhou, 2010, Synergy, coordination costs, and diversification choices, *SMJ*, 32: 624–639.

27. J. Clougherty & T. Duso, 2009, The impact of horizontal mergers on rival, *JMS*, 46: 1365–1395.

28. M. Jacobides, 2008, How capability differences, transaction costs, and learning curves interact to shape vertical scope, *OSc*, 19: 306–326.

29. M. Chari & K. Chang, 2009, Determinants of the share of equity sought in cross-border acquisitions, *JIBS*, 40: 1277–1297; D. Iyer & K. Miller, 2008, Performance feedback, slack, and the timing of acquisitions, *AMJ*, 51: 808–822.

30. S. Chen, 2008, The motives for international acquisitions, *JIBS*, 39: 454–471; P. Puranam & K. Srikanth, 2007, What they know vs. what they do, *SMJ*, 28: 805–825.

31. H. Yang, Z. Lin, & M. W. Peng, 2011, Behind acquisitions of alliance partners, *AMJ*, 54: 1069–1080.

32. Z. Lin, M. W. Peng, H. Yang, & S. Sun, 2009, How do networks and learning drive M&As? *SMJ*, 30: 1113–1132; H. Yang, S. Sun, Z. Lin, & M. W. Peng, 2011, Behind M&As in China and the United States, *APJM*, 28: 239–255.

33. H. Krishnan, M. Hitt, & D. Park, 2007, Acquisition premiums, subsequent workforce reductions, and post-acquisition performance, *JMS*, 44: 709–732; T. Laamanen, 2007, On the role of acquisition premium in acquisition research, *SMJ*, 28: 1359–1369.

34. C. Moschieri & J. Campa, 2009, The European M&A industry (p. 82), *AMP*, November: 71–87.

35. G. McNamara, J. Heleblian, & B. Dykes, 2008, The performance implications of participating in an acquisition wave, *AMJ*, 51: 113–130.

36. M. Goranova, T. Alessandri, P. Brandes, & R. Dharwadkar, 2007, Managerial ownership and corporate diversification, *SMJ*, 28: 211–225.

37. T. Laamanen & T. Keil, 2008, Performance of serial acquirers, *SMJ*, 29: 663–672; D. Siegel & K. Simons, 2010, Assessing the effects of M&As on firm performance, *SMJ*,

31: 903–916; G. Valentini, 2012, Measuring the effect of M&A on patenting quantity and quality, *SMJ*, 33: 336–346; M. Zollo & D. Meier, 2008, What is M&A performance? *AMP*, August: 55–77.

38. D. King, D. Dalton, C. Daily, & J. Covin, 2004, Metaanalyses of post-acquisition performance, *SMJ*, 25: 187–200.

39. R. Kapoor & K. Lim, 2007, The impact of acquisitions on the productivity of inventors at semiconductor firms, *AMJ*, 50: 1133–1155.

40. G. Andrade, M. Mitchell, & E. Stafford, 2001, New evidence and perspectives on mergers, *JEP*, 15: 103–120.

41. C. Meyer & E. Altenborg, 2008, Incompatible strategies in international mergers, *JIBS*, 39: 508–525.

42. *WSJ*, 2009, Bank of America-Merrill Lynch: A $50 billion deal from hell, January 22: blogs.wsj.com.

43. J. Allatta & H. Singh, 2011, Evolving communication patterns in response to an acquisition event, *SMJ*, 32: 1099–1118; M. Brannen & M. Peterson, 2009, Merging without alienating, *JIBS*, 40: 468–489; R. Chakrabarti, S. Gupta-Mukherjee, & N. Jayaraman, 2009, Mars-Venus marriages, *JIBS*, 40: 216–236; G. Stahl & A. Voigt, 2008, Do cultural differences matter in M&As? *OSc*, 19: 160–176.

44. T. Reus & B. Lamont, 2009, The double-edged sword of cultural distance in international acquisitions, *JIBS*, 40: 1298–1316; R. Sarala & E. Vaara, 2010, Cultural differences, convergence, and crossvergence as explanations of knowledge transfer in international acquisitions, *JIBS*, 41: 1365–1390.

45. *BW*, 2011, Hi-yah! Alcatel-Lucent chops away at years of failure (p. 29), May 2: 29–31.

46. M. Cording, P. Christmann, & D. King, 2010, Reducing causal ambiguity in acquisition integration, *AMJ*, 51: 744–767.

47. H. Barkema & M. Schijven, 2008, Toward unlocking the full potential of acquisitions, *AMJ*, 51: 696–722; D. Bergh, R. Johnson, & R. DeWitt, 2008, Restructuring through spin-off or sell-off, *SMJ*, 29: 133–148; H. Berry, 2009, Why do firms divest? *OSc*, 21: 380–398; T. Numagami, M. Karube, & T. Kato, 2010, Organizational deadweight, *AMP*, November: 25–37.

48. D. Bergh & E. Lim, 2008, Learning how to restructure, *SMJ*, 29: 593–616.

49. W. Cascio, 2002, Strategies for responsible restructuring (p. 81), *AME*, 16: 80–91. See also J. Guthrie & D. Datta, 2008, Dumb and dumber, *OSc*, 19: 108–123.

50. K. Shimizu, 2007, Prospect theory, behavioral theory, and the threat-rigidity hypothesis, *AMJ*, 50: 1495–1514.

51. E. G. Love & M. Kraatz, 2009, Character, conformity, or the bottom line? *AMJ*, 52: 314–335.

52. A. Pehrsson, 2006, Business relatedness and performance, *SMJ*, 27: 265–282.

53. *BW*, 2011, Sony needs a hit (p. 77), November 21: 72–77.

54. C. K. Prahalad & R. Bettis, 1986, The dominant logic, *SMJ*, 7: 485–501. See also D. Ng, 2007, A modern resource-based approach to unrelated diversification, *JMS*, 44: 1481–1502.

55. X. Yin & M. Shanley, 2008, Industry determinants of the "merger versus alliance" decision, *AMR*, 33: 473–491.

56. N. Aktas, E. Bodt, & R. Roll, 2007, Is European M&A regulation protectionist?, *EJ*, 117: 1096–1121.

第十章
跨国战略、结构与学习

▶▶ 学习目标

通过本章学习，你应该能够
1. 理解跨国战略与结构的四种基本匹配关系；
2. 阐述跨国战略、结构与学习的综合模型；
3. 概述学习、创新和知识管理面临的挑战；
4. 参与跨国战略、结构与学习的三个要争论；
5. 从中获得战略启示。

◉ 开篇案例　（新兴市场）

三星的全球战略部门

三星集团成立于1938年，是韩国企业中的巨头。该集团在全球拥有超过42万名员工，年收入达3 300亿美元，占韩国GDP的20%左右。集团旗下的旗舰公司——三星电子是世界最大的电子公司之一，其2017年营业收入达1 739.57亿美元，在全球500强企业中名列第15位。除三星电子外，三星集团旗下主要子公司还包括三星人寿保险公司（世界第13大寿险公司）、三星C&T（世界最大的摩天楼和太阳能/风能发电设备制造商之一）及三星重工（世界最大的造船企业）。三星出色的业绩表现赢得了世界的瞩目。

成功的背后显然是一系列正确的决策，但这绝非易事。为了提高在韩国以外的市场上的竞争力，三星需要吸引更多的非韩裔人才。然而由于长久以来僵化的层级结构和语言障碍，三星始终无法吸引并留住非韩裔人才。为解决这一问题，三星集团总部于1997年建立了一个特殊的内部咨询机构——全球战略部门。该部门直接向CEO汇报工作，其成员为西方顶级商学院毕业的MBA，且拥有在高盛、英特尔、麦肯锡等全球领先跨国公司的工作经验。三星要求该部门成员在韩国生活两年并学习基础韩语。根据官方网站提供的信息，全球战略部门的任务是：（1）培养一批全球管理者；（2）提升集团的经营绩效；（3）促进集团的全球化发展。

全球战略团队以内部战略项目的方式为三星集团的各个子公司提供咨询服务。每个团队设立一个项目负责人的职位，与常规的咨询职业生涯相比，此举使团队成员提前获得在高级咨询项目中担任领导的机会。团队中还包括一个到两个全球战略家，以及一个由韩籍高管担任、负责团队与（内部）客户公司管理人员联络的项目协调人。项目一般会持续3个月，通常还需要到国外出差。从首批于1997年进入全球战略部门的20位全球战略家开始，他们在15年内完成了近400个项目。这些项目帮助他们在集团内建立了人脉，并接触到了三星的组织文化。两年后，他们从全球战略部门"毕业"并被委派到三星子公司任职，而子公司所在地往往就是他们的母国。

尽管韩裔与非韩裔双方成员均付出了努力与诚意，全球战略部门依旧面临重重障碍，而最难以解决的就是文化双融。全球战略部门最初招募的208人中，至2011年仍有135人留在三星，其中最成功的是那些为适应韩国本土文化而下了苦功的人——他们曾在晚宴上不断尝试韩式泡菜和米酒。在全球战略部门成立之前，没有一个非韩裔MBA在三星电子工作超过3年。全球战略部门将这一群体整合起来之后，首批于1997年进入该部门的非韩裔MBA在3年后（2000年）仍有1/3留在三星电子。在接下来的10年中，这一比例提高到了2/3。3位专家这样总结全球战略部门的非韩裔成员是如何缓慢而稳步地为三星注入全球化"DNA"的：

"非韩裔员工对三星产生了水滴石穿的效果。随着越来越多全球战略部门成员被委派到三星电子，原有的韩裔员工不得不改变他们的工作风格和思维方法，以适应这些西式的行事方式。一系列的改变逐渐使得三星的组织环境更容易接受外来思想。如今，三星电子会想尽办法从全球战略部门招募新员工。"

资料来源：(1) S. Chang, 2008, *Sony vs. Samsung*, Singapore: Wiley; (2)T.Khanna, J.Song, & K.Lee, 2011,The paradox of Samsung's rise, *Harvard Business Review*, July:142–147; (3) Samsung Global Strategy Group, 2012,gsg.samsung.com; (4) http://www.360doc.com/content/18/0524/07/46722419756556550.shtml,登录时间2019年5月6日。

诸如三星这一类的跨国公司如何从战略上支持其业务在全世界范围内的增长？如何才能精通各国消费者的喜好、全球发展趋势及市场转型所需的组织结构转变？如何吸引、留住全球人才，提高优质创新的成功率？本章回答以上的关键问题。在这里我们关注的是相对较为大型的跨国公司。本章中，我们首先讨论四种战略与四种组织结构之间极其重要的关系，其次运用战略三脚架视角下的一个综合模型讨论上述问题，再次将依次讨论全球学习、创新及知识管理，最

后是争论及引申。

跨国战略与结构

本节首先介绍一体化—响应框架，该框架重点关注降低成本和当地响应两方面的压力。接着我们概括了跨国公司通常采用的四种战略选择，以及四种与之对应的组织结构。

降低成本与当地响应的压力

跨国公司主要面对两种压力：降低成本和当地响应。**整合—响应框架 (integration-responsiveness framework)** 描述了这两种压力的来源，为管理者提供兼顾两种压力的方法。降低成本要求跨国公司全球整合，而当地响应则要求跨国公司适应当地环境。无论是国内竞争还是国际竞争，降低成本的压力几乎都是普遍存在的，而**当地响应 (local responsiveness)** 压力则只在国际竞争中显现，它意味着要应对不同的消费者偏好和东道国需求。世界各地的消费者偏好存在巨大差异。比如说，麦当劳的牛肉汉堡在印度几乎没有销路。因为在印度教占主导的印度，牛是一种圣灵，所以麦当劳在印度就必须更换菜单。东道国不同的需求和期望也增加了当地响应的压力。在欧洲市场，加拿大庞巴迪公司在奥地利制造奥地利版机车、在比利时就造比利时版的，等等。尽管没有强制规定，但庞巴迪相信，想要把产品销往带有国有性质的欧洲铁路运营商，这种当地响应非常有必要。

总的来说，当地响应可以帮助企业赢得当地消费者和政府的欢心，但同时也增加了成本。跨国公司普遍关心如何降低成本，它们倾向于淡化甚至无视每个当地市场的多样化需求，转而致力于提供"全球通用版"的产品或服务。这种全球统一供应运动可以追溯到西奥多·莱维特（Theodore Levitt）1983年的一篇文章"全球化的市场"（The globalization of markets）。[1] 莱维特认为世界各地消费者的喜好正逐渐趋同，并以可口可乐、李维斯牛仔等在全球范围内大获成功的公司为例来证明这一观点。他还预测未来世界上的多数产品市场都会表现出这种趋同性。

莱维特的观点为跨国公司专注整合、减少本地化的做法提供了理论支持。福特曾设计"全球通用汽车"，MTV也曾坚信观众会热衷于其全球化（实质上是美国化）的节目。然而这类尝试大都以失败告终。福特意识到全球各地消费者的喜好差异非常之大，MTV也最终发现"全球歌曲"是不切实际的。简言之，并不存在一种可以满足所有人的通用型产品。[2] 这一结论推动我们去探讨跨国公司如何兼顾降低成本与当地响应两种压力。

四种战略选择

基于整合—响应框架，图10.1划分出四种战略选择：（1）母国复制战略；（2）本地化战略；（3）全球标准化战略；（4）跨国战略。每一种战略都有各自的优缺点，如表10.1所示。（每一种战略对应的组织结构将在下一节详细讨论。）

母国复制战略（home replication strategy），也称国际化战略或出口战略，指在国外市场复制母国的竞争优势，包括生产规模、分销效率及品牌优势等。母国复制战略在制造业中通常表现为出口战略，在服务业中则表现为许可和特许经营。该战略的实施难度相对较低，通常在企业刚涉足国外市场时采用。

由于更强调母国市场，母国复制战略通常因缺乏当地响应而造成一定劣势，所以此战略适用于以国内消费者为主的企业。当企业将此战略拓展到海外业务范围、把产品打入国际市场时，母国复制战略往往会由于未能充分考虑到国外消费者的需求，导致企业产品受到冷落。以沃尔玛为例，在沃尔玛刚进入巴西时，其准备的商品种类与美国门店完全一致，其中就包括大量的（美式）橄榄球。而众所周知，巴西是足球王国，曾五次赢得世界杯冠军，并保持着世界杯冠军总数的记录，除了少数美国移民，巴西人几乎不玩橄榄球。

本地化战略是母国复制战略的延伸。³ **本地化（多国）战略**（localization or multi-domestic strategy）着眼于多个国家或地区，并将每一个都视作独立的、需要跨国公司重视和适应的本地（国内）市场。尽管牺牲了全球化效率，但是当成本压力小、不同国家或地区市场差异明显时，本地化战略是有效的。以迪士尼为例，迪士尼曾为阿纳海姆（美国加州城市）、奥兰多（美国佛罗里达州城市）、香港、巴黎及东京五个主题公园量身定制了具有当地特色的产品和服务。上海迪士尼也已于2015年开放，这次迪士尼舍弃了在其他主题公园统一采用的"美国小镇街"主题，主打突出中国元素的迪士尼观光游览。⁴

本地化战略需要企业付出加倍努力，企业因此必须负担更高的成本。例如，对于上文提到的MTV来说，制作多套节目的成本显然会高于仅制作一套节目的成本。所以该战略仅在企业成本压力不明显的行业中适用。该战略另一个潜在的缺陷是每个子公司的自主权过大。子公司往往只关注本地市场的状况，导致公司整体的变革非常困难。例如，20世纪80年代，联合利华在欧洲17个国家设有子公司，总部为了说服这17个子公司在欧洲市场引入一种新的清洁剂，花费了长达4年的时间。

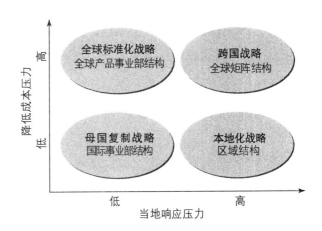

注：在其他教材中，母国复制战略被称作国际化战略或出口战略，本地化战略被称作多国内战略，全球标准化战略被称作全球战略。这类命名方法容易造成混淆，因为这四种战略在某种程度上都可以认为是"国际化"或"全球"的。为了突出战略的特征并减少歧义，本书未采用"国际化战略"及"全球战略"的命名方法。

图10.1　跨国战略与组织结构：一体化—响应框架

与本地化战略相反，**全球标准化战略**（global standardization strategy，也可简称为全球战略）主张企业面向全球市场开发和销售标准化的产品，通过低成本优势获取最大化的收益。与母国复制战略相似，全球标准化战略通常也将当地响应降到最低限度，但两种战略的关键区别在于，后者并不局限于企业在母国的经营方式。在许多国家和地区，跨国公司会指派**卓越中心**（centers of excellence）组建子公司，并指定这些子公司为企业提供某项重要能力，其目的是将这些能力向其他子公司推广。卓越中心往往被赋予**全球责任**（worldwide or global mandate）的特许权——独立负责跨国公司全球经营中的某一项职能。例如，惠普授权新加坡子公司负责惠普公司所有手持设备的开发、制造和营销。

表 10.1 跨国公司的四种战略选择

	优势	劣势
母国复制战略	可以利用母国优势，实施起来相对容易	缺乏当地响应，可能会导致与国外客户疏远
本地化战略	最大限度发挥当地响应	企业需要付出加倍努力，而导致担负更高的成本；子公司的自主权过大
全球标准化战略	利用低成本优势	缺乏当地响应，控制过于集中
跨国战略	兼顾成本效益和当地响应，促进全球学习和创新扩散	组织过程复杂，难于实施

全球标准化战略一个明显的劣势是牺牲了当地响应。在成本压力较大而当地响应压力较小的行业（如轮胎等大宗商品行业）中，企业采取该战略是有意义的。但正如前文所述，无论是汽车行业还是快速消费品行业，仅提供通用型产品的战略是行不通的。因此，所有企业都应该全球化并实行全球标准化战略的观点有可能将企业引入歧途。

跨国战略（transnational strategy）兼顾降低成本和当地响应。该战略的另一个特征是全球学习和创新扩散。传统上，跨国企业中的创新扩散都是单向的，即从母国向其他东道国扩散。如采用母国复制战略的企业，其战略名称本身就说明了技术创新流动的单向性。该单向模式假定母国是进行创新活动的最佳地点。然而，创新有着与生俱来的风险和不确定性，所以无法保证在母国能持续地提供高水平创新。

采取跨国战略的跨国公司运用多种方式促进全球学习和创新扩散。创新的流动方式不仅包括传统的母国流入东道国，还包括东道国流入母国，以及不同东道国子公司之间的流动。雪铁龙的产品设计不仅在法国进行，也在中国进行。雪铁龙准备在全球市场生产和销售上海设计的 Metropolis 等豪华车型（见新兴市场案例 10.1）。

跨国战略的劣势在于组织过程复杂，而且难于实施。大量的知识分享与协调也会降低决策速度。兼顾降低成本、当地响应和全球学习，其实是跨国公司同时面对的相互矛盾的需求（详细说明见下节）。

总而言之，由于每种战略都有各自的优缺点，所以并不存在一个适用于任何情境的最优战略。提倡跨国战略是最近涌现出的新趋势，但实施跨国战略面临的组织结构挑战仍需要得到重视。这种观点引出了我们接下来讨论的主题。

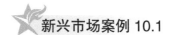

新兴市场案例 10.1

雪铁龙的中国品味

中国已成为世界上最大的汽车生产国和汽车消费国，各大汽车制造商在中国市场展开了持续激烈的争夺。在向中国出口汽车和开展本土生产方面，这些汽车制造商都取得了长足进展。但在中国本土设计汽车，而且是在中国本土设计面向全球市场的汽车，汽车制造商却涉足甚少。在 2010 年北京车展上，雪铁龙上海设计工作室设计的 Metropolis 豪华概念车就向我们证明了"中国品味"对于汽车制造商来说是何等重要。

雪铁龙欲重拾其在 20 世纪创造的经典车型展现出的创新与个性。Metropolis 线条流畅、低调奢华、宽敞大气，正是雪铁龙向外界传达这一意图的大胆之作。Metropolis 并非诞生于法国，而是雪铁龙上海设计工作室的杰作。雪铁龙还透露，Metropolis 将会成为全新 DS 豪华系列中的旗舰车型。尽管投入量产的车型不如概念车那般时尚前卫，但其优雅的风格在很大程度上都将保留下来。雪铁龙表示，这款车在中国设计并面向全球市场。其设计负责人说："我们的战略就是让欧洲和中国拥有同款车型。"

资料来源：(1) Citroën, 2010, Metropolis: A concept car for China, www.citroen.com; (2) *Silkroad*, 2011, Design direction, July: 30。

四种组织结构

图 10.1 还说明，每一种战略选择都对应一种适用的组织结构：（1）国际事业部结构；（2）区域结构；（3）全球产品事业部结构；（4）全球矩阵结构。

在海外扩张初期，**国际事业部结构**（**international division**）是一种典型的组织结构，它通常可以和母国复制战略相结合。图 10.2 展示了星巴克的国际事业部，以及其他四个服务于美国本土的部门。虽然这种结构直观上看很具有吸引力，但也随之带来两个问题：首先，国外子公司的反馈是通过国际事业部完成的，而和其他国内部门的主管相比，它的发言权不太充分。其次，这种设计使得国际事业部像一个孤岛，与专注于国内活动的其他部门之间没有配合。因此，很多企业在海外扩张迈出第一步之后就逐步舍弃了这种结构。

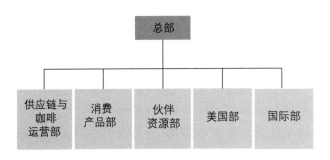

资料来源：(1) www.cogmap.com and (2) www.starbucks.com. Headquartered in Seattle, Starbucks is a leading international coffee and coffeehouse company。

图 10.2　星巴克的国际事业部结构

区域结构（**geographic area structure**）根据地理区域（国家或地区）特征来组织跨国公司。该结构适用于本地化战略，图 10.3 以雅芳为例说明区域结构。区域结构可能是一个国家或地区，由一个**区域经理**（**country or regional manager**）领导，每个区域大体上都是独立的。与国际事业部子公司管理者有限的发言权相反，区域经理在区域结构中位高权重。区域结构还有一个有趣而自相矛盾的特征——该结构的优势和劣势均来自当地响应。对当地需求做出响应既可能成为优势，也可能成为让跨国公司四分五裂、各子公司自立门户的导火索。

资料来源：www.avoncompany.com. Headquartered in New York, Avon Products, Inc. is the company behind numerous "Avon ladies" in the world。

图 10.3　雅芳公司的区域结构

与区域结构相反，**全球产品事业部结构**（**global product division**）向每个产品事业部分配全球责任，它适用于全球标准化战略。图 10.4 为欧洲宇航防务集团（European Aeronautic Defense and Space Company, EADS）的全球产品事业部结构，该集团最有名的产品是空中客车（Airbus）。全球事业部结构把每一个产品事业部视为一个独立的、肩负全球责任的主体。该结构主张世界范围的（至少是区域内的）整合，并减少在不同国家毫无效率的重复劳动，因此这是一种可积极应对成本压力的结构。例如，联合利华在采用全球产品事业部机构后，将其在欧洲的肥皂制造厂由 10 个减少到了 2 个。如上文所述，由于近期全球标准化战略的流行，全球产品事业部结构也处于上升趋势。正如福特逐步淘汰区域结构而采用全球产品事业部结构之后发现的，该结构的缺点是牺牲了当地响应。

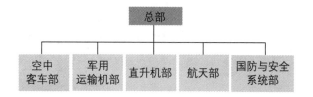

资料来源：www.eads.com. Head-quartered in Munich, Germany, and Paris, France, EADS is the largest commercial aircraft maker and the largest defense contractor in Europe。

图 10.4　欧洲宇航防务集团的全球产品事业部结构

全球矩阵结构（global matrix）可以减少区域结构和全球产品事业部结构带来的劣势，对于采用跨国战略的跨国企业尤为明显。如图 10.5 所示，这种结构的优势在于协调了产品事业部门与地理区域部门之间的责任分配。在这个假想的案例中，负责日本子公司的区域经理（即日本经理）同时向产品事业部 1 和亚洲区事业部汇报工作，而这两个部门拥有同等的权力。

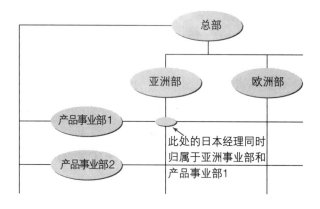

图 10.5　一个虚构的全球矩阵结构

从理论上看，全球矩阵式结构可以为跨国战略的目标提供支持，但在实际中却难以实施。原因很简单：子公司经理（如图 10.5 中的日本经理）应对一个上司就头疼不已，如果让他受命于两个上司，甚至有可能是两个意见分歧的上司，这会让他更加无所适从。例如，产品事业部 1 认为日本市场难以攻克，而其他市场更有发展潜力，因此它会命令日本经理缩减投资，将资源引向其他市场。这是一种合理的做法，因为产品事业部 1 关心的是企业在全球市场的地位，而并不执着于某一特定市场。然而，以亚洲市场的表现来衡量绩效的亚洲事业部无法赞同这样的做法。它认为要想在亚洲处于领先，就不能在日本市场中落后。因此他会要求日本经理增加在日本的投资。日本经理不敢违抗任何一方，所以面对两方相反的要求，他在请示总部之前只能按兵不动。总部可能会做出决议，然而扭转竞争局面的机会稍纵即逝，决定成败的关键时刻很可能就在等待和请示的过程中错过了。

全球矩阵结构名义上有诸多优点，但它也可能会增加企业的管理层级、降低决策速度、提高成本，绩效却并没有明显改善。尚未有确凿证据证明这种结构具有优越性。陶氏化学公司早先曾采用矩阵结构，其 CEO 曾说过下面一段发人深省的话：

> 我们曾是一个依赖团队合作的矩阵型，但组织中没有人承担责任。当工作出色完成时，我们不知道该奖励谁；当工作陷入困局时，我们不知道该责备谁。所以，我们转而采用了全球产品事业部结构，并砍掉部分管理层级。在我和公司最底层员工之间曾有 11 个管理层级，而现在减少到了 5 个。[5]

总而言之，图 10.1 中的四种组织结构并不是随机排列的。跨国企业的组织结构是从相对简单的国际事业部结构，经由区域结构或全球产品事业部结构，最后可能会发展成更为复杂的全球矩阵式结构。不是所有跨国公司都要经历以上所有阶段，组织结构曾经的演变过程也不一定都是单向的。例如，矩阵结构曾经的典型代表 ABB 近期就放弃了矩阵结构。

跨国战略与组织结构的相互关系

综上所述，战略与组织结构的关系是**相互**

的。以下三种观点可以解释这种相互关系：

- 战略驱动组织结构。[6] 战略与组织结构相适应至关重要，如图 10.1 中四个方格所示的战略与组织结构的配对关系。[7] 若二者不相适应（如将全球标准化战略与区域结构结合），那么很可能产生严重后果。
- 战略与组织结构的关系并不是单向的。尽管战略驱动了组织结构，但组织结构同样也可以驱动战略。难以运作的矩阵结构可以引起对实施跨国战略的质疑。
- 战略和组织结构都不是一成不变的。战略和组织结构经常必须做出改变，甚至二者都要变化。为了向全球标准化战略靠拢，许多跨国公司采用了全球产品事业部结构，而降低了各国总部的重要性。但在某些国家（尤其是在中国），此类做法将面临特殊的挑战，这就推动了一些跨国公司重新设置国家总部，如大中华区总部。这样的设置可以在大而复杂且重要程度高的东道国协调活动。[8] 跨国公司还可以进一步尝试新兴经济体事业部结构，它并不只着眼于某一个国家，而是致力于在新兴经济体——无论是巴西还是沙特阿拉伯——寻找机遇。思科就是新兴经济体事业部结构的先行者，其竞争对手 IBM 也模仿思科采用了此结构。[9]

跨国战略、结构与学习的综合模型

上一节概述了战略/组织结构的基本关系，本节将继续利用战略三脚架介绍一个综合模型（见图 10.6）。

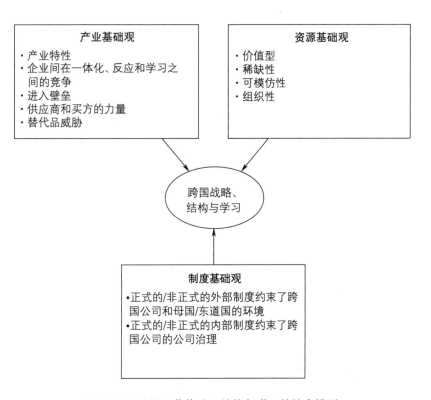

图 10.6　跨国经营战略、结构与学习的综合模型

产业基础观

为什么跨国公司的组织结构存在差异？为什么跨国公司强调不同形式的学习和创新？例如，工业品企业（如半导体）倾向于采用全球产品事业部结构，而消费品企业（如化妆品）则常会依赖于区域事业部结构。工业品企业尤其注重技术创新；而消费品企业则重视消费趋势，通过对产品的二次包装和重新组合来进行市场创新（例如，亨氏为了吸引儿童消费者而推出绿色番茄酱）。要回答以上两个问题，可以从不同产业具有的不同特性入手。一方面，工业品企业注重技术知识，而此类知识与地理位置无关（例如，怎样更有效率地生产半导体芯片）。另一方面，消费品企业必须深入了解消费者喜好，而此类知识与消费者所处地理位置相关（例如，匈牙利的消费者偏好哪种口味的炸土豆片）。[10]

除此之外，五力模型对这两个问题也有所启示。在一定的行业内，竞争对手之间在成本效率和当地响应两方面的较量日趋激烈，它们的竞争焦点自然就是组织学习与创新。[11] 在垄断行业（如汽车和化妆品）尤其如此（见第八章）。

进入壁垒同样会影响跨国公司的战略、组织结构与学习。为什么跨国公司要通过将产能合并成少数几个世界级规模工厂的方式，逐步放弃多国化战略和区域事业部结构呢？一个潜在的动机是，分散在不同国家的小型次优规模生产无法有效遏制潜在进入者。而位于战略要地的大型世界级规模工厂能够产生可怕的威慑力。例如，富士康在中国深圳建立了一个世界级规模的综合工厂，员工人数达30万。

供应商和买方的讨价还价能力也起一定作用。如果买方在全球范围内活动，他们就愈发需要能够提供一体化方案的供应商，即买方无论在哪个国家开展经营，都能够从同一个供应商那里购买到相同价格和质量的产品。因此，供应商被迫——或者说至少是受到激励——去进行国际化，否则很有可能就丢了大单生意。因此，大众公司在巴西投资之后，其主要供应商纷纷自费在邻近地区设立工厂也就不足为奇了。

替代品的威胁会直接影响到企业的学习和创新。研发活动经常制造出创新的替代品，如3M公司的便笺纸就在一定程度上替代了胶水和胶带，而智能手机和其他移动设备正在替代个人电脑。

资源基础观

如图10.6所示，我们以VRIO框架来说明资源基础观给我们的启示。首先，当我们分析结构变化时，要重点考虑新结构（如矩阵结构）可以带来的具体价值。创新的价值也是分析结构变化时必须考虑的。绝大多数创新都没机会投入市场，即便投入了市场，大部分新产品也遭遇了财务失败。创新者和盈利的创新者区别在于，后者不仅有很多好想法，而且还有互补性资产（如合适的组织结构和市场力量）为创新增值。例如，飞利浦是一个伟大的创新者，它发明了旋转式电动剃须刀、盒式录像带和激光唱片。但飞利浦从创新中获利的能力却落后于索尼、松下及三星等公司。

第二个考虑的是稀缺性问题。特定的战略或组织结构可能在特定的时间段内盛行。比如，当企业的竞争对手纷纷转而使用全球标准化战略时，这种战略可能就无法成为差异化的来源。为了提升全球协作，很多跨国公司花费数百万美元配备由SAP和甲骨文开发的ERP（企业资源计划）软件包。这类软件包采用了可以大面积推广的设计方式，并且吸引了大量企业使用。因此，ERP系统无法帮助企业形成特有的竞争优势。

即使企业能力是有价值的、稀缺的，但还要考虑第三道障碍——可模仿性。相比于非正式结构，正式的组织结构更容易被观察和被模仿。这也是非正式的柔性矩阵结构流行起来的原因之一。非正式的柔性结构"与其说是组织结构的分类，不如说是组织能力和管理思维体现出来的一种宽泛的组织或哲学概念"。[12] 模仿无形的管理思维显然比模仿有形的组织结构困难得多。

最后一道障碍是组织性，即跨国公司如何通过正式制度和非正式制度将公司组织起来。[13] 这里我们要讨论一个难以捉摸却尤其重要的概念——组织文化。回顾第四章中，霍夫斯泰德对文化的定义：文化是"将一群人与另一群人区别开来的集体思维模式"。我们可以从文化的概念延伸出组织文化的概念，即组织文化是将一群来自一家企业组织的人与另一群来自不同企业组织的人区别开来的群体思维方式。以华为的企业文化为例，华为以其独特的"狼性"文化闻名。"狼性"文化强调"持续狩猎""不懈追求"。在这种组织文化的影响下，员工有高度的工作积极性，经常加班甚至睡在办公室。竞争对手虽然可以在技术上模仿华为，但却无法模仿华为的"狼性"文化，而这也正是竞争对手复制华为成功之道的最大障碍。

制度基础观

跨国公司面临两类游戏规则，包括正式制度和非正式制度。这些规则支配着企业外部关系和内部关系。下面将分别讨论这两种关系。

一方面，从外部来看，跨国公司会受到母国和东道国政府设立的正式制度框架的约束。为了保护国内就业，英国政府对跨国公司国外收益部分征收的税率要高于国内收益部分。母国政府也会出于政治原因限制或禁止本国企业在国外的经营。冷战结束后，美国国防企业（如波音公司和洛克希德马丁公司）争相在俄罗斯设立研发子公司，因为俄罗斯拥有世界上最优秀（也是最廉价）的火箭专家。但在冷战期间，美国政府曾警告这些企业不得在俄罗斯开展关键项目的研发。

另一方面，东道国政府经常会吸引、鼓励甚至强迫跨国公司做一些它们不太愿意做的事情。例如，基础制造业只能创造低收入岗位，无法提供足够的技术溢出，也几乎不会提高企业声誉。而先进制造业、研发中心和区域总部可以创造更高收入的岗位，产生更多的技术溢出，同时也提高了企业声誉。因此东道国（如中国、匈牙利和新加坡等）政府往往采取"胡萝卜"（如税收优惠和免费的基础设施升级）和"棍棒"（如威胁市场准入）相结合的方式吸引跨国公司投资到高附加值领域。

除了上述正式制度，还有一系列非正式制度支配着跨国公司与**母国**的关系（见战略行动10.1）。在美国，很少有法律限制跨国公司在国外设立子公司，尽管这是一个公众讨论的热门话题而且常会引发政治政策变化。因此，由于涉及国内工作岗位的大量减少，管理者在考虑走出国门时，必须关注非正式但却强烈的反对声音。

处理与东道国关系时也要面临诸多非正式制度。空中客车与美国40个州的供应商签订的采购合同金额占总采购预算的40%。尽管空中客车没有必要签订那么多合同，但其在采购决策时会受到一些非正式互惠约定的影响：如果空中客车将某国企业纳入供应商名单中，那么该国的航空公司也会更倾向于购买空中客车的飞机。

制度因素不只是从外部影响跨国公司，跨国公司如何进行内部治理同样由正式和非正式的游戏规则决定。从正式制度的角度看，组织结构图（图10.2至图10.5）明确说明了组织的各个部分所要承担的责任范围。大部分跨国公司都拥有完善的、以正式规则为基础的评价和奖惩系统。

正式的组织结构图中无法揭示非正式的游戏规则，如组织规范、价值观和组织网络等。海外子公司领导人的国籍问题就是一个典型例子。在缺少正式规定的情况下，跨国公司有三种基本选择：

- 任用母国人员担任子公司领导（如总部位于美国的跨国公司任用美国人做印度子公司的领导）；
- 任用东道国当地人员担任子公司领导（如任用印度人担任上述子公司领导）；
- 任用第三方国家人员担任子公司领导（如任用澳大利亚人担任上述子公司领导）。

不同国家的跨国公司在考虑任命时有不同的规范。大多数日本跨国公司会遵循这样一条非正式规则：海外子公司的领导一定要由日本人担任，至少在子公司成立初期必须如此。相比而言，欧洲的跨国公司更倾向于任用东道国和第三方国家的人员领导子公司。美国跨国公司的任命方式总体而言介于日本和欧洲之间。任命方式的差异可以反映出组织战略的差异。母国人员，尤其该企业在母国的资深员工，更容易理解企业里的非正式运作方式，也更容易融入公司内的主导规范和价值观。因此日本企业任命母国人员担任领导的倾向有助于实施其偏好的全球标准化战略，该战略的价值在于全球协作和行动控制。欧洲企业恰恰相反，它们倾向于任用东道国或第三方国家人员担任子公司领导，这也表明这些公司传统上偏好本地化战略。

除了子公司管理者的国籍，公司总部高管（如董事长、CEO 和董事会成员）的国籍也遵循一定的非正式规则——与子公司管理者不同，公司高管几乎都是母国人员。某种程度上来说，高管是企业的代表，跨国公司起源于哪个国家也是差异化的来源之一（如德国跨国公司与意大利跨国公司通常被认为大相径庭），所以母国人员自然而然成为高管候选人。

然而在员工、政府等利益相关者眼中，高管团队国籍单一对于追求全面国际化的跨国公司来说并不合适。有批评家甚至说道，这种"玻璃天花板"正是"企业内'帝国主义思想'"的体现。[14] 因此，英国石油公司、可口可乐、伊莱克斯、葛兰素史克、联想、尼桑、诺基亚、百事可乐和索尼等全球领先的跨国公司，任命了一些外籍主管担任公司高管。外籍领导丰富了组织的多样性，有可能为企业带来好处。但是多样性也为非本土高管带来了沉重负担，他们不仅要明确阐述自己的价值观，其行为还要和当地主管的期望一致。2010 年，惠普任命德国人 Léo Apotheker 为 CEO。不幸的是，在他短暂的 11 个月任期中，其倡导的一系列变革导致惠普的市值蒸发了 300 亿美元。Apotheker 很快就于 2011 年被惠普解雇。从此，惠普重拾由美国人担任领导的传统。

总之，尽管公司治理有关的正式内部规则可以反映企业严谨的战略选择，但非正式规则往往是约定俗成的、深植于企业管理传统的，因此难以改变。

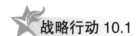

战略行动 10.1

将总部迁往海外

某些跨国公司会选择将总部迁往海外。一般而言，总部可以分成两个级别：业务单元总部和公司总部。公司将业务单元总部迁往海外的例子有很多：2004 年，诺基亚将财务总部从芬兰的赫尔辛基迁到了纽约；2006 年，IBM 将全球采购中心从纽约迁到了深圳；2009 年，野村将其投资银行总部从东京转移到了伦敦……公司总部迁往海外的例子要少一些，但更引人注目：1992 年，汇丰银行将公司总部从香港迁到了伦敦；英美资源集团（Anglo American）、耆卫保险（Old Mutual）和南非啤酒集团（SAB，收购米勒啤酒之后更名为南非米勒啤酒集团）从南非迁到了伦敦；2004年，新闻集团将总部从墨尔本迁到了伦敦；2005年，联想在北卡罗来纳州的罗利市设立总部，而罗利正是被联想收购的IBM个人电脑业务的起源地。我们不禁要问一个问题：为什么跨国公司要将总部迁往海外？

如果你曾搬过家，那么你就会明白总部迁往海外会面临怎样的后勤挑战，它甚至会演变成一场噩梦。公司之所以会做出这样的选择，一定是因为其带来的优点远大于弊端。从业务单元的层次来看，总部迁往海外的直接原因是业务单元活动的"重心"从总部转移到了业务所属的东道国。

从公司层次来看，至少有五种战略原理可以解释。第一，公司总部迁往海外具有重要的象征意义，它向不同利益相关者明确声明，公司是全球化的参与者。新闻集团位于纽约的新总部就是其全球地位的象征，帮助企业摆脱了来自"地球下只角"（指南半球）的小公司形象。联想的成熟无疑也是以在美国建立的全球总部为基础的。

第二，公司总部迁往海外具有显著的效率增益。如果新的公司总部设在主要的金融中心，如纽约和伦敦，那么跨国公司与机构持股者、财务分析师及投资银行之间的沟通交流就会更加水乳交融。此外，跨国公司还增加了其在金融市场的知名度，以吸引更多的股东并提升公司市值。上文提到的南非三大企业：英美资源集团、耆卫保险和南非米勒啤酒集团如今已被纳入英国富时100指数（市值前百强的英国企业）。

第三，企业对新东道国的法律做出的可见承诺可以让其获益。企业还可以从新环境下更完备的法律体系和监管机制中获益，这类好处对于新兴经济体的企业尤为关键。由于对南非的政治稳定性缺乏信心，英美资源集团、耆卫保险和南非米勒啤酒集团将总部迁到了伦敦。

第四，将公司总部迁入新的国家就清楚地表明要在该国有所作为。汇丰银行迁入伦敦表明了其扩大全球化、不局限于亚洲区域的决心。汇丰银行自20世纪90年代以来确实采取了全球化程度更高的战略，但之后又出现了一个有趣的转折——汇丰银行CEO于2010年搬回了香港。从法律意义上来说，汇丰银行的公司总部依旧在伦敦，董事长也留在了伦敦，然而CEO重返香港的象征意义是很明确的：随着中国经济实力的日益强大，汇丰银行对其"龙兴之地"再次产生了兴趣（汇丰银行1865年于香港成立）。

第五，通过迁出（或威胁迁出）公司总部，企业可以增强与（原）母国政府面对面讨价还价的能力。利乐公司于1981年将公司总部从瑞典迁入瑞士，与瑞典政府的税务纠纷正是其易址的首要驱动因素。几年前，注册于硅谷的希捷科技为了避税将其注册地变更为开曼群岛，越来越多的美国企业都模仿这种做法。美国的跨国公司在海外缴税之后，自然对奥巴马政府对这类企业再征1 090亿美元美国税的提案十分反感。纽约泛欧交易所集团CEO邓肯·尼德奥尔（Duncan Niederauer）在接受《商业周刊》的采访时质问道："奥巴马政府难道没有意识到美国的大企业多数都是跨国经营，只是碰巧把总部设在美国吗？"英国三大银行——巴克莱银行、汇丰银行、渣打银行是三家经营得最好且无须财政救助的银行。如今它们面临更高的税率以及更多的政府干预，都采取了威胁政府将总部迁出伦敦的手段。它们所要传达的信息十分明确：如果母国政府要求苛刻，那我们就卷铺盖走人。

最后一点无疑会引发道德和社会责任的争论。《经济学人》曾提到，"无论菲亚特是否会留下，意大利的狂躁症都会定期爆发"。菲亚特于2009年并购克莱斯勒之后，联合集团的总部设在都灵还是底特律这一问题已经变为一场情绪激动的辩论（菲亚特总部最终设在都灵）。尽管工作岗位绝

第十章 跨国战略、结构与学习

对数并没有损失太多,但损失的大都是高质量(及高薪酬)的工作岗位,而这些岗位是每个政府都看重的。为此,很多中国城市,如北京和上海都出台了一系列对企业来说有利可图的政策,来吸引企业到当地设立地区总部。对于跨国公司的母国来说,如果一定数量的总部迁到了海外,那么其他高质量的服务提供者,如律师、银行家和会计师等也会随之而去,后果将不堪设想。为避免总部大量迁出,有提案提出给予这些"居无定所"的跨国公司税收优惠,试图将它们的总部留在母国。然而批评家却发出质疑——为什么这些富得流油的跨国公司(以及高管人员)要享受补贴(或者被收买),而其他企业和个人却要苦苦挣扎?

资料来源:(1) G. Benito, R. Lunnan, & S. Tomassen, 2011, Distant encounters of the third kind: Multinational companies locating divisional headquarters abroad, *Journal of Management Studies*, 48: 373–394; (2) J. Birkinshaw, P. Braunerhjelm, U. Holm, & S. Terjesen, 2006, Why do some multinational corporations relocate their headquarters overseas? *Strategic Management Journal*, 27: 681–700; (3) *BusinessWeek*, 2009, NYSE chief Duncan Niederauer on Obama and business, 8 June: 15–16; (4) *China Business Review*, 2009, The race for regional headquarters takes off, November: 56–59; (5) *Economist*, 2010, Las Vegas leaving, December 4: 71; (6) *Economist*, 2011, HSBC: Gulliver's travels, April 16: 75–77; (7) IBM, 2006, IBM Procurement headquarters moves to Shenzhen, China, May 22, www-03.ibm.com; (8) T. Laamanen, T. Simula, & S. Torstila, 2012, Cross-border relocations of headquarters in Europe, *Journal of International Business Studies*, 43: 187–210; (9) *Wall Street Journal*, 2009, HSBC re-emphasizes its "H", September 26, www.wsj.com。

全球学习、创新和知识管理

知识管理

知识管理的兴起为近期全球学习和创新的发展奠定了基础。[15] **知识管理(knowledge management)** 可以定义为积极开发、撬动、转移知识的结构、过程和体系。

很多管理者把知识管理简单地理解为信息管理。他们认为"安装复杂的IT设备即是知识管理的要义"。[16] 然而这种极端的观点是严重错误的。知识管理不仅取决于IT技术,也取决于跨国公司非正式的社会关系。[17] 知识可以分为两类:(1)显性知识和(2)隐性知识。**显性知识(explicit knowledge)** 是可编码的——可以被记录且在传播过程中损失很小。可以用IT技术获取、储存和转移的知识几乎都是显性知识。**隐性知识(tacit knowledge)** 是不可编码的,获取和转移隐性知识需要亲身实践才能完成。例如,只阅读驾驶员指南(包含大量显性知识)却不上路练习是无法成为一个好司机的。这个例子中,隐性知识的转移和学习显然更加重要也更有难度,因为它们只能够通过"边做边学"的方式获取。因此,根据资源基础观的观点,显性知识的战略意义不大,因为通过信息技术就可获取。难以编码、难以转化的隐性知识才是关键。[18]

四类跨国公司的知识管理

如表10.2所示,图10.1中的四类跨国公司在知识管理上的差异主要来源于企业各部分的相互依赖性,包括总部与子公司的相互依赖以及子公司之间的相互依赖。[19] 采用母国复制战略的跨国公司相互依赖性适中,子公司的作用大都是接受和利用母公司的能力。因此,新产品和新技术的知识通常由母公司开发并流向子公司,这种单向流动是知识流动的传统方式。例如,星巴克坚持将其美国咖啡店的理念复制到全世界的分店中,甚至包括难以捉摸的"氛围"。

一方面,采用本地化战略的公司相互依赖性较低。知识管理致力于深入研究如何以最佳方式服务于本地市场。福特欧洲公司过去只为欧洲市场研发汽车，与总部之间的知识流动甚少。另一方面，采用全球标准化战略的公司相互依赖性比采用本地化战略的公司高。知识由总部和少数卓越中心负责开发并储存。因此，知识和人员通常是从总部和卓越中心流向其他子公司。例如，惠普的日本子公司获得了代表业界至高荣誉的戴明质量奖之后，该子公司负责将这些知识转移到惠普的其他分支机构，此举将整个企业的质量水平在10年里提高了10倍！

采用跨国战略的跨国公司表现出最高的相互依赖性以及大量的知识双向流动。例如，龟甲万公司（Kikkoman）专为美国市场研制了一种烧烤用照烧酱，之后又销售到了日本及其他地区。哈根达斯以阿根廷当地特色的焦糖牛奶为原料，研制出了一种大受欢迎的冰激凌。公司随后将这种新口味冰激凌命名为"牛奶太妃"，销往美国和欧洲。对于跨国公司来说，分散在世界各地的子公司之间的知识流动尤为关键。跨国公司的结构不应是自上而下的层级结构，而应是子公司组成的一体化网络。每个子公司不仅开发服务于本地市场的知识，还致力于贡献知识使公司整体受益（见新兴市场案例10.1）。

表 10.2 四种类型跨国公司的知识管理

战略	母国复制战略	本地化战略	全球标准化战略	跨国战略
相互依赖性	适中	低	适中	高
子公司的作用	接受和利用母公司的能力	感知、开拓本地机遇	执行母公司计划	子公司会作出不同贡献以使全球运营一体化
知识的开发和扩散	知识由中心开发并转移到子公司	知识由每一个子公司开发并储存	知识多由中心和关键区位开发、储存	世界范围内共同开发和共享知识
知识流动	大量的知识和人员由总部流向子公司	两个方向（由中心流入或流出）知识和人员的流动都是有限的	大量的知识和人员由中心和关键区位流入子公司	多个方向都会产生大量的知识和人员流动

研发的全球化

研发是知识管理至关重要的领域。研发被称为寻求创新的投资[20]，相对于生产环节和营销环节，研发对国际化的重要作用是最近才被发掘的。创新竞争的升级促使研发活动全球化，研发充当了跨国公司与国外当地人才和专家之间的媒介。[21] 回顾第五章的讨论，一个国家内拥有一个创新水平高的企业**集群**是十分重要的。对于国外企业来说，对外直接投资（FDI）是其进入集群最有效的方法——资生堂在法国建立香水实验室就应用了这种方法。

从资源基础观的角度来看，创新型企业的异质性是竞争优势的重要基础。[22] 把研发活动分散到不同地点和不同团队可确保持续产生异质性的问题解决方案。[23] 葛兰素史克大胆地剥离了研发单元，因为它意识到在集中化的研发单元中，一味地增加研究人员未必能提高企业的全球学习和创新。[24] 通用电气在中国的分支机构开发了一种低成本、便携的超声设备，其成本远低于美国本土开发的同种设备。通用电气不仅把这款于中国开发的设备销售到新兴经济体，还把它带到了美国和其他发达经济体，使它们也可以从价格低廉的设备中获得惊人收益（见新兴市场案例1.2）。

知识管理中的问题与对策

从制度的角度看，跨国公司如何使用正式的

和非正式的游戏规则会对知识管理的成败产生重大影响。[25] 如表10.3所示，某些非正式"规则"会成为知识管理的问题所在。在知识获取环节，很多跨国公司倾向于在企业内部完成所有发明创造。然而，对于大型公司来说，研发却是收益递减的。[26] 因此，**开放创新**（**open innovation**）模式逐渐兴起。[27] 开放创新利用知识有目的的流入和流出，以加快内部创新并扩张外部创新市场。[28] 该模式有赖于内部各部门、外部企业、大学实验室的深度协作。能巧妙分享研究成果的企业，其绩效表现也更为优异。[29]

在知识保有方面，员工离职是常见的问题，因为这可能会导致知识泄漏。当研发部门核心人员离职时，问题则要严重得多。[30] 在知识流动方面，存在一个"对我有何帮助"综合征。特别是知识来源子公司的管理者会认为，将向外分享知识视为对自身稀缺时间和资源的分散化。还有一部分管理者坚信"知识就是力量"——垄断特定的知识可以成为在跨国公司内获取和保持权力的筹码。[31]

表10.3	知识管理中的问题
知识管理的要素	面临的共同问题
知识获取	无法共享和整合外部知识
知识保有	员工离职和知识泄露
知识流出	"对我有何帮助"与"知识就是力量"
知识转移	不合适的渠道
知识流入	"非本地创造"的排外观念与吸收能力

资料来源：改编自 A. Gupta & V. Govindarajan, 2004, *Global Strategy and Organization* (p. 109), New York: Wiley。

即使子公司愿意将知识共享，不恰当的传输渠道仍可能会破坏共享的有效性。[32] **全球虚拟团队**（**global virtual teams**）是一种具有吸引力的方式，团队无须面对面就可以完成知识转移。

但这类团队经常会在沟通和人际关系等方面遭遇障碍。[33] 视频会议几乎无法展示肢体语言，且Skype软件也经常会罢工，所以面对面会议，如三星全球战略部所采取的方式（见开篇案例）依旧是必不可少的。最后，接受知识的子公司自身原因也可能会阻碍知识流入。首先，"非本地创造"的排外观念会抵制外来的知识。其次，接受方的**吸收能力**（**absorptive ability**），即识别新信息的价值并加以吸收、利用的能力是有限的。[34]

为应对这些问题，公司总部可以制定正式的"游戏规则"。例如：（1）将可测量的知识流出、流入与奖励挂钩[35]；（2）在公司或业务单元实施强有力的激励（不同于针对个人或单一子公司的激励）；（3）对隐性知识的编码进行投资（如丰田公司所做的那样）。然而，这些正式的制度政策都要以精准计量隐性知识的流入和流出为基础，这是一项极具挑战的任务。隐性知识的本质也决定了它会抵制这种正式的官僚方式。因此，跨国公司往往还要依赖非正式的整合机制，例如：（1）通过联合团队、联合培训和联合会议等方式，促进不同子公司管理人员和研发人员社会网络的形成和发展；（2）在子公司中，提倡组织的强文化（即企业特有的）、共同价值观和行为准则以增强合作。如开篇案例中所提到的，三星全球战略部促进了韩裔与非韩裔主管之间网络的建立。两年内，全球战略团队从事不同的内部战略项目使其与三星子公司产生互动，从而形成了三星企业文化的共享。

传统的命令加控制式的正式结构通常情况下作用甚微，促进知识管理提升的最佳方式是利用非正式的**社会资本**（**social capital**），即个体和组织从其自身的社会结构和网络中获取的非正式利益。[36] 由于社会资本的存在，个体更愿意竭尽全力去帮助朋友和有过交往的人。因此，如果中国子公司的管理者与智利子公司的管理者相识，并形成了一定的社会关系，那么前者就更可能为后者提供所需要的知识。但如果是与中国子公司管理者无任何社会关系的加拿大子公司的管理者请求帮助，中国子公司的管理者很可能就不会如此热心肠。总之，微观层面上子公司管理者之间的非正式关系极大地推动了宏观层面上子公司之间的协作。简而言之，这是一种**微观—宏观联结**(**micro-macro link**)。[37]

争论和引申

如何管理一家复杂的跨国公司是一个争议不断的问题。有些争议我们在之前的讨论中已经涉及（如关于矩阵结构的争议）。下面我们将简要的探讨另外三个争议：（1）一个跨国公司与许多本国公司；（2）母公司控制与子公司倡议；（3）顾客导向维度与整合、响应和学习。

一个跨国公司与许多本国公司

我们往往把一个跨国公司视为一个企业。然而，从制度基础观的角度来看，**跨国**公司可能就是人们虚构出来的，实际上并不存在。也就是说，所谓的跨国公司实质上就是在不同国家注册的许多**本国**公司。之前，人们用连字符的形式——"multi-national companies"（多国公司）描述跨国公司，而非现在的使用的"multinational"（跨国公司）。尽管有学者认为全球化逐渐对本国政府的权力构成威胁，但鲜有事实表明近代的国际体系（以 1648 年签订的《威斯特伐利亚条约》为起点）正在瓦解。

这一争论并不只是从学术角度对连字符做无谓的纠缠，对于跨国公司来说，这是一个关系重大的探讨。征税问题就是一个很好的例子。谷歌爱尔兰公司并非美国谷歌公司的下属公司。从法律上来讲，谷歌爱尔兰是于爱尔兰注册的独立公司。尽管谷歌公司有意协助谷歌爱尔兰赚取可观的利润，但美国国税局依旧不能向谷歌爱尔兰征税，除非它向谷歌公司上缴利润。谷歌不仅只有这一家子公司，它的子公司遍布世界各地。这也帮助谷歌将 54% 的总利润藏在海外，而美国国税局无法对这部分利润征税。采取这种策略的并非只有谷歌。将利润藏在海外的美国企业还包括雪佛龙、思科、花旗集团、埃克森美孚、通用电气、惠普、IBM、强生、微软、宝洁、百事和辉瑞等。[38] 这些企业声称，只要国会授予一定的免税期，它们就愿意将利润带回母国进行投资，并创造工作岗位。对于面临巨额预算赤字的国会来说，它们不情愿也是可以理解的。

另一个例子是印度企业 Satyam 的财务造假丑闻。Satyam 于纽约证券交易所上市，普华永道会计师事务所在 Satyam 虚报 10 亿美元现金的情况下为其背书。虽然此次草率的审计是由普华永道印度公司完成的，一部分 Satyam 的股东还是对普华永道国际有限公司位于纽约的总部提出控告。普华永道国际发言人在采访中说道："根本不存在全球企业这种说法，因为我们是一个会员制的组织。"[39] 也就是说，普华永道印度是于印度注册的公司，从法律上看它是一个独立的公司，其行为与在其他地区注册的公司（如普华永道国际和普华永道中国）无任何关联。在实际的法庭辩论中，这一逻辑是否成立我们拭目以待。

总部控制与子公司倡议

另一个和管理大型公司相关的争议热点是集权与分权问题（见战略行动 10.2）。在跨国公司中，这一问题可以归结为总部控制与子公司倡议。该争论的出发点是子公司并不一定处于总部命令的接收端。当总部开展某些实践（如质量圈和道德培训）时，有的子公司会完全顺从，有的会敷衍了事，还有的会以地区差异为由直接拒绝。[40]

除了对总部命令的态度有所差异，有些子公司还可能会积极争取自身的子公司层战略和议程[41]，这些举动就是子公司的自主行为。**子公司倡议（subsidiary initiative）**可以定义为由子公司主导的，对新机遇主动而审慎的追求。子公司倡议的拥护者认为，自主行为可以为官僚式的大型跨国公司注入它们迫切需要的企业家精神（见结篇案例）。

然而，公司总部很难区分善意的子公司首创与机会主义的"领地扩张"[42]，特别是决定为哪些子公司倡议提供支持时，公司总部要承担很大风险。[43]自主行为未得到支持的子公司会认为自己被忽视了，更为严重的情况是它们担心总部会将它们关掉。子公司管理者通常来自当地所在国，自然更倾向于增强自己的子公司实力。然而这种倾向虽然可以理解，但未必和跨国公司整体目标相符。如果不对这种倾向加以确认和控制，很可能会造成混乱。英特尔前董事长兼 CEO 安迪·格鲁夫（Andy Grove）曾发表过一篇影响深远的文章，其标题揭示了公司管理者面对的挑战：

> 让混乱成为主宰，然后在混乱中主宰一切，如此往复。[44]

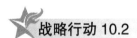

战略行动 10.2

石油巨头的集权型和分权型战略计划

许多评论家认为，战略规划处于剧烈变动的环境中。传统的自上而下的、官僚化的、正式的战略规划跟不上现代动荡的竞争环境。许多公司的企划部已经缩减规模，评论家也预测了战略规划的终结。然而，对于世界上的石油大鳄（一个世纪前，它们其中的几个被称为石油界的七姐妹），比如英国阿莫科、雪佛龙、埃尔夫、埃尼、埃克森美孚、壳牌及德士古公司等，尽管战略规划形式有所改变，但战略规划仍具有重要作用而不是走向终结。

石油巨头往往跻身于世界最大跨国公司之列，在全球范围内进行复杂的业务运营。市场的不确定性和巨大的资本需求都需要审慎的计划。因此，在 20 世纪 60 年代，石油巨头成为最先尝试设立战略规划部门的企业，并且一直走在集权式战略规划实践的前沿。

从 20 世纪 70 年代起，由于 1973—1974 年和 1979—1980 年间的石油危机，中东的紧张局势，以及主要石油生产国（如伊拉克、尼日利亚、俄罗斯和委内瑞拉）的战争和混乱，石油业的竞争环境经历了大幅震荡。由于巨大的波动，人们对原油价格预测的准确性下降。因此，仅仅依靠预测显然存在很大风险。

为了应对不确定性，石油巨头公司的战略计划开始向三个方向转变：第一，预测减少了，公司在多个参考价格的多情景分析基础上，更多地运用情景规划。规划周期从 10～15 年缩短至 5 年甚至更短。第二，计划变得不那么正式，较少注重书面形式的文件，而更多关注开放式的讨论。在埃克森美孚公司，部门经理和公司管理层召开年度计划会议的时间由以往的 3～4 天缩短至半天。第三，也许是最重要的一点，所有的石油巨头实行了分权式决策。动荡的环境让决策制定权逐渐下放到子公司和事业部。这种低层级的决策制定模式，被认为可以对不同国家快速变化的环境做出更好、更快的反应。子公司和事业部管理者需要总部批准的资本支出权限也有所提高——例如，埃克森美孚的资本支出限额提高到 5 000 万美元，英国石油公司也增加到 1.5 亿美元。另一方面，子公司和事业部管理者也越来越多地对绩效目标负有责任。因此，从 20 世纪 90 年代起，大部分的战略制定是在总公司战略计划体系之外完成的。战略决策的制定如今是典型的"自下而上",由子公司和事业部管理者提出并制定,随后合并为总公司战略计划。

总的来说,从20世纪90年代起,总公司负责制定规划的员工数确实有所下降。例如,在壳牌公司,从事规划的员工从48人下降至17人。然而,预测从事规划工作的人员将会消失还未免过早,因为现在几乎所有石油巨头的子公司和事业部都设有规划部门。子公司和事业部的规划部门员工数超过总公司,例如在埃尼公司是416∶72。总的来说,在石油巨头公司,战略计划的制定更加分权化,较少地由总公司人员驱动,更加非正式化,计划周期更短,更加目标导向,也不再那么具体。

资料来源:(1) R. Grant, 2003, Strategic planning in a turbulent environment, *Strategic Management Journal*, 24: 491–517; (2) H. Mintzberg, 1994, *The Rise and Fall of Strategic Planning*, New York: Free Press; (3) M. W. Peng, 2012, Managing political risk in the Middle East (p. 31), *Global*, Cincinnati: South-Western Cengage Learning; (4) D. Simpson, 1998, Why most strategic planning is a waste of time and what you can do about it, *Long Range Planning*, 31: 476–480。

顾客导向维度与整合、响应和学习

如之前所讨论的,兼顾整合、响应和学习三个维度往往会使全球矩阵结构复杂到难以实施。然而,跨国公司非但没有对其进行简化,反而继续增加新的维度。新增加的顾客导向维度通常会被置于已有的组织结构上,从而形成了一个四维或五维的矩阵结构。[45]

顾客导向维度包括两种基本结构。一种是**全球客户结构(global account structure)**,即在不同国家以协调一致的方式为顾客(通常是其他跨国公司)提供产品和服务。[46]多数贴牌制造商(OEM)是合约制造商,只负责产品生产而不在产品中附上自己的商标,如耐克运动鞋与微软Xbox游戏主机的制造商。所以贴牌制造商多采用全球客户结构。例如,新加坡伟创力公司是世界上最大的贴牌制造商之一,为戴尔、奔迈和索尼爱立信提供制造服务。另一种顾客导向维度的结构是常被使用的**解决方案型结构(solutions-based structure)**。例如,IBM作为"顾客解决方案"的提供商,会寻求各种硬件、软件及服务的组合以满足顾客偏好,无论销售的是IBM自己的产品还是竞争对手的产品。

解决方案型结构的典型特征是提出一个临时方案,而不是创建新的层级或业务单元。然而,这种特别的方式很容易失控,导致子公司管理者除了日常工作,还需要额外承担向三四个"非正式领导"汇报的职责。最后,可能还会需要新的正式结构,这进一步导致企业的官僚主义。

那么,面对具有增值潜力的顾客导向维度以及与之相关的复杂性和成本时,企业应该如何解决?一个可行的办法是进行**简化**。例如,ABB公司陷入绩效困境时,将不断蔓延的"拜占庭式"矩阵结构简化到了两个产品事业部。

精明的战略家

跨国公司是一种庞大而复杂且地理分布辽阔的企业组织。对于精明的战略家来说有四条明确的启示可以应用于跨国公司的有效管理(见表10.4)。首先,了解你所在行业的性质和演变,并以此为基础找到合适的战略结构匹配关系。当日本汽车行业刚开始向外出口时,本田采用了国际事业部结构,以支撑其母国复制战略。但随着行业的演变,生产和创新在地理区域上变得更加分散时,本田的战略和组织结构也必须跟上这种改变。

其次,管理者需要发展学习和创新能力以

充分利用跨国经营的优势。[47] 成功的公式是"全球化思考，本地化行动"。[48] 做不到的话很可能损失惨重。1999—2000年间，福特的探路者SUV系列发生多起侧翻事故，导致多名美国人死亡。事故多由日本普利司通公司以及福特美国子公司费尔斯通生产的有缺陷的轮胎造成。在美国事故大面积爆发之前，一些需要警惕的事故其实已经在气候温暖的国家（如巴西和沙特阿拉伯）发生了，当地管理者如实将这些情况向日本及美国的总部报告，但报告被上级主管忽视，他们认为事故的发生是由于"驾驶错误"和"路况因素"。普利司通公司和费尔斯通公司没能利用其跨国经营的优势——它们本应从报告中获得信息并主动检测类似事故在气候凉爽国家发生的可能性（轮胎在温暖的气候条件下损耗得更快）。

再次，掌握治理跨国公司和母国／东道国环境的游戏规则必不可少。2000年，飞利浦利用母国关于反倾销的有关条例控告中国企业向欧盟倾销（见第八章）。然而在飞利浦挫败东道国政府之后，其在中国的销量骤减10%（从2000年的55亿美元减少到2011年的50亿美元），而中国市场正是飞利浦的全球第二大市场。得知这一消息后，飞利浦试图修复损失。2003年，飞利浦董事会将其首次会议的地点选在了阿姆斯特丹之外的北京，并造访了中国官员。不仅如此，飞利浦还将亚洲区总部从香港迁到了上海，并在西安建立了研发部。

最后，管理者需要了解约束跨国公司管理的内部规则，并做好对其进行变革的准备。不同的战略和结构要求不同的内部规则，有些促进了跨国公司的活动，有些则起限制作用。对于采用母国复制战略的企业来说，几乎不可能容纳一名外籍CEO。但是，随着跨国公司经营全球化程度的加深，管理视野也应该更加开阔

（见开篇案例）。

表10.4　战略启示
■ 了解你所在行业的性质和演变，并以此为基础找到合适的战略结构匹配关系 ■ 发展学习和创新能力来充分利用跨国经营的优势 ■ 掌握治理跨国公司和母国／东道国环境的游戏规则 ■ 为变革支配跨国公司管理的内部规则做好准备

本章小结

1. 理解跨国经营中战略与组织结构的四种基本匹配关系

- 整合响应框架控制着跨国经营的战略与组织结构
- 有四种战略／组织结构的配对方式：母国复制战略／国际事业部结构，本地化战略／区域结构，全球标准化战略／全球产品事业部结构，以及跨国战略／全球矩阵结构

2. 阐述跨国经营中战略、组织结构与学习的综合模型

- 产业基础观的观点带来了一系列影响企业战略、组织结构和学习的决策
- 管理跨国公司战略、组织结构和学习需要考虑VRIO框架
- 跨国公司由内部和外部游戏规则控制

3. 概述学习、创新和知识管理面临的挑战

- 知识管理重点关注隐性知识
- 研发全球化要求跨国公司具备一定的能力，以解决与知识创造、知识保有、知识流出、知识传递和知识流入相关的问题

4. 参与跨国经营中的组织结构、学习和创新的三个主要争论

- 一个跨国公司与多个本国公司

- 总部控制与子公司首创
- 顾客导向维度与整合、响应和学习

5. 战略启示
- 了解你所在行业的性质和演变，并以此为基础找到合适的战略结构匹配关系
- 发展学习和创新能力来充分利用跨国经营的优势
- 掌握治理跨国公司和母国/东道国环境的游戏规则
- 为变革支配跨国公司管理的内部规则做好准备

关键词

吸收能力　全球产品结构　母国复制战略　卓越中心　全球矩阵结构　整合—响应框架　区域经理　全球产品事业部　国际事业部结构　显性知识　全球标准化战略　知识管理　区域结构　全球虚拟团队当地响应　本地化（多国）战略　社会资本　跨国战略　微观—宏观联结　解决方案型结构　全球责任　开放创新　子公司倡议　组织文化　隐性知识

讨论题

1. 在当今的全球化时代，有些专家认为所有的产业都朝着全球化方向发展，因此，所有的企业都应采取全球标准化战略。你同意这种观点吗？为什么？

2. 管理者有时会面临跨国公司内部规则的改变。哪些技能和能力有利于实现这些改变？

3. 伦理问题：如果你是一名 CEO 或业务单元的领导，在什么条件下你会考虑将总部迁往海外（见战略行动 10.1）？

拓展题

1. 伦理问题：你是某跨国公司旗下业绩表现最好的子公司领导。由于奖金和子公司绩效绑定，你的奖金是所有子公司经理中最高的。现在总部正组织其他子公司的经理来你公司参观学习。你担心如果其他子公司的绩效赶上来，那么你的子公司将不再是明星子公司，你的奖金也会随之减少。你接下来会怎么做？将你的答案整理成一页论文。

2. 伦理问题：你是波音公司的研发经理，公司正考虑将某些研发工作转移到中国、印度和俄罗斯进行，因为以上地区的工程师完成研发工作只需要 7 000 美元，而美国工程师据说需要 70 000 美元。然而波音公司的美国工程师对该行动提出抗议。美国政客也同样担心工作岗位流失和国家安全风险。撰写一篇简短的论文，描述你将如何抉择并说明理由。

3. 伦理问题：两人一组，以小组为单位，研究并回顾一个跨国公司将总部迁出你所在国家的案例，以及媒体和政客的强烈反对（见战略行动 10.1）。决定你是否支持该企业的行动，并把你的研究结果以可视化的方式展示出来。

结篇案例

拜耳材料科技（北美）子公司倡议

拜耳集团总部位于德国，是一家拥有 500 亿美元年销售额的化学与医疗保健巨头。拜耳公司的三大产品部门分别是：拜耳材料科技（Bayer Material Science, BMS）、拜耳作物科学 (Bayer Crop Science) 和拜耳医药 (Bayer Health Care)。

在它的矩阵式组织中，每个产品部门在其主要市场中都有国家/地区子公司。在2004—2011年间，拜耳材料科技（北美）的首席执行官是格瑞格·巴布（Greg Babe）。通过贡献了拜耳材料科技（BMS）全球收益的25%，拜耳材料科技（北美）备受尊敬。其中，它在2005年实现了强势的销售增长（从2004年的27亿美元增长到2005年的35亿美元），2006年稳步持平（33亿美元）。然而，在2007年，拜耳材料科技做了一个激进的决定——解散拜耳材料科技（北美）。换句话说，关闭了坐落于匹兹堡的北美总部。据称，这种区域结构削弱了成本竞争，并且被认为过度臃肿。

巴布很震惊，并且请求给予时间以提出替代解决方案。用他自己的话来说，"没有比这更事关重大了：不仅是我未来的职位，而是整个区域运营的信誉都将会成为问题"。在周期性行业中，削减成本很常见，普遍的做法是削减一定比例的日常管理费用（例如10%）。通过一个月的分析，巴布和他的团队恍然大悟。他们意识到成本结构的设定应当随着业务增长而改变，不应当是一种随意的目标。在这种观点下，他们从战略上增长的视角而不是战术上降低成本的视角来考虑总体情况，设定了两个具体目标：(1) 在GDP的基础上再增长1%~2%；(2) 在销售、后勤及管理成本方面节省25%。为了实现这两个目标，巴布需要完全重塑他的单元，并且需要额外投资7 000万美元。

在2007年后期，当巴布向拜耳材料科技的全球领导团队报告时，每个人都期望他带着成本削减计划而来。然而，他带来了一项子公司增长倡议。拜耳材料科技的全球领导团队对这个倡议中的关键概念有所怀疑，因为其中的许多做法都与拜耳的全球惯例不同。例如，一直以来，运输系统被拜耳认为是一项核心竞争力。巴布却建议将其外包，这能使顾客只要提前12小时（而不是目前的72小时）下单即可发货。总而言之，巴布承诺会将拜耳材料科技（北美）转变为一个多快好省的"引擎"。最后，这个大胆的提议被接纳了。巴布带着7 000万美元离开了会议。用他的话来说："我很激动，但也害怕失败，因为这个倡议履行起来绝不容易。这可能需要解雇上百名员工，再重新培训1 000多名员工，将很多经营部分外包，并建设新的IT系统，还要调整我们的产品供给。而这一切都要在18个月之内完成——这些时间对于这样规模的一个计划显然并不充裕。"

更糟的是，化学工业很快步入了一个世界范围的严重低迷期，拜耳材料科技也被从2008年开始的连续8个季度的销售额下降所困扰。在这样惨淡的环境下，拜耳材料科技（北美）的努力在战略意义上显得更为重要。在2009年初期，拜耳材料科技（北美）实现了巴布所有的承诺：在销售、后勤及管理成本方面节省了25%（1亿美元），员工数量减少了30%。实际上这已经超出预期了：分配到的7 000万美元预算只用了6 000万美元。到2010年，拜耳材料科技（北美）的销售好转，并且有了两位数的季度增长（销售额从2009年低谷的21亿美元增长至2010年的27亿美元）。更有价值的是，一些重组的业务（例如运输系统外包），过去拜耳材料科技并不采用，现在却被在全球推广。总而言之，由于支持区域子公司的倡议，拜耳材料科技的全球领导团队确实承担了巨大的风险，但是最后的回报也是巨大的。

资料来源：(1) Bayer AG, 2012, www.bayerus.com; (2) G. Babe, 2011, The CEO of Bayer Corp. on creating a lean growth engine, *Harvard Business Review*, July: 41–45。

案例讨论题：

1. 当拜耳采用矩阵结构时，也保持了一些区域结构的特点。在这个案例中，可以看出区域结构什么样的优点和缺点？

2. 在这个案例中，可以看出矩阵结构什么样的优点和缺点？

3. **伦理问题：** 尽管这是一个子公司倡议的成功案例，但从企业或者总部的立场来看，确定子公司是在为了跨国公司的最优利益而进行善意努力，还是子公司经理（如巴布）主要是为了提升个人利益（例如保住工作），是很困难的。你认为总部怎样才能区分善意努力和机会主义手段呢？

注释

1. T. Levitt, 1983, The globalization of markets, *HBR*, May: 92–102.

2. A. Rugman, 2001, *The End of Globalization*, New York: AMACOM.

3. J. Arregle, P. Beamish, & L. Hebert, 2009, The regional dimension of MNEs' foreign subsidiary localization, *JIBS*, 40: 86–107; C. Asmussen, 2009, Local, regional, or global? *JIBS*, 40: 1192–1205; B. Greenwald & J. Kahn, 2005, All strategy is local, *HBR*, September: 95–104.

4. *BW*, 2011, Disney gets a second chance in China, April 18: 21–22.

5. R. Hodgetts, 1999, Dow Chemical CEO William Stav-ropoulos on structure, *AME*, 13: 30.

6. A. Chandler, 1962, *Strategy and Structure*, Cambridge, MA: MIT Press. See also W. C. Kim & R. Mauborgne, 2009, How strategy shapes structure, *HBR*, September: 73–80; J. Galan & M. Sanchez-Bueno, 2009, The continuing validity of the strategy-structure nexus, *SMJ*, 30: 1234–1243.

7. J. Garbe & N. Richter, 2009, Causal analysis of the internationalization and performance relationship based on neural networks, *JIM*, 15: 413–431; J. Wolf & W. Egelhoff, 2002, A reexamination and extension of international strategy-structure theory, SMJ, 23: 181–189.

8. X. Ma & A. Delios, 2010, Home-country headquarters and an MNE's subsequent within-country diversification, *JIBS*, 41: 517–525.

9. *BW*, 2008, Cisco's brave new world, November 24: 56–66.

10. C. Bouquet, A. Morrison, & J. Birkinshaw, 2009, International attention and MNE performance, *JIBS*, 40: 108–131; T. Chi, P. Nystrom, & P. Kircher, 2004, Knowledge-based resources as determinants of MNC structure, *JIM*, 10: 219–238.

11. E. Morgan & F. Fai, 2007, Innovation, competition, and change in IB, *MIR*, 47: 631–638.

12. C. Bartlett & S. Ghoshal, 1989, *Managing Across Borders* (p. 209), Boston: Harvard Business School Press.

13. L. Nachum & S. Song, 2011, The MNE as a portfolio, *JIBS*, 42: 381–405.

14. C. K. Prahalad & K. Lieberthal, 1998, The end of corporate imperialism, *HBR*, August: 68–79.

15. Y. Lu, E. Tsang, & M. W. Peng, 2008, Knowledge management and innovation strategy in the Asia Pacific, *APJM*, 25: 361–374. See also N. Driffield, J. Love, & S. Menghinello, 2010, The MNE as a source of international knowledge flows, *JIBS*, 41: 350–359; N. Foss, K. Husted, & S. Michailova, 2010, Governing knowledge sharing in

organizations, *JMS*, 47: 455–482; A. Fransson, L. Hakanson, & P. Liesch, 2011, The underdetermined knowledge-based theory of the MNC, *JIBS*, 42: 427–435; J. Martin & K. Eisenhardt, 2010, Rewiring, *AMJ*, 53: 265–301; H. Yang, C. Phelps,& H. K. Steensma, 2010, Learning from what others have learned from you, *AMJ*, 53: 371–389; J. Zhang & C. Baden-Fuller, 2010, The influence of technological knowledge base and organizational structure on technology collaboration, *JMS*, 47: 679–704.

16. A. Gupta & V. Govindarajan, 2004, *Global Strategy and Organization* (p. 104), New York: Wiley.

17. P. Gooderham, D. Minbaeva, & T. Pedersen, 2011, Governance mechanisms for the promotion of social capital for knowledge transfer in MNCs, *JMS*, 48: 123–150.

18. S. Berman, J. Down, & C. Hill, 2002, Tacit knowledge as a source of competitive advantage, *AMJ*, 45: 13–31.

19. M. Kotabe, D. Dunlap-Hinkler, R. Parente, & H. Mishra, 2007, Determinants of cross-national knowledge transfer and its effect on firm innovation, *JIBS*, 38: 259–282.

20. K. Asakawa& A. Som, 2008, Internatio-nalizing R&D in China and India, *APJM*, 25: 375–394; P. Criscuolo& R. Narula, 2007, Using multi-hub structures for inter- national R&D, *MIR*, 47: 639–660; D. Hillier, J. Pindado, V. de Queiroz, & C. Torre, 2011, The impact of country-level corporate governance on research and development, *JIBS*, 42: 76–98; N. Lahiri, 2010, Geographic distribution of R&D activity, *AMJ*, 53: 1194–1209; A. Minin& M. Bianchi, 2011, Safe nests in global nets, *JIBS*, 42: 910–934; M. Nieto & A. Rodriguez, 2011, Offshoring of R&D, *JIBS*, 42: 345–361.

21. M. W. Peng & D. Wang, 2000, Innovation capability and foreign direct investment, *MIR*, 40: 79–83; J. Penner-Hahn & J. M. Shaver, 2005, Does international R&D increase patent output?, *SMJ*, 26: 121–140.

22. G. Vegt, E. Vliert, & X. Huang, 2005, Location-level links between diversity and innovative climate depend on national power distance, *AMJ*, 48: 1171–1182.

23. F. Sanna-Randaccio & R. Veugelers, 2007, Multinational knowledge spillovers with decentralized R&D, *JIBS*, 38: 47–63; T. Schmidt & W. Sofka, 2009, Liability of foreignness as a barrier to knowledge spillovers, *JIM*, 15: 460–474.

24. A. Witty, 2011, Research and develop (p. 140), *The World in 2011*, London: The Economist Group. Witty is CEO of GSK.

25. This section draws heavily from Gupta &Govindarajan, 2004, *Global Strategy and Organization*.

26. H. Greve, 2003, A behavioral theory of R&D expenditures and innovations, *AMJ*, 46: 685–702.

27. P. Bierly, F. Damanpour, & M. Santoro, 2009, The application of external knowledge, *JMS*, 46: 481–508; H. Hoang & F. Rothaermel, 2010, Leveraging internal and external experience, *SMJ*, 31: 734–758; U. Lichtenthaler, 2011, Open innovation, *AMP*, February: 75–92.

28. H. Chesbrough, W. Vanhaverbeke, & J. West (eds.), 2006, *Open Innovation* (p. 1), Oxford, UK: Oxford University Press.

29. J. Spencer, 2003, Firms' knowledge-sharing strategies in the global innovation system, *SMJ*, 24: 217–233; K. Laursen& A. Salter, 2006. Open for innovation, *SMJ*, 27: 131–150.

30. Q. Yang & C. Jiang, 2007, Location advantages and subsidiaries' R&D activities, *APJM*, 24: 341–358.

31. R. Mudambi& P. Navarra, 2004, Is knowledge power? *JIBS*, 35: 385–406; R. Teigland& M. Wasko, 2009, Knowledge transfer in MNCs, *JIM*, 15: 15–31.

32. T. Ambos & B. Ambos, 2009, The impact of distance on knowledge transfer effectiveness in MNCs, *JIM*, 15: 1–14; A. Dinur, R. Hamilton, & A. Inkpen, 2009, Critical context and international intrafirm best-practice trans- fers, *JIM*, 15:

432–446; M. Esterby-Smith, M. Lyles, & E. Tsang, 2008, Inter-organizational knowledge transfer, *JMS*, 45: 677–690; D. Gnyawali, M. Singal, & S. Mu, 2009, Knowledge ties among subsidiaries in MNCs, *JIM*, 15: 387–400; J. Hong & T. Nguyen, 2009, Knowledge embeddedness and the transfer mechanisms in MNCs, *JWB*, 44: 347–356; L. F. Monteiro, N. Arvidsson, & J. Birkinshaw, 2008, Knowledge flows within MNCs, *OSc*, 19: 90–107; G. Szulanski & R. Jensen, 2006, Presumptive adaptation and the effectiveness of knowledge transfer, *SMJ*, 27: 937–957.

33. M. Haas, 2010, The double-edged swords of autonomy and external knowledge, *AMJ*, 53: 989–1008; Z. Sharp, 2010, From unilateral transfer to bilateral transition, *JIM*, 16: 304–313; M. Zellmer-Bruhn & C. Gibson, 2006, Multinational organization context, *AMJ*, 49: 501–518.

34. W. Cohen & D. Levinthal, 1990, Absorptive capacity, *ASQ*, 35: 128–152. See also A. Cuervo-Cazurra & C. A. Un, 2010, Why some firms never invest in formal R&D, *SMJ*, 31: 759–779; J. Hong, R. Snell, & M. Easterby-Smith, 2006, Cross-cultural influences on organizational learning in MNCs, *JIM*, 12: 408–429; J. Jansen, F. Bosch, & H. Volberda, 2005, Managing potential and realized absorptive capacity, *AMJ*, 48: 999–1015; P. Lane, B. Koka, & S. Pathak, 2006, The reification of absorptive capacity, *AMR*, 31: 833–863; L. Perez-Nordtvedt, E. Babakus, & B. Kedia, 2010, Learning from international business affiliates, *JIM*, 16: 262–274; G. Todorova & B. Durisin, 2007, Absorptive capacity, *AMR*, 32: 774–786.

35. C. Fey & P. Furu, 2008, Top management incentive compensation and knowledge sharing in MNEs, *SMJ*, 29: 1301–1323.

36. A. Inkpen & E. Tsang, 2005, Social capital, networks, and knowledge transfer, *AMR*, 30: 146–165; N. Noorderhaven & A. Harzing, 2009, Knowledge-sharing and social interaction within MNEs, *JIBS*, 40: 715–741.

37. M. W. Peng & Y. Luo, 2000, Managerial ties and firm performance in a transition economy, *AMJ*, 43: 486–501. See also M. Mors, 2010, Innovation in a global consulting firm, *SMJ*, 31: 841–872; M. Reinholt, T. Pedersen, & N. Foss, 2011, Why a central network position isn't enough, *AMJ*, 54: 1277–1297.

38. *BW*, 2011, Profits on overseas holiday, March 21: 64–69.

39. *BW*, 2009, For accounting giants, nowhere to hide? February 16: 56–57.

40. F. Ciabuschi, M. Forsgren, & O. Martin, 2011, Rationality versus ignorance, *JIBS*, 42: 958–970.

41. A. Bjorkman & R. Piekkari, 2009, Language and foreign subsidiary control, *JIM*, 15: 105–117; C. Garcia-Pont, I. Canales, & F. Noboa, 2009, Subsidiary strategy, *JMS*, 46: 182–214.

42. T. Ambos, U. Andersson, & J. Birkinshaw, 2010, What are the consequences of initiative-taking in multinational subsidiaries? *JIBS*, 41: 1099–1118; C. Bouquet & J. Birkinshaw, 2008, Weight versus voice, *AMJ*, 51: 577–601; F. Ciabuschi, H. Dellestrand, & O. Martin, 2011, Internal embeddedness, headquarters involvement, and innovation importance in MNEs, *JMS*, 48: 1612–1638; A. Delios, D. Xu, & P. Beamish, 2008, Within country product diversification and foreign subsidiary performance, *JIBS*, 39: 706–724; D. Vora, T. Kostova, & K. Roth, 2007, Roles of subsidiary managers in MNCs, *MIR*, 47: 595–620.

43. J. Balogun, P. Jarzabkowski, & E. Vaara, 2011, Selling, resistance, and reconciliation, *JIBS*, 42: 765–786; H. Dellestrand, 2011, Subsidiary embeddedness as a determinat of divisional headquarters involvement in innovation transfer processes, *JIM*, 17: 229–242; C. Dorrenbacher & J. Gammelgaard, 2010, MNCs, inter-organizational networks,

and subsidiary charter removals, *JWB*, 45: 206–216; A. Phene & P. Almeida, 2008, Innovation in multinational subsidiaries, *JIBS*, 39: 901–919; P. Scott, P. Gibbons, & J. Coughlan, 2010, Developing subsidiary contribution to the MNC-subsidiary entrepreneurship and strategy creativity, *JIM*, 16: 328–339; A. Schotter & P. Beamish, 2011, Performance effects of MNC headquarters-subsidiary conflict and the role of boundary spanners, *JIM*, 17: 243–259; C. Williams, 2009, Subsidiary-level determinants of global initiatives in MNCs, *JIM*, 15: 92–104.

44. R. Burgelman & A. Grove, 2007, Let chaos reign, then rein in chaos—repeatedly, *SMJ*, 28: 965–979.

45. S. Segal-Horn & A. Dean, 2009, Delivering "effortless" experience across borders, *JWB*, 44: 41–50.

46. L. Shi, C. White, S. Zou, & S. T. Cavusgil, 2010, Global account management strategies, *JIBS*, 41: 620–638.

47. P. Ghemawat, 2011, The cosmopolitan corporation, *HBR*, May: 92–99.

48. S. Gould & A. Grein, 2009, Think glocally, act glocally, *JIBS*, 40: 237–254.

第十一章
公司治理

》》学习目标

通过本章学习，你应该能够

1. 区分全球各种所有权模式；
2. 阐明管理者在委托人—代理人冲突和委托人之间冲突中的作用；
3. 阐述董事会的作用；
4. 识别发言机制和退出机制，以及由它们组成的一揽子治理机制；
5. 运用全球视角看待世界各地不同的治理机制；
6. 详细阐述公司治理的综合模型；
7. 参与三个关于公司治理的主要争论；
8. 从中获得战略启示。

➲ 开篇案例

惠普大戏

在20世纪90年代末，惠普公司发生了一些奇怪的事情——就好比一个毛发浓密、神经错乱的科学家操控了公司的基因，并注入了一剂带有好莱坞色彩的危险药物。惠普的故事突然增添了一些出乎意料的新料：一次董事会政变，作为一家道琼斯30指数公司的首位女性CEO，卡莉·菲奥莉娜（Carly Fiorina）在公司价值下降一半之后，被董事会解职；一个公司间谍丑闻，帕特呈夏·邓恩（Partricia Dunn）作为公司董事会主席，利用一家私人安保公司暗中侦查董事会成员和新闻记者，事件曝光之后也遭到董事会封杀；以及一份离谱的薪资计划，菲奥莉娜拿到了超过2 000万美元的解职补偿。

2005年，惠普任用马克·赫德（Mark Hurd）——一位看似书呆子的数字狂人——做CEO，竭尽全力想摆脱其新好莱坞基因而正常起来。但在2010年8月6日，一则消息传出，原来赫德远不止只对数字感兴趣。来自洛杉矶的大律师洛丽亚·奥莱德（Gloria Allred）（老虎·伍兹和布兰妮法庭上的前对手）指控赫德对曾在惠普就职的女演员乔迪·费舍尔（Jodi Fisher）进行性骚扰。在传出性骚扰和支出可疑的消息后，赫德提出了辞呈，惠普股票市值随即蒸发了100亿美元。

这一事件的疑云是何时不再笼罩这个硅谷巨人的呢？高层人物表示差不多一个星期了。一位董事会成员说道，"任何人都代表不惠普"。公司代理总裁凯西·莱斯加克（Cathie Lesjak）认为，尽管"赫德是一个强有力的领导者"，但是他"并非创新驱动力，而是公司在驱动着我们"。但如果赫德"只是一个人"，而且公司才是关键所在，那么为什么惠普在2009年要支付给他3 000万美元薪酬呢？又是为什么有报道说惠普正考虑让其再在惠普工作3年并支付其1 000万美元？

对惠普来说，问题是赫德比其他大多数总裁都该拿的多。在他的领导下，惠普公司的股价翻了一倍，它快速超越IBM成为世界上收入最高的IT公司，也成为第一家销售超过1 000亿美元的IT公司。赫德帮助惠普重拾全球私人电脑最大制造商的辉煌。为了惠普的未来发展，他实施了一系列价值数十亿美元的交易，包括收购EDS、3Com及Palm公司。与此同时，他还努力去控制成本。

惠普在赫德离开后努力填补两个而不是一个高层职位空缺，因为赫德同时担任CEO和董事会主席两个职位（不顾公司改革派尖锐的警告）。他的突然离开给惠普留下了不计其数的问题。到底赫德为什么要离开？费舍尔表示，他们两人从未有过性行为，而且针对她的抱怨——具体内容她一直守口如瓶——已和赫德庭外和解。董事会对赫德的控告主要集中在虚报费用方面。这一切很让人费解。如果他的道德沦丧很严重，那为什么他可以得到1 220万美元的黄金保护伞？如果不严重，那公司为什么要赶走这位明星CEO？甲骨文公司CEO拉里·埃里森（Larry Elison）称其为"自多年前苹果公司前董事帮白痴解雇乔布斯以来最愚蠢的人事决定"。

参考文献：*Economist*, 2010, The curse of HP, August 14: 54。

2010年8月，马克·赫德的离职并没有结束惠普大戏。2010年11月，惠普董事会雇用SAP公司前任**首席执行官（chief executive officer, CEO）**——李艾科（Leo Apotheker）担任惠普新CEO。在其短暂的任职期间，惠普的市值下跌了300亿美元。董事会在2011年9月决定辞退他。

李艾科在惠普任职将近11个月的时间内，公司为其支付了1 300万美元：720万美元的遣散费，价值340万美元的惠普股票，以及240万美元的绩效奖金。2011年9月，惠普董事会成员、eBay前CEO梅格·惠特曼（Meg Whitman），成为惠普的现任CEO——这是2005年以来的第四任 CEO,也是 1999 年以来的第七任 CEO。

尽管惠普大戏是个极端的例子，但这显示了困扰很多企业的一系列问题：为使股东获得投资回报，公司治理的最佳方式是什么？董事会适合扮演什么样的角色？如何合理地给 CEO 激励和付酬？本章将围绕如何治理全球公司的一些关键问题来展开。**公司治理（corporate governance）**是指"决定公司方向和绩效的各方参与者之间的关系"。[1] 公司治理的主要参与者有：(1) 所有者，(2) 管理者，(3) 董事会（见图 11.1）。本章首先讨论主要的参与者，其次从全球视角介绍内部治理机制和外部治理机制，再次从战略三脚架引出公司治理的一个综合模型，最后是争论和引申。

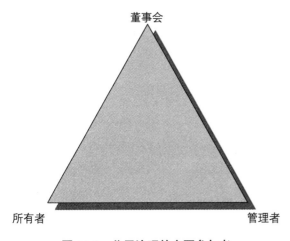

图 11.1 公司治理的主要参与者

所有者

所有者提供资金，承担风险并拥有企业。[2] 有三大主要模式：(1) 集中所有制和分散所有制；(2) 家族所有制；(3) 国有制。

集中所有制和分散所有制

创始人通常创建企业，且完全拥有和控制企业。这就是**所有权和控制权集中（concentrated ownership and control）**。然而，从某种意义上说，如果企业想要发展就需要更多的资本，即使所有者希望公司掌握在家族手中，也将不得不接受其他股东的加入。如今，约 80% 的美国上市企业和 90% 的英国上市企业具有**分散所有权（diffused ownership）**的特点。这种所有权形式拥有众多的小股东，但没有一个股东拥有绝对控制权。[3] 在这类企业中，**所有权和控制权分离（separation of ownership and control）**，所有权分散在众多小股东中，但是控制权却大部分集中在拥有少量（或没有）股权的付薪职业经理手中。简言之，这意味着所有权（通过分散的股东）和日常控制权（通过管理者）的分离。

如果大多数或者主要所有者（如创建人）不亲自经营公司，他们自然会密切关注企业的运转。然而，在分散所有权情况下，小股东只拥有少量股权，他们是没有动机或者资源来关心公司运营的。大部分小股东不会出席股东年会，他们期待搭便车，希望其他股东可以合理地监督和惩罚管理者。如果小股东有所不满，他们会出售股票而投资于其他公司。但是，如果所有股东都如此行事，那么没有股东会关心公司，管理者最终将获得重要的实际控制权。

诸如专业化管理的共同基金和养老基金等机构投资者的增加，已显著地改变了这种状况。[4] 机构投资者也有动机和资源去密切监控管理行为。然而，过多的机构投资者持股会限制机构投资者抛售股票的能力。这是因为，当机构投资者的持股数额足够大时，抛售股票将使得股价下降，从而损害其利益。

对于美国和英国的很多大型现代企业而言，分散所有制是对它们一个合理且准确的描述，但在世界其他地区却并非如此。在英美以外的世界中，企业的所有权和控制权分离相对较少。大多数大型企业通常由家族或者国家所有和控制。[5] 接下来，我们将关注这些企业。

家族所有制

在欧洲大陆、亚洲、拉丁美洲和非洲，绝大多数大型企业具有家族集中所有权和控制权的特征。从积极方面来说，家族所有和控制可以更好地激励公司关注长期绩效，也能够将多数股东持股公司中所有者和职业经理人之间的冲突最小化。然而，从消极的方面来说，家族所有和控制可能产生一些不称职的管理者（如公司创立者的子女和亲戚），家族冲突所造成的经济利益的损失，以及侵占小股东利益（这个问题以后再讨论）。家族所有和控制对大型企业的绩效具有消极还是积极影响，目前还没有确切一致的证据。[6]

国有制

国家是世界上除家族外重要的企业所有者。20世纪80年代以来，从英国到巴西再到白俄罗斯，很多国家都意识到了**国有企业**（state-owned enterprises，SOEs）往往绩效不佳。国有企业存在典型的激励问题。尽管从理论上讲，全体公民（包含员工）都是所有者，但实际上，他们既没有权利享受国有企业产生的剩余所得（像股东所获得的），也没有权利转让或者出售"他们的"财产。国有企业实际上是由政府机构而非普通公民和员工所有和控制的。因此，国有企业管理者和员工几乎没有动力去改善企业绩效，也很难从中获得个人利益。有位苏联国有企业员工嘲讽地总结说："他们假装付我们工资，我们假装工作。"20世纪80年代，私有化的浪潮冲击了整个世界。但是，近年来国有企业华丽转身。2008年，为了预防大规模的破产和失业，发达经济体中的很多政府都将私营大企业国有化，从通用汽车（GM被称为"Government Motors"即"政府汽车"）到苏格兰皇家银行。

管理者

管理者，尤其是由CEO领导的高层管理团队的管理者，代表了公司治理的另一个重要参与者。

委托人—代理人冲突

股东和职业经理人之间的关系是一种委托人和代理人之间的关系——简称为**代理关系**（agency relationship）。**委托人**（principals）是授权方（如所有者），而**代理人**（agents）是指被授权方（如管理者）。**代理理论**（agency theory）提出了一个简单而深刻的观点：在一定程度上，由于委托人和代理人的利益并不完全一致，**自然地**会存在**委托人—代理人冲突**（principal-agent conflicts）。这些冲突将导致**代理成本**（agency costs），包括（1）委托人监督和控制代理人的成本；（2）代理人的承诺成本（表明他们值得信赖）。[7]在企业环境下，股东（委托人）关注股票长期利益的最大化，而管理者（代理人）则可能更关心他们自己的权力、收入和享乐的最大化。

代理问题具体表现为过度的高管薪酬、在职消费（比如公司专机），低风险的短期投资（比如最大化当前企业收入而削减长期的研发费用）和建立企业帝国（比如亏本的收购）。以高管薪酬问题为例，1980年，美国CEO的平均收入大约是蓝领阶层平均收入的40倍。如今，这个差距高达400倍。尽管绩效在一定程度上有所改善，但我们很难说，自1980年以来CEO改善企业平均绩效的速度比其员工快了10倍，以至于他们该拿相当于400个工人的工资。换句话说，我们能够觉察到某些代理成本的存在。

但是，直接衡量代理成本是困难的。在两项最具创新的（也最令人吃惊的）直接衡量代理成本的研究中，学者们发现，某些 CEO 的**猝死**（遭遇空难或心脏病突发）会提高公司股价。[8] 这是因为 CEO 的猝死会减少股东不得不承担的代理成本。相反，我们可以想象当这些 CEO 活着时，他们摧毁了多少价值。可悲的是，资本市场对这些人间悲剧竟然幸灾乐祸。

代理问题存在的主要原因是委托人和代理人之间的**信息不对称**（information asymmetry），即代理人，如管理者，几乎总是比委托人更了解自己所管理的资产。尽管通过治理机制来减少信息不对称是可能的，但是完全消除代理问题是不现实的。

委托人—委托人冲突

世界上的很多地方，家族企业所有权和控制权集中现象已十分普遍，各式各样的冲突也会随之产生。所有权和控制权集中于家族的一个主要标志是，任用家族成员为董事会主席、CEO 和其他高级管理团队的成员。在东亚，大约有 57% 的公司中董事会主席和首席执行官来自控股家族。[9] 在欧洲大陆，这个比例为 68%。[10] 家族成员之所以有能力这么做，是因为他们是控股的（尽管未必是占多数的）股东。例如，在新闻集团，不管是董事会还是愤怒的股东，都不能摆脱作为控股股东的默多克家族（见战略行动 11.1）。

战略行动 11.1

默多克家族和小股东

新闻集团成立于澳大利亚的阿德莱德，如今总部位于纽约，并先后在纳斯达克和澳大利亚证券交易所上市。2011 年，尽管位于新闻集团旗下的英国小报的不道德行为震惊了全世界，但对于乐于报道他人争议的新闻集团来说，这已经不是第一次引发争议。争议中一个老生常谈的话题是，作为控股股东的鲁伯特·默多克（Rupert Murdoch）及其家族成员如何对待小股东。

例 A：2003 年，30 岁的詹姆斯·默多克（James Murdoch）顶着小股东强烈反对的压力，就任英国天空传播公司——欧洲最大的卫星传播机构——的 CEO。原因就是詹姆斯的父亲在控制了英国天空传播公司 35% 股份的同时，还掌控了该公司的董事会。

例 B：2007 年，默多克不顾很多小股东的反对，以及非家族成员、新闻集团总裁彼德·谢尔尼（Peter Chernin）的建议，花费 56 亿美元收购《华尔街日报》的出版商——道·琼斯。结果，4 个月之后，新闻集团市值下跌了 28 亿美元，谢尔尼则在 2009 年离开了公司。

例 C：在 2011 年的一个类似交易中，新闻集团宣布将花费 6.73 亿美元收购 Shine 集团，该集团为默多克的女儿伊丽莎白·默多克（Elisabeth Murdoch）所有的一家伦敦当地的媒体工作室。尽管 Shine 集团产生了一些诸如 NBC 的 "The Office and The Biggest Loser" 之类受人欢迎的节目，但是小股东指责新闻集团支付给 Shine 集团其利润 4 560 万美元（息税、折旧、摊销前利润，即 EBITDA）13.1 倍的高价。相反，阿波罗全球管理公司，作为一个领先的私募股权公司，花费了 5.1 亿美元购买"美国偶像"所有者 CKx。这笔交易的价值是 CKx 的 6 023 万美元 EBITDA 的 8.5 倍。沮丧的小股东，如联合银行和其他养老基金在特拉华州（新闻集团注册地）提起诉讼以阻止交易。指控中称：

> 默多克收购 Shine 甚至都没有假装这对新闻集团是一个有效的战略行动……这个交易完全是默多克为了进一步将其后代拉入新

闻集团上层的一次赤裸裸的自私行为。

参考文献：(1) *Bloomberg Businessweek*, 2011, Will the scandal tame Murdoch? July 25:18–20; (2) *Economist*, 2011, How to lose friends and alienate people, July 16:25–27; (3) *Economist*, 2011, Last of the moguls, July 23:9。

默克多的案例是家族所有和家族控制的企业冲突的典型例子。两类委托人之间的主要冲突不再是委托人（股东）和代理人（职业经理人）之间的冲突，而是控股股东和小股东之间的冲突。换句话说，就是**委托人—委托人冲突**（**principal-principal conflicts**）（见图11.2和表11.1）。[11] 家族管理者如默多克，代表了（或本身就是）控股股东，他们可能通过牺牲少数股东的利益来获取家族利益。既是委托人又是代理人的控股股东处于绝对控制地位，这使得他们能够凌驾于可以减少委托人—代理人冲突的传统治理机制之上，比如董事会。

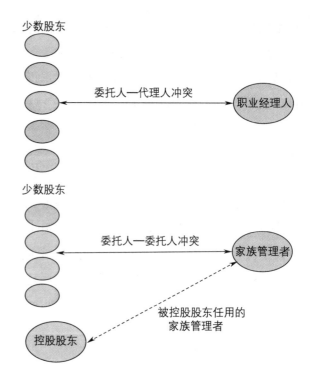

资料来源：改编自 M. Young, M. W. Peng, D. Ahlstrom, G. Bruton, & Y. Jiang, 2008, Corporate governance in emerging economies: A review of the principal-principal perspective (p. 200), *Journal of Management Studies*, 45: 196–220。

图 11.2 委托人—代理人冲突和委托人—委托人冲突

表 11.1 委托人—代理人冲突和委托人—委托人冲突

	委托人—代理人冲突	委托人—委托人冲突
所有权形式	分散性——持有资产 5% 的股东被视为大股东	支配性——最大的股东通常会控制 50% 以上的资产
表现	股东买单让管理者获益的战略（例如逃避、过高的薪资和缔造帝国）	小股东买单使控股股东获益的战略（例如剥削小股东和任人唯亲）
小股东的制度保护	正式的约束（如法院）能更好地保护股东的权利，非正式规范致力于股东财富最大化	通常缺乏正式的制度保护，非正式的规范通常保护控股股东的利益
市场对公司控制	起作用，至少原则上是"治理机制的最后一招"	原则上没作用，所有权集中阻碍了意见接收

资料来源：改编自 M. Young, M. W. Peng, D. Ahlstrom, G. Bruton, & Y. Jiang, 2008, Corporate governance in emerging economies: A review of the principal-principal perspective (p. 202), *Journal of Management Studies*, 45: 196–220。

委托人—委托人冲突体现在家族管理者有可能**侵占**（**expropriation**）小股东的利益，即控股股东牺牲小股东利益以自肥的活动。例如，来自控股家族的管理者可能索性将公司资源挪为个人或家族所用。这一活动被生动地称为**"掏空"**（**tunneling**）——开辟一条通道来转移资源。[12]

尽管掏空（也常被称为"公司盗窃"）是违法的，但侵占小股东利益可以通过**关联交易**（related transaction）合法地进行，即控股人以高于市场的价格从其所拥有的另一家公司中购入公司资产，或者将上市公司最有利可图的部分剥离，或者与他们的其他私有公司合并（见战略行动11.1）。

总而言之，由于大部分英美公司中所有权和控制权是分离的，传统上公司治理实践和研究聚焦于如何监管职业经理人。然而当今世界，如何监控所有制和控制权集中的公司中家族管理者，同样很重要甚至可能更重要（包括在某些美国和英国企业当中，如新闻集团）。

董事会

作为所有者和管理者的中介，董事会监督和批准战略决策，以及评估、奖励并在必要时处罚管理者。

董事会组成

内部人和外部人混合组成的董事会近年来引起了广泛关注。**内部董事**（inside directors）是指公司的高管。全世界的一个趋势是引入更多的**外部（独立）董事** [outside (independent) director]，他们是董事会中的非管理人员。外部董事通常被贴上"独立董事"的理想标签，假定他们更加独立，并能更好地维护股东利益。

尽管大家普遍支持高比例的外部董事成员，但学术界还没有实证证据确定内外部董事比例与企业绩效之间的关系。[13] 即使在那些拥有大量外部董事的"明星"公司（如安然、Global Crossing 和 Tyco 等公司在丑闻爆发前平均有占比 74% 的外部董事）也逃脱不了治理问题的困扰。再比如，在世界上最大的那些金融服务公司中，董事会成员中外部董事的比重往往也越大，在 2008 年金融危机期间的股票回报率越差。[14]

某些外部董事可能是关联董事，他们与公司或公司管理人员有着家族关系、业务关系和/或职业关系。换句话说，这些关联的外部董事不一定是"独立"的。

领导结构

董事会是由单独的董事会主席领导，还是由 CEO 兼任（这种情形称为 CEO 双职合一或双肩挑，**CEO duality**），这也很重要。基于代理理论，如果董事会要监督代理人如 CEO，那么董事会主席则必须由非代理人担任。否则，董事会主席如何在担任 CEO 的同时又对自己进行监督呢？换言之，怎么能够让一个学生给自己的论文评分呢？但是，由两个最高领导者（一个董事会主席和一个 CEO）管理的公司，可能会缺少统一指挥并导致最高层的冲突。作为一个大权在握的管理者，CEO 显然不愿意接受来自董事会主席的指点。不同国家在这方面会有所不同。例如，多数大型英国企业任用不同的人担任这两个高层工作，而很多大型美国企业则由一个人兼任。美国董事会经常提及的一个现实困难是，没有董事会主席这一头衔很难招聘到一位有能力的 CEO。

CEO 双职合一（还是分离）是否更有效率，学术界对此并未得到一致的结论。[15] 然而，世界上很多公司被要求两职分离的压力越来越大，这至少也显示出如何控制 CEO 问题的严峻性。在 2010 年，世界范围内只有 12% 的新任 CEO 同时担任董事会主席；而在 2002 年，该比例为 48%。即使在倾向于双职合一的美国企业中，2010 年，500 家标准普尔公司中实行这一做法的比例也从 2002 年的 78% 降至 59%。[16]

董事会连锁

董事们通常由交往很深且互相帮忙的商界精英和社会名流组成。[17] 当一家公司的一个人在另外一家公司的董事会任职时，**董事会连锁（interlocking directorate）**就产生了。企业通常任命这类董事来建立关系。例如，来自金融机构的外部董事通常有助于企业筹集资金。有并购经验的外部董事可能帮助核心企业开展相关业务。

在美国，前国防部部长和卡莱尔集团（一家领先的私募股权公司）前主席弗兰克·卡卢奇（Frank Carlucci）曾同时在20家公司的董事会担任董事。在中国香港，东亚银行主席李国宝是最显赫的联合董事，曾在9家公司的董事会任职。[18] 评论家认为，这些董事们不太可能有效地进行监管。实际上，李国宝也曾在安然的董事会任职。在后安然时代，这种不寻常的做法日渐减少。

董事会的作用

简言之，董事会要发挥三项职能：（1）控制；（2）服务；（3）获取资源。董事会有效发挥其控制功能源于独立、威慑和规范。具体来讲：

- 有效控制管理者的能力，最终可归结为董事会成员的**独立**程度。与CEO关系密切且忠诚的外部董事，不太可能对管理决策提出挑战。正是由于这个原因，CEO们经常任命家族成员、私人朋友及其他只会俯首听命的人作为董事会成员。[19]
- 在董事会缺乏**威慑**力的情况下，通常不能保护股东利益。而如果没有欺诈或内幕交易，法院通常不会染指董事会的决策。
- 要挑战公司管理时，董事会鲜有可以依靠的**规范**。在董事会上，"伸出脖子"斗胆敢于挑战CEO的董事，很容易被排挤出董事会。

除了控制，董事会另外一个重要的职能是服务——主要对CEO提出建议。[20] 最后一个至关重要的董事会职能是为企业获取资源，这通常通过董事互兼来实现。[21]

总之，直到最近，很多董事会成员对管理活动只好比"橡皮图章"（只批准不监管）而已。1997年金融危机之前，很多韩国董事会成员不愿意举行会议，也不愿意做出董事会决策，纯粹就是"橡皮图章"——有些甚至不是董事自己盖的，而是公司秘书把董事们放在公司办公室的图章拿来盖。不过，全世界正掀起一股变革的潮流。在韩国，如今企业通常定期召开董事会，而且图章都是由董事们亲自来盖。[22]

行使战略职能

为了高效运作，董事会必须具有"敏锐的洞察力，且不干预公司具体事务"，这可能是最具挑战性的工作。考虑到董事会拥有控制、服务和获取资源的全面职能，但是时间和资源有限，董事必须从战略上分清轻重缓急。[23] 董事如何从战略上区分轻重缓急，在全球范围内的实践可以说是大相径庭。在美国和英国的企业中，所有权和控制权分离，因而传统上它们通常关注董事会的控制职能。尽管服务职能仍然很重要，但与此相比，获取资源的职能——尽管在实践中很重要——却经常受到政府官员、社会活动家和媒体的抨击，他们认为，诸如董事会互相兼任具有共谋性质。因此，最近美国的法律，尤其是2002年的萨班斯-奥克斯利法案（Sarbanes-Oxley Act），十分强调控制职能的重要性，几乎把资源获取职能完全排除在外。例如，苹果公司从谷歌公司获取必要的资源，而谷歌公司的CEO埃里克·施密特（Eric Schmidt）过去曾在苹果公司董事会担任董事。然而，最近随着苹果公司和谷歌公司（发布安卓手机后）之间的竞争不断加剧，施密特不得不放弃苹果公司董事会成员的身份。

外部董事不太可能掌握足够多的有关公司情况的第一手资料，因而他们被迫将注意力集中在财务绩效目标和数字上——这就是众所周知的财务控制（见表11.2）。财务控制可能会促使CEO关注短期利益，进而牺牲股东的长期利益（例如通过减少研发投入来最大化当期收益）。所以，内部执行董事能够为董事会带来第一手资料，使董事会能更深入地理解管理行为（例如进行长期投资而不是追求当期收益最大化）。董事会基于这些内部意见，形成不只是检验财务数字的判断，从而能够施加战略控制。也许一个健全的董事会同时需要这两种控制，因此需要在内部董事和外部董事之间建立一个平衡的结构。

表11.2　外部董事与内部董事

	优点	缺点
外部董事	管理上也许更独立（尤其是针对CEO），更能监督和控制管理者，有利于财务控制	独立性可能是假象，"隶属的"外部董事与公司或管理层可能有家族或专业关系
内部董事	掌握公司第一手资料，有利于战略控制	非CEO的内部董事（管理层）可能不会控制和挑战CEO

治理机制组合

治理机制可分为内部机制和外部机制——或者说是发言机制和退出机制。**发言机制**（voice-based mechanisms）是指股东与管理者合作的意愿，通常是通过董事"发言"来提出他们关注的问题。**退出机制**（exist-based mechanisms）则表明股东已失去耐心，愿意出售他们的股份以求"退出"。本部分将重点讨论这两种机制。

内部（发言）治理机制

董事会所使用的具有代表性的两种内部治理机制可以被称为（1）"胡萝卜"和（2）"大棒"。为了更好地激励管理者，作为"胡萝卜"，增加高管薪酬通常是必需的。股票期权使得管理者和股东利益趋于一致，并逐渐变得流行起来。[24]这一机制的根本思想就是按企业业绩付酬，以将高管薪酬与企业绩效挂起钩来。[25]理论上这种观点是合理的，但实际上这样做有很多弊端。如果采用会计方法（比如销售回报率），那管理者们通常能通过假造数字来使业绩看起来比实际更出色。如果采用市场手段（比如股价），股价很显然会受到很多力量的左右，而有些力量是管理者所不能左右的。因此，在管理者薪酬问题上，按业绩来支付报酬通常也不是那么有效。[26]

总之，在考虑使用"大棒"之前，董事会可能会先给"胡萝卜"作为甜头。当然，如果公司绩效持续下跌，董事会可能不得不挥动"大棒"解雇CEO。[27]世界范围内最大的2 500家上市公司中，CEO的平均任期在2000年为8.1年，到2012年该数值已下跌至6.3年。在2010年，这些企业中12%更换了CEO。[28]简言之，董事会近年来似乎越来越"火气大"。典型的例子有：李艾科在SAP仅担任了7个月的CEO，随后在惠普又仅担任了10个月的CEO（见开篇案例）。

因为高管必须承担企业特定的、巨大的雇佣风险（像李艾科那样被解雇的CEO绝不可能再到另一家上市公司担任CEO），所以，在接受新的CEO工作之前，他们自然而然地会要求更高的薪酬——涨幅高达30%或更多。这是高管薪酬迅速上涨的部分原因。[29]

外部（退出）治理机制

三个外部治理机制分别是：（1）产品竞争市场；（2）公司控制市场；（3）私募股权市场。产品竞争市场是迫使管理者实现利益最大化、进而实现股东价值的强大力量。然而,从一个公司治理的角度来看,产品竞争市场是公司控制市场和私募股权市场的补充,下文分别讨论这两种市场。

公司控制市场

这是主要的外部治理机制,另外也可称为收购市场或是并购市场(见第九章)。从本质上来看,这是不同管理团队之间争夺公司资产控制权的比赛。作为一种外部治理机制,当内部治理机制失效时,公司控制市场是最后的惩罚机制。其背后的逻辑可以通过代理理论来解释。当管理者从事自利活动且内部治理机制失效时,公司股票会被投资者低估。在这种情况下,其他管理团队意识到这是一个创造新价值、竞买公司管理权的好时机(见第九章)。公司控制市场究竟如何生效?对此有三个发现:

- 平均来说,目标公司的股东获得可观的收购溢价。
- 并购公司的股东承担少量但无关紧要的损失。
- 并购之后,大批高管离任。

总之,内部机制以"微调"为目标,而公司控制市场能"大刀阔斧"地去除根深蒂固的管理者。作为一种激进的方式,公司控制市场也有其局限之处。发动这样的金融战的代价是昂贵的,收购方必须为收购溢价买单。除此之外,许多并购似乎都是由收购者狂妄自大或缔造帝国所驱使,合并后公司的长期收益并不明显(见第九章)。[30] 尽管如此,从短期看企业能获得正的净收益,因为由收购产生的威胁能够迫使管理者为股东财富最大化而努力。[31]

私募股权市场

与上述收购不同,大量上市公司通过**私募股权**(private equity)方式私有化,即投资私营(非上市)公司的股权资本(见结篇案例)。私募股权主要通过**杠杆收购**(leveraged buyouts, LBOs)来实现投资。在杠杆收购中,私人投资者通常与现任管理者合作,通过发行债券和筹集资金来购买公司的股份——这实质上是用债券持有者代替了股东,将公司从一个公众实体转变成一个私人实体。作为另一种外部治理机制,私募股权利用债券市场而非股票市场来监督管理者。在公司治理中,基于杠杆收购的私募股权交易与公司治理的三个主要变化有关:

- 杠杆收购给予管理者大量的股份从而改变了激励机制。
- 大量的债务给企业施加了严格的财务约束。
- 杠杆收购出资者会密切监视所投资的企业。

总之,有迹象表明,私募股权会带来相对规模较小的失业(1%到2%),但能提高大约2%的效率,至少从短期来看是这样的。[32] 然而,从长期来看前景并不那么乐观,这是因为杠杆收购可能迫使管理者减少对长期研发的投资。但最新研究表明:(1)由私募股权担保的企业更关注专利,从而产生了更好的经济回报;(2)从长期来看,这些企业不会减少研发投入。[33]

内部治理机制+外部治理机制=治理机制组合

内部治理机制和外部治理机制组合在一起可被视为一个治理机制组合。[34] 杰出的代理理论家迈克尔·詹森(Michael Jensen)认为,美国20世纪70年代内部治理机制的失败刺激了80年代的公司控制市场。管理者最初对此是反对的。然而,随着时间的推移,很多不是收购目标的公司或者已经成功抵御收购冲击的公司，都以重组或者裁员的方式收场，这些恰恰是"入侵者"收购后会做的事。换言之，强有力的外部机制力量会促使企业改善它们的内部机制。

总之，自20世纪80年代以来，美国企业的管理者越来越重视股价，由此产生了一个风靡全球的新术语，"**股东资本主义**"（shareholder capitalism）。在欧洲，给予管理者股票期权也越来越流行，并购也越来越频繁。在俄罗斯，现代公司治理也已初露端倪。[35]

全球视角

从图11.3中可以看出，不同的企业所有权和控制权类型会导致不同的内、外部机制组合。方格4是最广为人知的一种类型，大部分美国和英国的大型企业是典型的代表。在这种类型中，当外部治理机制（并购和私募股权）表现活跃时，由于所有权和控制权的分离，使得内部治理机制相对比较薄弱，管理者获得了关键的**实际控制权**。

反例可在方格1中找到，即公司控制市场相对不活跃的欧洲大陆和日本的企业（尽管近来有活跃的迹象）。结果是，主要的治理机制仍然是集中的所有权和控制权。

总之，英美体系和欧洲大陆—日本体系（另外也被称为德国—日本体系）代表了世界上两种主要的公司治理模式，各有其特色（见表11.3）。如果把英国和美国视为一个群体，欧洲大陆和日本（或者德国和日本）视为一个群体，由于这两个群体都是高度发达的成功经济体，我们可能很难并且也没必要去讨论英美体系或者德日体系哪个更好。

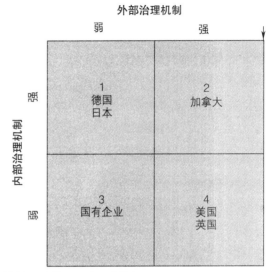

资料来源：方格1、2和4改编自 E. R. Gedajlovic & D. M. Shapiro, 1998, Management and ownership effects: Evidence from five countries (p. 539), *Strategic Management Journal*, 19: 533–553。方格3由作者增加。

图 11.3　内、外部治理机制的全球视角

表 11.3　公司治理体系的两大主要类型

美国和英国公司	欧洲大陆和日本公司
英美公司治理模式	德日公司治理模式
市场导向的高压系统	银行导向的网络化系统
主要依赖基于退出的外部机制	主要依赖基于发言的内部机制
股东资本主义	利益相关者资本主义

其他一些体系不能简单地放入这个二元世界中。处于方格2的加拿大拥有相对活跃的公司控制市场的同时，也拥有大量所有权和控制权集中的企业——400家加拿大最大的企业中，超过380家企业是由单个股东所控制的。加拿大的管理者因此也面临强有力的内、外部约束。

最后，国有公司（所有国家的）都处在一个典型的内、外部治理机制很薄弱的位置上（方格3）。从外部来看，公司控制市场并不存在。从内部来看，管理者由很少控制但扮演真正"所有者"的官员来监督。

总之，世界范围内的企业是由内、外部治理机制共同治理的。对于方格1、2和4里的企业，内部和外部机制可以部分地相互代替（例如，势单力薄的董事会可以由一个强劲有力的公司控制市场部分地代替）。

公司治理的一个综合模型

图11.4描述了一个源自战略三脚架的综合模型。本节依次讨论这三种观点。

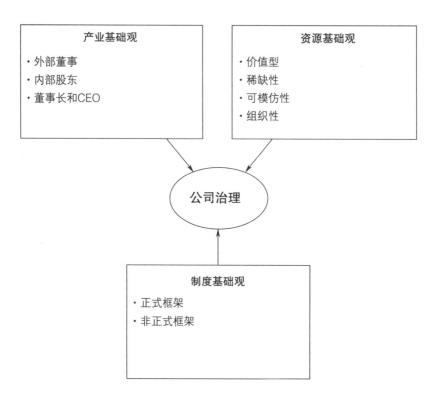

图11.4　公司治理的综合模型

产业基础观

产业属性有时会质疑某些有关外部董事、内部所有权和CEO双职合一的广为接受的传统观点。[36] 拥有较多外部董事通常被认为会对绩效起推动作用。然而，这一说法却忽略了产业的差异性。以快速创新为特征的产业需要大量的研发投资（比如IT业）。在这些产业中，外部董事通常对企业绩效有**消极**作用。[37] 这是因为，精通这一行业的董事必然会要求更多的战略控制，而没有经验的外部董事通常关注财务控制，但财务控制对这些行业来说是不合适的。

另一个备受关注的议题是公司内部管理所有权与企业绩效间的关系。研究发现，对于那些低增长率且较稳定的产业来说，这两者基本**没有什么联系**。[38] 只有那些高增长的动荡产业存在这种联系。提高内部所有权的目的在于激励管理者承担更大风险，而这种通过承受风险获利的机会，更可能出现在高增长的动荡产业。

第三个例子是备受批评的CEO双职合一的做法。在一个急剧动荡的行业中，一元化领导能够更快、更统一地对发生变化的环境做出响应。由此创造的利益可能会超过双职合一所带来的潜在代理成本。

总之，管理实践需要与企业参与竞争的产业属性相匹配。所以，要当心放之四海而皆准的那些所谓的"最佳实践"。

资源基础观

从公司治理角度来看,最有价值的、独特的且难以模仿的企业资源(VRIO框架里的前三个)是高管和董事的技能,而这也通常被称为**管理者人力资本**(managerial human capital)。[39] 其中有些能力是独特的,比如国际经营的经验。高管人员如果没有类似的管理经验,公司在海外扩张经营中会遇到很多困难。另外,这些高管人员通过董事会连锁建立的社会网络,是独特的且很可能会给企业增加价值。[40] 而且,高层管理者的才能也是难以模仿的——除非被竞争者挖走。

另一个例子是,能在一个备受瞩目的交易所,如纽约证券交易所和伦敦证券交易所成功上市的能力,是有价值的、稀缺的且难以模仿的。1997年,在纽约上市的外国企业的市值,比在同一国家但没有能力或意愿在海外上市的国内竞争者的市值要高17%。[41] 如今,尽管遭到诸如萨班斯法案的阻碍,少数精英公司还是能够在纽约上市并获得丰厚回报的:现在它们的市值比在同一国家的国内竞争对手要高37%。[42] 伦敦上市的国外企业没有这么高的市值。[43] 这就是经典的资源基础逻辑在起作用:恰恰因为萨班斯法案,在纽约上市更具挑战性,那些有能力成功上市的少数外国企业就更是凤毛麟角。因此,这些企业值得拥有更高的估值。

VRIO的框架里最后一个关键的部分就是"O"——组织性。它体现在高管人员和董事会功能的组织框架中(高管团队和董事会)。[44] 总之,组织中的少数高层人员发挥着巨大的作用——苹果公司的乔布斯就是个很好的例子。治理机制需要合理地激励并约束他们,从而确保其发挥积极的作用。

制度基础观

首先看正式制度框架。公司治理的一个根本不同点在于(大部分)英美公司的所有权与控制权分离,而世界其他地方的所有权与控制权都趋于集中。为什么会如此不同?对此尽管有很多的解释,其中最主要的解释还是基于制度理论展开的。简言之,考虑到美国和英国对股东(尤其是小股东)权益有较好的且正式的合法保护机制,因而,这会鼓励家族企业的创始人稀释其股份来吸引小股东,并将日常管理工作委派给职业经理人。只要给予投资者合理的投资保护,随着时间的推移,家族企业的创始者(例如,洛克菲勒家族)也会乐意成为他们所创立公司的小股东。另一方面,当正式的法律和规章制度不起作用时,家族企业的创立者**必须**直接管理他们的企业。如果缺少对投资者的保护,外部职业经理人可能会滥用权力和窃取利益。

强有力的证据表明,保护股东权益的正式法律和规章制度越薄弱,所有权和控制权就越集中——换句话说,二者是互相替代的。普通法系国家通常拥有最强的投资者法律保护和最低的所有权集中度。[45] 在普通法系国家,相比发达经济体(如澳大利亚、加拿大、爱尔兰和新西兰)的企业,新兴经济体(如印度、以色列和南非)企业所有权的集中程度更高。简言之,当股东权益得不到法律体系的充分保护时,所有权和控制权集中可能更容易解决觊觎的委托人—代理人冲突。

但是,对控股股东有益的事情并不一定对少数股东以及整个经济发展有益。正如之前所说,通过所有权和控制权集中的方式可以将委托人—代理人冲突最小化,但遗憾的是,往往会带来更多的委托人—委托人冲突(见战略行动11.1)。结果是,很多潜在的小股东拒绝投资。作为小股东,如何避免自己的利益被剥夺?一个普遍的建议是,不要成为小股东!如果小股东深知这些可能性而仍然决定投资,他们会让家族企业发行的股票折价。例如，由于"默多克折扣"，新闻集团的股市绩效已被时代华纳、迪士尼和维亚康姆（Viacom）超过（见战略行动11.1）。总之，这种委托人—委托人冲突会导致公司市值下降，上市公司数量减少，资本市场停滞和萎缩，进而降低总体经济发展水平。

假定几乎每个国家都期望拥有强劲的资本市场和经济发展，令人费解的是：为什么强有力的投资者保护却并没有在全球通行？值得注意的是，就其核心而言，公司治理最终可归结为**政治**治理。由于历史原因，大部分国家已经做出了难以扭转的**政治**选择。例如，德国实行的"劳资合作决策"（公司员工在监事会控制50%的表决权）正是战后德国政府政治决策的结果。[46] 如果德国企业采取英美式分散所有制，且仍允许员工控制监事会50%的表决权，那么这些企业最终会变成**雇员**主导的企业。因此，德国企业自然而然地选择集中的所有权和控制权。

改变政治制度虽然不是不可能，但会受到巨大的阻力，尤其会受到在目前制度中获利的既得利益者（比如德国工会和亚洲的家族）的抵制。某些领头的家族企业不仅与政府有密切的联系，有时甚至他们本身就是政府。意大利和泰国曾经的总理——贝卢斯科尼和他信，都来自本国首屈一指的家族企业，也是这些国家最富裕的人之一。

只有当重大意外事件发生时，政客们才会鼓足勇气考虑实施大规模的公司治理改革。[47] 美国令人震惊的公司丑闻（如安然事件）也是推动诸如萨班斯法案这样严酷的政治改革的一个范例。2008年的金融危机则促成了2010年道得—弗兰克法案（Dodd-Frank Act）的制定，这也是首次允许股东对高管薪酬进行投票，即"薪酬话语权"。

现在我们看一下非正式制度框架。在过去的20年中，关于公司治理的非正式规范和价值标准为何有如此巨大的改变以及是如何改变的？[48] 在美国和英国，推崇股东资本主义的观点正在迅速传播。目前至少可以发现三种关于这种变化的来源：（1）资本主义的崛起；（2）全球化的冲击；（3）"最佳实践"的全球扩散。

第一，近年来世界范围的公司治理变化，是全球拥抱资本主义政治、经济和社会运动中的一部分。资本主义的胜利本质上是资本家（也就是股东）的胜利。但是，"自由市场"却不一定是自由的。即使倡导强烈关注股东价值的一些最发达的国家，也经历了重大的治理失败。

第二，近来全球化对公司治理至少产生了三方面的影响。

- 由于贸易和投资日益增多，不同治理规范的企业接触增加，其间差异也就暴露出来。意识到有可替代方案后，股东、管理者和政策制定者就不会再轻易接受"我们的方式"是最有效的公司治理方式。[49]
- **对外证券投资（foreign portfolio investment，FPI）**——外国人购买股票和债券——已攀升到新的高度。这些投资者在承诺投资前自然要求股东会受到更好的保护。
- 全球资本饥渴已促使很多企业关注公司治理。在纽约和伦敦证券交易所上市的外国公司，不得不遵守美国及英国的上市要求。

第三，公司治理准则中的"最佳实践"在全球范围内的传播，也直接促使了规范及价值观的变化。[50] 很多准则只是建议，并无法律约束力。然而，强大的压力使得企业"自愿"地采纳了这些准则。例如，在俄罗斯，尽管采纳《公司行为准则（2002）》（2002 Code of Corporate Conduct）是自愿的，但不采纳的企业必须公开阐明理由，这无异于自我羞辱。

另外，经济合作与发展组织（OECD）率先通过了《经济合作与发展组织公司治理准则（1999）》[OECD Principles of Corporate Governance (1999)]，致力于"最佳实践"的全球传播。不过，甚至在34个经合组织成员国，这些准则也没有强制力。尽管如此，全球规范似乎正向这一准则靠拢。例如，中国大陆和台湾地区都不是经合组织成员，但近来都已经采纳了准则的部分内容，并允许股东提起集体诉讼。

尽管缓慢，但确定无疑的是，变革之风正在吹来。不过这些变革未必要沿着一个方向。总体来说，2008年凶猛的全球金融危机，已经引起人们对丰厚的高管薪酬、收入不平等及金融服务业的强烈不满。诸如占领华尔街和占领伦敦运动，作为一种如钟摆般变化的情绪，就是一种有形的指标（见第一章），已经引发或加剧了正式规制的变革。

争论和引申

本章讨论三个主要的争论：（1）不良的代理和忠实的管家；（2）全球趋同与分化；（3）国有制与私有制。

不良的代理和忠实的管家

代理理论假设，如果放任不管，管理者作为代理人可能会进行一些自利的机会主义活动。然而，批评者认为，大多数管理者可能是诚实可信的。管理失误可能是因为缺乏能力、信息或者运气，而并不一定是出于自利。因此，将所有管理者都描述为机会主义的代理人可能是不公平的。尽管代理理论影响深远，但它被批评为是一种"反管理的管理理论"。[51] 最近出现了一种"力挺管理"的理论，叫作**管家理论（stewardship theory）**，它认为大多数管理者是所有者的管家。捍卫投资者利益和促进组织目标将能使（大多数）管理者自身的理念发扬光大。

如果所有委托人都视管理者为自利的代理人，并利用控制机制将其严加约束，那么一些最初视自己为忠仆的管理者们，可能会很受挫，从而以代理理论竭力避免的自利行为告终。换句话说，作为一种自我实现的预言，代理理论反而可能会导致自利行为。

全球趋同与分化

另一个重要的争论是关于公司治理在全球是趋同还是分化。支持趋同者认为，全球化是"适者生存"的过程，各国企业被迫采用全球最佳实践（尤其是来自英美的实践）。全球投资者愿意对追随英美治理模式的企业股票买单，这促使了其他企业跟进。

支持趋同者经常引用一个有趣的现象——**跨境上市（cross-listing）**，即一国企业在外国股票交易市场上市。跨境上市主要是为了开拓大规模资本市场。因此，外国企业必须遵守英美的证券法和采纳英美治理规范。例如，与在日本国内上市的公司相比，在纽约和伦敦上市的日本企业更加关注股东的价值。企业在英美上市被认为是公司承诺强化股东价值的信号，结果会带来更高的估值。

反对趋同者认为，治理实践在世界范围内将出现持续分化。[52] 例如，在英美公司中，推动所有权和控制权更加集中经常被看作一种解决委托人—代理人冲突的有效方式。但是，用同样的方法去改革世界上其他地方的企业，可能适得其反，甚至是灾难性的。[53] 那里的主要问题是控股股东已拥有了太多的所有权和控制权。最后，英美两国的实践中也存在一些显著差异。除了之前讨论的在CEO双职合一上的分歧（英国反对，而美国同意），美国的反收购防御（如毒丸）在英国没有一样是合法的。

在跨境上市的企业案例中，支持分化说的人提出了两个观点：第一，尽管从理论上来看，这些企业体现出一定程度的趋同（如拥有更多的外部董事），但跨境上市的企业在上市前后并非必然采取了美国的治理模式；第二，尽管我们普遍相信跨境上市的外国企业将遵守英美的证券法，但实践中这些法律很少能够有效抵制外国企业的"掏空"行为。[54]

目前，完全分化是不太现实的，尤其是那些想从全球投资者那里寻求资本的大型企业。完全趋同好像也不太可能。最可能的是平衡全球投资者和当地利益相关者期望的"趋异"（cross-vegence）状态。[55]

国有制与私有制[56]

"私有制是好的，国有制是不好的。"这句话虽然粗糙，但却相当准确地捕捉到了1980—2008年这近30年间全球私有化背后的知识和政治推论。表11.4总结了私有制和国有制之间的关键差异。很明显，这两种所有制形式各有利弊。因此，关于两者的争论就可归结为哪种形式的所有制更好——利是否大于弊。

关于私有制与国有制的争论支撑了20世纪全球经济的演化。经济大萧条（1929—1933）被视为资本主义的失败，导致发展中国家的大量精英人士和发达经济体中的众多学者倾向以国有制为主体的苏维埃式社会主义。结果是，国有制在第二次世界大战后的几十年中逐渐增多，而私有制则逐渐减少。国有制不仅在苏联、中东欧、中国、越南等国家盛行，也受到西欧很多发达国家的广泛拥护。在20世纪80年代初，主要的西欧国家（如英国、法国和意大利）的国民生产总值中将近一半是由国有企业贡献的。

表11.4 私有制与国有制

	私有制	国有制
企业目标	私人所有者的资本家利润最大化（如果是上市公司，则是股东价值的最大化）	所有利益相关者之间达到最优平衡的"公平"交易，利润最大化不是企业唯一目标，保障就业和最小化社会动荡是合理目标
企业设立	企业家、所有者和投资者决定是否进入市场	政府官员决定是否进入市场
企业融资	从私人渠道融资（如果是上市公司，则从公共股东融资）	从国有资源（如从政府直接拥有或控制的子公司或银行）融资
企业清算	迫于竞争退出。如果企业财务资不抵债，将不得不宣告破产或者被收购	政府官员决定企业是否退出，企业凭借纳税人无限期支撑而"大而不倒"
任命与解职	所有者和投资者的任命在很大程度上要看绩效表现	政府官员也可能会依据非经济标准任命高管
薪资管理	竞争性市场力量决定管理者薪资。在私有制企业中，管理者可能会获得更多的报酬	管理者薪资由政治因素决定，同时还会考虑公众眼中的公平感和合法性。在国有制企业中，管理者可能会获得较少的报酬

资料来源：(1) M. W. Peng, 2000, *Business Strategies in Transition Economies* (p. 19), Thousand Oaks, CA: Sage; (2) M. W. Peng, G. Bruton, & C. Stan, 2012, Theories of the (state-owned) firm, working paper, University of Texas at Dallas。

来自这些国家的经验表明，国有企业通常会遭遇权责不明和经济效率低下的问题。国有企业的特征是管理者和员工间报酬相对平等。由于额外的工作并不意味着额外的报酬，员工很少有动力来提高其工作质量和效率。

20世纪80年代，作为英国首相，玛格丽特·撒切尔对大多数英国国有企业进行了私有化。不久，中东欧的国有企业便纷纷效仿。在苏联解体之后，俄罗斯新政府在20世纪90年代发动了一些最为激进的私有化改革。最终，私有化运动蔓延全球，波及巴西、印度、中国、越南及非洲大部分国家。这样一个全球运动在很大程度上由**华盛顿共识**（Washington Consensus）所倡导，其领导者是两个位于华盛顿的国际组织——国际货币基金组织和世界银行。华盛顿共识的核心价值是，坚定不移地相信私有制优于国有制。迅速扩散的私有化运动表明，华盛顿共识取得了明显的成功——或者似乎是成功的。

但在2008年，钟摆突然回摆（见第一章）。在前所未有的衰退期间，美国政府率领发达经济体中的主要政府，利用公共基金保住了很多失败的私企，并将其不折不扣地转化为国有企业。结果是，所有支持私有制和"自由市场"资本主义的言论集体失声。但是，因为国有企业糟糕的名声（"国有企业"基本上就算是"脏话"了），美国政府拒绝承认其拥有国有企业，取而代之的是称其为"政府支持的企业"（government-sponsored enterprises，GSEs）。

从概念上看，国有企业和政府支持的企业有什么不同呢？几乎没有！表11.4右边一栏发表于十多年前，是以有关改革前中国和俄罗斯"经典"的国有企业的研究为基础的。这一栏也准确地总结了如今以GSEs为特征的发达经济体中发生的事情。例如，保障工作机会是紧急救助背后的既定目标之一；企业在市场上的进退都由政府官员所决定。一些诸如美国国际集团、通用汽车和苏格兰皇家银行等"大而不倒"的企业显然已走到尽头，政府却用纳税人的钱保住了它们。美国政府强迫通用公司的前任董事长和首席执行官离职，现在又直接参与到通用汽车和其他GSEs中高管的任用和薪酬制定事务中。

一个关键问题是，尽管拯救经济、保障就业机会和对抗衰退是个高尚的目标，政府救助却加大了**道德风险**（moral hazard）——当个人和组织（包括企业和政府）不需要为其行为承担全责时的鲁莽行动。[57]换句话说，没有失败风险的资本主义就会变成社会主义。国有企业管理者面临"预算软约束"，因而他们可以经常利用国家财政来弥补亏空，这是长久以来的共识。当私营企业的管理者作出的风险决策很糟糕，却因为有政府慷慨的救助而不会破产时，他们就很可能会在未来冒更大的风险。

尽管目前最危险的经济衰退已经过去，但争论仍未休止。继华盛顿共识失败之后，另一个以国有制和政府干预为中心的北京共识（Beijing Consensus）出现了。在国有企业支撑下，过去的30年间，中国的国民生产总值每年大约提高9.5%，国际贸易总量每年增加18%。国有企业占了中国证券市场80%的资本，但这并不是中国独有的。俄罗斯这一数字为62%，巴西为38%。[58]总之，自2006年以来，前15家最大的首次公开募股的企业中有9家是国有企业。*对发达经济体的政策制定者来说，这个争论很大程度上都是关于如何看待来自新兴经济的国有机构（如主权财富基金，sovereign wealth funds，SWFs）的投资（见新兴市场案例11.1）。

★ 新兴市场案例 11.1

鼓励与限制主权财富基金的投资

主权财富基金（SWFs）是一个由股票、债券、房地产等金融资产或其他外汇资产构成的金融工具所组成的国有投资基金。今天我们所称的主权财富基金是由科威特在1953年首创的。

---

* *Economist*, 2012, New masters of universe (p. 8), Special Report: State Capitalism, January 21: 8.——编者注

美国和加拿大都拥有自己的SWFs,至少在州和省的层次上,比如阿拉斯加永久基金(Alaska Permanent Fund)和阿尔伯特遗产基金(Alberta Heritage Fund)。

在近来发生的危机中,SWFs都前来救援。如今,它们大约占了10%的全球投资流量。例如,2007年,阿布扎比投资基金(Abu Dhabi Investment Authority)在花旗集团投入75亿美元(占股权的4.9%)。2008年,中国投资公司(CIC)在摩根士丹利投资公司投资50亿美元,占其股权的10%。尽管大部分SWFs投资相对被动,但有一些由于持有更大的股份而成为更加活跃的直接投资者。

如此大规模的投资掀起了对SWFs的激烈讨论。一方面,SWFs带来的应急资金拯救了很多绝望的西方公司。另一方面,东道国的担忧也在加剧,尤其是那些发达经济体。最大的问题是国家安全,因为SWFs可能受政治(而不是商业)因素驱动。另一个担忧是SWFs并不完全透明。某些发达经济体中的政府害怕SWFs带来的"威胁",采取了反对SWFs的措施以保护其企业。

对东道国而言,外国投资当然同时具有收益和成本。但是,在没有任何证据表明成本大于收益的情况下,匆匆实施反SWFs措施实际上反映了贸易保护(也有人指出这甚至是种族主义)情绪。对于遭受巨大压力的西方企业高级管理者,一方面要求政府救助,另一方面却又拒绝SWFs的资金,这似乎是不合理的。大部分SWFs投资基本上都是没有什么附加条件的至关重要的现金流。例如,中国投资公司如今拥有摩根士丹利投资公司10%的股份,但不要求在董事会有一席之位,也不要求成为管理者。对于西方的政策制定者来说,用纳税人的钱去救助失败的企业,背负巨额财政赤字,然后却拒绝SWFs这样做的意义不大。著名学者史蒂夫·格洛伯曼(Steve Globerman)和丹尼尔·夏皮罗(Daniel Shapiro)曾评论在美国的中国投资(包括SWFs投资):

> 对美国政策制定者而言,基于不准确的、可能是夸大的有关这类投资的成本和风险估计,以此指责在美的中国投资,显得很不负责任。

至少,有一些美国的政策制定者对此表示同意。在2008年9/10月一期的《外交》(Foreign Affairs)杂志上,财政部长亨利·保尔森(Henry Paulson)评论道:

> (对中国投资)的这些担心是没有必要的。美国应该欢迎来自世界上任何地方(包括中国在内)的投资,因为这代表对美国经济的信任投票,而且它促进了美国的经济发展、就业和生产效率。

最后,由于2008—2009年的金融危机,近来SWFs在发达经济体中的投资遭受了巨大损失。这种"双重打击"——政治抵制和经济损失——已严重挫伤了SWFs。结果,经济衰退维持了欢迎投资的氛围。在巨大的政治和经济焦虑时期,作为培育这种氛围的一种努力,2009年7月28日,中美战略与经济对话中确认了如下内容:

> 美国确认,美国外国投资委员会(CFIUS)的程序确保对所有外国投资一视同仁并公平对待,而不抱任何地域偏见。美国欢迎主权财富基金的投资,包括来自中国的。中国强调,其国有投资公司所做的投资决策将仅仅基于商业原因。

除了像中美战略与经济对话这样的双边谈判,2008年9月,世界上大多数SWFs在智利的圣地亚哥举行峰会,并达成了一项自愿的行为准则——圣地亚哥准则。这项准则旨在缓解东道国对SWFs投资的一些担忧,并增强这类投资的透明性。这些准则代表了SWFs演变过程中重要的里程碑。

资料来源：(1) V. Fotak & W. Megginson, 2009, Are SWFs welcome now? *Columbia FDI Perspectives*, No. 9, July 21, www.vcc.columbia.edu; (2) S. Globerman & D. Shapiro, 2009, Economic and strategic considerations surrounding Chinese FDI in the United States (p. 180), *Asia Pacific Journal of Management*, 26: 163–183; (3) H. Paulson, 2008, The right way to engage China, *Foreign Affairs*, September/October, www.foreignaffairs.org; (4) Sovereign Wealth Fund Institute, 2012, About sovereign wealth fund, www.swfinstitute.org; (5) United Nations (UN), 2010, *World Investment Report 2010* (p. xviii), New York and Geneva: UN; (6) US Department of the Treasury, 2009, *The First US-China Strategic and Economic Dialogue Economic Track Joint Fact Sheet*, July 28, Washington。

精明的战略家

在公司治理舞台上，精明的战略家获得三点战略启示（见表11.5）。第一，理解委托人—代理人冲突和委托人—委托人冲突的本质，从而创建一个更好的治理机制。例如，私募股权的提高是对上市公司典型的委托人—代理人冲突的直接回应（见结篇案例）。令人惊奇的是，私募股权通常能使得同样的管理者在管理同样的资产时表现得更好。就缓解委托人—委托人冲突的机制而言，我们可以通过引入一个第二控股的（主要的）股东来监督和约束第一控股股东的行为。[59]

表 11.5 战略启示

- 理解委托人—代理人冲突和委托人—委托人冲突的本质，从而创建一个更好的治理机制
- 开发差异化公司治理机制的企业专有能力
- 精通影响公司治理的规则并预测变化

第二，精明的战略家需要开发差异化治理维度的企业专有能力。在印度，信息技术行业的领头企业INFOSYS已成为一种典范。[60] INFOSYS是第一家施行美国会计准则（GAAP）的印度公司，也是第一家为所有员工提供股票期权的企业，并是第一批引进外部董事的企业之一。自INFOSYS相继于1993年在孟买以及1999年在纳斯达克上市后，它就不只是遵守印度和美国监管的披露标准。在纳斯达克，INFOSYS自觉地像一家美国国内发行者那样行动，而不是像一家外国发行者那样执行相对不那么严格的标准。

第三，精明的战略家需要了解规则和预测变化。[61] 在美国企业中首次赋予股东一种"薪酬话语权"的2011年，500家标准普尔公司CEO的薪酬中值飙升了35%，达到840万美元。[62] 然而，只有当高管薪资低于上市公司的2%时，股东才起作用。这种大幅提高CEO薪酬的做法似乎与道得—弗兰克法案所传递的赋予股东对高管有"薪酬话语权"的精神——即使没写在法案里——背道而驰。

总的来说，更好地理解公司治理这个概念有助于回答战略层面的四个基本问题。第一，为什么每个企业都是不同的？企业之所以在公司治理上有所不同是由于不同的产业属性、不同的激励和约束管理者的能力，以及不同的制度框架所致。第二，公司如何经营？假定这个世界上大部分企业拥有相同的公司治理的基本要素（所有者、管理者和董事会成员），那么差异的主要来源就是这些基本要素相互间是如何关联和发生影响的，从而确定了公司的航向。第三，企业的经营范围由什么决定？从公司治理的角度来看，宽广的经营范围可能彰显的是管理者建构帝国和降低风险。第四，什么决定了企业的全球成败？虽然研究还没有定论，但从总体和长远来看，有理由相信：治理良好的企业资金成本将会更低，绩

效更高。[63]

本章小结

1. 区分不同种类的所有权模式（集中/分散所有权、家族所有权和国家所有权）
   - 在美国和英国，所有权和控制权分离的企业居于主导地位
   - 在世界上其他大部分地方，所有权和控制权集中由家族和政府控制的企业居于主导地位
2. 解释管理者在委托人—代理人冲突和委托人—委托人冲突中的作用
   - 在所有权和控制权分离的公司，主要的冲突是委托人—代理人冲突
   - 在所有权集中的公司，委托人—委托人冲突则更为突出
3. 阐述董事会的作用
   - 董事会行使控制、服务、获取资源职能
   - 世界范围内，董事会在组成、领导力结构和连锁方面有所不同
4. 识别发言机制和退出机制，以及由它们结合而成的治理机制组合
   - 内部发言机制和外部退出机制结合成一个治理机制组合来决定公司治理的绩效
   - 公司控制市场和私募股权市场为外部机制的两种主要手段
5. 以全球视角看待世界各地治理机制的变化情况
   - 内部和外部治理机制的不同组合会产生四种主要体系
   - 世界范围内的私有化可被认为是加强公司治理绩效所做的努力
6. 详尽阐述公司治理的一个综合模型
   基于产业、制度和资源的观点清楚地说明了有关治理问题
7. 参与讨论三个主要的公司治理问题
   - 不良的代理和忠实的管家
   - 全球趋同与分化
   - 国有制和私有制
8. 描述行动的战略意义
   - 理解委托人—代理人冲突和委托人—委托人冲突的本质
   - 开发区分公司治理机制的企业特定能力
   - 精通影响公司治理的规则并预期变化

关键词

代理成本　对外证券投资　私募股权　代理关系　信息不对称　关联交易　代理理论　内部董事　所有权和控制权分离　代理人　连锁董事　股东资本主义　北京共识　杠杆收购　主权财富基金　双职合一　管理者人力资本　国有企业首席执行官　道德风险　管家理论　所有权和控制权集中　外部（独立）董事　渠道　公司治理委托人　发言机制　跨国上市　委托人—代理人冲突　华盛顿共识　分散所有权　委托人—委托人冲突　退出机制　征收

讨论题

1. 一些人认为英美企业的管理权和控制权分离是公司治理中不可避免的产物。另一些人主张它仅是如何有效治理大型公司（许多变量中）的一个变量，且这种形式并不是最有效的。你怎么认为？

2. 近年来，很多国家的公司治理改革呼吁（并且通常要求）公司董事会增加更多的外部董事，并且将董事会主席和CEO的职能分开。然而，学术研究不能确定这些举措的优点。为

什么？

3. 伦理问题：你现在 30 岁，且两年前你已经获得一个顶尖商学院的 MBA 学位。你被一家价值数十亿美元的国内上市公司聘为 CEO。然而由于你资历尚浅，小股东对此表示强烈反对。对他们来说糟糕的是，你的父亲和家族成员正是该公司的控股股东，然后你得到了这个工作，在你任职 CEO 后召开的第一次新闻发布会上，肯定会遇到很多来自记者的刁钻问题，对此你将如何回应？

拓展题

1. 假设你可以选择让你的公司在世界上任何地方进行注册并上市，你会选择倾向于哪一个国家的证券和公司治理法律？以小组的形式，至少比较五个可能的地点，并做出最后选择。以短文或演讲的形式阐明你的研究发现、选择标准和最终选择。

2. 在国有制和私有制的争论中，你站在哪一边？以短文的形式说明你的立场。

3. 伦理问题：作为一个董事会主席/CEO，你试图为你的董事会在两名候选人之间选择一名外部独立董事。一人选是来自另一个产业的 CEO，你曾经在他的董事会服务多年，是位老朋友。另一个人选是一个有名的股东维权者，他以推崇"没必要让肥猫更肥"而出名。你自信将他放在董事会，相当于邀请一位知名评论家来观察你的工作，能在分析师和记者面前为你赢得口碑。但是你担心他会试图证明其所宣扬的 CEO 资支付过多的理论。你会选择哪位候选人？以短文的形式阐明你的论据。

结篇案例 （新兴市场）

私募股权的挑战

私募股权是公司治理中最热门、最具争议的话题之一。私募股权公司通常在股票交易所收购表现不佳的上市公司，增加大量的债务，给予现任管理者可口的"胡萝卜"，并去除"臃肿"（通常以裁员的方式）。当私募股权公司将这些私人企业通过一个新的首次公开募股上市时，它们从中获得（1）费用和（2）利润。

私募股权首次出现在 20 世纪 80 年代，并掀起了一股交易热潮。1988 年，Kohlberg Kravis Robert（KKR）以 250 亿美元的价格收购 RJR Nabisco 公司——当时上市公司收购案中的最高价格。当 KKR 处罚损害股东价值的朽木般管理者时，这一行为也受到了大量的负面报道，KKR 作为一个贪婪且野蛮的掠夺者形象在一本名为《门口的野蛮人》的畅销书中根深蒂固。

在这次 RJR Nabisco 公司交易之后，20 世纪 90 年代期间的私募股权产业停滞不前。然而，在 21 世纪，私募股权的规模再创新高。1991 年仅存在 57 家私募股权企业，而到 2007 年私募股权的跟踪交易数已达 700 个。如今，私募股权交易数量占据世界上所有并购（M&As）的 25%（占美国并购交易的 35%）。自 2005 年以来，欧洲比美国采取了更多的行动（通过交易价值来衡量）。2007 年，一家名为 Cerberus 的私募股权公司花费了 74 亿美元从戴姆勒-克莱斯勒集团中收购了克莱斯勒公司。APAX Partners 花费 77.5 亿美元收购在纽约和多伦多上市的汤姆森集团旗下 Thomson Learning——本书英文版出版商。但自 2008 年以来，私募股权公司遭受巨大挫折。2006 年至 2007 年间宽松信贷环境下，许多交易走向衰竭，并导致严重的损失。在 2007 年以 430 亿美元创纪录的交易中，得克萨斯太平洋集团（现被称为得州太平洋集团）和 KKR 联合收购达拉斯 TXU 公用公司，现称为未来能源控股公司。然而，至 2011 年，KKR 投资的每 1 美元的价值只有 10 美分。

关于私募股权的问题总是充满争议。支持者认为私募股权是因上市企业治理缺陷而产生。私募股权在四个方面具有优势：

- 不像分散的个人股东那样，私营所有者非常关心投资回报率。私募股权企业经常派专家出席董事会且亲自参与管理。
- 高债务要求公司实施严格的财务纪律，从而尽可能避免浪费。
- 私募股权通过大量的股权（通常分配 5% 的股权给 CEO，16% 的股权给整个高层管理团队）将管理者从代理人转变为委托人。私有股权公司给管理者支付更丰厚的薪水，但惩罚起来也毫不手软。根据权威专家迈克尔·詹森（Michael Jensen）的说法，与公开上市公司相比，私有制企业中管理者的薪资与绩效挂钩的程度高出 20 倍。一般来讲，私募股权使用同样的管理者，管理同样的资产，表现更加出色——效果和效率平均增长 2%。
- 最后，隐私保护是极好的。对于管理者来说，他们不再需要承担来自华尔街"数字要求"的短期负担，不需要为应付监管者进行繁重的文书工作（塞班斯法案带来的不堪负荷）。更重要的是，也不再需要公开他们薪水的具体细节（这必然给他们自身贴上"谋求特权"的标签）。私有制企业中的高层管理者才是真正的肥猫。无疑，管理者会更喜欢安静且更有利可图的生活。1997 年，超过 7 000 家企业在美国证券市场上市。2012 年，由于私募股权的原因，仅有 4 000 多家企业上市。

批评者却认为以上优势恰好是私募股权有问题的地方。除了"野蛮人"，私募股权也被贴上"资产剥削者"和"蝗虫"的标签。上市公司高管的高薪资已成为一个充满争议的话题，私募股权拉大了高级融资者和高级管理者这一团体与普通百姓之间的收入差距。私募股权已在全世界范围内激增。有不少风波反映了一些国家突然面临英美私募股权的冲击。在德国，一些政客将外国私募股权集团贴上"在吐出德国公司之前会尽情享受其所带来利润的蝗虫"的标签。在韩国，Lone Star Funds of Dallas 在 2003 年成立，并以勇敢的外部人身份有意拯救处在困境的韩国企业。但在 2006 年，当 Lone Star 尝试出售韩国证券银行 51% 的股权来套现时，工会走上街头抗议，检察官也以涉嫌违规财政操作之名逮捕其共同创立者。

可以肯定的是，私募股权导致裁员（被收购企业失去 1% 至 2% 的工作岗位）。但如果收购的公司是公开上市公司，结果是同样的。换句话说，私募股权的购买者和上市企业的购买者一样粗野。就财务回报而言，私募股权的投资者在扣除指定费用之前，收益比标准普尔指数 500 多一点点。但是，在扣除这些费用后，情况则正好相反。换言之，将钱投入一个标准普尔指数基金中，回报会比投入私募企业中同样好或更好。总之，尽管私募股权因破坏工作机会而遭到抨击，但其真正问题在于低的投资回报率。

私募股权是天生国际化的。私募股权的家园正被经济衰退和广为传播的不满（想想"占领华尔街"运动）所吞噬，前景是残酷的。《经济学人》评论质疑道："私募股权公司是一个"怪兽公司"吗？"因此，私募股权公司逐渐将目标转向新兴经济体，尤其是中国，来获得未来成长。鲁宾斯坦（David Rubenstein）是全球最大私募股权企业之一凯雷集团的共同创立者，并担任总经理职位。下面引述的是鲁宾斯坦在 2010 年发表的演讲：

> 当我在华盛顿的时候，人们以密集火力炮轰我，他们认为我没有支付足够的税收，我不够重视劳工问题。我得知工会组织向我抗议。每个人都告诉我我正在做错误的事情。而在现今的中国，人们想要我的亲笔签名。在中国，私募股权专家们都像摇滚明星一样。因为中国人认为私募股权是一种增值技术，也是一种增值资源，他们鼓励它。

参考文献： (1) *Bloomberg Businessweek*, 2011, The people vs. private equity, November 28: 90–93; (2) *Bloomberg Businessweek*, 2012, You're so Bain, January 16: 6–8; (3) G. Bruton, I. Filatotchev, S. Chahine, & M. Wright, 2010, Governance, ownership structure, and performance of IPO firms: The impact of different types of private equity investors and institutional environments, *Strategic Management Journal*, 31: 491–509; (4) D. Cumming & U. Walz, 2010, Private equity returns and disclosure around the world, *Journal of International Business Studies*, 41: 727–754; (5) *Economist*, 2012, Bain or blessing? January 28: 73–74; (6) *Economist*, 2012, Monsters, Inc.? January 28: 10–11; (7) M. Jensen, 1989, Eclipse of the public corporation, *Harvard Business Review*, September: 61–74; (8) S. Kaplan & P. Stromberg, 2009, Leveraged buyouts and private equity, *Journal of Economic Perspectives*, 23: 121–146; (9) L. Phalippou, 2009, Beware of venturing into private equity, *Journal of Economic Perspectives*, 23: 147–166; (10) Wharton Private Equity Review, 2010, *The Storm Clouds Begin to Clear* (p. 19), Wharton School。

案例讨论题：

1. 如果你是一个私募股权专家，你会寻找什么类型的目标公司？

2. 如果你是一家上市公司的CEO，同时一家私募股权公司主动找你接洽，你会如何处理？

3. 如果你在中国监管机构任职，当你了解到私募股权在美国、德国、韩国和世界上其他地方所受到的指责之后，你会做何感想？

注释

1. R. Monks & N. Minow, 2001, *Corporate Governance* (p. 1), Oxford, UK: Blackwell. See also M. Benz & B. Frey, 2007. Corporate governance, *AMR*, 32:92–104; S. Globerman, M. W. Peng, & D. Shapiro, 2011, Corporate governance and Asian companies, *APJM*, 28:1–14.

2. B. Connelly, R. Hoskisson, L. Tihanyi, & S. T. Certo, 2010, Ownership as a form of corporate governance, *JMS*, 47: 1561–1589.

3. R. Stulz, 2005, The limits of financial globalization (p. 1618), *JF*, 60: 1595–1638.

4. K. Schnatterly, K. Shaw, & W. Jennings, 2008, Information advantages of large institutional owners, *SMJ*, 29: 219–227.

5. R. La Porta, F. Lopez-de-Silanes, & A. Shleifer, 1999, Corporate ownership around the world, *JF*, 54: 471–517.

6. Y. Jiang & M. W. Peng, 2011, Are family ownership and control in large firms good, bad, or irrelevant? *APJM*, 28: 15–39; M. W. Peng & Y. Jiang, 2010, Institutions behind family ownership and control in large firms, *JMS*, 47: 253–273; W. Schulze & E. Gedajlovic, 2010, Whither family business? *JMS*, 47: 191–204.

7. M. Jensen & W. Meckling, 1976, Theory of the firm, *JFE*, 3: 305–360.

8. J. Combs, D. Ketchen, A. Perryman, & M. Donahue, 2007, The moderating effect of CEO power on the board-

composition-firm performance relationship, *JMS*, 44: 1309–1322; W. Johnson, R. Magee, N. Nagarajan, & H. Newman, 1985, An analysis of the stock price reaction to sudden executive deaths, *JAE*, 7:151–174.

9. S. Claessens, S. Djankov, & L. Lang, 2000, The separation of ownership and control in East Asian corporations, *JFE*, 58: 81–112.

10. M. Faccio & L. Lang, 2002, The ultimate ownership of Western European corporations, *JFE*, 65: 365–395.

11. M. Young, M. W. Peng, D. Ahlstrom, G. Bruton, & Y. Jiang, 2008, Corporate governance in emerging economies, *JMS*, 45: 196–220.

12. S. Johnson, R. La Porta, F. Lopez-de-Silanes, & A. Shleifer, 2000, Tunneling, *AER*, 90: 22–27.

13. D. Dalton, C. Daily, A. Ellstrands, & J. Johnson, 1998, Meta-analytic reviews of board composition, leadership structure, and financial performance, *SMJ*, 19:269–290; M. Kroll, B. Walters, & S. Le, 2007, The impact of board composition and top management team ownership structure on post-IPO performance in young entrepreneurial firms, *AMJ*, 50: 1198–1216; M. W. Peng, T. Buck, & I. Filatotchev, 2003, Do outside directors and new managers help improve firm performance? *JWB*, 38: 348–360.

14. D. Erkins, M. Hung, & P. Matos, 2012, Corporate governance in the 2007–2008 financial crisis, working paper, University of Southern California.

15. V. Chen, J. Li, & D. Shapiro, 2011, Are OECD prescribed "good corporate practices" really good in an emerging economy? *APJM*, 28: 115–138; M. W. Peng, S. Zhang, & X. Li, 2007, CEO duality and firm performance during China's institutional transitions, *MOR*, 3: 205–225.

16. *Economist*, 2012, The shackled boss, January 21: 76.

17. M. Geletkanycz & B. Boyd, 2011, CEO outside directorships and firm performance, *AMJ*, 54: 335–352.

18. K. Au, M. W. Peng, & D. Wang, 2000, Interlocking directorates, firm strategies, and performance in Hong Kong (p. 32), *APJM*, 17: 29–47.

19. J. Tang, M. Crossan, & W. G. Rowe, 2011, Dominant CEO, deviant strategy, and extreme performance, *JMS*, 48: 1479–1502; J. Westphal & I. Stern, 2007, Flattery will get you everywhere, *AMJ*, 50: 267–288.

20. A. Gore, S. Matsunaga, & P. E. Yeung, 2011, The role of technical expertise in firm governance structure, *SMJ*, 32: 771–786; M. Kroll, B. Walters, & P. Wright, 2008, Board vigilance, director experience, and corporate outcomes, *SMJ*, 29: 363–382; M. McDonald, J. Westphal, & M. Graebner, 2008, What do they know? *SMJ*, 29: 1155–1177.

21. M. W. Peng, 2004, Outside directors and firm performance during institutional transitions, *SMJ*, 25: 453–471.

22. A. Chizema & J. Kim, 2010, Outside directors on Korean boards, *JMS*, 47: 109–129.

23. R. Adams, A. Licht, & L. Sagiv, 2011, Shareholders and stakeholders, *SMJ*, 32: 1331–1355; S. Graffin, M. Carpenter, & S. Boivie, 2011, What's all that (strategic) noise? *SMJ*, 32: 748–770.

24. C. Devers, R. Wiseman, & R. M. Holmes, 2007, The effects of endowment and loss aversion in managerial stock option valuation, *AMJ*, 50: 191–208; M. Goranova, T. Alessandri, P. Brandes, & R. Dharwadkar, 2007, Managerial ownership and corporate diversification, *SMJ*, 28: 211–225; W. G. Sanders & A.Tuschke, 2007, The adoption of institutionally contested organizational practices, *AMJ*, 50: 33–56.

25. C. Cadsby, F. Song, & F. Tapon, 2007, Sorting and incentive effects of pay for performance, *AMJ*, 50: 387–405; T. Cho & W. Shen, 2007, Changes in executive compensation following an environmental shift, *SMJ*, 28: 747–754; M. Larraza-Kintana, R. Wiseman, L. Gomez-Mejia, & T. Welbourne, 2007, Disentangling compensation and employment

risks using the behavioral agency model, *SMJ,* 28: 1001–1019.

26. L. Bebchuk & J. Fried, 2004, *Pay without Performance,* Cambridge, MA: Harvard University Press; J. Wade, J. Porac, T. Pollock, & S. Graffin, 2006, The burden of celebrity, *AMJ,* 49: 643–660; X. Zhang, K. Bartol, K. Smith, M. Pfarrer, & D. Khanin, 2008, CEOs on the edge, *AMJ,* 51: 241–258.

27. A. Cowen & J. Marcel, 2011, Damaged goods, *AMJ,* 54: 509–527; M. Wiersema & Y. Zhang, 2011, CEO dismissal, *SMJ,* 32: 1161–1182.

28. *Economist,* 2012, The shackled boss, January 21: 76.

29. R. Hoskisson, M. Castleton, & M. Withers, 2009, Complementarity in monitoring and bonding, *AMP,* May:57–74.

30. V. Bodolica & M. Spraggon, 2009, The implementation of special attributes of CEO compensation contracts around M&A transactions, *SMJ,* 30: 985–1011; N. Hiller & D. Hambrick, 2007, Conceptualizing executive hubris, *SMJ,* 26: 297–319; R. Masulis, C. Wang, & F. Xie, 2007, Corporate governance and acquirer returns, *JF,* 62: 1851–1889.

31. M. Nakamura, 2011, Adoption and policy implications of Japan's new corporate governance practices after the reform, *APJM,* 28: 187–213; T. Yoshikawa & J. McGuire, 2008, Change and continuity in Japanese corporate governance, *APJM,* 25: 5–24.

32. S. Kaplan & P. Stromberg, 2009, Leveraged buyouts and private equity, *JEP,* 23: 147–166; L. Phalippou, 2009, Beware of venturing into private equity, *JEP,* 23: 147–166; P. Phan & C. Hill, 1995, Organizational restructuring and economic performance in leveraged buyouts, *AMJ,* 38: 704–739.

33. J. Lerner, P. Stromberg, & M. Sorensen, 2008, Private equity and long-run investment, in J. Lerner & A. Gurung (eds.), *The Global Economic Impact of Private Equity Report 2008* (pp. 27–42), Geneva, Switzerland: World Economic Forum.

34. R. Aguilera, I. Filatotchev, H. Gospel, & G. Jackson, 2008, An organizational approach to comparative corporate governance, *OSc,* 19: 475–492; B. Boyd, K. Haynes, & F. Zona, 2011, Dimensions of CEO-board relations, *JMS,* 48: 1892–1923; G. Dowell, M. Shackell, & N. Stuart, 2011, Boards, CEOs, and surviving a financial crisis, *SMJ,* 32: 1025–1045; B. Hermalin, 2005, Trends in corporate governance, *JF,* 60: 2351–2384.

35. D. McCarthy & S. Puffer, 2008, Interpreting the ethicality of corporate governance decisions in Russia, *AMR,* 33: 11–31.

36. A. Henderson, D. Miller, & D. Hambrick, 2006, How quickly do CEOs become obsolete? *SMJ,* 27: 447–460.

37. Y. Kor & V. Misangyi, 2008, Outside directors' industry-specific experience and firms' liability of foreignness, *SMJ,* 29: 1345–1355.

38. M. Li & R. Simerly, 1998, The moderating effect of environmental dynamism on the ownership performance relationship, *SMJ,* 19: 169–179.

39. S. Kaplan, 2008, Cognition, capabilities, and incentives, *AMJ,* 51: 672–695; J. Tian, J. Haleblian, & N. Rajagopalan, 2011, The effects of board human and social capital on investor reactions to new CEO selection, *SMJ,* 32: 731–747; J. Westphal & M. Clement, 2008, Sociopolitical dynamics in relations between top managers and security analysts, *AMJ,* 51: 873–897.

40. A. Alexiev, J. Jansen, F. Van den Bosch, & H. Volberda, 2010, Top management team advice seeking and exploratory innovation, *JMS,* 47: 1343–1364.

41. C. Doidge, A. Karolyi, & R. Stulz, 2004, Why are foreign firms listed in the US worth more? *JFE,* 71: 205–238.

42. A. Karolyi, 2010, Corporate governance, agency

problems, and international cross-listings, working paper, Cornell University.

43. C. Doidge, A. Karolyi, & R. Stulz, 2009, Has New York become less competitive than London in global markets? *JFE*, 91: 253–277; N. Fernandes, U. Lel, & D. Miller, 2010, Escape from New York, *JFE*, 95: 129–147.

44. S. Boivie, D. Lange, M. McDonald, & J. Westphal, 2011, Me or we, *AMJ*, 54: 551–576; J. He & Z. Huang, 2011, Board informal hierarchy and firm financial performance, *AMJ*, 54: 1119–1139; A. Mackey, 2008, The effect of CEOs on firm performance, *SMJ*, 29: 1357–1367; S. Nadkarni & P. Herrmann, 2010, CEO personality, strategic flexibility, and firm performance, *AMJ*, 53: 1050–1073; A. Raes, M. Heijltjes, U. Glunk, & R. Roe, 2011, The interface of the top management team and middle managers, *AMR*, 36: 102–126; Z. Simsek, 2007, CEO tenure and organizational performance, *SMJ*, 28: 653–662; C. Tuggle, K. Schnatterly, & R. Johnson, 2010, Attention patterns in the boardroom, *AMJ*, 53: 550–571; Y. Zhang & M. Wiersema, 2009, Stock market reaction to CEO certification, *SMJ*, 30: 693–710.

45. A. Bris & C. Cabolis, 2008, The value of investor protection, RFS, 21: 605–648; C. Doidge, A. Karolyi, & R. Stulz, 2007, Why do countries matter so much for corporate governance? *JFE*, 86: 1–39.

46. T. Buck & A. Shahrim, 2005, The translation of corporate governance changes across national cultures, *JIBS*, 36: 42–61.

47. G. Davis, 2009, The rise and fall of finance and the end of the society of organizations, *AMP*, August: 27–44.

48. S. Estrin & M. Prevezer, 2011, The role of informal institutions in corporate governance, *APJM*, 28:41–67.

49. P. David, T. Yoshikawa, M. Chari, & A. Rasheed, 2006, Strategic investments in Japanese corporations, *SMJ*, 27: 591–600.

50. R. Aguilera & A. Cuervo-Cazurra, 2009, Codes of good governance, *CG*, 17: 376–387; I. Haxhi & H. van Ees, 2010, Explaining diversity in the worldwide diffusion of codes of good governance, *JIBS*, 41:710–726.

51. L. Donaldson, 1995, *American Anti-management Theories of Management*, Cambridge, UK: Cambridge University Press.

52. M. Lubatkin, P. Lane, S. Collin, & P. Very, 2005, Origins of corporate governance in the USA, Sweden, and France, *OSt*, 26: 867–888; Y. Shi, M. Magnan, & J. Kim, 2012, Do countries matter for voluntary disclosure? *JIBS*, 43: 143–165.

53. M. van Essen, J. van Oosterhout, & P. Heugens, 2012, Competition and cooperation in corporate governance, *OSc* (in press).

54. J. Siegel, 2003, Can foreign firms bond themselves effectively by renting US securities laws? *JFE*, 75: 319–359.

55. A. Chizema & Y. Shinozawa, 2012, The "company with committees," *JMS*, 49:77–101; C. Crossland & D. Hambrick, 2007, How national systems differ in their constraints on corporate executives, *SMJ*, 28: 767–789; T. Khanna, J. Kogan, & K. Palepu, 2006, Globalization and similarities in corporate governance, *RES*, 88:69–90; C. Kwok & S. Tadesse, 2006, National culture and financial systems, *JIBS*, 37: 227–247.

56. State ownership is also often referred to as "public ownership." However, since a lot of privately owned firms are publicly listed and traded (which can cause confusion), I have decided to use "state ownership" here to minimize confusion.

57. P. Bernstein, 2009, The moral hazard economy, *HBR*, July–August: 101–102.

58. *Economist*, 2012, The rise of state capitalism, January 21: 11.

59. Y. Jiang & M. W. Peng, 2011, Principal-principal conflicts during crisis, *APJM*, 28: 683–695.

60. T. Khanna & K. Palepu, 2004, Globalization and convergence in corporate governance, *JIBS*, 35:484–507.

61. R. G. Bell, I. Filatotchev, & A. Rasheed, 2012, The liability of foreignness in capital markets, *JIBS*, 43: 107–122; L. Capron & M. Guillen, 2009, National corporate governance institutions and post-acquisition target reorganization, *SMJ*, 30: 803–833; J. Kang & J. Kim, 2010, Do foreign investors exhibit a corporate governance disadvantage? *JIBS*, 41: 1415–1438; A. Pe'er & O. Gottschalg, 2011, Red and blue, *SMJ*, 32: 1356–1367; H. Zou & M. Adams, 2008, Corporate ownership, equity risk, and returns in the People's Republic of China, *JIBS*, 39: 1149–1168.

62. *BW*, 2011, After much hoopla, investor "say on pay" is a bust, June 20: 23–24.

63. O. Gottschalg & M. Zollo, 2007, Interest alignment and competitive advantage, *AMR*, 32: 418–437; J. Ho, A. Wu, & S. Xu, 2011, Corporate governance and returns on information technology investment, *SMJ*, 32: 595–623.

第十二章
企业社会责任

▶▶ 学习目标

通过本章学习，你应该能够
1. 阐述企业利益相关者的观点；
2. 发展出企业社会责任的一个综合模型；
3. 参与有关企业社会责任的三个主流争论；
4. 从中获得战略启示。

⬭ 开篇案例

第一辆电动汽车诞生记

不耗一滴汽油的电动汽车（electric vehicle, EV）是众多环保人士心中的"理想型汽车"。以充电型汽车著称的电动汽车完全依靠蓄电池提供动力，无须排气管从而达到零排放。相比丰田普锐斯的混合动力系统（汽油发动机功率足够大以前先靠蓄电池维持车辆行驶，然后再边开边给蓄电池充电），这种电动汽车更具有革命性。

关键问题是：汽车购买者准备好购买电动汽车了吗？它的环境效益已明朗，但是与电动汽相对抗的技术、社会、心理和经济力量是非常强大的。从技术上讲，最先进的电动汽车每次充电仅仅能跑60—80英里（96—160千米），而且每次完全充满电要花7个小时。很明显，电动汽车没有传统汽车方便。从社会角度讲，电动汽车就像普锐斯，也许是细分市场上一朵小小的浪花，但是，它能否渗透到主流中是值得怀疑的。从心理上讲，因为公共充电站很少而且两个充电站之间的距离较远（很多社区没有充电站），因此，驾驶员会有"里程焦虑"——在到达下一个充电站之前，电动汽车的电量会耗尽吗？最后，电动汽车的经济效果不太诱人。诸如普锐斯的混合动力系统大约要比同等条件的传统汽车贵4 000美元，而电动汽车可能要比同等条件的传统汽车贵10 000—20 000美元不等。电动汽车拥有者还要在家安装一个专用充电器，这将会再多花2 000美元。利用家庭标准电源插座进行充电的简易插头仅适用于紧急情况，因为如果突然给一辆电动汽车大量充电，当地的公共电网可能会崩溃。

日产公司迎难而上，于2010年12月发售了一部中型五门斜背式汽车——聆风（Leaf），这是世界上第一款大量生产的电动汽车。世界上的第一个顾客出现在旧金山，2010年12月11日他把聆风开回了家。日本的首次交付发生在2010年12月22日的神奈川县。葡萄牙、爱尔兰及英国成为聆风首批进入的欧洲市场。尽管美国人可能对32 780美元的标价表示震惊，但聆风在美国的价格是全球最低的（见表12.1）。在其他地方，购买电动汽车要花费44 600—49 800美元不等！即使加上政府派发的所有奖励，聆风依然很贵。那么日产是如何准备发售这种先进汽车的？

表12.1 日产聆风在前五大市场中的价格及上市时间

	标价（美元）	折后净价（美元）	上市时间
美国	32 780	25 000	2010.12
日本	44 600	35 500	2010.12
葡萄牙	45 500	39 325	2011.01
爱尔兰	45 100	39 000	2011.02
英国	49 800	38 400	2011.03

日产至少重点准备了三方面的工作：第一，从制度基础观来看，日产对电动汽车所能满足的新兴的监管要求有着敏锐的意识。尽管汽车行业在收紧排气量标准上争论了很多年，2007年美国颁布的《能源独立与安全法案》要求，在2020年之前，将所有由单一汽车制造商制造的汽车的燃料经济的平均值提高至每加仑35英里，这比当前水平提高了40%。这意味着对一家汽车制造商来说，不但不应刻意避开电动汽车，相反，拥有一辆像聆风这样的零排量汽车，已经成为抵消像SUV这样的"油老虎"的一种明智的选择。立竿见影的是，大部分汽车制造商开始一拥而上争相开发电动汽车，但是没有一家公司——包括普锐斯的制造商丰田——能在引入第一辆电动汽车的比赛中击败日产。

第二，从资源基础观来看，日产在至关重要的锂电池技术上有显著优势。其早在1977年就已经引入了第一个电动汽车原型。1999年，当雷诺接管日产并且由卡洛斯·戈恩（Carlos Ghosn）负责时，日产已濒临破产。戈恩在其发起的极度痛苦的重组中削减了60%的研发项目。然而，耗资巨大且前途未卜的电池项目却被保留下来并加以扶持，这最终成就了聆风。

第三，为确保上市成功进行，日产采取了一系列利益相关者措施，以一种高度创新的方式与各种各样的利益相关者（如政府官员、公共设施、社会活动家及客户）进行合作。2008年，日产设立了一个零排量汽车团队，其成员不仅有销售和营销部门的高管，而且还包含了政府事务、产品规划及沟通方面的高管。在美国，这个团队聚焦于重视环保的七个州：亚利桑那、加利福尼亚、夏威夷、俄勒冈、田纳西、得克萨斯及华盛顿。日产通过将其上市计划限制在这七个州内从而可集中建设大量的充电站。该团队拜访政府官员，说服他们为购买者和公用设施提供更多的激励措施，鼓励其建立公共充电站，以及致力于简化家用充电装置的许可和安装过程。该团队还呼吁公用设施部门要做好准备并在相关会议上做报告，这些举措在汽车制造商中是前所未有的。日产团队还联络了活跃分子。他们邀请了来自27个州中307个城市的1400人参加焦点小组会议，领头的活跃分子被邀请到已开始建造聆风的日本横滨去体验驾驶电动汽车。

2010年4月，终于迎来了这一关键时刻。此时，日产邀请有兴趣的购买者通过预付可退还的99美元进行预订。在第一个24小时内，日产就收到了6000人预订！截至2010年9月，日产就不再接受该年度的任何预订。因此，顾客不得不等上4—7个月才能有机会购买。这样看来，日产售出产于横滨工厂的首批50000辆聆风似乎不成问题。包括2012年建于美国田纳西州的士麦那（Smyrna）工厂，以及2013年建于英国桑德兰（Sunderland)的工厂，产量都将上升。

聆风被美国官方列为燃料效率最高的车辆（相当于每加仑汽油99英里）。它每英里耗费2美分，而一般的传统型汽车需耗费13美分，因此它远比一般的传统型汽车更加经济。尽管雪佛兰伏特和插电式丰田普锐斯不久将进入试验阶段，但它们仍是混合式汽车。作为唯一一款全充电式汽车，聆风已吸引了大量的注意力，并夺得了众多奖项。例如，2010绿色汽车视觉奖、2011欧洲年度汽车、2011世界年度汽车、2011年度环保型汽车及2012日本年度汽车。尽管聆风因对更洁净环境做出的贡献而赢得了多种荣誉，但是从竞争的观点看，日产更高兴的是，众多关于"绿色汽车"的对话主要围绕聆风展开，而不是普锐斯。

资料来源：（1）*Bloomberg Business Week*, 2011, Charged for battle, January 3: 49–56；（2）*Bloomberg Business Week*, 2010, Green cars still need training wheels, December 6: 37–38；（3）*Economist*, 2012, The World in 2012（p. 134）. London: The Economist Newspaper Group；（4）www.2011nissanleaf.net；（5）www.nissanusa.com。

为什么电动汽车是众多环保人士心中的理想型汽车？为什么这么多汽车制造商没有制造这种汽车？为什么第一家进行大量生产电动汽车的日产赢得了如此多的荣誉？最简单的回答是：日产冒着风险开发电动汽车显示了其对企业社会责任的热衷。**企业社会责任（corporate social responsibility，CSR）**是指"企业考虑并回答超越狭隘的经济、技术和法律要求以外的问题，这些问题需要企业在追求传统经济利益的同时实现社会效益"。[1] 过去，许多管理者把企业社会责任问题搁置。但目前这些议题已逐渐在企业的议事日程中占据了前列。而我们把该议题放在本书的最后一章，绝不意味着企业社会责任是最不重要的话题。相反，我们认为，这一章是整合前面所有章节中三种战略观的最佳方法之一。[2] 企业社会责任的综合性特征已在开篇案例中展露无遗。

企业社会责任的核心是**利益相关者**

（stakeholder）这一概念。利益相关者是指"任何能够影响组织目标实现或者被组织目标的实现所影响的群体或个人"。[3] 如图12.1所示，股东当然是一个重要的利益相关者群体，其他的利益相关者还包括管理者、非管理层员工（以下简称"雇员"）、供应商、消费者、社区、政府，以及社会组织和环境组织。由于第十一章已经用大量篇幅对股东进行了讨论，因此，本章重点关注非股东利益相关者（以下简称"利益相关者"）。有关企业社会责任的主流争论是，管理者为提高利益相关者利益所做的努力是否与他们捍卫股东利益的受托责任相一致。[4] 从一定程度上说，公司不是社会机构，他们的首要职能还是营利，企业显然不应该（也不能）解决世界上所有的社会问题。但另一方面，没有意识到企业社会责任的必要性也许不利于企业未来长远的发展。因此，关键是如何根据企业社会责任制定战略。

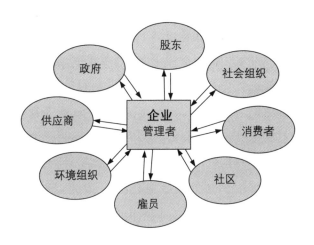

资料来源：改编自 T. Donaldson & L. Preston, 1995, The stakeholder theory of the corporation: Concepts, evidence, and implications（p.69），*Academy of Management Review*, 20: 65–91。

图12.1 企业利益相关者观点

本章首先介绍了企业利益相关者观点，然后从三个主流战略观的角度讨论了企业社会责任的综合模型，最后是争论和引申。

企业利益相关者观点

战略远景

企业要追求全球可持续性发展，而企业的利益相关者观点就凸显了企业的发展全景。企业社会责任的关键目的是**全球可持续发展**（global sustainability），即"满足当代需求又不损害后代满足需求的能力"。[5] 它不仅包括社会和自然环境的可持续性，还包括资本的可持续性（sustainable capitalism）。[6] 全球来看，至少存在三种驱动力，与可持续的紧迫性相关：

- 全球化带来的人口增长、贫穷及不平等需要新的解决方法。世界舞台上重复出现的抗议活动只不过是这种情绪的冰山一角。
- 与全球化带来的国家政府权力的相对弱化相比，非政府组织（NGO）及其他民间利益团体已逐渐承担了监督者的角色，在某些情况下，甚至成了社会和环境标准的强制实施者。[7]
- 工业化对环境产生了无法逆转的影响。[8] 全球变暖、污染、水土流失及森林滥伐等已成为亟待解决的问题。[9]

全球可持续发展的驱动因素具有复杂性和多元性。对于在全球范围内经营的跨国公司来说，它们涉及的企业社会责任范围似乎令人难以置信得宽广。这种混乱复杂的"大场景"迫使管理者对事情进行优先排序。[10] 为此，必须确定主要和次要的利益相关群体。

主要和次要的利益相关者群体

主要利益相关者群体（primary stakeholder group）是指企业赖以持续生存和繁荣的群体。股东、管理者、雇员、供应商及顾客是典型的主要利益相关者，除此之外还包括政府和社区，企业必须遵守相关法律和规定，履行纳税及其他义务。

次要利益相关者群体（secondary stakeholder groups）被定义为那些能够影响企业或者被企业影响，但不参与企业交易且不会危及企业生存的群体。[11] 环保团体（例如绿色和平组织）经常承担反对污染的工作。公平劳动实践团体（例如公平劳动协会）经常向那些被指控不给员工提供合理劳动条件的企业提出抗议。虽然公司的生存不依赖次要利益相关者群体，但是这些群体可能会带来潜在的麻烦和损害（例如20世纪90年代的耐克）。

企业利益相关者观点主要认为，企业不应该仅仅追求利润和股东回报这样的经济底线，而应该追求一个更加均衡的**三重底线（triple bottom line）**。三重底线在第一章中有介绍，它包括经济绩效、社会绩效和环境绩效。[12] 一定程度上，三者之间的需求显然在相互竞争，这似乎意味着企业社会责任观点代表了一场进退两难的困境。事实上，它已经引发了一场根本性的争论，接下来，我们介绍这种争论。

根本性争论

关于企业社会责任争论的焦点集中在企业的社会属性上。企业为什么存在？很多人会直观地回答"为了赚钱"。芝加哥大学经济学教授、诺贝尔经济学奖得主米尔顿·弗里德曼(Milton Friedman)认为"公司的正事就是做生意"。[13] 企业是经济性组织的观点似乎是毋庸置疑的。但问题是，企业是否仅仅是一个经济性组织？尽管2006年弗里德曼已去世，但他的观点仍然具有影响。[14]

争论的一方认为，"企业的社会责任就是提高利润"，这是弗里德曼发表于1970年的一篇很有影响力的文章题目。这个自由市场学派的观点来源于亚当·斯密，他认为，在法律和道德范围内利己主义的经济追求会产生有效的市场。自由市场的倡导者认为，首要的利益相关者群体是股东，管理者有责任去满足他们的经济利益。只要我们（美国）经济体系的特色依然是资本主义，资本家或股东这样的资本提供者理应受到管理者至高无上的关注。自20世纪80年代以来，"股东资本主义"已逐渐影响着整个世界，该术语明确将股东作为唯一最重要的利益相关者群体（见第十一章）。

自由市场倡导者认为，如果企业试图实现诸如提供工作和社会福利这样的社会目标，管理者将不再关注利润最大化（或者股东价值最大化）。因此，企业也许会失去资本主义企业的特征，而成为社会主义组织。对社会主义组织的理解不是纯粹理论争辩的结果，而是对亚、非、拉等发展中国家大量国有企业的准确描述。本质上，私有化就是去除这些企业的社会职能，并通过私有产权恢复其对经济利益的关注（见第十一章）。总之，自由市场学派在世界上具有影响力，它也为跨国企业率先进行全球化提供了学术支撑。

企业社会责任运动正是因反对这样一个具有强大影响力的思想学派而逐渐兴起的。企业社会责任的倡导者认为，倡导利己和利润的自由市场体系——尽管理论上受规则、契约及所有权限制——实际上也许无法约束自身，因此会产生贪婪、过度和滥用行为。如果由企业和管理者自己做决定，他们也许会选择自身的利益而不是公众利益。2008—2009年的经济危机是个典型的例子。然而，企业社会责任的倡导者并不否认股东是重要的利益相关者，他们认为，所有利益相关者都有要求"公平交易"的平等权利。考虑到利益相关者的需求之间经常存在冲突，企业的最终目的不是成为实现企业利益最大化的实体，而是协调各方利益的工具。那么，这场争论中一个非常棘手的问题是，所有利益相关者是否的确拥有平等权利，以及如何管理他们（有时是不可避免）的冲突。[15]

企业社会责任学派的观点发轫于20世纪70年代，开始时只是自由市场主义海洋中的一种边缘声音，现已逐渐成为战略讨论的核心。[16] 战略大师迈克尔·波特（Michael Porter）一直强调创造共享价值的重要性，即"创造经济价值的同时，也可通过关注社会需求和挑战来创造社会价值"。企业社会责任学派有两种驱动力量：第一，尽管自由市场席卷全球，但贫富差距扩大了。尽管许多新兴经济飞速发展，但发达国家和许多发展中国家的人均收入差距已拉大。[17] 全球仅有2%的孩子生活在美国，当他们享有世界上50%的玩具时，孟加拉国和尼日利亚1/4的孩子已经成为劳动力。即使在像美国这样发达的国家，社会上层和底层之间的收入差距也已拉大。1980年，美国CEO的平均薪水是普通工人的40倍，这个比例现已超过400倍。尽管美国社会比其他社会能接受较大的收入不均，但这种不断被拉大的贫富差距，通常成为改良资本主义的诱因。2011年"占领华尔街"运动的参与者认为，1%的人获得的财富是以剩余99%的人为代价的。[18] 然而，自由市场的倡导者回应说，只要存在竞争，就永远会有成功者和失败者。被企业社会责任倡导者批评为"贪婪"的东西，在自由市场倡导者那里却是"激励"。

企业社会责任运动兴起背后的第二个原因可能是众多的灾难和丑闻。[19] 1989年，埃克森·瓦尔迪兹号（Exxon Valdez）油轮运载的原油在纯净的阿拉斯加海域全部泄漏。2002年，安然、世界通讯公司（WorldCom）、皇家阿霍德集团（Royal Ahold）及帕玛拉特（Parmalat）等丑闻震惊世界。2009年，获得政府紧急救助的华尔街金融服务公司过量派发资金，被批评为对社会麻木不仁和不负责任。2010年，英国石油公司的漏油事故将墨西哥湾搞得一团糟。2011年，日本地震引发了福岛核电站灾难。毫不奇怪，新的灾难和丑闻经常把企业社会责任推到公共政策和管理讨论的前台。总的来说，作为一种利益相关者群体，管理者是独特的，因为他们是唯一处于所有关系核心位置的群体。[20] 理解他们决策时如何考虑企业社会责任是重要的，接下来我们将予以说明。

企业社会责任的综合模型

尽管一些人并不认为企业社会责任是战略的组成部分，但本节根据三种主流战略观提出的一个企业社会责任的综合模型（见图12.2）表明，这三种传统的战略观只需些微调整和扩展就能清楚解释企业社会责任。本节我们将阐述这个问题。

产业基础观

以"五力模型"为例，产业基础观能被用于理解企业社会责任所产生的竞争。

竞争者之间的竞争。一个产业越是集中，竞争者将越可能意识到，他们之间的相互依赖是建立在一种抵制履行更高企业社会责任标准的旧经营方式上（见第八章）。在这种情况下，现有企业更容易抵抗来自企业社会责任的压力。例如，当面对降低汽车排放水平的强大压力时，汽车制造商游说政客，挑战全球气候变化的科研成果，并指出降低排放需要较高的成本——直到一些先行企业为了赢得竞争而摆脱原有的规范，研发出一种改变游戏规则的新产品，如日产聆风（见开篇案例）。

潜在进入者的威胁。现有企业如何提高进入壁垒以阻止潜在进入者？成为污染控制技术先行者而积累的经验，因能够制造进入壁垒而为现有企业所钟爱。污染控制技术可分为两种不同的类型：第一种污染控制技术是更为积极主动的**污染防治**。像产品质量出现问题一样，污染反映了产品设计或生产中的缺陷。污染防治技术通过采用清洁替代方法来降低或清除污染，从而创造更加优质的产品（就像开篇案例中的日产聆风）。第二种污染控制技术比较被动，称为"末端"**污染清除**。通常作为最后工序，在污染排放之前清除污染物。这两种污染控制技术的效果是不一样的。积极主动的污染防治技术可以为现有企业提供更有效的进入壁垒。

供应商的讨价还价能力。如果有社会和环保意识的供应商，能够提供没有或少有替代品的独特差异化产品，那么他们的讨价还价能力可能很强。例如，可口可乐是全球罐装厂可乐糖浆的唯一供应商，并且大部分厂商是其特许经销商独立拥有的。因此，可口可乐公司能够通过要求所有罐装厂承担社会和环保责任，来提高自己的讨价还价能力。可口可乐公司还鼓励它的罐装厂对社会活动提供支持。例如，为南非和越南的小店铺提供启动资金，为中国和日本的地震灾区捐赠饮料，以及提高包括美国在内的42个国家学生的阅读能力。

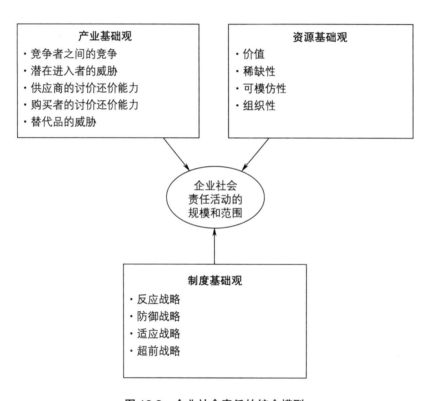

图12.2　企业社会责任的综合模型

购买者的讨价还价能力。通过利用讨价还价能力，对企业社会责任感兴趣的个人或购买者也许能够获得相关企业的重要让步。能够体现个体消费者实力的一个例子是有关壳牌公司的争端。1995年，该公司决定将一个石油平台沉入海底。这引起了德国一个绿色和平组织的强烈抗议，以致壳牌公司加油站的销售量在一个月内就下降了11%。如此巨大的压力迫使壳牌公司取消了原来的决定，并耗费巨资把石油平台拖至岸边拆除。

耐克公司则是公司客户获得企业让步的又一个例子。耐克公司针对批评（根除供应链上"血汗工厂"失败）进行了回应。尽管耐克的供应商都不是自己的，但耐克有能力通过内部和第三方审计监控全球所有供应商。对于洁身自好、从不参与"血汗工厂"劣迹的供应商而言,这种监控系统增加了诸如文档处理、接待审计师等大量的工作,以及额外的成本。而对"血汗工厂"运营者来说,他们需要对经营方式做出彻底的、代价巨大的改变。毫不奇怪,这两者开始都抵制耐克的做法。然而,耐克通过它的全球影响力成功地推动了这一举措。

最后值得一提的是,购买者在遇到重大困难时,也能够提高讨价还价能力。那些生活在亚非拉、受到其政府和企业社会责任团体支持的垂死的艾滋病人,经常要求总部设在经济发达国家的制药企业捐赠免费药品,降低药品价格,并且免费为当地制造商提供专利,以使他们能以更加便宜的价格生产同类药物。尽管这些发达国家制药企业拒绝过,但最终它们还是会让步。

替代品的威胁。如果替代品比现有产品质量更好而且成本又比较合理,也许会吸引更多的顾客。例如,风力发电具有较大的潜在价值,因为它比利用矿物燃料(例如石油和煤炭)发电更加环保,比核能发电更加安全。目前看来,风力发电若想在商业上具有可行性,还需要政府的大力补助。不过,考虑到矿物燃料不断消耗,原油价格不断上涨,以及传统技术相关风险(如恐怖主义对核电站造成的风险)的不断上升,它的前景可能还是很光明的。总之,替代品的潜在威胁需要企业警觉地审视更广阔的环境,而不是仅仅把注意力局限在某些行业上。

将威胁转化为机会。总体看来,五力模型指出了两点教训。首先,不是所有产业面临的来自企业社会责任的挑战都是相同的。能源和资源密集型产业(如化工产业)在环境监督面前更为脆弱。劳动密集型产业(如服装产业)在公平劳动实践方面更可能受到挑战。然而,尽管它们所面临的挑战程度不同,但没有产业能够完全免除企业社会责任。表12.2显示了在20世纪60—90年代,环保主义者(主要的企业社会责任团体之一)对越来越多的产业提出的挑战。

其次,鉴于成为一个好的企业公民需要承担越来越多不可避免的责任,因而,企业也许需要有选择地主动将一些威胁转化为机会。例如,陶氏化学公司、家得宝(Home Depot)、劳氏(Lowe's)及联合利华公司并没有把非政府组织看作威胁,而是与它们合作。许多管理者习惯上把企业社会责任看作一种负担,如烦人的规则、成本的增加及讨厌的义务。这样的态度可能低估了与企业社会责任相关的战略业务机会。积极主动的管理者和他们领导的企业(如开篇案例中的日产)应该有足够的远见,通过有选择性的、先发制人的投资及持续的介入,迎接企业社会责任所带来的挑战,彻底将企业社会责任活动当成差异化的一个来源,而不是额外成本的增加。

资源基础观

与企业社会责任相关的资源应包括有形的技术、流程,以及无形的技能和态度。[21]VRIO模型能较好解释企业社会责任。

价值。企业社会责任相关的资源和能力能增加企业价值吗?这是检验企业社会责任工作的试金石。许多大企业(尤其是跨国公司)能够将大量的资金、技术、人力资源投入企业社会责任工作中。例如,企业能够通过购买绿色电厂的能源,例如风电,来对环保团体表示友好。或者,企业能够通过不在被指控存在侵犯人权问题的国家做生意,来回应人权组织。这些活动都被定义为**社会议题参与(social issue participation)**,它指企业参与到与管理主要利益相关者并不直接相关的社会议题中。研究认为,这些活动实际上可能降低了股东价值。[22]总之,尽管社会议题参与也许创造了目前无法看

表 12.2 备受环保主义者挑战的行业

20 世纪 60 年代	20 世纪 70 年代	20 世纪 80 年代	20 世纪 90 年代
煤炭采集和污染	喷雾剂	喷雾剂	喷雾剂
洗涤剂	机场	农业	农业
采矿	石棉	机场	空调
杀虫剂	汽车	动物试验	飞机和机场
水坝	生物	汽车	动物试验
	化工	生物	军备
	煤炭采集和污染	化工	汽车
	深海捕鱼	煤炭采集和污染	银行
	洗涤剂	计算机	生物
	重型卡车	深海捕鱼	餐饮
	金属	洗涤剂	化工
	核能	肥料	煤炭采集和污染
	油轮	林业	计算机
	包装	焚烧	洗涤剂
	客机	保险	干洗
	杀虫剂	垃圾填埋场	电力供应
	纸浆	核能	电子设备
	烟草	油轮	时尚
	有毒废物	陆上油气	肥料
	运输	包装	养鱼业
	水坝	油漆	捕鱼
	捕鲸	杀虫剂	林业
		塑料	焚烧
		纸浆和造纸	保险
		冷藏	垃圾填埋场
		超市	肉品加工
		烟草	采矿
		有毒废物	高速公路
		热带阔叶林	核能
		金枪鱼捕捞	办公用品
		水坝	油轮
		捕鲸	陆上油气
			包装
			油漆
			杀虫剂
			塑料
			房地产
			纸浆和造纸
			冷藏
			海运
			超市
			纺织
			烟草
			旅游
			有毒废物
			运输
			热带阔叶林
			轮胎
			水坝

资料来源：改编自 J. Elkington, 1994, Towards the sustainable corporation: Win-win-win business strategies for sustainable development (p. 95), *California Management Review*, winter: 90–100。

到的社会和环境价值，但它不能满足三重底线中的经济底线，因此，这些能力还不能成为企业的增值资源。

稀缺性。企业社会责任相关的资源并不总是稀有的。细想一下，如果竞争者也拥有这些有价值的资源，那么这些资源就不太可能为企业创造显著的优势。例如，家得宝公司和劳氏集团都被像森林监管委员会这样的非政府组织认证过，即它们在巴西、印度尼西亚、马来西亚的供应商仅采用再生林做原料。这些复杂的流程需要很强的管理能力，如与当地供应商谈判、进行内部审核、为外部审核与非政府组织协调，以及向利益相关者传递这类信息等。这些能力是有价值的，但是因为两家竞争者都拥有管理这些流程的能力，因此它们就是普通资源而非稀缺资源了。

可模仿性。尽管有价值的和稀缺的资源可能会带来某些竞争优势，但是如果竞争者能够模仿它，这种竞争优势也只是暂时的。为了给企业创造可持续的竞争优势，这些资源就不仅是有价值的、稀缺的，而且还应该难以被竞争者模仿。在一些企业中，企业社会责任相关的能力深深扎根于管理者和员工独特的技能、态度和理解中。在由被称为"良知资本主义大师"的约翰·麦基（John Mackey）领导下的全食公司（Whole Foods），如何巧用复杂的社会化方式将员工的能量和信念引导到企业社会责任方向，就很难被模仿（参见结篇案例）。

组织能力。企业有做好企业社会责任工作的组织能力吗？企业会组织起来充分挖掘企业社会责任的潜能吗？企业内部各组成部分之间是相互关联的。例如，正式的管理控制系统以及管理者和员工之间的非正式关系，这些组成部分通常被称为互补性资产（见第三章），因为它们本身不能产生竞争优势。然而，当与有价值的、稀缺的及难以模仿的能力结合起来时，也许能使企业充分利用企业社会责任潜能。

例如，假定企业A能够通过充分理解一些竞争者在污染防治方面的最佳实践，从而克服上面提到的三种障碍（价值、稀缺性、可模仿性）。但是，即使它试图实现这些最佳实践，除非企业A同时拥有互补性资产，否则这些最佳实践的作用不大。聚焦流程的污染防治最佳实践不是孤立存在的，而是与企业中的其他活动相互依存的，这些最佳实践需要大量的互补性资产，如流程革新及员工敬业。这些互补性资产不是作为新环保战略的一部分被开发出来的，而是植根于更一般化的企业战略（如差异化战略）当中。如果这些互补性资产已经存在了，那么它们在追求最佳环境实践过程中将可以起到杠杆作用。否则，一味模仿不大可能有效。

企业社会责任的经济绩效困惑。资源基础观解决了企业社会责任争论中的主要困惑：企业社会责任的经济绩效困惑。这个困惑（企业社会责任倡导者受挫的来源）是，为什么没有企业社会责任和经济绩效（如利润和股东回报）之间直接正向关系的确切证据？尽管一些研究的确指出了某种正的相关关系[23]，但其他研究者也发现了负的相关关系[24]，或者两者之间没有关系。[25] 综合看来，"企业社会责任不会（对经济绩效）带来危害，但缺乏有力证据证明它能产生巨大的（经济）回报"。[26] 对这种不一致的结果，尽管存在很多种解释，但是资源基础观的解释表明，由于存在上述我们讨论的能力上的限制，许多企业不适合采用高强度企业社会责任（差异化）战略。[27] 由于所有研究都存在抽样偏差（没有研究是完美的），若研究中包含太多并没有为高强度企业社会责任活动做好准备的样本，就可能导致企业社会责任和经济绩效之间的负向关系。同样，研究中包含太多为企业社会责任做好准备的样本，也许就会发现一种正向关系。另外，样本比较均衡的

(比较随机)的研究,也许不能发现任何统计学意义上的显著关系。总之,因为每家企业都是不同的(资源基础观的基本假设),所以,并不是每家企业的经济绩效都会受益于企业社会责任。

制度基础观

制度基础观为社会责任运动的逐渐扩散以及企业的战略回应提供了相当好的解释。[28] 在最基本的层面上,管制压力支撑着正式制度,而规范和认知压力支持了非正式制度。[29] 如第四章所介绍的那样,战略响应框架包括(1)反应战略,(2)防御战略,(3)适应战略,(4)超前战略(见表 4.5)。如表 12.3 所示,扩展这个框架可以用来探究企业如何制定社会责任决策。

反应战略表明企业社会责任事务很少或得不到高层管理者支持。只有当发生灾难和强烈抗议时,企业才会被迫采取行动。甚至当问题出现时,矢口否认通常是第一道防线。换句话说,接受企业社会责任既不是源自认知信念的内化,也不是因为实践中的任何规范,那就只能是正式管制压力迫使企业服从。例如,在美国,我们今天认为理所应当的食品和药品安全标准,在 20 世纪上半期,就遭到了食品企业和药品企业的攻击。尽管不安全的食品和药品已使得成千上万的人丧命,但是,食品和药品在出售给顾客和病人之前应该先进行检验这一基本观点,仍引发了强烈争议。结果是,食品和药品管理局(FDA)逐渐获得了更多的权力。然而,这个争议的时代并未结束。因为,时至今日,许多保健品制造商(其产品已经超出了 FDA 的管理范围)仍在继续销售未经检验的保健品并拒绝承担责任。

防御战略关注合规性。高层管理者最多是零星介入,其持有的基本态度是,企业社会责任会增加成本,或者是一件麻烦事。企业承认社会责任但又经常挑战它。1970 年,环境保护署(EPA)成立之后,美国的化工产业就抵制它的介入(见表 12.3)。这种管制要求与当时该行业奉行的规范和认知信念差异极大。

各种制度压力是如何改变企业行为的呢?在缺乏非正式的规范和认知信念情况下,正式的管制压力是唯一能够推动企业前进的可行方式。制度基础观的一个主要观点是,在给定合适激励的情况下,个人和组织会做出理性的选择。例如,控制污染的其中一种有效方式是,让污染制造者缴纳"绿色"税——如从汽油零售税到垃圾填埋费。但是,这些管制压力的效果如何仍存在争议。

表 12.3 美国化工产业对环境压力的回应

阶段	战略回应	摘自《产业贸易期刊》《化学周刊》的代表性陈述
1962—1970	反应战略	否认环境问题的严重性并认为这些问题能够单纯通过产业的技术发展得以解决
1971—1982	防御战略	"国会似乎决定在我们必须遵守的已有 27 条健康和安全管制基础上再增加一条,这将会使环境保护署(EPA)成为化工产业的沙皇。民主国家没有任何机构应该拥有如此权威"
1983—1988	适应战略	"EPA 因其行动过缓而受到批评⋯但我们仍然认为它在做好事"(1982)。"批评者希望他们一夜之间把事情解决。EPA 应该凭借其速度和成就赢得信用"(1982)
1989 至今	超前战略	"绿色就是底线——清洁空气法案(CAA)就是效率。你所听到的有关遵守清洁空气法带来的'成本'都是错误的⋯⋯明智的竞争者将会迅速利用绿色革命"

资料来源:A. Hoffman, 1999, Institutional evolution and change: Environmentalism and the US chemical industry, *Academy of Management Journal*, 42: 351–371。Hoffman 的最后一段截至 1993 年,后面的是作者补写的。

一方认为，严苛的环境监管也许会产生更高的成本并且弱化竞争，尤其与那些不会受制于这些监管压力的外国竞争者进行竞争时。然而，另外一方认为，"绿色"税收只会迫使企业缴付其本来加到其他地方的真实成本。如果一个企业排放污染物，那么它就会给周围的社区增加成本，因为社区中的居民要么生活在被污染的环境中，要么需花钱将其清理。通过征收污染税（大约相当于社区的花费），企业必须将污染作为实际成本考虑进去。经济学家称之为"外部效应的内化"。

企业社会责任的倡导者进一步认为，严厉的环境监管也许会迫使企业创新（即使是不情愿的），由此整个行业和国家将获得竞争力。[30]这种观点得到了美国前副总统、诺贝尔和平奖得主戈尔的认可。例如，日本的一项法律列出了使产品更易拆解的标准。尽管日立公司（Hitachi）最初抵制这个法律，但是它还是重新设计了产品以达到易于拆解的标准。它减少了洗衣机中16%的零部件，以及真空吸尘器中30%的零部件。最终，这些产品不仅更易拆解，而且组装也便宜了，由此为日立带来了一项显著的成本优势。

适应战略以获得一些高层管理者的支持为特征，这些高管逐渐认为承担企业社会责任是值得的。由于正式管制可能已经在那里了，非正式的社会和环境压力也不断上升，很多企业本身也开始关注企业社会责任，从而导致了一些新产业规范的出现。进一步地，热衷或赞同企业社会责任的新管理者会加入组织中，或者传统管理者也会改变他们的看法。结果是，企业社会责任是一件正确的事情这一认知信念不断增强。换句话说，从规范性和认知的观点来看，承担责任并且完全照其行事，已经成为一种合法性或一项社会义务。[31]例如，在美国的化工产业，这样的转型在20世纪80年代可能就已经发生了（见表12.3）。绿色和平组织给汉堡王、卡夫、雀巢及联合利华等企业施加压力，从而迫使它们关注其在印度尼西亚棕榈油的主要供应商金光集团砍伐森林的行为。最终，这些食品巨头接受了绿色和平组织的要求，解除了与金光的供应商关系，由此产生了一项新的对地球友好型产业规范。[32]

采用一套行为准则是企业愿意接受社会责任的有形标识。行为准则（有时也称道德准则）是一系列规定了企业适当行为的书面政策和标准，行为准则的全球扩散备受争议。首先，一些人认为，企业并不是真心遵守这些准则。这种消极的观点认为，企业表现出对社会责任的浓厚兴趣，也许只是"装点门面"。一些企业也许并不是真正追求社会责任，而只是迫于压力有样学样。[33]例如，2009年，英国石油公司实行了一种新的安全操作管理系统[34]，但在2010年石油泄漏事故说明这套系统显然并没有真正实施，结果就是巨大的灾难。其次，一种工具主义观点认为，企业社会责任活动仅仅表明它是一种能够盈利的有用工具。[35]企业并没有变得更具道德性。例如，2010年之后，英国石油公司重组管理并设立了一个新的全球安全部门。工具主义观认为，这些行为并不表示英国石油公司真的变成了更具道德的公司。最后，一种积极的观点相信，至少有些企业和管理者可能是由于内在激励去做正确的事，而非因为社会压力。[36]**行为准则**明确表达了组织成员持有的核心且持久的价值。

制度基础观认为，以上三种观点可能都是可行的，由此可以预期制度压力是如何逐渐灌输其价值的。不管实际动机如何，企业履行社会责任的实践，标志着社会责任合法性在管理议程中正不断上升。[37]即使企业采用一套行为准则只是为了"装点门面"，公布一套可被检验的企业社会责任标准,也会为利益相关者更加仔细地对其进行审视打开了大门。这种压力很可能促进企业转变为更加自我激励、更好的企业公民。因此,公正地说,2014年的耐克是比1994年的耐克更负责任的企业公民。

从企业社会责任的观点看,最好的企业在参与企业社会责任时,奉行**超前战略**,它们不断率先承担责任,并努力做得更多。[38] 采用超前战略的企业高管不仅支持和拥护企业社会责任活动,而且把企业社会责任看作差异化优势的来源。正如全食超市的联合创始人和联合CEO约翰·麦基所说的:

> 当人们能在工作中获得真正快乐时,他们必定为顾客提供了更高水平的服务。快乐的团队成员能够带来快乐的顾客,快乐的顾客会给你带来更多的生意。他们会成为企业的支持者,进而带来快乐的投资者。这就是所谓的"四赢战略"。你可以将你的供应商和你所在的社区扩展进来,联结成这样一个繁荣圈。

相似的,星巴克自2001年以来就自愿发布企业社会责任年度报告,这体现了它的创始人、董事长及CEO霍华德·舒尔茨(Howard Schultz)的愿景:"我们必须平衡好为股东创造价值的责任和对社会的责任。"[39]

超前战略的企业经常参与三种活动:第一,一些企业,如瑞士再保险公司和杜克能源公司,积极参与地区、国家、国际政策和标准的讨论。[40] 一定程度上,今天有关政策和标准的讨论,也许在将来会变成规则,早点介入并朝有利的方向(希望如此)引导似乎更好。否则,你很难在未来分得一杯羹。例如,杜克能源公司在美国的5个州中经营了20个火力发电站。它的二氧化碳的排放量在美国位居第三,在世界上居第十二位。但其CEO吉姆·罗杰斯(Jim Rogers),已经提前介入了与绿色技术生产商、社会活动家及政治家有关政策和立法的讨论中。这些并非仅仅是为了保护其企业和电力装备行业的防御措施。与其他同行不同,罗杰斯已经对气候变化"走火入魔",因而真心对降低温室气体排放感兴趣。[41]

第二,超前战略的企业经常与利益相关者集团建立联盟。例如,许多企业与非政府组织合作。[42] 由于历史原因所造成的紧张状态及不信任,这些"与敌共眠"的联盟并不容易掌控。因此,关键在于确定相对较短期的、可管理的互利项目。例如,星巴克与国际自然保护组织协作,帮助减少森林过度采伐。

第三,超前战略的企业经常自愿参与规制要求之外的活动。[43] 尽管各行业自我规制的例子比比皆是,集中关注全球利益的一个例子是国际标准组织制定的ISO14001环境管理认证体系(EMS)。ISO总部位于瑞士,是一个有影响力的非政府组织,下辖111个国家的标准机构。1996年发布的环境管理认证体系ISO14001,已经成为有社会责任意识企业的黄金标准。尽管并非法律所要求的,很多跨国公司(如福特和IBM)还是在其全球工厂中采用了ISO14001标准。像丰田、西门子和通用汽车这样的公司,已经要求其所有的一级供应商必须满足ISO14001认证。

从制度角度看,这些超前行动是很多管理者奉行做正确的事情这种规范和认知信念的标志。[44] 尽管做正确的事,在一定程度上还是有装点门面和谋求更多利润的因素,但这些努力显然带来了某些可见的社会和环境利益。

做出战略选择。 反应、防御、适应与超前战略,为不同的企业提供了选择的"菜单"。目前,超前战略企业的数量依然是少数,倒是很多企业是被迫去做一些事情,也有相当部分企业的社会责任行为可能仍是一种装饰。管制、规范认知方面的持续压力也许会推动更多企业去做更多的事情。英国零售企业玛莎百货（Marks & Spencer, M&S）在公布了全公司企业社会责任计划一年之后，报告了有关其顾客和员工围绕这四种战略的兴趣分布情况（见表12.4）。因为企业社会责任不能在真空中实施，企业特定的战略需要与其顾客、员工及其他利益相关者的社会责任倾向结合起来。换句话说，当企业有大量被动的员工和顾客时，实施超前战略是不现实的。

表12.4 M&S的顾客和雇员兴趣分布

概念类别	M&S的标签	顾客的比例（%）	员工的比例（%）
反应	"不是我的问题"	24	1
防御	"要点是什么"	38	21
适应	"如果容易"	27	54
超前	"绿色支持者"	11	24

资料来源：Marks & Spencer, 2008, *Plan A: Year 1 Review* (p.16), January 15, plana. Marksandspencer.com。

争论和引申

可以毫不夸张地说，争议就是企业社会责任的全部主题。不难看出，本章（聚焦利益相关者）与第十一章（聚焦股东）之间存在大的争议。这里我们将讨论以前没有被触及的与国际化经营相关的争论：（1）国内社会责任与海外社会责任；（2）积极参与和不介入海外企业社会责任；（3）比糟（"污染天堂"）与比好。

国内社会责任与海外社会责任

考虑到两个主要的利益相关者集团——国内员工和社区，由于企业资源有限，把资源投入到海外社会责任通常就意味着留给国内的资源较少。海外扩张，尤其是向新兴经济国家扩张，不仅增加了企业利润和股东回报，而且给"金字塔底层"的东道国提供了就业并发展了经济，所有这些措施都蕴含了高尚的企业社会责任（见第一章）。然而，这些做法通常都是由国内员工和社区买单。1998年的一部电影《光猪六壮士》（*The Full Monty*），生动描述了失业对雇员和社区的打击。这部电影拍摄于世界和欧洲的前钢铁之都英国谢菲尔德(Sheffield)市。在这部电影中，当地经济由于工厂关闭而凋零，钢铁厂的下岗工人被迫从事"另类"工作（男性脱衣舞）。在21世纪初期，为防止类似悲剧发生，戴姆勒-克莱斯勒公司的德国工会不得不放弃3%的薪资增长，并忍受增加11%的工作时间而不用支付额外报酬，以换取8年内在德国保留6 000个工作岗位，否则，他们的工作将转移到捷克、波兰和南非。然而，这样的劳动协议只能放缓却不能阻止发达国家的工作机会外流，因为工资差别实在太大了。[45]

某种程度上，德国的下岗工人几乎没有人愿意到邻国捷克和波兰去找工作（更别说到中国、印度或者南非了），因此，最终他们中的大多数人会依靠德国的社会福利为生。所以，有人可能说，跨国公司会通过增加他们母国的社会负担来逃避企业社会责任。做出这种决策的高管经常受到媒体、工会和政客的批评。然而，从公司治理的角度看，尤其是"股东资本主义"角度，追求股东利益最大化的跨国公司，并没有做错什么（见第十一章）。

尽管有国内外情境问题，但这一争论的核心观点还是会令企业社会责任倡导者感到沮丧：在一个资本主义社会，还是股东（或称资本家）为大。按照通用电气前任董事长及CEO杰克·韦尔奇的说法：

> 工会、政客、社会活动家……企业面对

一个代表各种利益、沸沸扬扬的巴别塔，但是仅有一个老板。公司运营就是为了它的股东。他们拥有并控制着公司。事情就是这样，也应该是这样。[46]

当企业有足够的资源时，它一定会好好照顾国内的员工和社区。然而，当面对成本削减和重组的无情压力时，管理者不得不有个先后顺序。假定没有清楚的解决措施，这种政治上具有爆炸性的争论在未来几年可能会升温。

积极参与和不介入海外企业社会责任

积极参与企业社会责任的跨国公司有望增加。[47]不这样做的跨国公司经常受到非政府组织的批评。20世纪90年代，壳牌在奥戈尼（Ogoni）地区开展业务，当尼日利亚政府残酷镇压当地叛军时，壳牌因为"不闻不问"的行为而受到严厉批评。2009年，壳牌花费了1 550万美元平息了一个奥戈尼的活动家对其提出的旷日持久的诉讼。[48]然而，这种要求企业担负更多社会责任的善意呼吁，与跨国公司和东道国之间存在已久的关系治理原则产生了直接冲突——不干涉当地事务。

这种不干涉原则源于对跨国公司可能会参与东道国国家利益相悖政治活动的顾虑。20世纪70年代的智利是一个很好的例子。在民选产生的社会主义者、总统萨尔瓦多·阿连德（Salvador Allende）威胁要没收跨国公司的资产后，据称国际电话公司（ITT，一家美国跨国公司）与中央情报局（CIA）联系，推动了一场杀死总统阿连德的政变。此后，由联合国等国际组织支持的跨国公司不应干涉东道国当地政治事务的观点，列入一系列跨国公司行为准则。

然而，在南非实施种族隔离时期，企业社会责任倡导者受到了一些跨国公司行为的鼓舞。那个时代，当地法律要求在工作场所实施种族隔离。虽然很多跨国公司撤出了南非，但是留下来的企业（如英国石油公司）通过不实施隔离来挑战种族隔离制度，由此动摇了政府的权力基础。1994年，受到南非成功取消种族隔离制度的鼓舞，企业社会责任的倡导者发动了一场新的运动，这场运动强调跨国公司参与政治活动（尤其是人权方面）的必要性。在尼日利亚无所作为的行为受到广泛批评后，壳牌公司明确赞同联合国人权宣言，并支持此类行动是"企业的合理职责"。

但是，企业社会责任举措在东道国的"合理角色"究竟是什么？几乎所有国家都存在许多可能让一些外国跨国公司感到十分反感的法律和规范。在爱沙尼亚，俄罗斯裔会受到了歧视。在很多阿拉伯国家，女人没有与男人同等的法律权利。在美国，很多群体（从印第安人到同性恋者）说他们自己受到歧视。这一争论的核心是，外国跨国公司是应该致力于去除这些歧视的行动，还是通过顺应东道国法律和规范来保持政治中立。这显然不是一个一般的挑战。

比糟（"污染天堂"）与比好

争论的一方认为，由于发达国家存在大量的环境规制，跨国公司有动机将污染密集型产品转移到环境标准较低的发展中国家。为了吸引投资，发展中国家也许会通过降低环境标准（至少不收紧）而进入"向下竞争（比糟）"，一些发展中国家也许会变成"污染天堂"。

争论的另一方认为，全球化不一定会对发展中国家的环境产生像"污染天堂"假设所说的那种负面影响。这在很大程度上是由于，许多跨国公司愿意执行比东道国要求更高的环境标准。[49]据报道，大部分跨国公司在环境管理方面比当地企业做得更好。跨国公司自愿的"绿色实践"可能归因于：（1）全球范围内的企业社会责任压力;(2)发达国家顾客的企业社会责任需求;(3)跨国公司总部对更高水平企业社会责任的全球合规要求(如ISO14001)。尽管要证明不存在"变得更糟"是比较困难的,但是跨国公司作为一个群体,并不一定会增加发展中国家的环境负担。[50]如陶氏化学这样一些跨国公司,可能还促进了更好的环保技术向这些国家的扩散(见新兴市场案例12.1)。

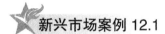

新兴市场案例 12.1

陶氏化学公司在中国

陶氏化学公司是总部位于美国的领先跨国公司,这家公司在超过175个国家开展业务。陶氏非常关注企业社会责任。自1999年以来,陶氏倡导责任关怀指导原则,在化工行业首创对产品从始到终的安全管理。

中国已逐渐成为陶氏重要的市场。然而,远在陶氏的直接产品市场之外,作为强劲经济增长的副产品,中国环境的普遍恶化是显而易见的,并且还在变坏。例如,首都北京的雾霾非常严重。因此,中国的领导人正逐渐把环境可持续性作为关键的国家政策。

致力于成为跨国企业的模范,陶氏将履行社会责任承诺和政府对环保的关切结合起来,于2005年与中国环保部(SEPA)合作,提出了一个环保部—陶氏清洁生产先行计划(SEPA-Dow National Cleaner Production Pilot Project)。陶氏同意在第一个三年内贡献75万美元。清洁生产是过程、产品及服务一体化整合环境预防战略的持续应用,以提高效率,减低风险及可能对人类及环境造成的损害。试点项目重点关注训练当地的环境保护机构和官员,以及中小型企业中的管理者,总体来讲,这类企业在环境管理上不够专业且较为粗放。

在试点项目的第一年,化工、染色工艺、电子、饮料及食品行业中的19家中小型企业参与了进来。这个项目减少了330万立方米的废水,554吨的废气,以及487吨的固体废弃物。由此产生了538种清洁生产的措施,并为19家参与的公司创造了大约13万美元的年度经济利润。总之,这些成就用陶氏自己的话说就是,"证明陶氏清洁生产的理念不仅可以减少生产过程中的废物,而且提高了能源资源效率,并最终提升了企业竞争力"。未来,陶氏打算在中国乃至更多的国家扩散这一"最佳实践"。

资料来源:(1) *China Business Review*, 2007, Dow partners with China's SEPA, May-June: 17; (2) Dow, 2006, SEPA-Dow Cleaner Production National Pilot Project achieves strong start an outstanding results, new.dow.com; (3) E. Economy & K. Lieberthal, 2007, Scorched earth: Will environmental risk in China overwhelm its opportunities, *Harvard Business Review*, July: 88–96; (4) M.W. Peng, 2011, *Global Business*, 2nd ed .(p.568), Cincinnati: South-Western Cengage Learning.

精明的战略家

关于企业社会责任议题,三种战略观给出了三种清晰的战略启示(见表12.5)。首先,产业基础观指出,尽管某些行业管理者面临的企业社会责任挑战更为激烈,但是,所有行业都必须准备好面对这些挑战。考虑到要成为一个好的企业公民需要承担与日俱增且不可避免的责任,管理者也许要把社会责任当成企业核心活动的一部分——而不是"假装这么做"或是做些表面功夫。很多管理者传统上把企业社会责任看成一种负担,因为它涉及了管制、成本和业务。这种态度也许低估了企业社会责任相关的潜在商业机会。表12.6概括了波特的一些建议,结篇案例介绍了一家典型的企业。

其次，明智的管理者需要谨慎选择加入企业社会责任的战斗。资源基础观给出了一个重要建议，用《孙子兵法》的说法就是"知己知彼"。可能当你的对手高调参与企业社会责任活动，并对其三重底线进行大肆吹嘘时，如果不能认清"自己"（你作为管理者和所领导的企业或部门）而盲目模仿这些实践，可能会得到某些令人失望的结果。企业要选择那些符合它们现有资源、能力、互补性资产的社会责任实践，而不是追逐那些最新、最佳的实践。

最后，明智的管理者需要理解游戏的正式和非正式规则，参与变革并寻求塑造变革。尽管美国政府拒绝签署1997年的《京都议定书》，而仅仅签署了不具法律效力的2009哥本哈根协议，但许多美国公司（如杜克能源公司）还是自愿参与到并非法律强制且预期未来环境要求会更严格的社会责任活动中。

表12.5　战略启示

- 把企业社会责任看作企业核心活动和过程的一部分——"假装"不会持续很久
- 谨慎地选择企业社会责任行为——不要盲目模仿其他企业的社会责任行为
- 理解游戏的原则、预期的改变并形成和影响这样的改变

表12.6　从企业社会责任到创造共享价值

（相对孤立的）企业社会责任	创造社会价值（通过经济价值的创造）
价值：做好事	价值：相较于成本的经济和社会效益
公民、慈善与可持续性	企业和社区联合创造价值
可干可不干或对外部压力的回应	整合到竞争中
从利益最大化中分离	整合到利润最大化
议程由个人喜好决定	议程是企业特定的、内生的
受企业轨迹和社会责任预算限制影响	重组整个公司的预算

资料来源：Adapted from M.E. Porter & M.R. Kramer, 2011, Creating shared value (p.76), *Harvard Business Review*, January-February: 62–77。

对当前和未来的战略家而言，本章已清楚表明，从企业社会责任观点来看，我们可以重新审视四个基本问题。第一，为什么企业在社会责任活动方面是不同的？企业之间的差异源自产业结构、资源系统及正式和非正式的制度压力。第二，企业在社会责任领域的表现如何？有些企业是被动型和防御型的，有些企业是适应型，另外有些企业是超前型的。第三，什么因素决定了企业社会责任的范围？虽然产业结构、资源基础和正式的制度压力可能会迫使一些企业小范围参与企业社会责任，但是大范围参与社会责任活动的企业，其管理者和员工都本能地感觉到他们需要"做正确的事"（见表12.4）。换句话说，决定企业社会责任活动范围的因素，归根结底在于管理者和员工所信奉的非正式规范和认知信念的差异。最后，什么因素决定了全球企业的成功和失败？毫无疑问，企业社会责任将逐渐成为答案的重要部分。做得最好的公司可能是那些能够把企业社会责任活动整合进企业的核心经济职能，同时又能满足社会和环境关切的。

全球范围内模棱两可且各不相同的企业社会责任标准、规范及期望，让管理者感到不自在。许多管理者继续把企业社会责任搁置起来。然而，这似乎不是当前战略家所应该有的正确态度，也不是正在学习这本书且即将成为战略家的你所应该有的正确态度。我们应该注意到，我们生活在全球资本主义的一个危险时期。在后经济大萧条和后占领华尔街时代，管理者作为利益相关者中的一个独特群体，负有重要的责任。从企业社会责任的观点看，这意味着要建立一个更人道、更具包容性、更公平的企业。这种企业不仅要产生财富和发展经济，而且还要担负企业在全球层面的社会和环境角色，以回应变化了的社会期望。[51]

本章小结

1. 阐述企业利益相关者的观点
- 企业利益相关者观点迫使企业追求包含经济、社会和环境绩效的更加平衡的三重底线。
- 不管自由市场学派（尤其是股东资本主义）怎样坚决捍卫，企业社会责任运动还是已经成为全球战略讨论的核心部分。

2. 发展企业社会责任的一个综合模型
- 产业基础观认为，不同产业的本质源于不同的企业社会责任战略。
- 资源基础观指出，不是所有的企业社会责任活动都能够满足 VRIO 的要求。
- 制度基础观表明，当面对企业社会责任压力时，企业也许会采用反应战略、防御战略、调和战略或超前战略。

3. 参与有关企业社会责任的三个主流争论
- 国内企业社会责任与海外企业社会责任；
- 积极参与海外企业社会责任活动；
- 比糟（向下竞争）与比好（向上竞争）。

4. 战略启示
- 把企业社会责任活动整合为企业的核心活动和过程的一部分。
- 谨慎加入企业社会责任的战斗——不要盲目模仿其他企业的社会责任活动。
- 理解游戏规则、参与变革并寻求影响变革。

关键词

全球可持续性　次要利益相关者群体　企业社会责任（CSR）　主要利益相关者群体　社会问题参与　防御战略　反应战略　适应战略　超前战略

讨论题

1. **伦理问题**：有两种相对的观点：企业社会责任不创造价值与企业社会责任能创造价值。你支持哪种观点？为什么？

2. **伦理问题**：你的注册会计师事务所正利用上班时间组织为期一天的企业社会责任活动，如清扫街道或者捡拾长椅上的垃圾。一位同事告诉你："这太愚蠢了。我还有那么多工作要做。现在还要干一整天这种事？拜托！我不关心企业社会责任。如果企业比较关心社会责任，为什么不把我一天的收入捐出去，这肯定比清扫街道或者捡垃圾所创造的价值更大吧？用那些钱，可以雇一个人去做这些事情，他肯定会比我做得好。"你会对她说什么？（你同事一年能赚 73 000 美元，每天能赚 200 美元。）

3. **伦理问题**：作为华尔街和伦敦金融城领先银行的 CEO，你决定直接会见"占领华尔街"运动和"占领伦敦"运动的参与者。你会说什么？

拓展题

1. **伦理问题**：在 1919 年具有里程碑意义的道奇与福特的案例中，密歇根州高级法院需要判定亨利·福特是否能用道奇兄弟（和福特汽车公司的其他股东）的股利来参与现在我们所说的企业社会责任活动。法院的观点是"不能"，他们认为，"一个商业组织经营的根本目的是股东利益"。如果你所在国的法院在今年（或 2019 年）对此案进行判决，你认为可能产生什么结果？

2. **伦理问题**：一些人认为，在新兴经济体的投资能够大大促进全球经济金字塔底端国家的经济发展。另一些人认为，把工作机会转移到低成本国家，不仅放弃了发达国家当地雇员和社区的企业社会责任，而且剥削了这些国家的穷人，也损害了当地的环境。如果你是（1）总部位于发达国家的跨国公司的CEO，（2）跨国公司母国中一个工会组织的领导，且这家跨国公司正失去大量工作机会，（3）跨国公司所投资的低成本国家中一个非政府环保组织的领导，你如何参与这个争论？

3. 伦理问题：假设你所在的跨国公司在下面两个国家中是最大的外商投资者：（1）宗教领袖会被迫害的越南，或者（2）俄罗斯裔公民会被法律歧视的爱沙尼亚。作为那里的国家经理（公司在该国的第一把手），你受到来自形形色色的非政府组织的压力，要去帮助这些国家的受压制群体。但是你也明白，如果被发现参与到了当地的政治活动，东道国政府可能会不满。你个人发现这些令人不快的政治活动与你的经营没有直接关系。你该怎么办？

结篇案例 （道德困境）

埃博拉病毒的挑战

埃博拉（又译伊波拉）病毒，于1976年在苏丹和扎伊尔（现名刚果民主共和国）被首次报道。距离它被确诊为一种病毒已经有40多年了，但人们尚未研发出有效的疫苗或药品。从1976年到2013年，埃博拉在撒哈拉沙漠以南的非洲爆发了24次，有1 716人感染。但真正让埃博拉受到全球媒体关注的是它在2014年的大爆发，因为这是危害最大的一次，有22 000人患病、9 000人死亡。这次爆发从几内亚、利比里亚和塞拉里昂起源，迅速传到了刚果民主共和国，以及包括尼日利亚和塞内加尔在内的西非各国。2014年9月，一名利比里亚男子来到美国得克萨斯州达拉斯市，随后被诊断为携带了埃博拉病毒。他在10月初去世，而两位照顾他的美国护士后来被确诊为首例和次例在美国境内感染埃博拉病毒的患者。这样一来，不但得克萨斯州，全美各地都恐慌起来。康涅狄格州、伊利诺伊州、新泽西州和纽约州的政府要求任何去过西非国家的人都要被隔离检疫21天——据说这是埃博拉发作前最长的潜伏期。2014年10月，奥巴马总统任命了一位官员专门负责协调全国埃博拉防治工作。所有来自非洲国家的乘客都要经过防疫检查，所有到美国医疗单位就诊的病人都接受问卷调查，回答是否去过相关国家这样的问题。

由于缺乏有效的疫苗或药品，对埃博拉的治疗只能是间接的。治疗集中于早期的支持性护理，包括减轻诸如疼痛、恶心、高烧和焦虑等表面症状，以及通过口服或输液进行补液等。血液制品如包装红细胞和新鲜冷冻血浆也会用上。在发达国家治疗通常采用重症监护措施，包括保持血量和电解质（盐）平衡并治疗任何细菌感染等。所幸，两位美国护士在经过几周的治疗后已经康复。另外六位美国赴非洲工作而受埃博拉感染的医护人员也康复了。截至2014年12月，美国共有10人被感染，只有2例死亡——第二位去世的患者是一位来自非洲的医生，他在埃博拉猖獗的国家行医而被病人传染。

整个危机期间，医药行业最初的沉默特别引人注目。世界卫生组织总干事陈冯富珍（Margaret Chan）博士批评这个行业没能开发出一种疫苗来有效抵御这种在非洲肆虐了四十多年的病毒。她抱怨："这个一心只想赚钱的行业不愿投资于无支付能力的（非洲）市场。"有一些制药公司从一开始的勉强转变为积极投入。2014年10月，英国制药巨头葛兰素史克（GSK）宣布加快对埃博拉疫苗的研发。早在2010年，加拿大政府已开发了一种试验性疫苗VSV-EBOV，并许可美国艾奥瓦州埃姆斯市一家又小又无名的生物技术公司新连遗传（NewLink Genetics）进行临床试验。

然而由于资金不足，试验进展缓慢。2014年11月，美国医药巨头默克（Merck）出资5 000万美元从新连遗买下了这种疫苗的使用权，加快它的研发。另外，也是在2014年11月，法国制药巨头赛诺菲（Sanofi）宣布它希望联合业内伙伴共同应对埃博拉。另一种试验药ZMapp是加利福尼亚州圣迭戈市一家小型生物制药企业马普（Mapp）开发的，2014年它在灵长类动物试验中的疗效令人满意，在非洲已被用在至少七位（人类）患者身上。但是ZMapp还未获得美国食品和药物管理局（FDA）的批准。由于缺少制药巨头那种强大的财务、技术和生产能力，ZMapp的库存马上被消耗一空。美国政府只能马上提供2 500万美元让它加大生产。

制药企业，尤其是行业内的巨头，在最近一次埃博亚疫情暴发以前对于发挥自身力量找到治愈埃博拉的方法并不感兴趣，理由很简单：这些努力，即使成功，主要受益的是非洲国家，而企业自身无利可图。换句话说就是"无充分的商业动机"。现在这种疾病传到了美国（和其他几个西欧国家），企业被迫行动起来。争论愈演愈烈。争论的一方认为，制药企业一心只关注能盈利的市场和产品如瘦脸针、防脱发药水，以及自己的奖金，像疟疾和埃博拉这样的热带疾病自然不受重视。另一方则争辩道，在资源有限的情况下，制药企业理所当然地从战略上忽视像埃博拉这样（较）小规模的疾病，以便腾出手来对付比埃博拉危害大得多的类似于艾滋病这样的疾病。尽管知道不可能赚到任何利润，一批制药企业现在"一拥而上"，无非是要讨些"重视企业社会责任"这样的口彩。它们这样做或许是迫于社会压力——2014年10月和11月间宣布的一系列急于加大对埃博拉研发力度的公告都是防御性质的，而并非主动出击。考虑到开发任何有效疫苗都需要一个漫长的周期，以及在埃博拉疫情（和其他传染病）爆发时对疫苗的迫切需要，制药企业将如何前行是它们面临的最大的战略挑战之一。

资料来源：（1）C. Campos, C. Cole, and J. Steele, "Ebola and corporate social responsibility," EMBA strategy class term project, Jindal School of Management, University of Texas at Dallas, 2014;（2）"Canada should cancel NewLink Ebola vaccine contract," CBC, 19 November 2014: www.cbc.ca;（3）"Ebola: Predictions with a purpose," Economist, 7 February 2015: 58;（4）"Ebola outbreak: Why has 'Big Pharma' failed deadly virus' victims?" Independent, 7 September 2014: www.independent.co.uk;（5）"Merck partners with NewLink to speed up work on Ebola vaccine," National Public Radio, 24 November 2014: www.npr.org;（6）"WHO pillories drug industry for failure to develop Ebola vaccine," Time, 4 November 2014: www.time.com;（7）World Health Organization, "Ebola virus disease fact sheet," November 2014: www.who.int。

案例讨论题：

1. 道德问题： 世界卫生组织总干事陈冯富珍博士批评制药行业"一心向钱看"，从而没能开发出种能有效针对埃博拉的疫苗或疗法。作为一家领先的制药企业的CEO，你对这样的批评如何回应？

2. 道德问题： 你是一家刚宣布为开发埃博拉疫苗进行新投资的制药企业的股东。新投资的结果是你未来收到的红利将减少，那么你对这家企业用你的钱来对抗埃博拉的决定是支持还是不支持？

3. 道德问题： 作为一名美国政府官员，你对如何激励制药企业来开发埃博拉疫苗有什么建议？

注释

1. K. Davis, 1973, The case for and against business assumption of social responsibilities (p. 312), *AMJ*, 16: 312–322. See also R. Aguilera, R. Rupp, C. Williams, & J. Ganapathi, 2007, Putting the S back in CSR, *AMR*, 32: 836–863; P. Cappelli, H. Singh, J. Singh, & M. Useem, 2010, The India way, *AMP*, May: 624; J. Campbell, L. Eden, & S. Miller, 2012, Multinationals and CSR in host countries, *JIBS*, 43: 84106; C. Egri & D. Ralston, 2008, Corporate responsibility, *JIM*, 14: 319–339; D. Matten & J. Moon, 2008, "Implicit" and "explicit" CSR, *AMR*, 33: 404–424.

2. Y. He, Z. Tian, & Y. Chen, 2007, Performance implications of nonmarket strategy in China, *APJM*, 24: 151–169; K. O'Shaughnessy, E. Gedajlovic, & P. Reinmoeller, 2007, The influence of firm, industry, and network on the corporate social performance of Japanese firms, *APJM*, 24: 283–304; A. Scherer & G. Palazzo, 2011, The new political role of business in a globalized world, *JMS*, 48: 899–931.

3. E. Freeman, 1984, *Strategic Management: A Stakeholder Approach* (p. 46), Boston: Pitman. See also M. Barnett, 2007, Stakeholder influence capacity and the variability of financial returns to CSR, *AMR*, 32: 794–816; S. Brickson, 2007, Organizational identity orientation, *AMR*, 32: 864–888; D. Crilly, 2011, Predicting stakeholder orientation in the MNE, *JIBS*, 42: 694–717; T. Jensen & J. Sandstrom, 2011, Stakeholder theory and globalization, *OSt*, 32: 473–488; A. Kacperczyk, 2009, With greater power comes greater responsibility? *SMJ*, 30: 261–285.

4. P. David, M. Bloom, & A. Hillman, 2007, Investor activism, managerial responsiveness, and corporate social performance, *SMJ*, 28: 91–100; J. Harrison, D. Bosse, & R. Phillips, 2010, Managing for stakeholders, stakeholder utility functions, and competitive advantage, *SMJ*, 31: 58–74.

5. World Commission on Environment and Development, 1987, *Our Common Future* (p. 8), Oxford: Oxford University Press.

6. S. Hart, 2005, *Capitalism at the Crossroads*, Philadelphia: Wharton School Publishing; R. Rajan, 2010, *Fault Lines*, Princeton, NJ: Princeton University Press.

7. J. Doh & T. Guay, 2006, CSR, public policy, and NGO activism in Europe and the United States, *JMS*, 43: 47–73.

8. P. Romilly, 2007, Business and climate change risk, *JIBS*, 38: 474–480.

9. C. Seelos & J. Mair, 2007, Profitable business models and market creation in the context of deep poverty, *AMP*, November: 49–63; A. Scherer & G. Palazzo, 2007, Toward a political conception of corporate responsibility, *AMR*, 32: 1096–1120.

10. B. Husted & D. Allen, 2006, CSR in the MNE, *JIBS*, 37: 838–849.

11. M. Clarkson, 1995, A stakeholder framework for analyzing and evaluating corporate social performance (p. 107), *AMR*, 20: 92–117. See also F. den Hond & F. de Bakker, 2007, Ideologically motivated activism, *AMR*, 32: 901–924; C. Marquis, M. Glynn, & G. Davis, 2007, Community isomorphism and corporate social action, *AMR*, 32: 925–945; S. Waddock, 2008, Building a new institutional infrastructure for corporate responsibility, *AMP*, August: 87–109.

12. T. Donaldson & L. Preston, 1995, The stakeholder theory of the corporation, *AMR*, 20: 65–91; J. Elkington, 1997, *Cannibals with Forks: The Triple Bottom Line of 21st Century Business*, New York: Wiley.

13. M. Friedman, 1970, The social responsibility of business is to increase its profits, *NYTM*, September 13: 32–33.

14. D. Ahlstrom, 2010, Innovation and growth, *AMP*,

August: 11–24; A Karnani, 2010, The case against corporate social responsibility, *WSJ*, August 23.

15. A. Delios, 2010, How can organizations be competitive but dare to care? *AMP*, August: 25–36.

16. A. Mackey, T. Mackey, & J. Barney, 2007, CSR and firm performance, *AMR*, 32: 817–835.

17. G. Bruton, 2010, Business and the world's poorest billion, *AMP*, August: 6–10.

18. *Economist*, 2011, Rage against the machine, October 22: 13.

19. Y. Mishina, B. Dykes, E. Block, & T. Pollock, 2010, Why "good" firms do bad things, *AMJ*, 53: 701–722; A. Muller & R. Kraussl, 2011, Doing good deeds in times of need, SMJ, 32: 911–929; C. Oh & J. Oetzel, 2011, Multinationals' response to major disasters, *SMJ*, 32: 658–681.

20. K. Basu & G. Palazzo, 2008, Corporate social responsibility, *AMR*, 33: 122–136.

21. A. Kolk & J. Pinkse, 2008, A perspective on MNEs and climate change, *JIBS*, 39: 1359–1378.

22. A. Hillman & G. Keim, 2001, Shareholder value, stakeholder management, and social issues, *SMJ*, 22: 125–139.

23. R. Chan, 2010, Corporate environmentalism pursuit by foreign firms competing in China, *JWB*, 45: 80–92; Y. Eiadat, A. Kelly, F. Roche, & H. Eyadat, 2008, Green and competitive? *JWB*, 43: 131–145; P. Godfrey, C. Merrill, & J. Hansen, 2009, The relationship between CSR and shareholder value, *SMJ*, 30: 425–445; B. Lev, C. Petrovits, & S. Radhakrishnan, 2010, Is doing good good for you? *SMJ*, 31: 182–200; S. Ramchander, R. Schwebach, & K. Staking, 2012, The informational relevance of CSR, *SMJ*, 33: 303–314; M. Sharfman & C. Fernando, 2008, Environmental risk management and the cost of capital, *SMJ*, 29: 569–592; H. Wang & C. Qian, 2011, Corporate philanthropy and corporate financial performance, *AMJ*, 54: 1159–1181.

24. S. Ambec & P. Lanoie, 2008, Does it pay to be green? *AMP*, November: 45–62; D. Vogel, 2005, The low value of virtue, *HBR*, June: 26.

25. S. Brammer & A. Millington, 2008, Does it pay to be different? *SMJ*, 29: 1325–1343; J. Surroca, J. Tribo, & S. Waddock, 2010, Corporate responsibility and financial performance, *SMJ*, 31: 463–490.

26. T. Devinney, 2009, Is the socially responsible corporation a myth? *AMP*, May: 53.

27. J. Choi & H. Wang, 2009, Stakeholder relations and the persistence of corporate financial performance, *SMJ*, 30: 895–907; C. Hull & S. Rothenberg, 2008, Firm performance, *SMJ*, 29: 781–789. 28. J. Campbell, 2007, Why would corporations behave in socially responsible ways? *AMR*, 32: 946–967; J. Murillo-Luna, C. Garces-Ayerbe, & P. RiveraTorres, 2008, Why do patterns of environmental response differ? *SMJ*, 29: 1225–1240; A. Terlaak, 2007, Order without law? *AMR*, 32: 968–985; D. Waldman et al., 2006, Cultural and leadership predictions of CSR values of top management, *JIBS*, 37: 823–837.

29. B. Gifford, A. Kestler, & S. Anand, 2010, Building local legitimacy into CSR, *JWB*, 45: 304–311.

30. A. Gore, 2006, *An Inconvenient Truth*, Emmaus, PA: Rodale Press.

31. A. Muller & A. Kolk, 2010, Extrinsic and intrinsic drivers of corporate social performance, *JMS*, 47: 1–26.

32. *Economist*, 2010, The other oil spill, June 26: 71–73.

33. J. Janney & S. Gove, 2011, Reputation and CSR aberrations, trends, and hypocrisy, *JMS*, 48: 1562–1584.

34. *BW*, 2010, Nine questions (and provisional answers) about the spill, June 14: 62.

35. D. Siegel, 2009, Green management matters only if it yields more green, *AMP*, August: 5–16.

36. A. Marcus & A. Fremeth, 2009, Green management matters regardless, *AMP*, August: 17–26.

37. V. Hoffmann, T. Trautmann, & J. Hemprecht, 2009, Regulatory uncertainty, *JMS*, 46: 1227–1253.

38. N. Darnall, I. Henriques, & P. Sadorsky, 2010, Adopting proactive environmental strategy, *JMS*, 47: 1072–1094.

39. Starbucks Global Responsibility Report 2010, 2011, Message from Howard Schultz, www.starbucks.com.

40. G. Unruh & R. Ettenson, 2010, Winning in the green frenzy, *HBR*, November: 110–116.

41. *BW*, 2010, The smooth-talking king of coal—and climate change, June 7: 65.

42. A. King, 2007, Cooperation between corporations and environmental groups, *AMR*, 32: 889–900; A. Kourula, 2010, Corporate engagement with NGOs in different institutional contexts, *JWB*, 45: 395–404; J. Nebus & C. Rufin, 2010, Extending the bargaining power model, *JIBS*, 41: 996–1015.

43. M. Barnett & A. King, 2008, Good fences make good neighbors, *AMJ*, 51: 1150–1170; M. Delmas & M. Montes-Sancho, 2010, Voluntary agreements to improve environmental quality, *SMJ*, 31: 575–601.

44. B. Arya & G. Zhang, 2009, Institutional reforms and investor reactions to CSR announcements, *JMS*, 46: 1089–1112; M. Delmas & M. Toffel, 2008, Organizational responses to environmental demands, *SMJ*, 29: 1027–1055; E. Reid & M. Toffel, 2009, Responding to public and private politics, *SMJ*, 30: 1157–1178; E. Wong, M. Ormiston, & P. Tetlock, 2011, The effects of top management team integrative complexity and decentralized decision making on corporate social performance, *AMJ*, 54: 1207–1228.

45. *BW*, 2004, European workers' losing battle (p. 41), August 9: 41.

46. J. Welch & S. Welch, 2006, Whose company is it anyway? *BW*, October 9: 122.

47. S. Brammer, S. Pavelin, & L. Porter, 2009, Corporate charitable giving, MNCs, and countries of concern, *JMS*, 46: 575–596; B. Scholtens, 2009, CSR in the international banking industry, *JBE*, 86: 159–175.

48. *Economist*, 2009, Spilling forever, June 13: 51.

49. P. Christmann & G. Taylor, 2006, Firm self-regulation through international certifiable standards, *JIBS*, 37: 863–878.

50. P. Madsen, 2009, Does corporate investment drive a "race to the bottom" in environmental protection? *AMJ*, 52: 1297–1318.

51. R. Bies, J. Bartunek, T. Fort, & M. Zald, 2007, Corporations as social change agents, *AMR*, 32: 788–793; N. Gardberg & C. Fombrun, 2006, Corporate citizenship, *AMR*, 31: 329–346; T. Hemphill, 2004, Corporate citizenship, *BSR*, 109: 339–361.

附录：注释中期刊名称缩写

AER	American Economic Review
AME	Academy of Management Executive
AMJ	Academy of Management Journal
AMP	Academy of Management Perspectives
AMR	Academy of Management Review
APJM	Asia Pacific Journal of Management
ASQ	Administrative Science Quarterly
BJM	British Journal of Management
BSR	Business and Society Review
BW	BusinessWeek（2010年前）或 Bloomberg Businessweek（2010年后）
CG	Corporate Governance
CME	Construction Management and Economics
EJ	Economic Journal
EJIM	European Journal of International Management
ETP	Entrepreneurship Theory and Practice
FEER	Far Eastern Economic Review
GSJ	Global Strategy Journal
HBR	Harvard Business Review
IBR	International Business Review
IJMR	International Journal of Management Reviews
JAE	Journal of Accounting and Economics
JBE	Journal of Business Ethics
JBR	Journal of Business Research

JBV	*Journal of Business Venturing*
JEL	*Journal of Economic Literature*
JEP	*Journal of Economic Perspectives*
JF	*Journal of Finance*
JFE	*Journal of Financial Economics*
JIBS	*Journal of International Business Studies*
JIM	*Journal of International Management*
JMS	*Journal of Management Studies*
JWB	*Journal of World Business*
LRP	*Long Range Planning*
MBR	*Multinational Business Review*
MIR	*Management International Review*
MOR	*Management and Organization Review*
MS	*Management Science*
NYTM	*New York Times Magazine*
OSc	*Organization Science*
OSt	*Organization Studies*
QJE	*Quarterly Journal of Economics*
RES	*Review of Economics and Statistics*
RFS	*Review of Financial Studies*
SCMP	*South China Morning Post*
SEJ	*Strategic Entrepreneurship Journal*
SMJ	*Strategic Management Journal*
SMR	*MIT Sloan Management Review*
WSJ	*Wall Street Journal*

教学支持服务

圣智学习出版集团（Cengage Learning）作为为终身教育提供全方位信息服务的全球知名教育出版集团，为秉承其在全球对教材产品的一贯教学支持服务，将为采用其教材图书的每位老师提供教学辅助资料。任何一位通过Cengage Learning北京代表处注册的老师都可直接下载所有在线提供的、全球最为丰富的教学辅助资料，包括教师用书、PPT、习题库等。

鉴于部分资源仅适用于老师教学使用，烦请索取的老师配合填写如下情况说明表。

教学辅助资料索取证明

兹证明＿＿＿＿＿＿＿大学＿＿＿＿＿＿系/院＿＿＿＿＿＿学年(学期)开设的＿＿＿名学生□主修 □选修的＿＿＿＿＿＿＿＿课程，采用如下教材作为□主要教材 或 □参考教材：

书名：＿＿＿＿＿＿＿＿＿＿＿＿＿＿＿＿＿＿＿
作者：＿＿＿＿＿＿＿＿＿＿＿＿＿＿＿ □英文影印版 □中文翻译版
出版社：＿＿＿＿＿＿＿＿＿＿＿＿＿＿＿＿＿＿
学生类型：□本科1/2年级 □本科3/4年级 □研究生 □MBA □EMBA □在职培训
任课教师姓名：＿＿＿＿＿＿＿＿＿＿＿＿＿
职称／职务：＿＿＿＿＿＿＿＿＿＿＿＿＿＿
电话：＿＿＿＿＿＿＿＿＿＿＿＿＿＿＿＿
E-mail：＿＿＿＿＿＿＿＿＿＿＿＿＿＿＿＿
通信地址：＿＿＿＿＿＿＿＿＿＿＿＿＿＿＿
邮编：＿＿＿＿＿＿＿＿＿＿＿＿＿＿＿＿＿
对本教材的建议：＿＿＿＿＿＿＿＿＿＿＿＿

系/院主任：＿＿＿＿＿＿（签字）
（系/院办公室章）
＿＿＿年＿＿＿月＿＿＿日

---

*相关教辅资源事宜敬请联络圣智学习出版集团北京代表处。

北京大学出版社 (PEKING UNIVERSITY PRESS)

经济与管理图书事业部
北京市海淀区成府路205号 100871
联系人：周莹 张燕
电　话：010-62767312 / 62767348
传　真：010-62556201
电子邮件：em@pup.cn　em_pup@126.com
Q　　Q：552063295
网　址：http://www.pup.cn

CENGAGE Learning

Cengage Learning Beijing Office
圣智学习出版集团北京代表处
北京市海淀区科学院南路2号融科资讯中心C座南楼707室
Tel: (8610) 83435000
E-mail: asia.infochina@cengage.com
www.cengageasia.com